**Ren yu Huanjing:**

Jin 300 Nian lai Xinan Shandi de Kaifa yu
Tudi Liyong Bianhua

二

# 霍仁龙

　　男，复旦大学历史地理研究中心博士，四川大学国际关系学院、中国西部边疆安全与发展协同创新中心副研究员，主要研究方向为边疆史地、中外涉藏问题、数字人文研究等。主持国家社科基金项目2项、省部级项目多项，在《近代史研究》《地理学报》《地理研究》等刊物发表论文多篇。

2022年成都市哲学社会科学"雏鹰计划"优秀成果出版项目，项目编号：CY006

四川大学"创新2035"先导计划国家安全治理与应急管理（非传统安全研究方向）

# 人与环境：

## 近300年来西南山地的开发与土地利用变化

霍仁龙——著

四川大学出版社
SICHUAN UNIVERSITY PRESS

图书在版编目（CIP）数据

人与环境：近300年来西南山地的开发与土地利用变
化／霍仁龙著．-- 成都：四川大学出版社，2024. 8.
（历史与边疆研究丛书）. -- ISBN 978-7-5690-7265-5

Ⅰ. F323.212；F321.1

中国国家版本馆 CIP 数据核字第 2024UR7237 号

书　　名：人与环境：近300年来西南山地的开发与土地利用变化
　　　　　Ren yu Huanjing: Jin 300 Nian lai Xinan Shandi de Kaifa yu
　　　　　Tudi Liyong Bianhua
著　　者：霍仁龙
丛 书 名：历史与边疆研究丛书
-------------------------------------------------------------
出 版 人：侯宏虹
总 策 划：张宏辉
丛书策划：张宏辉　高庆梅
选题策划：张　晶　于　俊
责任编辑：于　俊
责任校对：张宇琛
装帧设计：墨创文化
责任印制：王　炜
-------------------------------------------------------------
出版发行：四川大学出版社有限责任公司
　　　　　地址：成都市一环路南一段 24 号（610065）
　　　　　电话：（028）85408311（发行部）、85400276（总编室）
　　　　　电子邮箱：scupress@vip.163.com
　　　　　网址：https://press.scu.edu.cn
审 图 号：GS 川（2024）253 号
印前制作：四川胜翔数码印务设计有限公司
印刷装订：四川盛图彩色印刷有限公司
-------------------------------------------------------------
成品尺寸：170mm×240mm
印　　张：21
插　　页：2
字　　数：381 千字
-------------------------------------------------------------
版　　次：2024 年 8 月　第 1 版
印　　次：2024 年 8 月　第 1 次印刷
定　　价：148.00 元
-------------------------------------------------------------

扫码获取数字资源

四川大学出版社
微信公众号

# 序

◎复旦大学历史地理研究中心教授　杨煜达

霍仁龙博士的著作《人与环境：近300年来西南山地的开发与土地利用变化》即将付梓，嘱我作序。作为仁龙博士多年的共事者，我很乐意在这里说几句。

自工业革命以来，随着生产力的发展，人类利用自然和改造自然的能力与日俱增。在人类活动与自然因素的共同作用下，我们共同居住的地球系统正在发生从区域到全球，从具体要素到大气、陆地、海洋、生物等全系统的深刻变化。这种变化对人类的生存和发展提出了新的挑战，促使全社会反思我们既有的发展模式，寻求人和自然和谐共存的新途径。

山地是地球表面有一定海拔高度、地表形态起伏不定、存在一定相对高差的地貌类型。以山地、丘陵地形为主的区域被称为山区。在世界范围内，山区面积约占全球陆地表面积的25%。作为山区最主要组成部分的山地，由于其高度和梯度差异、生物多样性等，受到全球环境变化的影响较其他区域更早、更为强烈，是全球变化的敏感地区。为保护山区的生态系统，促进山区居民的福祉，联合国将2002年命名为"国际山岳年"，并从2003年开始，将每年的12月11日定为"国际山岳日"，2023年的国际山岳日主题是"恢复山区生态系统"。

在目前对全球变化的研究中，对山地的研究越来越得到重视。国际上最重要的全球变化研究计划——国际地圈生物圈计划（IGBP）、全球环境变化的人文因素计划（IHDP）、全球陆地观测系统（GTOS）在21世纪初联合发起了"全球变化与山区"的山地研究倡议（MRI），以推动对全球山地的研究。这是一个多学科的科学计划，对于促进我们理解全球环境变化、山地和人类之间的相互作用机理及趋势有重要的意义。

我国的国土面积中，山地与高原的总面积超过了69%。目前山区耕地面积占全国耕地面积的20%，山区林地占全国林地面积的90%，山区人口则占到全国人口总数的56%。我国目前的这一山区格局，是历史时期长期山地开发的结果。研究我国山区在历史时期的人类活动与环境变化，对认识过去千年到百年尺度上山地环境的演变及其与人类活动的耦合作用、生物多样性演变、全球变化的区域效应等诸多科学问题有着重要意义，也对我们今天的生态文明建设有直接的借鉴意义。这是中国历史地理学者应承担的光荣任务。

我对这个问题很早就有兴趣。2010年我从德国回来，开始着手推动对这一问题的研究。我意识到传统历史地理研究很难在山地深入开展的关键是早期的山地开发缺乏较系统的文献资料，因此我试图借鉴人类学的长期田野方法，在小区域的田野工作中获取研究的第一手资料。这一想法得到了先师邹逸麟先生和满志敏教授的鼓励，也得到了复旦大学史地所时任所长吴松弟教授的支持。我的老师，云南大学陆韧教授在听取了我的汇报后也肯定和支持这种尝试。当时云南大学周琼教授正在倡导西南环境史的研究，对这一想法也很有兴趣，我们决定共同在云南开展山地环境调查和研究，从不同学科层面推进这一研究工作。

霍仁龙博士正在这个时候以优异成绩从云南大学历史系保送到复旦大学史地所，是我指导的第一批硕士研究生之一。在云南长期学习的背景和踏实好学的作风使我认定他是开展山地调查和研究的极佳人选。他在和我交流了几次之后，就毅然选择了这个有挑战性的题目，成为首位赴山地进行历史地理学长期田野调查的青年学子。实际上，他的调查带有很大的探索性，直到他在2011年暑期完成了第一次田野调查，提交了初步的调查报告之后，我们才坚信这样的调查确实能提供科学有据的研究资料。之后我和陆韧教授、周琼教授又陆续安排了8位同学在云南不同地区开展田野调查，而霍仁龙前期获取的经验和方法，对于指导这些同学完成调查非常重要。霍仁龙随后免试进入博士阶段的研究，师从满志敏教授，继续从事山地土地利用与地表覆盖变化的研究。现在呈现在大家面前的这部著作就是在他的博士论文基础上修改完善而成的。

这是第一部以历史时期小尺度的山地环境变迁为研究主题的著作。霍仁龙博士在系统总结前人工作的基础上，收集了包括档案、方志、文集和地方碑刻资料在内的大量历史文献资料，而在其中起到关键作用的，则是长期田野调查获取的资料。在硕博士长达6年的研究期间，他7次从上海奔赴云南禄劝县的田野点进行长期田野调查，获取了数十万字的田野调查资料。利用这些资料，结合遥感影像等资料，采用地理学的土地利用模型，成功重建了从聚落尺度到流域尺度的过去300年的土地利用与地表覆盖变化。这一工作亮眼之处不少，从学科发展的角度来看，可以着重说两点。

首先，这是历史地理学结合人类学长期田野调查方法的成功运用。历史地理学是强调田野调查的学科，前辈学者已有很多的工作和经验总结。但是，将人类学田野方法结合到历史地理学研究中，进行小尺度的长期田野调查尚为首次。人类学的田野工作，强调调查者参与研究对象的社区，通过长时间的观察来获取可靠的信息。而历史地理学的长期田野调查，在汲取人类学方法精神的同时，还保留有自己鲜明的特色。如调查的内容更侧重于自然环境变迁的观察，重视对历史过程的发掘，某些调查内容如田地、林地、房屋、水渠等需要一定的测量及绘制地图等。通过这样的调查能获取聚落尺度上历史环境与社会演变的相对客观的信息，从而用于科学的研究工作。霍仁龙对研究区域进行了共计273天的田野调查工作，获取的调查信息为其聚落尺度的高分辨率研究提供了基本支撑，而聚落尺度的研究又为其借助土地利用模型复原流域尺度的土地利用和地表覆盖变化提供了学理支持。这种历史地理学的长期田野方法，拓展了历史地理学获取第一手研究资料的门径，结合3S等技术手段，不仅为历史地理学的山地研究提供了方法体系，也为历史地理学的其他研究开辟了新的途径。

其次，众所周知小尺度研究的困难在于需要更细致的资料收集以及更精细的过程复原，但小尺度研究价值的体现，更在于其能提供宏观研究所难以揭示或解释的过程和机制。对此，本书的贡献也斐然可观。比如，山地的海拔和坡度是耕地开发的重要限制因子，这是人们的共识，但是，不同时期具体海拔和坡度的限制阈值则并不清楚。霍仁龙根据从聚落到流域不同尺度的研究，发现在历史时期，开垦的坡度大致在12°以内，并且这一限制因子比较稳定，并不会随聚落的发展而有大的变迁。随着聚落不断从低海拔向高海拔地区扩展，耕地的海拔高度也随之增高，但2200~2500米的海拔高度在西南山区仍然是重要的限制阈值。且这些因素存在相互关联的关系。随着耕地的开发，新开垦的耕地开始向海拔相对较高的区域扩展，这时海拔因素的限制性作用逐渐减弱，坡度和与居民点距离等因素的作用在逐渐增强。相对海拔高度和坡度因素的限制性作用分别存在一个由强到弱和由弱到强的动态过程。这种从聚落到小区域尺度获取的机理认识，对于我们理解更大时空尺度上的土地利用及地表覆盖变化的规律有重要意义。

作为一名学术新秀，霍仁龙博士的这部著作无疑为他奠定了很好的学术基础。遗憾的是，我们共同的老师满志敏教授未能亲见本书的出版——本来这部书的序应该是由满老师来执笔的。而我相信，霍仁龙博士在研究中体现出来的不惮艰险、勇于探索的精神，是一位青年学者难能拥有的宝贵特质，他一定能继承先辈的薪火，在未来的学术道路上开拓前行。

2023 年 12 月 31 日

# 目　录

# 绪 论

## 第一节　研究缘起

### 一、全球环境变化视野下的历史土地利用变化研究

随着科学技术的进步、人口的大规模增加，人类的生产活动对地球环境产生了极其深刻的影响，全球环境的变化在不断加快。20 世纪 80 年代以来，全球环境变化逐渐成为国际前沿学科领域。

土地利用和土地覆盖①变化是全球环境变化的主要驱动力这一观点目前已经逐步得到公认，这种驱动力是通过它与气候、生态系统过程、生物地球化学循环、生物多样性，以及尤为重要的人类活动之间的相互作用来实现的。② 为此，国际地圈生物圈计划（International Geosphere – Biosphere Programme,

---

① 土地利用是人类根据一定的社会经济目的，采取一定的生物、技术手段，对土地进行的长期性或周期性的开发利用、改造和保护等的经营，也就是把土地的自然生态系统变为人工生态系统的过程，强调土地的社会属性。土地覆盖是指覆盖地面的自然物体和人工建造物，包括已利用和未利用的各种要素的综合体，强调土地的自然属性。土地利用是土地覆盖变化最重要的影响因素，土地覆盖的变化反过来又作用于土地利用。参见吴传钧、郭焕成主编：《中国土地利用》，北京：科学出版社，1994 年，第 1 ~ 2 页；李秀彬：《全球环境变化研究的核心领域——土地利用/土地覆被变化的国际研究动向》，《地理学报》1996 年第 6 期，第 553 ~ 558 页。因本研究主要强调土地因人类活动而发生变化的社会属性，所以行文中多用土地利用一词。

② IHDP 计划 LUCC 科学指导委员会与国际项目办公室：《土地利用与土地覆盖变化计划（LUCC）》，孙成权、林海、曲建升主编：《全球变化与人文社会科学问题》，北京：气象出版社，2003 年，第 1 页。后文引用相同文献时只著录著者、著作名及页码。全书同。

IGBP）和全球环境变化的人类因素计划（International Human Dimensions Programme on Global Environmental Change，IHDP）共同提出了"土地利用与土地覆盖变化计划"（Land Use and Land Cover Change，LUCC）。[①]

当代世界土地利用现状是由历史时期发展而来的，要想对当代的土地利用有更加深刻的了解，对未来的土地利用发展有更加准确的预测，就必须对历史时期的土地利用变化进行研究。正如 LUCC 计划书中所宣称的，"要了解当代地球系统的变化，科学界需要定量化的、空间明确的数据，这些数据包括土地覆盖如何在过去的 300 年[②]中被人类的利用所改变，在未来 50～100 年间会如何发展"[③]。所以在 LUCC 计划列出的 6 个核心科学问题中，"近 300 年来，人类的开发利用怎样改变了土地的覆盖状况？""在不同的地理与历史环境中，土地覆盖变化的主要人类诱因是什么？"[④] 等涉及历史时期的土地利用变化研究。可见，历史时期土地利用变化研究具有重要的学术价值和现实意义。

历史时期，人类对土地利用变化的影响主要通过耕地垦殖，即将林地、草地、水体等土地利用类型改变为耕地这一活动体现出来，所以对历史时期土地利用变化的研究主要集中在耕地的时空演变上。[⑤]

土地利用变化的驱动力是指导致土地利用发生变化的各种因子，包括自然环境因素和人文社会因素，其中自然环境因素主要有地形、气候、土壤等，人文社会因素主要有人口、制度、经济等。但是任何一种驱动力对土地利用变化的作用都不是独立的，而是由各种驱动力共同作用形成的合力，即驱动力机制，它具有单独驱动力所不具有的性质和功能。所以在土地利用变化驱动力的研究中，除单一的影响因子需要研究外，还应研究合力的整体作用。[⑥]

人类对土地的利用所引起的土地覆盖变化是全球环境变化的主要原因和重

① Turner II B L，Skole D，Sanderson S，et al. *Land - Use and Land - Cover Change*，*Science/Research Plan*. IGBP Report No. 35/IHDP Report No. 7，Stockholm，1995.

② 之所以提出 300 年是因为世界上大多数的地区，300 年前开始进入大规模的土地覆盖快速变化期，对现代土地景观结构产生的影响也可进行量度。

③ Lambin E F，Baulies X，Bockstael N，et al. *Land - Use and Land - Cover Change*：*Implementation Strategy*. IGBP Report No. 48/IHDP Report No. 10，Stockholm，1999，p. 9.

④ IHDP 计划 LUCC 科学指导委员会与国际项目办公室：《土地利用与土地覆盖变化计划（LUCC）》，孙成权、林海、曲建升主编：《全球变化与人文社会科学问题》，第 2 页。

⑤ 何凡能、李美娇、杨帆：《近 70 年来中国历史时期土地利用/覆被变化研究的主要进展》，《中国历史地理论丛》2019 年第 4 期，第 5～16 页。

⑥ 摆万奇、赵士洞：《土地利用变化驱动力系统分析》，《资源科学》2001 年第 3 期，第 39～41 页。

要组成部分。① 针对土地利用和土地覆盖本身的变化，LUCC 计划中提出了三个研究重点，其中一个研究重点就是土地利用的变化机制，即通过区域性个例的比较研究，分析影响土地使用者改变土地利用方式的自然和人文方面的主要驱动因子，进而建立区域性的土地利用变化经验模型。② 在没有遥感影像和大比例尺地形图等直接数据的历史时期，对土地利用变化驱动力机制的研究，尤其是对人文驱动力机制的研究是重建历史时期土地利用变化的基础，也是进行模型研究的关键所在，成为历史时期土地利用变化研究的焦点问题。③

由于自然环境的多样性与历史时期区域发展的不平衡性，对一些局部和区域的实例研究可以大大加深我们对影响土地利用变化的具体原因的认识④，这不仅可以为土地利用变化的综合研究提供丰富的区域性信息，也是建立区域与全球环境变化模型、参与全球环境变化研究的具体途径。⑤ 典型地区，如环境敏感区、生态脆弱区、生态过渡带及经济发达区等，在人类活动的影响下，土地利用发生了显著变化，对自身及相关区域产生重大影响，成为当前实例研究的热点区域。

## 二、山地历史土地利用和环境变化研究

山地⑥是"许多山的总称，由山岭和山谷组合而成。其特点是具有较大的绝对高度和相对高度，切割深，切割密度大，通常多位于构造运动和外力剥蚀作用活跃地区，地质结构复杂，如我国西部一些山地"⑦。山地有一定的高度

---

① Turner II B L，Meyer W B，Skole D：《全球土地利用与土地覆被变化：进行综合研究》，陈百明译，AMBIO（《人类环境杂志》），1994 年第 1 期，第 91~95 页。唐华俊等：《中国土地利用/土地覆盖变化研究》，北京：中国农业科学技术出版社，2004 年，第 65 页。

② *IGBP in Action: Work Plan1994－1998*．IGBP Report No. 28，Stockholm，1994.

③ 李秀彬：《全球环境变化研究的核心领域——土地利用/土地覆被变化的国际研究动向》。

④ Turner II B L，Meyer W B，Skole D：《全球土地利用与土地覆被变化：进行综合研究》。

⑤ IHDP 计划 LUCC 科学指导委员会与国际项目办公室：《土地利用与土地覆盖变化计划（LUCC）》，孙成权、林海、曲建升主编：《全球变化与人文社会科学问题》，第 5 页。李家洋、陈泮勤、马柱国等：《区域研究：全球变化研究的重要途径》，《地球科学进展》2006 年第 5 期，第 441~450 页。

⑥ 山地与山区是两个较为相似但又具有差异性的概念，山地主要偏重于强调地貌形态上的垂直变化特征，着重于区域的自然属性。山区则强调地貌区和人文的区域性，是人文意义上的模糊边界。参见钟祥浩主编：《山地学概论与中国山地研究》，成都：四川科学技术出版社，2000 年，第 41 页；江晓波、曾鸿程：《量化中国山区范围：以四川省为例》，《山地学报》2009 年第 1 期，第 24~32 页。

⑦ 南京大学等主编：《地理学辞典》，北京：商务印书馆，1982 年。转引自徐樵利等：《山地地理系统综论》，武汉：华中师范大学出版社，1994 年，第 1 页。

和坡度，由此形成山地环境具有能量高及转化快的特点，山地坡面物质在外力干扰下极易向下移动和滑落，当地表植被覆盖受到破坏，坡面土壤极易被侵蚀，对整个生态系统造成难以恢复的影响，并由此形成山地环境不稳定性和生态系统脆弱性的特点，在很大程度上限制了人类开发山地的方式、程度和效果。①

世界上有五分之一的陆地面积为山地，有约一半的人口依靠山地资源生存。世界上许多大河发源于山地，因此山地也被称为"世界水塔"。② 基于高度梯度差异等原因，山地受到人类活动和全球环境变化的影响比其他任何地方都要强烈，而且会对洼地产生联动影响，属于典型的环境敏感区和生态脆弱区。所以，在 IGBP 中产生了一个"全球变化和山区的合作研究"的倡议，得到了 IHDP 与全球陆地观测系统（GTOS）等国际组织的认可。山地的土地利用变化研究成为全球环境变化研究中的一个重要内容。③

我国是一个多山的国家，陆地地貌呈现西高东低，山地多、平地少的特点。山地、丘陵和高原的面积占全国土地总面积的69%，平地不足1/3④，山地人口约占全国总人口的56%。同时，山地也是我国的资源宝库和江河源头，拥有全国20%的耕地、90%的林地、84%的森林蓄积量、77%的草场、76%的湖泊和98%的水能。⑤

云南是我国较典型的高原山地，山地和高原约占全省总面积的94%，其环境具有自身的脆弱性和对全球变化及人类活动的高度敏感性等特点。在近300年来，基于移民开发等原因，云南人口的分布模式彻底改变，云南山地的土地利用和地表覆盖发生了变化，成为近300年来我国环境变化最为剧烈的地区之一。

近300年来云南山地土地利用变化研究不仅是我国全球环境变化研究的重要组成部分，可以为全球环境变化模型的建立提供区域性长时段、高分辨率的空间数据集，也可以为全球环境变化背景下更大尺度的、具有相似生态区的土地利用变化研究提供外推的典型个案。此外，云南不仅处在长江的上游，而且还是澜沧江、怒江、元江等几条国际大河的流经之地。云南山地土地利用变化

① 钟祥浩主编：《山地学概论与中国山地研究》，第4～6、62～63页。

② 钟祥浩主编：《山地学概论与中国山地研究》，第6～7页。

③ IGBP，IHDP，GTOS 科学委员会：《全球变化与山区——山地研究倡议》，孙成权、林海、曲建升主编：《国际全球变化研究核心计划与集成研究》，第161页。

④ 郑度主编：《中国自然地理总论》，北京：科学出版社，2015年，第90页。

⑤ 刘葆主编：《中国旅游地理》，北京：中国商业出版社，2014年，第10页。

所导致的水土保持等环境的变化，不仅对我国长江中下游地区的水文生态有着重大的影响，而且还对位于国际河流下游的东南亚诸国有着重要的影响。在国家重视流域水土保持的背景下，研究云南山地人与自然相互作用和土地利用变化的历史进程，可以为流域水土保持、生态重建工作以及可持续发展政策的制定提供一定的借鉴，具有重要的学术价值和现实意义。

## 第二节　相关研究述评

国内外学术界对历史时期中国土地利用和环境变化的研究取得了较为丰富的成果，在研究问题、方法、资料和精度上都有了较大的进步，一些学者对这些成果进行了回顾[①]，尤其是何凡能等对近70年来中国历史土地利用变化研究的进展进行了全面梳理，认为这一研究经历了定性、半定量和"三定"（定时、定量、定位）三个发展阶段[②]。本书根据国内外学术界对历史时期中国土地利用变化研究的时代背景、研究方法和资料、量化重建的时空分辨率等因素，从学术发展史的视角分为三个阶段进行述评，即土地开发史和历史农业地理范畴的定性描述研究时期、土地利用变化的量化重建研究时期、高分辨率的空间化土地利用变化重建时期。最后，对国内山地，尤其是与云南山地土地利用变化相关的研究进行简单述评。

### 一、土地开发史范畴的定性描述研究

人类的农业生产活动所导致的耕地开垦与林地大规模消失是中国历史时期

---

[①] 对国内外历史时期 LUCC 研究的综述性研究已有多篇，如胡宁科、李新：《历史时期土地利用变化研究方法综述》，《地球科学进展》2012 年第 7 期，第 758～768 页；朱枫、崔雪锋、缪丽娟：《中国历史时期土地利用数据集的重建方法述评》Yang Y, Zhang S, Yang J, et al. A review of historical reconstruction methods of land use/land cover, *Journal of Geographical Sciences*, 2014, 24（4）：746－766；魏学琼、叶瑜、崔玉娟等：《中国历史土地覆被变化重建研究进展》，《地球科学进展》2014 年第 9 期，第 1037～1045 页；杨绪红、金晓斌、林忆南等：《中国历史时期土地覆被数据集地理空间重建进展评述》，《地理科学进展》2016 年第 2 期，第 159～172 页；张伟然等：《历史与现代的对接：中国历史地理学最新研究进展》，北京：商务印书馆，2016 年。

[②] 何凡能、李美娇、杨帆：《近 70 年来中国历史时期土地利用/覆被变化研究的主要进展》。

土地利用变化研究的重要内容，这一研究在时间上主要集中在 2000 年以前①，在研究内容上主要关注区域耕地的开发、环境影响及驱动因素等方面，属于土地开发史或历史农业地理的研究范畴。

历史文献资料是历史时期土地利用变化研究的主要依据之一，包括历代官私文献中所记载的田亩数据、田赋数据和人口数据等。早在 20 世纪 20—30 年代，卜凯②即对中国 22 个省、168 个地区进行了详细的农业经济调查，最后形成的《中国土地利用》（分论文集、地图集和统计资料三册）详细记载了中国农村土地利用的现状，并分析了自然和社会影响因素，是研究民国时期土地利用变化的重要参考。梁方仲的《中国历代户口、田地、田赋统计》③ 对我国自两汉至清末约两千年间的户口、田地、田赋统计资料进行考核测算，分门别类，综合编辑为 200 多份表格，对研究我国历史时期土地利用，尤其是耕地数量的演变具有较大的参考意义，在相关研究中得到广泛的使用。严中平的《中国近代经济史统计资料选辑》④ 和许道夫的《中国近代农业生产及贸易统计资料》⑤ 对中国近代各省的人口、耕地、主要作物的种植面积及产量等数据进行了汇编。彭雨新的《清代土地开垦史资料汇编》⑥ 对史籍档案中有清一代的土地开垦政策与实施状况相关的资料进行了汇编。葛全胜主编的《清代奏折汇编——农业·环境》⑦ 则将中国第一历史档案馆所藏档案资料中的农业、环境资料摘录汇编，其中涉及许多清代各地区的土地开发史资料。

关于中国历史时期土地利用变化的研究，从全国范围来讲，《中国自然地理·历史自然地理》⑧ 从整体上论述了历史时期中国森林分布的空间特征以及人类活动对森林植被的影响。此后，文焕然⑨ 分别对全中国范围和部分省区历

---

① 本书中对三个研究时段的划分只是针对大部分的研究成果而言，少量研究可能在时间上有出入。另外，由于篇幅所限，本书主要针对每个时期有代表性的论著进行述评，故部分研究未列入其中。

② 卜凯著，张履鸾译：《中国农家经济》，上海：商务印书馆，1936 年。卜凯主编：《中国土地利用统计资料》，上海：商务印书馆，1937 年。卜凯主编：《中国土地利用》，金陵大学农学院农业经济系，1941 年。

③ 梁方仲编著：《中国历代户口、田地、田赋统计》，上海：上海人民出版社，1980 年。

④ 严中平、徐义生、姚贤镐等编：《中国近代经济史统计资料选辑》，北京：科学出版社，1955 年。

⑤ 许道夫编：《中国近代农业生产及贸易统计资料》，上海：上海人民出版社，1983 年。

⑥ 彭雨新编：《清代土地开垦史资料汇编》，武汉：武汉大学出版社，1992 年。

⑦ 葛全胜主编：《清代奏折汇编——农业·环境》，北京：商务印书馆，2005 年。

⑧ 中国科学院《中国自然地理》编辑委员会：《中国自然地理·历史自然地理》，北京：科学出版社，1982 年。

⑨ 文焕然等著，文榕生选编整理：《中国历史时期植物与动物变迁研究》，重庆：重庆出版社，2006 年。

史时期的森林变迁过程进行了深入研究。杨向奎等研究了历史时期全国各地区的屯田与区域开发的过程。① 彭雨新主要考察了有清一代不同时期典型地区的土地开垦情况及其影响。② 尹懋可（Mark Elvin）则从环境史的角度研究了中国历史时期森林砍伐的空间过程与环境后果。③

从区域范围来看，黄土高原地区、北方农牧交错带、南方山区三个区域属于中国典型的环境敏感区和生态脆弱区，对人类活动和全球环境变化具有高度的敏感性，历史时期人类的农业垦殖活动对当地或河流下游区域造成了显著的环境影响，成为学术界研究的热点区域。

谭其骧的《何以黄河在东汉以后会出现一个长期安流的局面》④ 一文研究发现，历史时期黄河下游决徙严重的根源在于中游黄土高原的水土流失，黄土高原耕地开发所造成的土地利用变化与植被破坏是水土流失的主要原因，东汉以来至唐代少数民族的内迁和土地利用方式的改变使得黄河形成了一个长期安流的局面。这篇文章所开创的区域土地利用变化及其环境影响的研究理路为此后的研究者所继承，影响深远。史念海等通过历史文献资料、考古资料与实地考察，深入研究了黄河中游地区植被的类型和分布特征，复原了近 3000 年来黄土高原土地利用变化的过程，认为宋元以后至明清时期黄土高原植被破坏不断加剧，人类不合理的开垦及过度耕种是黄土高原环境恶化的主要原因。⑤ 王守春对古代黄土高原植被的类型、分布及演变过程进行了研究，认为西周早期至战国时期，黄土高原塬、梁、峁顶部的地带性植被是灌木和草原，山地、谷地和低湿地段则以森林为主。⑥ 以上研究复原了历史时期人类活动对黄土高原土地利用变化的影响及其阶段性特征，对当代黄土高原环境保护和水土流失防治提供了重要的理论基础。

侯仁之在历史文献资料、考古资料和田野调查的基础上，研究了毛乌素沙漠、乌兰布和沙漠的演进过程与自然环境、人类活动的关系，认为当代乌兰布和沙漠的范围是汉代以来不断扩展的结果，而毛乌素沙漠是在唐宋以后才逐渐

① 杨向奎、张政烺、孙言诚：《中国屯垦史》，北京：农业出版社，1990 年。
② 彭雨新编著：《清代土地开垦史》，北京：农业出版社，1990 年。
③ 尹懋可著，梅雪芹等译：《大象的退却：一部中国环境史》，南京：江苏人民出版社，2014 年。
④ 谭其骧：《何以黄河在东汉以后会出现一个长期安流的局面——从历史上论证黄河中游的土地合理利用是消弭下游水害的决定性因素》，《学术月刊》1962 年第 2 期，第 23～35 页。
⑤ 史念海、曹尔琴、朱士光：《黄土高原森林与草原的变迁》，西安：陕西人民出版社，1985 年。
⑥ 王守春：《论古代黄土高原植被》，《地理研究》1990 年第 4 期，第 72～79 页。

向南扩展，人类的垦殖与活动是加速沙漠形成与扩张的重要推动力。[1] 景爱研究了中国北方沙漠化的历史过程，认为人类对沙漠边缘区域所进行的农业垦殖与植被破坏是沙漠化的重要原因。[2] 邹逸麟的研究发现，气候冷暖变化是我国北方农牧过渡带人类活动和农业垦殖兴衰的主要原因，进而直接影响了农牧过渡带的南北变迁。[3] 韩昭庆研究了明代毛乌素沙地长城沿线区域的垦殖活动与沙地变迁的关系，认为明代长城沿线流沙形成的主要原因并非人类有限的垦殖活动，而是自然因素。[4] 侯甬坚的研究也进一步证明，在明清时期毛乌素沙地的演变过程中自然因素更为重要。[5] 此外，刁书仁等对清初以来东北地区的土地开发进行了研究，其中涉及内蒙古东部开发的历史过程。[6] 这些成果加深了我们对北方农牧交错带荒漠进退的空间过程及影响因素的认识，对当代北方农牧交错带生态环境保护和治沙防沙对策的制定具有重要的借鉴意义。

陈桥驿对历史时期浙江省的山地垦殖及其影响进行了探讨，认为康乾以来，随着玉米和番薯作物的先后传入，浙江省内大量人口不断涌入山区开发耕地，造成了山区植被的破坏和水土流失。[7] 邹逸麟研究了明清时期川陕鄂豫交界地区流民迁移、美洲作物传入与山区开发的关系。[8] 曹树基探讨了明清时期江西移民与山区开发的历史过程，并指出移民开发对于新作物、新品种和新技术传播具有重要的作用。[9] 鲁西奇以汉水流域为研究对象，考察了流域内不同区域的农业开发与土地利用方式的演变进程，特别注意到了流域内自然环境的

---

① 侯仁之：《从红柳河上的古城废墟看毛乌素沙漠的变迁》，《文物》1973 年第 1 期，第 35 ~ 41 页；《乌兰布和沙漠和考古发现和地理环境的变迁》，《考古》1973 年第 2 期，第 92 ~ 107 页。

② 景爱：《中国北方沙漠化的原因与对策》，济南：山东科学技术出版社，1996 年。

③ 邹逸麟：《明清时期北部农牧过渡带的推移和气候寒暖变化》，《复旦学报（社会科学版）》，1995 年第 1 期，第 25 ~ 33 页。

④ 韩昭庆：《明代毛乌素沙地变迁及其与周边地区垦殖的关系》，《中国社会科学》2003 年第 5 期，第 191 ~ 204 页。

⑤ 侯甬坚：《鄂尔多斯高原自然背景和明清时期的土地利用》，《中国历史地理论丛》2007 年第 4 辑，第 28 ~ 39 页。

⑥ 衣兴国、刁书仁：《近三百年东北土地开发史》，长春：吉林文史出版社，1994 年。

⑦ 陈桥驿：《历史上浙江省的山地垦殖与山林破坏》，《中国社会科学》1983 年第 4 期，第 207 ~ 217 页。

⑧ 邹逸麟：《明清流民与川陕鄂豫交界地区的环境问题》，《复旦学报（社会科学版）》1998 年第 4 期，第 62 ~ 69 页。

⑨ 曹树基：《明清时期的流民和赣南山区的开发》，《中国农史》1985 年第 4 期，第 19 ~ 40 页；《明清时期的流民和赣北山区的开发》，《中国农史》1986 年第 2 期，第 12 ~ 37 页。

不同而导致的土地开发的空间差异。① 刘翠溶以聚落作为区域开发研究的指标，探讨了 17 至 19 世纪间汉人聚落拓展与台湾开发和环境变化的历史。② 张建民研究了历史时期长江中游地区的人类农业活动与区域环境的变迁过程。③ 以上研究探讨了历史时期人类开发山地的时空过程及其环境后果，对理解山地人地关系和环境变化机制具有重要的作用。

除以上三个热点区域的研究外，1990 年以来历史农业地理的系列成果对中国历史时期土地利用和环境变化的研究做出了较大的贡献，既有以省域或自然地理区划为对象进行的长时段研究④，又有以某一个朝代或某一特定时期为研究时段的全国或区域范围的研究⑤，还有以农业技术发展为对象的研究。⑥ 2012 年，韩茂莉的《中国历史农业地理》⑦ 出版，是历史农业地理研究的总结性成果。历史农业地理的研究涉及内容非常广泛，如人口发展对耕地垦殖时空演变的影响、耕地数量的估算、农业生产的区域性特点、农业制度的演变、农业技术的发展、农牧分界线的变化、农业发展与环境变化之间的关系等，为历史时期土地利用变化研究奠定了重要基础。

① 鲁西奇：《区域历史地理研究：对象与方法——汉水流域的个案考察》，南宁：广西人民出版社，2000 年。

② 刘翠溶：《汉人拓垦与聚落之形成：台湾环境变迁之起始》，刘翠溶、伊茂可主编：《积渐所至：中国环境史论文集》（上册），台北："中央"研究院经济研究所，2000 年，第 295～347 页。

③ 张建民：《历史时期长江中游地区人类活动与环境变迁研究》，武汉：武汉大学出版社，2011年。

④ 郭声波：《四川历史农业地理》，成都：四川人民出版社，1993 年。

⑤ 韩茂莉：《宋代农业地理》，太原：山西古籍出版社，1993 年。韩茂莉：《辽金农业地理》，北京：社会科学文献出版社，1999 年。吴宏岐：《元代农业地理》，西安：西安地图出版社，1997 年。龚胜生：《清代两湖农业地理》，武汉：华中师范大学出版社，1996 年。陈国生：《明代云贵川农业地理研究》，重庆：西南师范大学出版社，1997 年。马雪芹：《明清河南农业地理》，台北：洪叶文化事业有限公司，1997 年。耿占军：《清代陕西农业地理研究》，西安：西北大学出版社，1997 年。周宏伟：《清代两广农业地理》，长沙：湖南教育出版社，1998 年。李心纯：《黄河流域与绿色文明——明代山西河北的农业生态环境》，北京：人民出版社，1999 年。王社教：《苏皖浙赣地区明代农业地理研究》，西安：陕西师范大学出版社，1999 年。王双怀：《明代华南农业地理研究》，北京：中华书局，2002年。李令福：《明清山东农业地理》，北京：科学出版社，2021 年。

⑥ 萧正洪：《环境与技术选择：清代中国西部地区农业技术地理研究》，北京：中国社会科学出版社，1998 年。

⑦ 韩茂莉：《中国历史农业地理》，北京：北京大学出版社，2012 年。

近年来，环境史研究方兴未艾，不仅对环境史理论进行了更加深入的探讨①（如环境史的概念、研究对象、多学科方法的应用、史料文献的扩展等）②，还对"环境破坏论"或环境衰败论进行了反思③，有效推进了环境史研究的深入。《中国环境史》④、《中国环境通史》⑤、《中国环境史纲》⑥ 等著作是近期中国环境史研究的集大成者。中国环境史相关研究对中国历史时期气候变化、人口迁移、农业开发、水利兴废等因素与环境变化的关系进行了深入的探讨，为本研究提供了重要借鉴。

总体来说，这一阶段关于中国历史时期土地利用与环境变化的研究属于区域土地开发史或历史农业地理的研究范畴，人类活动对区域耕地开发的过程与区域社会经济、生态环境的影响等成为研究的主要内容。土地利用空间演变的研究多以定性描述为主，量化研究还较为少见。在土地利用类型上，以耕地研究为主，林地、草地等类型的研究较为缺乏。

## 二、土地利用变化的量化重建研究

2000 年以后，中国历史时期土地利用变化研究逐渐进入全球变化框架下的定量研究阶段，研究内容主要集中在对耕地数量与空间演变的量化重建上。

中国丰富的历史文献资料记载了大量的耕地、林地等土地利用信息，是研

---

① 如梅雪芹：《环境史研究叙论》，北京：中国环境出版社，2011 年；《在中国近代史研究中增添环境史范式》，《近代史研究》2022 年第 2 期，第 10～13 页。王利华：《徘徊在人与自然之间：中国生态环境史探索》，天津：天津古籍出版社，2012 年；《关于中国近代环境史研究的若干思考》，《近代史研究》2022 年第 2 期，第 4～10 页。包茂宏：《环境史的起源与发展》，北京：北京大学出版社，2012 年。钞晓鸿：《环境史研究的理论与实践》，北京：人民出版社，2016 年。

② 周琼：《环境史史料学刍论——以民族区域环境史研究为中心》，《西南大学学报（社会科学版）》，2014 年第 6 期，第 150～161 页。

③ 如赵九洲：《中国环境史研究的认识误区与应对方法》，《学术研究》2011 年第 8 期，第 122～127 页。侯甬坚：《"环境破坏论"的生态史评议》，《历史研究》2013 年第 3 期，第 25～34 页。侯深：《文明演化的另一种叙事——反思环境史中的衰败论》，《社会科学战线》2022 年第 7 期，第 116～121 页。费晟：《环境史衰败论叙事的正误及其评判尺度》，《社会科学战线》2022 年第 7 期，第 122～127 页。曹牧：《走出"今不如昔"的困惑：环境史衰败论的缺陷与价值》，《社会科学战线》2022 年第 7 期），第 128～132 页。杨长云：《城市环境历史的叙事选择——以衰败叙事为中心的讨论》，《社会科学战线》2022 年第 7 期，第 133～140 页。

④ 张翠莲、孙兵、徐建平等：《中国环境史》（先秦卷、明清卷、近代卷），北京：高等教育出版社，2020、2021 年。

⑤ 王利华、侯甬坚、梅雪芹等：《中国环境通史》（史前—秦汉、魏晋—唐、五代十国—明、清—民国），北京：中国环境出版社，2019、2020 年。

⑥ 周琼、耿金：《中国环境史纲》，北京：高等教育出版社，2022 年。

究历史时期土地利用变化的重要数据来源。但传统册载亩数与实际耕地数量有较大的差异，如梁方仲提出："所谓顷亩是纳税单位，而非面积单位。"[1] 何炳棣也认为："传统的土地数据，只是交纳土地税的单位数目，与其说是实际耕种的亩数，还不如说是纳税亩数。因此，官方的土地数字必然大大低于实际。"[2] 其后，许多学者从不同角度论证了册载亩数与真实耕地面积之间的差异。[3]

历史时期册载耕地亩数虽然存在一定的问题，但有其产生的规律，对其进行修正后仍然可以作为复原历史耕地数量变化的重要数据来源，修正的方法主要有三种。[4]

第一种方法是对不同来源的耕地册载亩数或统计资料进行对比研究，选择相对准确的数据，并进行归一性处理，最后得到不同土地利用类型的数据。如葛全胜等综合处理和分析了民国时期和 1949 年以来的政府统计资料、调查资料和普查资料等相关数据，复原了 20 世纪中国耕地、林地、草地等主要土地利用类型的发展变化情况。[5] 在一些特定区域，对相对可靠的数据进行处理，也可得到满意的结果。如叶瑜等在对民国时期东北地区耕地数量进行复原时，除利用传统的历史文献资料和统计资料外，还利用满铁调查资料、俄国人的调查资料等，对这些多源数据进行同化处理，得到了民国时期东北地区数据意义明确且可与现代数据比较的县级耕地面积。[6] 这一方法所利用资料较为繁杂，在一定程度上影响了数据的准确性，且以全国或省域尺度的耕地数量复原为主，而县域尺度的耕地数量复原需要有特殊的资料来源。

第二种方法是趋势替代法。这一方法假设册载田亩数虽然总量上较实际耕地面积偏低，但可以大体反映耕地增长的变化趋势和区域差别。葛全胜等对清

---

① 梁方仲：《中国历代户口、田地、田赋统计》，第 338 页。

② 何炳棣著，葛剑雄译：《明初以降人口及其相关问题（1368—1953）》，北京：生活·读书·新知三联书店，2000 年，第 117～118 页。

③ 如郭松义：《清代田土计量种种》，《清史研究通讯》1984 年第 1 期，第 3～10 页；陈锋：《清代亩额初探——对省区"折亩"的考察》，《武汉大学学报》（社会科学版）1987 年第 5 期，第 76～83 页；傅辉：《亩制差异对土地数据的影响及相关问题》，《中国史研究》2006 年第 3 期，第 141～150 页；等等。

④ 除本书所列举的三种主要方法外，还有利用人口/丁数量来复原耕地数量的研究，如周宏伟：《清代两广农业地理》。

⑤ 葛全胜、赵名茶、郑景云：《20 世纪中国土地利用变化研究》，《地理学报》2000 年第 6 期，第 698～706 页。

⑥ 叶瑜、方修琦、戴玉娟等：《东北 3 省民国时期耕地数据的同化与垦殖率重建》，《自然科学进展》2006 年第 11 期，第 1419～1427 页。

代和民国时期的耕地数据进行同化处理，利用耕地面积指数法，以 1952 年的耕地数据替代 1887 年的耕地面积，与清代册载田亩数据相衔接，复原了近 300 年来中国内地部分省区的耕地数量。[1] 何凡能等认为册载田亩数字在地域空间上的分布具有相对合理性，根据不同时段土地垦殖指向与不同地域空间垦殖程度的差异，复原了清代关中地区的土地垦殖指数。[2] 趋势替代法在复原耕地数量基数值上获得的数据较从清代史料中获得的数据具有更高的准确性，适用于较大尺度耕地发展趋势的分析。

第三种方法是折亩换算法。册载耕地亩数与实际亩数之间存在一定的折算关系，不同地区根据土地质量、地方习惯等将实际耕地亩数折算成纳税亩数，形成册载亩积。[3] 如果一个地区的册载亩数都按照一个相似的折率进行折算，就可以将册载耕地亩数换算成真实田亩数。赵赟[4]和傅辉[5]通过分析册载耕地亩数与实际耕地面积的关系，用折亩率换算方法得到了明清以来苏、皖地区和河南部分时间断面的耕地数据修正值。叶瑜等利用折亩率换算、瞒田比率估计等方法修正了清代东北地区的耕地数据，并利用多源耕地数据关系模型对民国时期的数据进行同化处理，得到了东北地区过去 300 年的耕地面积和垦殖率变化情况。[6] 张青瑶采用具体州县具体分析的处理方法，详细考察每个州县册载亩数与实际耕地面积的关系，复原了清代晋北地区部分州县的耕地数量。[7] 折亩换算的方法将历史时期区域耕地面积复原的空间尺度下降到县级行政区，在一定程度上提高了研究的精度。但这种方法需要对每个行政区的折亩率进行细致的考证，适用于历史文献相对丰富，且自然环境较为相似的区域。

这一阶段除了耕地的研究，对其他土地利用类型的研究也取得了一些成

① 葛全胜、戴君虎、何凡能等：《过去 300 年中国部分省区耕地资源数量变化及驱动因素分析》，《自然科学进展》2003 年第 8 期，第 825～832 页；葛全胜、戴君虎、何凡能等：《过去 300 年中国土地利用、土地覆被变化与碳循环研究》，《中国科学》（D 辑：地球科学）2008 年第 2 期，第 197～210 页。

② 何凡能、田砚宇、葛全胜：《清代关中地区土地垦殖时空特征分析》，《地理研究》2003 年第 6 期，第 687～697 页。

③ 何炳棣著，葛剑雄译：《明初以降人口及其相关问题 1368—1953》，第 117～137 页。

④ 赵赟：《苏皖地区土地利用及其驱动力机制（1500—1937）》，博士学位论文，复旦大学历史地理研究中心，2005 年。

⑤ 傅辉：《明以来河南土地利用变化与人文机制研究》，博士学位论文，复旦大学历史地理研究中心，2008 年。

⑥ 叶瑜、方修琦、任玉玉等：《东北地区过去 300 年耕地覆盖变化》，《中国科学》（D 辑：地球科学）2009 年第 3 期，第 340～350 页。

⑦ 张青瑶：《清代晋北地区土地利用及驱动因素研究》，博士学位论文，陕西师范大学西北历史环境与经济社会发展研究院，2012 年。

果。如何凡能等主要以历史文献资料为依据，回溯估算了 1750—1900 年中国各省区每 50 年一个时间断面的森林面积与森林覆被率值。[1] 叶瑜等利用历史文献分析、原始潜在植被恢复等方法，重建了过去 300 年东北地区林地和草地覆盖变化的状况。[2] 何凡能等从历史文献资料入手，利用行政区等级、城镇数量及其城垣周长里数的统计方法，复原了清代中国城镇用地的面积。[3] 颉耀文等在大量野外实地考察的基础上，综合运用历史文献资料、考古资料、遥感和地图资料等，复原了近 2000 年来典型时期民勤盆地绿洲的分布。[4] 对林地、草地、城镇用地等土地利用类型的复原与研究，大大丰富了土地利用变化研究的内容，但从研究成果的数量和深度来看，仍显薄弱。

在历史时期土地利用变化的驱动力研究方面，此阶段的研究在注重综合分析的同时，也将注意力集中在某些重要的驱动力上面。如葛全胜等[5]综合分析了人口、政策、战争、自然环境变化和作物引种等因素对近 300 年来内地部分省份耕地数量变化的影响。何凡能等分析了政策因素对于清代中前期垦荒的影响，认为不同的政策与目的导致了土地开垦呈现出不同的时空特征。[6] 王晗研究了清代以来黄土高原地区人口扩张、政策演变等因素对区域土地利用变化的影响。[7]

可以看出，这一阶段的研究主要集中在通过对历史文献记载的数据资料进行处理以复原耕地数量上面，空间范围以全国或省级尺度为主，利用折亩方法可以精确到县级尺度。在对耕地这一土地利用类型进行复原的同时，林地、草地、城镇用地等土地利用类型也得到了关注，但相比来说仍较为薄弱。

① 何凡能、葛全胜、戴君虎等：《近 300 年来中国森林的变迁》，《地理学报》2007 年第 1 期，第 30～40 页。

② 叶瑜、方修琦、张学珍等：《过去 300 年东北地区林地和草地覆盖变化》，《北京林业大学学报》2009 年第 5 期，第 137～144 页。

③ 何凡能、葛全胜、郑景云：《中国清代城镇用地面积估算及其比较》，《地理学报》2002 年第 6 期，第 709～716 页。

④ 颉耀文、陈发虎、王乃昂：《近 2000 年来甘肃民勤盆地绿洲的空间变化》，《地理学报》2004 年第 5 期，第 662～670 页。

⑤ 葛全胜、戴君虎、何凡能等：《过去 300 年中国部分省区耕地资源数量变化及驱动因素分析》。

⑥ 何凡能、戴君虎、葛全胜：《从康雍干垦殖政策看中国清前期垦荒发展趋势》，《地理研究》2005 年第 6 期，第 878～888 页。

⑦ 王晗：《人口变动、土地利用和环境变化关系研究》，陕西师范大学西北历史环境与经济社会发展研究院博士学位论文，2008 年。

### 三、高分辨率的空间化土地利用变化重建研究

重建具有高分辨率的空间化历史土地利用变化数据集是全球环境变化模型构建的基础，这就要求中国历史时期土地利用变化研究不能仅停留在复原以行政区为单位的耕地面积上面，还需要建立更高分辨率的空间化土地利用变化数据集，即具有"三定"（定时、定量、定位）特点的网络化数据。① 2008 年以来②，随着计算机技术和地理信息科学的发展，这方面的研究取得了较大的进展，主要体现在三个方面：一是利用聚落作为代用资料重建耕地垦殖的空间变化格局，二是利用格网化方法重建一定空间分辨率的耕地数据集，三是驱动力机制的研究不断深入。

#### （一）利用聚落作为代用资料复原耕地垦殖的空间演变格局

聚落是人类活动的中心，包括农村聚落和城镇聚落。在传统中国农业社会，农村聚落较城镇具有更加广泛的分布。在新开发的区域，聚落建立与土地开垦几乎同步进行，聚落格局的发展演变可以反映土地利用变化的空间过程。

韩茂莉等复原了 20 世纪上半叶西辽河流域巴林左旗聚落的空间演变过程，分析了聚落分布与自然和人文环境的关系。③ 吕妍等根据聚落空间分布的演变特点，分析了镇赉县耕地开发的空间过程及驱动因素的阶段性影响。④ 曾早早等建立了吉林省聚落地名数据库，复原了吉林省近 300 年来聚落格局演变的历程，分析了不同聚落类型的时空分布特点，在一定程度上反映了土地开垦的发展趋势。⑤ 除乡村聚落外，城镇聚落在一定程度上也可以反映土地开发的趋势，如方修琦等研究了清代东北地区城镇体系发展的规律及其反映的土地开发

---

① 何凡能、李美娇、杨帆：《近 70 年来中国历史时期土地利用/覆被变化研究的主要进展》，《中国历史地理论丛》2019 年第 4 期，第 5 ~ 16 页。

② 本书以林珊珊、郑景云、何凡能《中国传统农区历史耕地数据网格化方法》（《地理学报》2008 年第 1 期，第 83 ~ 92 页）一文的发表为这一阶段的开始时间，但大量相关研究出现在 2010 年以后。

③ 韩茂莉、张瞱伟：《20 世纪上半叶西辽河流域巴林左旗聚落空间演变特征分析》，《地理科学》2009 年第 1 期，第 71 ~ 77 页。

④ 吕妍、张树文、杨久春：《基于地名志的东北历史时期土地利用变化研究——以吉林省镇赉县为例》，《地球信息科学学报》2010 年第 2 期，第 2174 ~ 2179 页。

⑤ 曾早早、方修琦、叶瑜：《吉林省近 300 年来聚落格局演变》，《地理科学》2011 年第 1 期，第 87 ~ 94 页；《基于聚落地名记录的过去 300 年吉林省土地开垦过程》，《地理学报》2011 年第 7 期，第 985 ~ 993 页。

的空间趋势。①

可以看出，利用聚落作为代用资料可以较好地反映新开发区域内土地垦殖的时间和空间演变格局。但由于这类研究的数据源多为地名志等文献资料，聚落内部土地利用变化的微观信息获取困难，无法通过重建聚落尺度的土地利用变化情况，进而利用尺度转换的方法②重建区域尺度的土地利用变化规律。

参与性农村评估方法（Participatory Rural Appraisal，PRA）、参与式历史地理研究方法（PHG）③、历史地理学与人类学相结合的田野调查方法等在一定程度上可以解决小尺度区域土地利用变化数据获得困难的问题。赵杰等对科尔沁沙地尧勒甸子村进行了 PRA 方法的应用，复原了 1950 年以来聚落尺度的土地利用变化情况。④ 郝仕龙等应用 PRA 方法对宁夏南部山区的聚落进行了土地利用变化调查研究，重建了 25 年来聚落尺度的土地利用变化过程。⑤ 但因为 PRA 和 PHG 方法调查时间短和研究视角的局限等，在小尺度区域土地利用变化的时间和调查数据的空间位置表达上都会受到一定的限制，而将历史地理学的实地考察和人类学的田野调查方法相结合，可以获得百年尺度较为准确的小尺度区域土地利用变化数据。⑥

（二）网格化方法的应用

网格化方法是将数据进行标准化处理，并重建具有高分辨率的空间化土地利用数据集的有效方法。⑦ 具体做法是先从历史文献资料、统计资料、当代遥感资料等多源数据资料中获得不同时期相对准确的耕地数量，然后基于 GIS

---

① 方修琦、叶瑜、葛全胜等：《从城镇体系的演变看清代东北地区的土地开发》，《地理科学》2005 年第 2 期，第 129～134 页。

② 罗格平、张爱娟、尹昌应等：《土地变化多尺度研究进展与展望》，《干旱区研究》2009 年第 2 期，第 187～193 页。

③ 石家宜：《参与式历史地理研究：理论、方法与评价》，《中国历史地理论丛》2020 年第 3 辑，第 141～147 页。

④ 赵杰、赵士洞：《参与性评估法在小尺度区域土地利用变化研究中的应用——以科尔沁沙地尧勒甸子村为例》，《资源科学》2003 年第 5 期，第 52～57 页。

⑤ 郝仕龙、李壁成、于强：《PRA 和 GIS 在小尺度土地利用变化研究中的应用》，《自然资源学报》2005 年第 2 期，第 309～315 页。

⑥ 霍仁龙、杨煜达：《田野调查和 GIS 方法在近 300 年来小尺度区域土地利用变化研究中的应用》，《中国历史地理论丛》2018 年第 4 期，第 62～69 页。

⑦ 满志敏：《小区域研究的信息化：数据架构及模型》，《中国历史地理论丛》2008 年第 2 期，第 5～11 页；朱枫、崔雪锋、缪丽娟：《中国历史时期土地利用数据集的重建方法述评》，《地理科学进展》2012 年第 12 期，第 1563～1573 页；杨绪红、金晓斌、林忆南等：《中国历史时期土地覆被数据集地理空间重建进展评述》，《地理科学进展》2016 年第 2 期，第 159～172 页。

（Geographical Information System，地理信息系统）方法构建地理模型，把研究区域均匀地划分为一定分辨率的网格，将耕地按一定的规则分配给符合条件的网格，形成具有一定空间分辨率的土地利用数据集。

国际上现有的历史土地利用变化数据集如"全球土地利用数据集"（SAGE）[①] 和"全球历史环境数据集"（HYDE）[②] 等，在全球环境变化模拟研究中得到广泛应用。但正如 SAGE 所声明的，全球数据集适用于全球尺度，不能作为区域性研究的依据。[③] 中国学者利用以上数据集与中国的土地利用变化情况所进行的对比研究也表明，这些数据不能客观反映中国历史土地利用变化的特征。[④] 所以，重建我国历史时期高分辨率的空间化土地利用变化数据集仍具有必要性和紧迫性。

张洁等在前人研究的基础上，推算出近 300 年来中国东部部分省区府州级别的耕地面积，然后按行政区域进行格网化（0.5°×0.5°），并按照一定的分配规则将耕地面积分配至网格中，复原了中国东部省区网格化的垦殖率变化过程。[⑤] 林珊珊等通过对影响我国历史时期土地开发利用的主导性因子的分析，选取坡度与人口作为量化自然与人文影响的主导因子，设计了一套将我国传统农区历史耕地数据网格化的方法与垦殖倾向模型，建立了传统农区 1820 年 60 千米空间分辨率的垦殖率数据集。[⑥]

① SAGE，重建时段为 1700—2007 年。Ramankutty N，Foley J A. Characterizing patterns of global land use: an analysis of global croplands data，*Global Biogeochemical Cycles*，1998，12（4）: 667 – 685.

② HYDE，重建时段为公元前 10000—2015。Goldewijk K K，Beusen A，Doelman J，et al. Anthropogenic land use estimates for the Holocene – HYDE 3.2，*Earth System Science Data*，2017，9（2）: 927 – 953.

③ Ramankutty N，Foley J A. Estimating historical changes in global land cover: Croplands from 1700 to 1992，*Global Biogeochemical Cycles*，1999，13（4）: 997 – 1027.

④ 李蓓蓓、方修琦、叶瑜等：《全球土地利用数据集精度的区域评估：以中国东北地区为例》，《中国科学》（D 辑：地球科学）2010 年第 8 期，第 1048～1059 页。He Fanneng，Li Shicheng，Zhang Xuezhen，et al. Comparisons of cropland area from multiple datasets over the past 300 years in the traditional cultivated region of China，*Journal of Geographical Sciences*，2013，23（6）: 978 – 990. Zhang Xue-Zhen，He Fan-Neng，Li Shi-Cheng. Reconstructed cropland in the mid-eleventh century in the traditional agricultural area of China: Implications of comparisons among datasets，*Regional Environmental Change*，2013，13（5）: 969 – 977. 方修琦、赵婉一、张成鹏等：《全球历史 LUCC 数据集数据可靠性的评估方法及评估案例》，《中国科学》（地球科学）2020 年第 7 期，第 1009～1020 页。

⑤ 张洁、陈星：《中国东部地区土地利用和植被覆盖的历史演变》，《南京大学学报》（自然科学版）2007 年第 5 期，第 544～555 页。

⑥ 林珊珊、郑景云、何凡能：《中国传统农区历史耕地数据网格化方法》，《地理学报》2008 年第 1 期，第 83～92 页。

其后，多位学者以全国、省级行政区或自然地理区划为研究区域，基于相似的研究理路，复原了不同空间尺度的网格化耕地数据集。在全国尺度上，Liu 等依据当代遥感影像数据、历史文献资料和已有研究成果，重建了全国尺度 10 千米分辨率的耕地、林地和城镇用地的土地利用数据集。① 针对全国尺度区域差异性问题，冯永恒等提出分区建模的方案，将中国定性划分为四个区域，并分别量化地形、人口要素与耕地分布之间的关系，重建了中国 20 世纪以来 6 个时间断面空间分辨率为 10 千米的网格化耕地数据。② Yang 等将海拔、坡度、水资源可用性、年降水量、与最近村落距离等因素考虑在内，建立了基于约束性元胞自动机的"自下而上"的历史耕地重建模型，模拟了中国传统农区 1 千米分辨率的耕地空间分布。③ 李士成等利用已有的土地利用数据，结合人口数据和政府统计资料等，形成了 1661—1996 年全国范围内 10 千米分辨率的耕地分布格局。④ 曹雪等重建了近 300 年来中国省域耕地数据集，进而从数量角度分析对比了国内外主要耕地数据集的差异及形成的原因。⑤

千年尺度的历史土地利用数据集的重建是模拟全球环境变化的重要数据基础，现有的研究在省域耕地面积重建的基础上⑥，不断向网格化重建发展。方修琦等通过综合近年来的研究成果，对过去 2000 年中国主要农耕区拓展的阶段性特点进行了研究，总结了全国耕地面积和近千年垦殖率变化的主要特征。⑦ 何凡能等利用已重建的宋辽金以来的耕地面积数据，通过遴选海拔高

① Liu Mingliang, Tian Hanqin. China's land cover and land use change from 1700 to 2005: Estimations from high-resolution satellite data and historical archives, *Global Biogeochemical Cycles*, 2010, 24 (3), doi: http://dx.doi.org/10.1029/2009GB003687.

② 冯永恒、张时煌、何凡能等：《20 世纪中国耕地格网化数据分区重建》，《地理科学进展》2014 年第 11 期，第 1546~1555 页。

③ Yang Xuhong, Jin Xiaobin, Guo Beibei, et al. Research on reconstructing spatial distribution of historical cropland over 300 years in traditional cultivated regions of China, *Global and Planetary Change*, 2015, 12 (8): 90 - 102.

④ Li Shicheng, He Fanneng, Zhang Xuezhen. A spatially explicit reconstruction of cropland cover in China from 1661 to 1996, *Regional Environmental Change*, 2016, 16 (2): 417 - 428.

⑤ 曹雪、金晓斌、王金朔等：《近 300 年中国耕地数据集重建与耕地变化分析》，《地理学报》2014 年第 7 期，第 896~906 页。

⑥ 何凡能、李美娇、刘浩龙：《北宋路域耕地面积重建及时空特征分析》，《地理学报》2016 年第 11 期，第 1967~1978 页。李美娇、何凡能、杨帆等：《元代前期省域耕地面积重建》，《地理学报》2018 年第 5 期，第 832~842 页。李美娇、何凡能、杨帆等：《明代省域耕地数量重建及时空特征分析》，《地理研究》2020 年第 2 期，第 447~460 页。

⑦ 方修琦、何凡能、吴致蕾等：《过去 2000 年中国农耕区拓展与垦殖率变化基本特征》，《地理学报》2021 年第 7 期，第 1732~1746 页。

度、坡度、气候生产潜力和土壤质地等因子，构建了土地宜垦性评估模型和耕地网格化分配模型，重建了北宋以来 24 个时点、10 千米分辨率的网格化耕地数据，研究了过去千年中国耕地分布的时空演变特征。[①]

在区域尺度上，现有研究利用多源数据资料，重建了西南[②]、东北[③]、西北[④]等地区不同空间分辨率的土地利用（主要是耕地）变化数据集。吴致蕾等使用聚落考古信息与历史文献资料，重建了北方农牧交错带辽、金、元、明四个时期 5′分辨率的耕地覆盖变化，一定程度上避免了网格化空间分配过程中无法确定网格中是否有耕地分布的不足。[⑤]

在历史时期林地和草地变化的研究中，何凡能等[⑥]和李士成等[⑦]通过遴选土地宜垦性主导因子，构建了土地宜垦性评估模型和历史森林面积网格化分配模型，分别重建了全国范围、西南地区和东北地区的林地分布格局。Yang 等考虑了耕地开发的适宜性、森林砍伐的困难度、木材交易的吸引力与森林资源的丰富程度等因素，构建了历史林地空间演变模型，重建了近 300 年来 6 个时间断面 1 千米分辨率的中国林地演变数据集。[⑧] 杨帆等利用现代遥感数据和潜在植被数据，结合历史耕地网格数据，构建了以间接扣减为核心的草地面积重

① 何凡能、杨帆、赵彩杉等：《过去千年中国耕地网格化重建与时空特征分析》，《中国科学：地球科学》2023 年第 1 期，第 115～131 页。

② 李柯、何凡能、张学珍：《基于 MODIS 数据网格化重建历史耕地空间分布的方法——以清代云南省为例》，《地理研究》2011 年第 12 期，第 2281～2288 页。李士成、何凡能、陈屹松：《清代西南地区耕地空间格局网格化重建》，《地理科学进展》2012 年第 9 期，第 1196～1203 页。

③ 张丽娟、姜蓝齐、张学珍：《19 世纪末黑龙江省的耕地覆盖重建》，《地理学报》2014 年第 4 期，第 448～458 页。姜蓝齐、张丽娟、臧淑英等：《清末耕地空间分布格局重建方法比较》，《地理学报》2015 年第 4 期，第 625～635 页。

④ 颉耀文、王学强、汪桂生等：《基于网格化模型的黑河流域中游历史时期耕地分布模拟》，《地球科学进展》2013 年第 1 期，第 71～78 页。

⑤ Wu Z L, Fang X Q, Jia D, et al. Reconstruction of cropland cover using historical literature and settlement relics in farming areas of Shangjing Dao during the Liao Dynasty around 1100AD, *The Holocene*, 2020, 30（11）：1516－1527. 吴致蕾、方修琦、叶瑜：《基于聚落考古信息的中国北方农牧交错带东段历史耕地覆盖格网化重建》，《古地理学报》2022 年第 6 期，第 1238～1248 页。

⑥ 何凡能、李士成、张学珍：《清代西南地区森林空间格局网格化重建》，《地理研究》2014 年第 2 期，第 260～269 页。He Fanneng, Li Shicheng, Zhang Xuezhen. A spatially explicit reconstruction of forest cover in China over 1700－2000, *Global and Planetary Change*, 2015, 131：73－81.

⑦ 李士成、何凡能、张学珍：《中国历史时期森林空间格局网格化重建方法研究——以东北地区为例》，《地理学报》2014 年第 3 期，第 312～322 页。

⑧ Yang Xuhong, Jin Xiaobin, Xiang Xiaomin, et al. Reconstructing the spatial pattern of historical forest land in China in the past 300 years, *Global and Planetary Change*, 2018, 165：173－185.

建方法，重建了甘宁青新过去 300 年的草地网格数据。①

除耕地、林地和草地等土地利用类型外，居民点用地、水域和交通等土地利用类型也得到了较大关注。潘倩等在多源数据资料的基础上，对耕地、城镇用地、农村居民点用地等土地利用类型的数量进行修正，运用治所邻近度分析、综合评价等方法反演了 1820 年江苏省 100 米分辨率的多地类土地利用分布格局。② 林忆南等利用历史文献资料、统计资料和基础地理信息等多种资料，提出重建历史城乡用地格局的方法，结合历史建设用地变化特点，重建了200 米空间分辨率的网格化城镇用地与农村聚落用地数据集。③

网格化方法在重建耕地空间演变方面具有重大的进步，构建了不同空间分辨率的土地利用变化数据集，突破了以往以行政区为空间尺度的局限。在网格化模型的构建中需要综合考虑自然和人文驱动力因素，并对其进行量化研究。在土地利用类型的复原上，也逐渐从以耕地为主向多类型重建方向发展。

网格化方法也存在一些不足。首先，在土地利用数量复原和空间分配规则的制定上，主要考虑自然因素和人文因素中的人口等较易量化的因子，而政策、社会经济等因素较少考虑，一定程度上影响了模拟结果的准确性。其次，耕地空间分配模型具有耕地"平铺"的缺陷，即网格只要有宜垦性值且位于最大可分配范围内，该网格就会分配耕地，而实际上该网格可能并无耕地分布。④

## （三）其他方法

近年来，学术界将利用现代测绘技术绘制的近代古旧地图作为历史土地利用研究的重要数据来源，开辟了一种新的研究路径。如潘威等利用 GIS 方法提取 1918 和 1978 年两张军用地形图中的相关信息，复原了上海青浦区的历史河网演变过程。⑤ 江伟涛以大比例尺的县城地籍图为主要资料，复原了民国时期

---

① 杨帆、何凡能、李美娇：《中国西部地区历史草地面积重建的方法：以甘宁青新区为例》，《地理研究》2020 年第 7 期，第 1667～1679 页。

② 潘倩、金晓斌、周寅康：《清代中期江苏省土地利用格局网格化重建》，《地理学报》2015 年第 9 期，第 1449～1462 页。

③ 林忆南、金晓斌、杨绪红等：《近两百年江苏省城乡建设用地数量估算与空间重建》，《地理学报》2017 年第 3 期，第 488～506 页。

④ 何凡能、杨帆、赵彩杉等：《过去千年中国耕地网格化重建与时空特征分析》，《中国科学：地球科学》2023 年第 1 期，第 115～131 页。

⑤ 潘威、满志敏：《大河三角洲历史河网密度格网化重建方法——以上海市青浦区 1918—1978 年为研究范围》，《中国历史地理论丛》2010 年第 2 辑，第 5～14 页。

句容县城的土地利用格局。① 杨园园利用 1954—2005 年间大比例尺地形图和遥感影像图分析土地利用变化的过程及规律，构建了高空间分辨率的土地利用变化网格化重建模型，并回溯模拟了镇赉县 20 世纪 30 年代多地类的土地利用状况信息。② 万智巍等依据民国时期 1∶5 万比例尺军用地形图，重建了民国时期江西省城市用地及清江县的土地利用全要素格局。③ 冯莹莹等利用民国时期 1∶5 万军用地形图复原了广东省梅江流域耕地、草地、建筑用地等土地利用格局。④

从以上回顾可以看出，在第三阶段的研究中，历史时期土地利用变化的研究在数据集重建的时间和空间精度、驱动力机制等方面都取得了突破性进展。首先，聚落代用法是复原新开发区域土地利用变化空间演变的有效方法，结合田野调查方法所获得的聚落尺度土地利用变化数据，可以重建高空间分辨率的区域土地利用演变过程。其次，网格化方法可以对土地利用变化数据进行标准化处理，突破了传统以行政区为研究单位的限制，提高了土地利用变化数据集的空间分辨率，成为当前土地利用变化重建研究的主要方法之一。再次，在土地利用变化数据集的重建中，除耕地的研究外，林地、城镇用地、居民点用地等其他土地利用类型的复原工作也在展开，但由于长时序土地利用数据的缺乏，全地类的土地利用数据集重建研究还较为薄弱。最后，土地利用变化驱动力机制的研究也取得了较大的突破，由传统时期驱动力因素的质性研究向综合量化研究方向发展，但由于较多考虑自然因素而忽略人文因素（如政策、农业技术等因素），降低了准确性，对耕地的空间分配也多是理论上的。

在中小尺度的区域土地利用变化重建研究中，可以将聚落代用法与网格化方法相结合。首先，在区域尺度内以聚落在区域内的空间演变作为耕地开发在区域内扩展的主线；其次，在聚落尺度，重建聚落内部高空间分辨率的土地利用变化过程；最后，将聚落尺度上推到区域尺度，得到区域尺度具有"三定"特征的土地利用变化数据。以上两种方法的结合需要解决两个问题：一是区域

---

① 江伟涛：《土地利用视角下的句容县城形态——以民国地籍图资料为中心的考察》，《中国历史地理论丛》2014 年第 2 辑，第 33~45 页。

② 杨园园：《吉林省镇赉县历史时期土地利用空间重建研究》，吉林大学地球科学学院博士学位论文，2015 年。

③ 万智巍、贾玉连、蒋梅鑫等：《民国时期江西省城市用地与城市化水平》，《地理学报》2018 年第 3 期，第 550–561 页。万智巍、邵海雁、廖富强等：《基于 1∶5 万地形图的民国时期县域土地利用全要素重建——以江西省清江县为例》，《中国历史地理论丛》2020 年第 4 辑，第 32~42 页。

④ 冯莹莹、胡茂川、谭学志等：《基于 1∶5 万地形图的历史土地利用重建及其时空演变分析——以梅江流域为例》，《中山大学学报（自然科学版）》2023 年第 2 期，第 104~112 页。

尺度聚落的空间演变，二是聚落尺度耕地数量与空间演变。这两个问题可以在利用地名志资料、历史文献资料和遥感影像资料等多源数据资料的同时，结合历史地理学与人类学的田野调查方法，获得聚落在区域内的空间演变过程、聚落内部耕地数量的发展和空间演变规律，最终完成两种方法的结合。这也是本书在方法论创新上的重要尝试。

### 四、历史时期云南山地土地利用和环境变化研究

历史上，尤其是明清以来，由于汉族移民大规模迁入云南进行农业、矿业等开发，大量的平坝与山区被开垦成农田，森林大面积消失，土地利用与生态环境发生了重大变化。

历史时期云南山地土地利用和环境变化研究主要集中在山地开发史的框架内，多跟移民与人口的发展、新作物品种的推广、制度变化等结合在一起。首先关注清代以来西南山区开发的是方国瑜先生。方先生通过清代汛塘在山区设立的扩张，得出了汉族移民在山区逐步扩散继而开发山区的空间线索。[1] 李中清（James Lee）对元明清时期西南地区的移民和人口增长，以及随之而来的农业和矿业开发等引起的土地利用变化情况进行了研究。[2] 方铁等对历史时期云南移民和人口的发展、土地的开垦与农业技术的发展等进行了较为详细的论述。[3] 蓝勇认为，虽然西南地区经过了明清时期的大规模人口移入和农业开发，但直到 20 世纪中叶，云南的森林覆盖率仍在 50% 左右。[4] 伊懋可（Mark Elvin）等考察了洱海地区 9—19 世纪间千余年环境演化的历史，指出由于移

---

① 方国瑜：《清代云南各族劳动人民对山区的开发》，《思想战线》1976 年第 1 期，第 70～74 页；《中国西南历史地理考释》（下册），北京：中华书局，1987 年，第 1218～1236 页。

② 李中清著，林文勋等译：《中国西南边疆的社会经济：1250—1850》，北京：人民出版社，2012 年；《1250—1850 年西南移民史》，《社会科学战线》1983 年第 1 期，第 118～128 页；《明清时期中国西南的经济发展和人口增长》，《清史论丛》第 5 辑，北京：中华书局，1984 年，第 50～102 页。

③ 方铁、方慧：《中国西南边疆开发史》，昆明：云南人民出版社，1997 年；方铁：《元代云南行省的农业与农业赋税》，《云南师范大学学报》（哲学社会科学版）2004 年第 4 期，第 57～64 页。

④ 蓝勇：《历史时期西南经济开发与生态变迁》，昆明：云南教育出版社，1992 年。蓝勇主编：《近两千年长江上游森林分布与水土流失研究》，北京：中国社会科学出版社，2011 年。

民垦殖的影响和森林植被的破坏，导致了洱海地区的环境恶化。①

杨伟兵在全球变化的视角下对历史时期云贵高原的土地利用变化进行了深入研究，详细分析了影响云贵高原土地利用变化的社会变革因素、田赋制度因素、矿政因素、人口因素、技术因素、民族文化因素等在不同的历史时期所发挥的不同驱动作用。② 杨煜达通过考察清代瀂苴河水患的阶段性特点及泥沙来源，认为水患的主要原因除了自然因素，人为原因如省外客民的移入、大量山地被开垦，以及当地彝族生产方式的改变对周围的山地环境造成了破坏也是重要原因。这一地区的环境恶化是在乾隆中期的短短几年内完成的，是为"环境突变"。③ 前文所提及的李柯等和李士成等分别对云南地区的耕地和林地进行了网格化重建。德国学者布劳恩（Braun）等利用 Agent-based 模型，通过估算每年的铜产量和木材需求量、农业人口的数量和土地开垦范围，并考虑了植物的再生潜力等因素，模拟了铜矿开发对滇东北地区土地利用变化的影响。④

清朝政府对云南的铜、锡等矿产进行大规模的开发，吸引了大量外省移民的迁入，由此导致的采矿、冶炼和为提供矿区基本粮食需要而进行的大规模耕地开发，对云南山区的土地利用产生了重要影响。杨煜达在研究了不同时期滇东北地区铜产量的基础上，全面考虑了铜矿生产本身的各个环节对环境的影响，提出在 1726—1855 年间，铜业生产直接导致该地的森林覆盖率下降了20%。⑤ 谭刚利用杨煜达的上述方法，推算出个旧 1890—1949 年 60 年间炼锡

---

① Mark Elvin, Darren Crook, Shen Ji, et al. The impact of clearance and irrigation on the environment in the Lake Erhai Catchment from the ninth to the nineteenth century, *East Asian History*, 2002, 23: 1 - 60. Mark Elvin, Darren Crook. An Argument From Silence? The Implications of Xu Xiake's Description of the Mijiu River in 1639, 云南大学历史系、云南大学中国经济史研究所编：《李埏教授九十华诞纪念文集》，昆明：云南大学出版社，2003 年，第 150 ~ 160 页。

② 杨伟兵：《云贵高原的土地利用与生态变迁（1659—1912）》，上海：上海人民出版社，2008年。还包括作者更早期的一些研究，如《制度变迁与地域社会：清代云贵地区改土归流和民族生态变迁新探》，《历史地理》第 21 辑，第 209 ~ 222 页；《清代前中期云贵地区政治地理与社会环境》，《复旦学报》（社会科学版）2008 年第 4 期，第 39 ~ 48 页。

③ 杨煜达：《中小流域的人地关系与环境变迁——清代云南瀂苴河流域水患考述》，曹树基主编：《田祖有神——明清以来的自然灾害及其社会应对机制》，上海：上海交通大学出版社，2007 年，第 28 ~ 53 页。

④ Braun A, Rosner H J, Hagensieker R, et al. Multi-method dynamical reconstruction of the ecological impact of copper mining on Chinese historical landscapes, *Ecological Modelling*, 2015, 303: 42 - 54.

⑤ 杨煜达：《清代中期（公元 1726—1855 年）滇东北的铜业开发与环境变迁》，《中国史研究》2004 年第 3 期，第 157 ~ 174 页。

的木材消耗造成了个旧等五县地区天然林平均覆盖率减少了80%以上。① 蓝勇则对历史时期滇东北以当地森林为主要燃料的盐业和冶铜业对森林植被造成的重大破坏进行了研究。② 日本学者西川和孝考察了乾隆年间为滇铜外运发挥重要作用的广西路线因为铜矿山的大量开发、铸钱局的铜币铸造和农业人口的移入等原因，给云南东部生态环境造成的影响。③

日本学者野本敬以清代道光年间金沙江流域武定彝族土司地区为个案，分析了清代后期金沙江流域矿业发展、移民迁徙等因素引发的森林破坏的过程。④ 武内房司研究了道光年间云南傈僳族起义的原因，认为是傈僳族从事刀耕火种与打猎的自然环境被汉人移民铜矿开发与江浙商人推动的山地开发破坏引发的。⑤ 以上两篇文章都是从地区个案入手，以微观视角、自下而上地考察了在不同人为因素下的区域土地利用变化，还原了丰富的历史场景。

清代是传统中央集权统治在云南最为深入的时期，也是云南边疆内地化及其导致的民族社会变迁最剧烈的时期，各民族地区的生态环境也随着山区的深入开发而发生了剧烈的变化，一些自然和人文现象的出现与消失可以反映这种环境变化的过程。杨伟兵论述了云贵高原粮食主产区和山地农田的开发与水利建设的依存关系，认为从经济问题向生态问题层面上转变的水利化，表明云贵高原在清中叶以后生态已经趋于恶化。⑥ 周琼认为，各民族地区水利工程兴修及疏浚中所呈现的程度严重的泥沙淤塞现象，反映出云南内地化过程中人为因素导致的山地环境破坏和水土流失的严重后果。⑦ 另外，周琼还探讨了清代云南由于人口的大量增加、农业的大规模开垦与矿业经济的发展，导致瘴气从坝区盆地向盆地周围的丘陵山川，由滇池、洱海等腹里地区向云南东南部、南

① 谭刚：《个旧锡业开发与生态环境变迁（1890—1949）》，《中国历史地理论丛》2010 年第 1 期，第 16～25 页。

② 蓝勇、黄权生：《燃料换代历史与森林分布变迁——以近两千年长江上游为时空背景》，《中国历史地理论丛》2007 年第 2 辑，第 31～42 页。

③ 西川和孝：《广西路线的成立及其影响——以乾隆至嘉庆年间为中心》，杨伟兵主编：《明清以来云贵高原的环境与社会》，上海：东方出版中心，2010 年，第 128～147 页。

④ 野本敬：《金沙江流域的开发及其对民族地区社会、环境的影响》，杨伟兵主编：《明清以来云贵高原的环境与社会》，上海：东方出版中心，2010 年，第 211～231 页。

⑤ 武内房司：《"开发"与"封禁"——道光时期清朝对云贵地区民族政策的浅析》，杨伟兵主编：《明清以来云贵高原的环境与社会》，上海：东方出版中心，2010 年，第 351～370 页。

⑥ 杨伟兵：《旱涝、水利化与云贵高原农业环境（1659—1960）》，曹树基主编：《田祖有神——明清以来的自然灾害及其社会应对机制》，上海：上海交通大学出版社，2007 年，第 54～81 页。

⑦ 周琼：《清代云南内地化后果初探——以水利工程为中心的考察》，《江汉论坛》，2008 年第 3 期，第 75～82 页。

部、西南部、西部民族边疆地区退缩的趋势。① 美国学者 David Bello 运用生态人类学的研究方法，以瘴疠这一生态和疾病现象为切入点，考察了西南地区复杂的地理环境、生态、民族多样性对边疆秩序、国家权力深入和行政管理体制的影响。②

面对历史时期山地环境变化研究文献资料不足的问题，多个学科和多种资料的运用是解决途径之一。美国学者孟泽思运用田野方法研究得出，农业变迁不仅受人口发展的影响，还同时受到商业机会、个人冲突、移民、技术改变、风俗与传统，以及由资源本身以外形成的政策所造成的干涉等各种因素的影响。③ 蓝勇亦利用田野调查的方法研究了历史上的皇木采办问题。④ 日本学者安达真平通过对云南元阳县哀牢山梯田的调查研究，从梯田灌溉的多样性角度考查了哀牢山梯田开垦的历史过程。⑤ 日本学者清水享认为生态环境碑刻是研究地区生态环境变迁的一种重要史料，并将云南南部的生态环境碑刻分类为保护森林碑刻、水利碑刻、矿产碑刻等。⑥ 澳大利亚学者唐立主要利用碑刻资料，以元阳地区为案例，探讨了移民迁入、人口增加所导致的山地开垦与环境恶化的进程。⑦ 周琼对环境史史料的构成、特点及应用进行了深入探讨，认为环境史研究应该利用"五重证据"，即"二重证据"、实地调查证据、非文字证据及跨学科证据。⑧

除了历史学和地理学界的研究涉及云南山地历史时期的土地利用和环境变

---

① 周琼：《清代云南瘴气与生态变迁研究》，北京：中国社会科学出版社，2007 年；《三至十七世纪云南瘴气分布区域初探》，《历史地理》第 22 辑，上海：上海人民出版社，2007 年，第 263～276 页。《清代云南生态环境与瘴气区域变迁初探》，《史学集刊》2008 年第 3 期，第 78～85 页。

② David A. Bello. To Go Where No Han Could Go for Long：Malaria and the Qing Construction of Ethnic Administrative Space in Frontier Yunnan. Modern China，2005，1（3）：283－317. 亦见 David A. Bello 著，杨煜达译：《去汉人不能久呆的地方：瘴疠与清代云南边疆地区的民族管理空间结构》，陆韧主编《现代西方学术视野中的中国西南边疆史》，昆明：云南大学出版社，2007 年，第 217～252 页。

③ 孟泽思：《云南省村民的环境史观点》，刘翠溶、伊懋可主编：《积渐所至：中国环境史论文集》，第 175～208 页。

④ 蓝勇：《明清皇木采办遗迹考》，《中国历史文物》2005 年第 4 期，第 80～84 页。

⑤ 安达真平：《哀牢山梯田的灌溉多样性及开田过程》，杨伟兵主编：《明清以来云贵高原的环境与社会》，上海：东方出版中心，2010 年，第 1～16 页。

⑥ 清水享：《云南南部的生态环境碑刻》，杨伟兵主编：《明清以来云贵高原的环境与社会》，上海：东方出版中心，2010 年，第 154～182 页。

⑦ 唐立：《18、19 世纪云南民间天然资源管理措施初探》，杨伟兵主编：《明清以来云贵高原的环境与社会》，上海：东方出版中心，2010 年，第 302～313 页。

⑧ 周琼：《环境史史料学刍论——以民族区域环境史研究为中心》。

化，生态人类学的研究亦做出了较大的贡献。如费孝通的《禄村农田》[1] 即为用生态人类学的方法研究云南传统山地农业的经典之作。尹绍亭运用生态人类学的方法探讨了云南地区刀耕火种的历史与发展历程，纠正了传统学术界对刀耕火种制度的种种误解，认为山地民族的刀耕火种是与当地的生态环境相适应的生产方式。[2]

# 第三节　研究内容与研究区域

## 一、研究内容

本书综合利用历史学、地理学和人类学等相关学科研究方法，以云南山地中小流域掌鸠河流域为研究区域，在重建流域范围内聚落空间演变的基础上，定性和定量研究近 300 年来山地土地利用变化的驱动机制，进而构建历史时期土地利用变化重建模型，模拟山地土地利用变化的时空演变进程。

在西南山地传统农业社会，由于交通不便，且农业生产以小农经济为主，农业人口的口粮主要来自本聚落或小区域范围内的耕地生产，虽然 1949 年以来社会制度发生了重大变化，但严格的户籍制度使得农业人口与耕地的关系更加紧密，这种关系一直持续到 1978 年的改革开放。在 1978 年之前，耕地数量的变化主要受自然环境、人口、政策和农业技术等传统因素的影响，利用这些影响因素可以较好地构建历史时期土地利用重建模型。1978 年以后，人口与耕地的关系发生了重大变化，农业人口的粮食和经济来源多样化，人口对耕地的依赖程度大大降低，尤其是受大区域市场的影响较大。所以，本书对近 300 年来掌鸠河流域土地利用变化的模拟时间自 1700 年起，至 1978 年止。

另外，在传统农业时期，西南山地土地利用变化主要体现在林地、草地等土地利用类型与耕地之间的转换上，本书对历史时期山地土地利用变化的研

---

[1] 费孝通、张之毅：《云南三村》，天津：天津人民出版社，1990 年。

[2] 尹绍亭：《远去的山火——人类学视野中的刀耕火种》，昆明：云南人民出版社，2008 年；《云南山地民族文化生态的变迁》，昆明：云南教育出版社，2009 年。

究，在聚落尺度会涉及耕地、林地、居民点用地和水域等类型，在流域尺度则主要着眼于耕地开垦的数量及其在流域内的空间演变，对耕地的类型不再细分。

## 二、研究区域

### （一）自然地理环境

云南地处中国西南边陲，是我国自然环境最复杂的省区之一。云南地形以山地高原为主，占全省总面积的 94%，坝子（盆地）只占全省总面积的 6%。[①] 受东南季风和西南季风的影响，加上境内低纬度和高海拔的综合作用，形成了云南独特的低纬山原季风气候。[②]

禄劝彝族苗族自治县（以下简称禄劝县）位于昆明市北部（102°14′E—102°56′E，25°25′N—26°26′N），东北接东川区，东临寻甸回族彝族自治县，南连富民县，西、西南和武定县毗邻，北隔金沙江与四川省会理、会东两县相望，为昆明市辖县。禄劝县总面积为 4249 平方千米，其中，山区面积占全县总面积的 98.4%，坝区仅占 1.6%。[③]

掌鸠河流域主体位于禄劝县西部，为普渡河支流，属长江流域金沙江水系。为保持数据资料的完整性与一致性，本研究所指的掌鸠河流域限定在禄劝县境内的流域主体部分，不包括位于武定县境内的部分支流区域。禄劝县境内掌鸠河流程 123 千米，径流面积 1367 平方千米，流域内海拔 1564～3137 米左右（图1）。[④]

---

① 云南师范大学地理系等编撰：《云南省志》卷1《地理志》，昆明：云南人民出版社，1998年，第8页。

② 王宇等编著：《云南省农业气候资源及区划》，北京：气象出版社，1990年，第4页。

③ 《禄劝彝族苗族自治县志》编纂委员会：《禄劝彝族苗族自治县志》，昆明：云南人民出版社，1995年，第3页。

④ 此处掌鸠河长度和流域面积是利用ArcGIS软件根据DEM数据计算得出的。数据来源于中国科学院计算机网络信息中心国际科学数据镜像网站（http://www.gscloud.cn），数据类型为30米分辨率的GDEM V2数据。

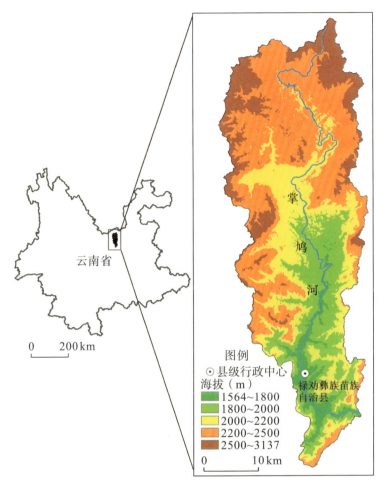

图1 掌鸠河流域地形图

禄劝县属于亚热带季风气候，多年平均温度为13.5℃；降水量具有季节和年季分布不均的特点，夏季（6—8月）最多，占年降水量的59%；秋季（9—11月）降水占年降水量的25%；春季（3—5月）降水较少，只占全年降水量的11%；冬季最少，占年降水量的5%。[1]

掌鸠河是县境内的主要灌溉河流，中下游河谷逐渐开阔，水量较大，形成了许多地势相对低平狭长河谷低地，成为禄劝县的主要农业分布区，也是禄劝县人口分布最为集中的区域。[2]

---

① 《禄劝彝族苗族自治县志》编纂委员会编：《禄劝彝族苗族自治县志》，第95、97～98页。
② 《禄劝彝族苗族自治县志》编纂委员会编：《禄劝彝族苗族自治县志》，第88页。

## （二）历史发展概况

禄劝，元以前称为"洪农碌券"①，罗婺②凤氏是境内较早的居民，为"邑之易龙里人也"，乌蛮之属，居于境内幸邱山中③。到宋孝宗淳熙年间，有阿而者，能服其众，被大理段氏推举为罗武（婺）部长，成为"三十七部之一"④。段氏"使乌蛮阿历丨治纳溪脃共龙城于共甸，又筑城名曰易龙。其裔孙法瓦浸盛，以其远祖罗婺为部名"⑤。天启《滇志》载："罗婺，本武定种，古因以为部名，又称罗武。……今俗名称罗午。楚雄、姚安、永宁、罗次皆有之。"⑥ 罗婺既是部落名，又作为民族之名。至矣袜时，实力渐强，已经"雄冠三十七部"⑦。

宋淳祐十二年（1252），"宪宗即位之明年，世祖以皇弟总兵讨西南夷乌蛮、白蛮、鬼蛮诸国，以兀良合台总督军事"，在取得大理后，于1254年"分兵取附都善阐（昆明），转攻合刺章水城，屠之"⑧。此处之"水城"，即位于罗婺部地区⑨。罗婺部长"矣格首先归附"，被授予罗婺万户侯⑩，成为元初云南十九万户府之一⑪，治所在南甸县（在今禄劝县境内）。《元史·地理志》记载："武定路军民府，……元宪宗四年内附。七年，立为万户，隶威楚。至元八年，并仁德、于矣入本部为北路。十一年，割出二部，改本路为武定。领州二。州领四县。"⑫ 并升罗婺部长矣格为武定路土官总管⑬。

明洪武十四年，命傅友德、蓝玉和沐英征云南，并授意在攻克云南府和大

---

① 《元史》卷61《地理志四》，北京：中华书局，1976年，第1462页。

② 罗婺在中华人民共和国成立以后被识别为彝族的一支。

③ 檀萃：《农部琐录》卷11《人物下·凤氏本末》，云南省图书馆传抄云南文史研究馆馆藏清乾隆四十五年（1780）刻本。本书主要参考何耀华：《武定凤氏本末笺证》，昆明：云南民族出版社，1986年。

④ 何耀华：《武定凤氏本末笺证》，第19页。

⑤ 《元史》卷61《地理志四》，第1462页。

⑥ 刘文征撰，古永继校点：天启《滇志》卷30《羁縻志十二》，昆明：云南教育出版社，1991年，第996页。

⑦ 《镌字岩凤氏世系摩崖·凤公世系记》，方国瑜主编：《云南史料丛刊》第7卷，昆明：云南大学出版社，2001年，第286页。何耀华：《武定凤氏本末笺证》，第26页。

⑧ 《元史》卷121《列传八·速不台》，第2979页。

⑨ 方国瑜：《元史兀良合台传·概说》，方国瑜主编：《云南史料丛刊》第2卷，昆明：云南大学出版社，1998年，第544页。

⑩ 何耀华：《武定凤氏本末笺证》，第29页。

⑪ 《元史》卷61《地理四·云南行省》，第1457页。

⑫ 《元史》卷61《地理四·云南行省》，第1462页。

⑬ 《镌字岩凤氏世系摩崖·凤公世系记》，方国瑜主编：《云南史料丛刊》第7卷，第285页。

理后，"其余部落，可遣人招谕，不必苦烦兵也"①。《武定军民府土官知府凤氏世袭脚色》石刻记载："大军光复云南，蒙总兵官差张镇抚前来本府招谕曾祖婆商胜，安抚人民。洪武十五年内，奉钧旨差徐千户领军赍榜到府守御，彼时曾祖婆令把事阿也等，将元所授金牌及本府印信，送付徐千户缴纳，后自备米粮一千石，带领把通，接济大军，开通道路，前赴云南金马山投拜归附。"②商胜归附后，仍授予土知府职③。洪武十五年（1382）三月设武定府，寻升军民府，万历中罢称军民，领州二、县一。④

洪武十六年（1383），商胜令人赴京贡马二十匹，并于当年七月，亲身入觐，被授予中顺大夫、武定军民府知府等职⑤。此后，武定土司不断贡马并带领土兵随征。⑥至弘治年间（1488—1505）阿英承袭土知府后，于弘治三年（1490）"奉例赐姓凤"。弘治十三（1500）年，奉征竹子箐、梁王山，功升亚中大夫。弘治十五年，征贵州普安，"以功进云南布政司右参政"⑦。

明初，西南诸蛮夷进贡，多沿袭元代之官职授之。其府州县正贰属官，或土或流，宣慰等司经历皆流官，府州县佐贰多流官。因土官势力较强盛，担任佐贰的流官多无权，"流官同知有如虚设，一切惟土司土官之命是从"⑧。为加强中央王朝对地方的控制，明朝曾尝试令佐贰流官掌印，"初，府（武定府）印自洪武以来俱掌于土官，正德间有司议以畀流官同知，土知府职专巡捕、征粮而已"，后来地方土目多次请求将府印归土官，府印才重归凤氏所掌。⑨

正德六年（1511），凤英病死，其子凤朝明袭。据《蛮司合志》记载："朝明有叛状，火头吾孟才告之官。"巡抚唐龙上奏以鹤庆例将武定府改土归流，因凤朝明贿赂太监钱宁而未改流⑩，但将其降为土舍，仍管土府如故，但府印已为流官同知所掌。⑪为抵制改土归流以保住昔日的权力，自明嘉靖七年

① 《明太祖实录》卷139，洪武十四年九月壬午。
② 《武定军民府土官知府凤氏世袭脚色》，方国瑜主编：《云南史料丛刊》第7卷，第283页。
③ 《明史》卷314《列传二百二·云南土司二》，北京：中华书局，1974年，第8094页。
④ 《明史》卷46《地理志七·云南》，第1182页。
⑤ 《武定军民府土官知府凤氏世袭脚色》，方国瑜主编：《云南史料丛刊》第7卷，第283～284页。《明太祖实录》卷157，洪武十六年十月辛未。
⑥ 《武定军民府土官知府凤氏世袭脚色》，方国瑜主编：《云南史料丛刊》第7卷，第284页。
⑦ 《凤公世系记》，方国瑜主编：《云南史料丛刊》第7卷，第285页。
⑧ 何耀华：《武定凤氏本末笺证》，第147页。
⑨ 《明史》卷314《列传二百二·云南土司二》，第8095页。
⑩ 毛奇龄：《云南蛮司志》，方国瑜主编：《云南史料丛刊》第5卷，昆明：云南大学出版社，1998年，第439页。
⑪ 何耀华：《武定凤氏本末笺证》，第102页。

（1528）至清初，凤氏发动了 7 次反叛①，可见其势力之强盛。

在平定了嘉靖四十四年（1565）凤继祖的反叛后，中央王朝对武定进行了改土归流。"隆庆元年［1567 年］，灭武定逆酋，巡抚尚书吕光洵奏设流官。改治、立御、建学、作城。"②将凤思尧降为府经历，当地土民"各思向化，愿属流官，以免遗累"③。改土归流的重点放在改革地方社会基层组织上面，以分散原有土司头目的权力。改土归流后，迁府治于狮山之麓，即今武定县治地区。

清康熙年间李廷宰为禄劝州知州时，驱逐了盘踞在今禄劝北部撒营盘地区的凤氏，并将二十四马头改马为甲。④禄劝由州降为县发生在乾隆三十五年（1770）。乾隆三十五年（1770）改武定府为直隶州，省和曲州，领元谋、禄劝二县。⑤ 1912 年，降武定直隶州为县，新设滇中道，禄劝、武定、元谋俱隶滇中道。1914 年，滇中道裁，禄劝直隶省署管辖。⑥ 1949 年 12 月 13 日禄劝解放，17 日成立禄劝县军政委员会，隶属于武定专区。1950 年 5 月成立禄劝县人民政府。1953 年 4 月撤销武定专区，并入楚雄专区，1958 年 4 月成立楚雄彝族自治州，禄劝亦随之属于楚雄彝族自治州。1983 年改隶昆明市。1985 年，经国务院批准，设立禄劝彝族苗族自治县，仍隶昆明市。⑦ 1990 年，禄劝县辖15 个乡、3 个镇、194 个办事处。境内居住着汉、彝、苗、傈僳、傣、壮、哈尼、回等 24 个民族，其中汉族人口数量最多，占全县总人口的 70%。⑧

---

① 据《明史》卷 314《列传二百二·云南土司二》（第 8094～8097 页）、何耀华：《武定凤氏本末笺证》（第 106～202 页）、毛奇龄：《云南蛮司志》（方国瑜主编：《云南史料丛刊》第 5 卷，第439～440 页）、《明实录》各朝实录等资料综合统计。

② 万历《云南通志》卷 1《地理》，林超民主编：《西南稀见方志文献》第 21 卷，兰州：兰州大学出版社，2003 年，第 31 页。

③ 吕光洵：《请改土设流疏》，光绪《武定直隶州志》卷 6《艺文》，林超民主编：《西南稀见方志文献》第 28 卷，兰州：兰州大学出版社，2003 年，第 613 页。

④ 李廷宰：《驱逐常应运将二十四马改土归流编甲申文》，康熙《禄劝州志》卷下《艺文志》，云南省图书馆传抄清康熙五十八年（1719）年刻本。

⑤ 嘉庆《大清一统志》卷 492《武定直隶州》，方国瑜主编：《云南史料丛刊》第 13 卷，昆明：云南大学出版社，1999 年，第 699 页。

⑥ 民国《禄劝县志》卷 4《建置志·沿革》，台北：成文出版社，1975 年，第 218 页。

⑦ 《禄劝彝族苗族自治县志》编纂委员会：《禄劝彝族苗族自治县志》，第 42 页。

⑧ 《禄劝彝族苗族自治县志》编纂委员会：《禄劝彝族苗族自治县志》，第 3 页。

人与环境：近300年来西南山地的开发与土地利用变化

032

# 第一章

## 山地历史地理研究方法

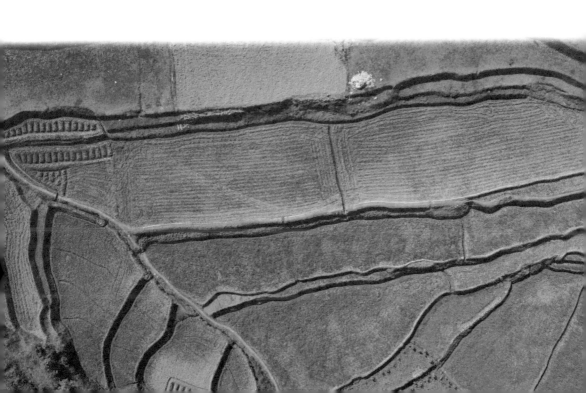

山地具有高度、梯度差异，以及由此引起的文化、社会经济多样性特征。在西南山地，由于开发时间相对较晚，且民族众多、文化多样，历史文献资料的数量较东中部地区存在较大差距，进一步限制了西南山地历史地理研究的深入开展。本章以山地历史土地利用和环境变化研究为例，探讨了将中小流域作为山地历史地理研究对象的可行性，研究了利用多学科方法和多技术手段获取、处理和分析多源数据资料的方法，以期为历史地理学或历史学的山地研究提供一套可行的研究方法与路径。

## 第一节　中小流域作为山地历史地理研究对象的可行性

　　流域是"由地面分水线包围的、具有流出口的、汇集雨水的区域"[1]，是山地的基本地貌组成单元，其本身具有一定的规律性和相似性。流域又是一个以水资源系统开发综合利用为中心、各种要素共同作用的社会经济系统。由于其内部相互联系的紧密性和完整性，流域往往构成一个相对完整的经济区域[2]，成为一个以水为核心的"自然—社会—经济"复合系统[3]，引起区域历

---

[1]　辞海编辑委员会：《辞海》，上海：上海辞书出版社，2010年，第1183页。
[2]　张彤：《论流域经济发展》，四川大学经济学院博士学位论文，2006年，第4页。
[3]　王尚义、张慧芝：《历史流域学论纲》，北京：科学出版社，2014年，第10页。

史地理研究越来越多的重视。①

中小流域②生态系统是相对封闭且独立的自然地理单元，其内部的物质输入—输出关系和能量流动具有半封闭性，成为研究山地生态系统的基本和基层单元。③ 从土地利用和环境变化的角度来看，中小流域内部具有相似或渐变性的自然地理背景和生态系统承载力，尤其是中小流域在"纵剖面"上的不同地段（上游、中游和下游）和"横断面"的不同地貌部位（上部坡顶、中部坡面和下部河谷）上的各种资源分布不均，其生态经济功能也不相同④，对人口移动和耕地开发的区域选择造成重要的影响。在中国历史上，山地流域的土地利用具有随地貌特征的变化而改变的规律，呈现出明显的空间异质性特征，是研究近300年来西南山地土地利用和环境变化的理想区域。

## 第二节　历史文献法

历史文献法是历史学的基本方法，也是进行历史时期土地利用和环境变化研究的主要方法之一。⑤ 在西南山地，由于少数民族众多，实行与内地平原地区不同的耕地统计制度，在统计名目上，少数民族地区存在免丈田地："云南夷户，除垦耕官屯、民田仍按亩起科外，其所种番、夷地，皆计户纳粮，免其

① 如鲁西奇：《区域历史地理研究：对象与方法——汉水流域的个案考察》，南宁：广西人民出版社，2000年；李孝聪：《中国区域历史地理》，北京：北京大学出版社，2004年；孙靖国：《桑干河流域历史城市地理研究》，北京：中国社会科学出版社，2015年；任世芳：《汾河流域水资源与水安全》，北京：科学出版社，2015年；孟万忠：《汾河流域人水关系的变迁》，北京：科学出版社，2015年；马强主编：《嘉陵江流域历史地理研究》，北京：科学出版社，2016年；王尚义：《历史流域学的理论与实践》，北京：商务印书馆，2019年。

② 学术界对中小流域的界定还未有统一的标准，如对小流域的界定有1000平方千米（美国）、100平方千米（欧洲阿尔卑斯山区国家）、10～50平方千米（中国）。参见王震洪、段昌群、张世彪：《从生态经济观论小流域及小流域综合治理》，《生态经济》1997第6期，第22～26页。在本书的研究中，流域的分类不是研究重点，故以山地（中小）流域统称小于或略大于1000平方千米的流域。

③ 钟祥浩主编：《山地学概论与中国山地研究》，第55页。

④ 杨庆媛、周宝同、涂建军等：《西南地区土地整理的目标及模式》，北京：商务印书馆，2006年，第209～211页。

⑤ 方修琦：《关于利用历史文献信息进行环境演变研究的几点看法》，《中国历史地理论丛》2007年第2辑，第153～155页。周琼：《环境史史料学刍论——以民族区域环境史研究为中心》。

查丈。"① 此外，山地自然环境复杂，不同环境下单位耕地收成相差较大，为鼓励人们开垦更多的耕地，政府对质量较差的耕地免予征赋税，"嗣后滇省山头地角，水滨河尾，俱着听民耕种，概免升科"②。以上西南山地在民族构成和自然环境等方面的特殊性，导致历史文献中的耕地统计数据不能准确反映实际田亩数量。

据康熙《武定府志》记载，禄劝州田地数量一千二百四十三顷六十四亩五分二厘九毫二系二忽。③ 至光绪年间，据光绪《武定直隶州志》记载，禄劝县田地数量依然是一千二百四十三顷六十四亩五分二厘九毫二系二忽。④ 过了200年左右的时间，在境内人口大量增加的同时，册载耕地数量却丝毫未有增加，完全不能反映耕地变化的真实情况。民国时期禄劝县虽然进行了耕地清丈，但仍然只是纳税面积，非真实耕地数量。即使是在 1949 年以后，田野调查的结果显示，这一时期耕地的册载数量与真实数量之间也存在较大差距。故本研究不以修正历史文献册载耕地数量为手段来恢复研究区域的耕地数量变化。

由于本书的目的是研究不同历史时期在不同的驱动因素共同作用下，在流域和聚落尺度下人们如何选择耕地开垦的空间和数量，是较高分辨率的研究，因此在搜集历史文献资料时，主要集中在山地土地利用变化的驱动因素上，包括不同区域范围内的移民和人口发展资料、土地利用变化相关的制度和政策资料、农业技术发展资料等。

## 一、清代文献资料

首先是正史、实录、清宫档案和奏折等资料。这些资料中关于全国范围或本书研究区域的政治、军事和社会经济、民族等的历史发展信息都是本书研究的基础。其中，方国瑜主编的十三卷《云南史料丛刊》对清代及以前的史料搜集整理相对完备，是本书利用较多的资料汇编。

---

① 《清会典》卷 18《户部·尚书·侍郎职掌六》，方国瑜主编：《云南史料丛刊》第 8 卷，昆明：云南大学出版社，1999 年，第 128 页。

② 《钦定大清会典事例》卷 164《户部十三·田赋》，方国瑜主编：《云南史料丛刊》第 8 卷，第 178 页。

③ 康熙《武定府志》卷 2《田赋》，《续修四库全书·史部·地理类》第 715 册，上海：上海古籍出版社，2002 年，第 51 页。

④ 光绪《武定直隶州志》卷 2《田赋》，林超民主编：《西南稀见方志文献》第 28 卷，第 461 页。

其次是云南各级地方志资料，包括明清时期几部官私所修的《云南通志》①、武定府（直隶州）志②和禄劝州（县）志③等，对于地方社会经济发展的历史进程有较为详细的记载，是研究区域土地利用变化的重要参考。

再次是清代文人的文集、笔记和游记资料。清代从外省来滇做官或游历、经商的文人对云南山地社会经济的发展状况、山地垦殖情况、人口和民族分布情况等有较为直观的描述，是研究当时土地利用状况的重要资料来源。④

最后是碑刻、清末报刊等资料。碑刻包括寺庙碑刻、墓碑、水利和林业碑刻⑤等，对于地方人口、社会经济和地方环境观念的发展变迁等有较集中的反映。清末的一些报刊资料⑥则较多地关注地方社会经济的发展与民生状况，是了解当时农业经济发展和耕地开发的重要资料来源。

## 二、民国时期文献资料

民国时期的相关文献资料在数量和精度上都较清代有了质的提升，大体可分为四类。

第一类是各级政府部门的档案资料，主要包括中央和省级政府关于地方税收、鼓励垦荒、发展农业技术的政策，农业耕地面积和产量等的统计等。⑦ 另外，民国时期云南省政府主导的耕地清丈⑧和人口调查⑨资料虽然存在一些问题，但进行修正后可以提供时间断面上的参考。这些档案资料为研究民国时期云南山地社会经济的发展提供了良好的基础。

禄劝县档案馆所藏民国时期档案资料相对较为丰富，既包括民国时期禄劝

---

① 方国瑜：《云南史料目录概说》，北京：中华书局，1984年，第682～699页。

② 康熙《武定府志》，《续修四库全书·史部·地理类》第715册。光绪《武定直隶州志》，林超民主编：《西南稀见方志文献》第28卷。

③ 主要有康熙《禄劝州志》和《农部琐录》两部方志。

④ 如刘慰三：《滇南志略》对云南府耕地、水利类型及特点的描述。

⑤ 李荣高等编：《云南林业文化碑刻》，德宏：德宏民族出版社，2005年。

⑥ 如中国科学院历史研究所第三所编：《云南杂志选辑》，北京：科学出版社，1958年。

⑦ 这些资料主要集中于一些民国资料汇编中，如中国第二历史档案馆编：《中华民国史档案资料汇编》第3辑、第5辑（南京：江苏古籍出版社，1991、1994年），秦孝仪主编：《革命文献》第102辑《抗战建国史料：农林建设》（台北："中央"文物供应社，1985年），云南省财政厅、云南省档案馆编：《民国时期云南田赋史料》（昆明：云南人民出版社，2002年）。

⑧ 喻宗泽等编纂：《云南行政纪实》第一编《财政二·清丈耕地》，云南财政厅印刷局，民国三十二年［1943年］铅印本，第1～2页。

⑨ 云南省档案馆编：《云南省档案史料丛编》第2辑《近代云南人口史料（1909—1982）》，1987年，内部发行。

县关于田地开发、人口发展和民族分布的情况，也有部分关于农业税收相关政策、发展农业生产的措施及成果（如兴修水利、推广良种、改良耕作制度、发展畜牧业）等的资料。笔者在禄劝县档案馆共获得 58 卷民国时期相关档案资料，为民国时期区域的土地开发研究提供了良好的资料基础。

第二类是各级地方志资料，主要包括省级通志和县级方志。省级通志这一时期较为重要的是《续云南通志长编》① 等，县级方志有民国《禄劝县志》② 和民国《禄劝县志稿》③ 等。方志资料对于民国时期各级政府的相关政策、人口发展、土地开发等内容有较为详细的论述。

第三类是民国时期由各级政府、学术团体和个人所进行的社会调查与研究资料。除全国性的土地调查④外，在云南地区，既有由政府相关部门主持的农村调查⑤，又有由学术单位或个人进行的科学调查研究⑥。尤其是抗战军兴，西南成为中国抗战的大后方，为加强农村建设，支持抗战，各学术团体和研究者加强了对云南农村的调查研究⑦，呈现了当时云南社会经济的丰富面貌。⑧

第四类是报刊和游记资料等。报刊资料中包含丰富的区域信息，其中一些法令性文件有时也会在报刊上登载⑨，可以较好地反映当时的社会经济发展情况。民国时期云南地区的游记资料明显增多，既有国内学者的游记⑩，也有西方人出于各种目的进行的考察或游历记录⑪，为我们了解当时的地方社会提供了一个直观的视角。

---

① 云南省志编纂委员会办公室编：《续云南通志长编》，云南省志编纂委员会办公室，1985 年。

② 民国《禄劝县志》卷 3《风土志·种人》。

③ 民国《禄劝县志稿》，云南省图书馆藏抄本。

④ 卜凯主编：《中国土地利用》。土地委员会编：《全国土地调查报告纲要》。

⑤ 如行政院农村复兴委员会编：《云南省农村调查》，上海：商务印书馆，1935 年。

⑥ 如中山大学农学院编：《云南省五十县稻作调查报告》，经济部中央农业实验所云南省工作站印，1939 年。

⑦ 如费孝通、张之毅：《云南三村》。中央政治学校地政学院于民国二十年代派学员到各重要地区实习调查，其中涉及此时云南农村土地者主要有黄振钺《云南田赋之研究》、吴其荣《云南之土地整理》、王心波《云南省五县农村经济之研究》、林定谷《昆明县租佃制度之研究》等，萧铮主编：《民国二十年代中国大陆土地问题资料》，台北：成文出版社，1977 年。

⑧ 如张肖梅主编：《云南经济》，中国国民经济研究所，1942 年；王簴贻：《经营滇省西南边议》，董光和、齐希编：《中国稀见地方史料集成》第 57 册，北京：学苑出版社，2010 年。

⑨ 如《云南民政月刊》。

⑩ 如钟天石等：《西南游行杂写》，台北：文海出版社，1973 年。

⑪ 如戴维斯著，李安泰等译：《云南：联结印度和扬子江的锁链·19 世纪一个英国人眼中的云南社会状况及民族风情》，昆明：云南教育出版社，1999 年。

### 三、新中国成立后文献资料

新中国成立后的相关文献资料更加丰富与多样，大体可分为三类。

第一类是各级政府的档案资料。中央层面的档案①和云南省委、省政府的档案②包括每个时期重要的政策性文件，是地方社会发展的方向性纲领。禄劝县档案馆所藏的县级档案涉及1949年以后地方社会发展的方方面面，包括1950年代初期的农村社会调查档案（包括土地面积、粮食产量、人口数量、家庭成分等）、土地改革档案、农业增产增收档案（包括兴修水利、增施肥料、土壤改良、改善耕作制度等）、农业税收档案、人口和民族调查档案等。还有一些乡镇档案，涉及乡镇每个聚落的人口、民族、耕地、农业产量、税收负担、农业技术发展等内容。笔者在禄劝县档案馆获得了210卷中华人民共和国成立后的县级档案资料，构成了研究中华人民共和国成立后掌鸠河流域土地利用变化的核心资料之一。

第二类是地方志和官方统计资料等。省级方志资料主要是20世纪80年代以后编纂和出版的《云南省志》，包括地理志③、农业志④、土地志⑤、水利志⑥等，为我们提供了省级及地方的自然地理概况和社会经济发展的整体脉络。另外，云南省统计局编的《云南统计年鉴》也为部分与整体、横向与纵向的比较研究提供了重要的参考。县级方志资料主要有《禄劝彝族苗族自治县志》⑦、《禄劝彝族苗族自治县农业志》⑧、《禄劝彝族苗族自治县水利电力志》⑨等，详细反映了这一时期禄劝地方人口、耕地、水利等方面的变化情

---

① 如财政部农业财务司编：《新中国农业税史料丛编》第5册《中央和大区的农业税政策法规（1950—1983）》，北京：中国财政经济出版社，1986年。

② 如云南省财政厅、云南省档案馆编：《新中国农业税史料丛编》第28册《云南省分册（1950—1983年）》，昆明：云南人民出版社，1986年。云南农业合作化史编辑室，中共云南省委农村工作部，云南省档案馆编：《云南农业合作制史料》第一卷《重要文件汇编》（1952—1962）。

③ 云南师范大学地理系等编撰：《云南省志》卷1《地理志》。

④ 《云南省志·农业志》编纂委员会编撰：《云南省志》卷22《农业志》，昆明：云南人民出版社，1996年。

⑤ 云南省土地管理局编：《云南省志》卷64《土地志》，昆明：云南人民出版社，1997年。

⑥ 云南省水利水电厅编撰：《云南省志》卷38《水利志》，昆明：云南人民出版社，1998年。

⑦ 《禄劝彝族苗族自治县志》编纂委员会编：《禄劝彝族苗族自治县志》。

⑧ 禄劝彝族苗族自治县农业局编：《禄劝彝族苗族自治县农业志》，昆明：云南大学出版社，1999年。

⑨ 禄劝彝族苗族自治县水利电力局编：《禄劝彝族苗族自治县水利电力志》，昆明：云南民族出版社，1993年。

况。《云南省禄劝彝族苗族自治县地名志》①则对县境内的政区、聚落、名胜古迹、河流、山脉等的地理位置，名称的来源、内涵，聚落人口、民族构成、耕地情况等进行了描述与统计，是本书聚落数据库建设、民族空间分布研究的重要数据来源。

第三类是报刊、笔记和回忆录等资料。中华人民共和国成立以来的报刊充当着一定的政治宣传功能，一些重要的国家、地方政策文件也会在报刊上面刊登，可以反映某一时期社会发展的方向。回忆性资料则主要存在于地方的文史资料中。截至 2015 年，禄劝县共出版了 16 辑《禄劝文史资料》，这些资料对于理解特定时期的社会发展情况有重要的助益。

## 第三节  田野调查法

田野调查法是历史地理学的主要研究方法之一，侯仁之先生认为，"历史地理工作者，应该保持一定的时间，走出书房，在实地考察中，去开阔自己的科学视野，并运用现代地理学的知识和技能去发现问题，解决问题。"②侯先生还强调在研究北京历史地理与西北沙漠历史地理时都注重运用田野调查的方法。③史念海先生亦重视将实地考察与文献资料相结合的方法应用于黄土高原的研究，使得许多在文献上无法解决的疑点经过调查都已冰释然。④谭其骧先生在对黄河下游、长江下游地区的历史地理研究中也都注重田野调查资料的运用。⑤可见，田野调查法在历史地理学的研究中一直被重视和利用，一定程度上补充了文献资料的不足，推进了历史地理学研究的深入。但对于严重缺乏文献资料的区域，在运用历史地理学的田野调查方法时，还需要进一步借鉴人

①  禄劝彝族苗族自治县人民政府编：《云南省禄劝彝族苗族自治县地名志》，昆明：云南人民出版社，1995 年。

②  侯仁之：《历史地理学刍议》，《侯仁之文集》，北京：北京大学出版社，1998 年，第 10 页。

③  参见侯仁之：《历史地理学的视野》，北京：生活·读书·新知三联书店，2009 年。

④  邹逸麟：《黄河流域环境变迁研究中的重大贡献——恭贺史念海先生 80 华诞》，《陕西师大学报（哲学社会科学版）》1992 年第 3 期，第 41~44 页。史念海：《史念海全集》，北京：人民出版社，2013 年。

⑤  参见谭其骧：《何以黄河在东汉以后会出现一个长期安流的局面》《上海市大陆部分的海陆变迁和开发过程》，均见《长水集》（下），北京：人民出版社，1987 年，第 1~32、160~178 页。

类学的田野调查法来开拓新的资料来源，进一步推动研究的深入。

田野调查法是人类学的基本方法，也称为田野工作，是"一种对一个社会及其生活方式亲身从事的长期性的调查和体会工作。……研究其社会结构，并致力于了解当地人的观点，以期达到研究该社会整体文化的目的"[1]。然而，与历史地理学主要运用文献资料的方法不同的是，人类学家虽然也要利用图书馆、博物馆或档案馆，但其研究资料应主要来源于自己的田野工作。[2] 社会人类学被界定为"对小型社会研究，即忽略历史的、比较的民族志的研究"[3]，以大量的参与观察为其独特方法，而历史地理学则是研究历史时期地理环境变化的学科，同时注重时间与空间两个维度。所以，在将这两个学科方法进行结合时，除了对一个社会及其生活方式亲身从事长期调查和体会工作，区域土地利用在不同历史时期的空间演变过程以及导致土地利用变化的自然及人文驱动因素成为笔者运用这一方法时首要关注的问题。

## 一、流域内聚落的普遍调查

### （一）调查目的及内容

在一个新开发的区域，居民点的空间分布及演变可以反映该区域内耕地开发和土地利用变化的过程。流域内聚落的普遍调查即是在历史文献资料和地名志资料的基础上，对全流域的聚落进行调查，以获得流域内聚落的创建、消亡及空间扩散过程，主要包括每个自然村的创建时间、始迁民族、与周边聚落的关系等。

笔者于 2015 年 4 月 2 日至 5 月 16 日对掌鸠河流域内的聚落进行了普遍调查。此外，笔者在进行典型聚落的长期调查时，多次对典型聚落周边的聚落进行调查，以对普遍调查的结果进行补充和校正。

---

[1] 孙秋云：《文化人类学教程》，北京：民族出版社，2004 年，第 13 页。
[2] 汪宁生：《文化人类学调查——正确认识社会的方法》，北京：文物出版社，1996 年，第 1 页。
[3] 古塔·弗格森著，骆建建等译：《人类学定位：田野科学的界限与基础》，北京：华夏出版社，2005 年，第 8 页。

## （二）调查方法

### 1. 文献资料搜集

文献资料搜集包括田野调查前所进行的对研究区域内文献资料的搜集和田野调查时进行的地方文献资料搜集两部分，文献资料搜集有助于了解调查区域社会经济发展和土地利用变化的历史背景，并且可以与访谈资料进行对比验证。田野调查前的文献资料搜集是在进行田野调查之前对调查区域的文献资料包括地方志资料、地名志资料、社会经济统计资料和档案资料等进行系统搜集和阅读。田野调查时的地方文献资料搜集是在进行田野调查时对调查区域内的家谱资料、碑刻资料、中华人民共和国立立以来的地方人口和社会经济统计资料等进行系统搜集。

### 2. 聚落信息表格制作

聚落信息表格制作主要依据地名志资料，辅以历代方志、档案等资料，获取部分聚落在历史文献中最早出现的时间等相关信息，以判断聚落创建的时间节点。如在康熙《禄劝州志》中即记载当时的聚落有莺子竜（今英子龙）、明油村（今咪油村）、永平村（今永平村）等①，即可证明这些聚落在康熙年间就已创建。而民国《禄劝县志》中记载的聚落则可以提供聚落创建的时间下限，继而利用田野调查法进一步确定聚落创建的相对准确时间。

### 3. 访谈

访谈以乡镇为单位，分行政村对乡镇和村庄的干部、老人等进行多对象和多次访谈。在具体访谈问题的设计上，聚焦于最早到此定居的姓氏及其来源地（帮助受访者将思维定位于较古老的姓氏，有利于提高工作效率）、从刚迁移至此村到现在有多少代人（按25年一代）、行政村中各自然村形成的早晚顺序等。

少量聚落处于偏僻的山区，以致无法进行实地调查，又无法进行电话访谈，则按周边聚落的建立时间、聚落本身的民族、人口和自然地理环境等因素推定建立时间。另外，对于一些熟悉当地历史文化的受访人，笔者在调查时也会访谈一些与当地历史发展相关的移民、人口发展和耕地开垦等相关的内容，以便于对流域内各地区的社会发展进程与具体开发情况进行对比研究。

---

① 康熙《禄劝州志》卷上《城池·村庄》，云南省图书馆抄本。

（三）调查数据的处理

据《云南省禄劝彝族苗族自治县地名志》，掌鸠河流域共有784个自然村，笔者在调查期间共调查了767个自然村的信息，占总自然村数量的98%。未进行调查的17个自然村的信息通过地名志资料、聚落自然地理环境、周边聚落信息等进行插补，得到流域内全部784个聚落的信息。

流域内聚落的创建时间是流域聚落普遍调查的重点信息，而调查过程中所得到的相关信息又是间接的，故需要对这一类信息进行单独处理。

一是调查所得聚落始迁祖到当代最小一辈的代数，因第一代始迁祖迁于此地的年龄基本在20岁以上，且最小一代的年龄基本小于10岁，故将这第一代与最后一代去掉。如调查所得一聚落最早迁入姓氏的代数为10代，则去掉第一代与最后一代只有8代，按25年一代，则为200年。用2015减去200，即1815年为聚落的建立时间。

二是对于有祖先墓碑记载的聚落，因一家族迁入一地，如果可以立碑，说明这一家族已经具有一定的经济或文化地位，可能要经过1~2代的时间，则将聚落建立的时间确定为立碑时间前的两个时间段内。如1815年立碑，则向前推两个时间段确定其迁入时间，即聚落建立时间为1750年。

通过以上处理，得到流域内784个聚落的创建时间、始迁祖来源等数据信息。


## 二、典型聚落的长期调查

（一）调查目的及内容

典型聚落的长期调查是在流域内不同地形区选择3~4个具有典型性的聚落，按照事先准备好的调查提纲所进行的长期调查（每个聚落的调查时间约70~80个工作日），目的是总结出近300年来山地聚落土地利用（主要是耕地）变化的影响因素，以及聚落尺度土地利用在数量和空间上的演变规律。

因近300年来聚落土地利用变化受多种因素的影响，而且会反过来影响聚落的发展，所以需要对聚落历史发展进行全面的调查。除了对一个社会及其生活方式亲身长期调查和体会，我们将更多的关注点放在当地社会经济的历史发展过程、民众对外界环境的感知及反映等方面，具体包括近300年来聚落基本地理要素的调查和测量、耕地变迁、林地和草地变迁、居民调查、水利调查、经济调查、建筑调查、畜牧业调查、食物调查、地方信仰与节日调查、公共卫生与地方病的调查等 11 项内容。

（二）调查方法

本书使用历史地理学与人类学相结合的长期田野调查法对典型聚落进行调查，这种方法具有长期多次、可对同一问题进行反复调查验证、对调查资料不断补充、可融入当地社会并获得更真实和丰富的数据资料等特点。

除在流域内聚落的普遍调查方法中提到的文献资料搜集外，典型聚落的调查方法有二。

1. 半结构式访谈

半结构式访谈（Semi-structured Interview）是一种开放、交互式的访谈形式，指具有一定的采访主题和提前拟定的采访提纲的非正式访谈，但在采访过程中又不局限于单一、狭窄的主题，而是围绕主题向被采访者进行开放式提问，在和谐的气氛中，被采访者介绍经验，讲述故事，回忆过去发生的事情，发表对过去或现在发生事件的感受、看法、态度或愿望等。[①]

半结构式访谈包括知情人访谈和入户访谈两部分。知情人主要选择年龄较长，或在村中担任过村干部的老支书和老会计等人。访谈内容包括：村落中各姓氏移民到本村的时间或代数，以确定聚落的建立时间与演变情况；各姓氏移民到本村后所从事的职业及是否开垦田地，各历史时期田地的买卖情况，各姓氏在移民到本村后所开垦的耕地位置与 20 世纪 50 年代土地改革时的田地归属是否相同；请知情人带领，到田间地头指认每块田地在 1950 年前的归属情况。以上访谈和实地调查可以通过各姓氏移民时间、耕地开垦及归属关系来确定 1950 年以前聚落内耕地的开垦时间及空间分布。因许多老人亲身参与过土地改革运动，保证了这些访谈资料的可靠性。1950 年以后的土地利用变化情况从以上访谈中较易获得。

入户访谈是对聚落内的每一户进行访谈，内容包括本家族的移民和人口发展情况，当今和历史时期本家族所拥有的耕地、林地、建筑用地等的空间分布、面积大小及变化情况，家庭经济情况等。通过入户访谈得到的土地利用变化信息与从知情人访谈中得到的信息进行对比验证，以确保访谈信息的准确性。

---

[①] 郝仕龙、李壁成、于强：《PRA 和 GIS 在小尺度土地利用变化研究中的应用》。

2. 实地测量和绘制草图

实地测量主要运用手持GPS、指南针、量角仪、钢卷尺等工具对现存的土地利用类型进行详细的定点和测量，包括海拔、坡度、地理坐标、面积等要素。通过访谈所得知的曾经存在过，但现在已经消失的土地利用类型也同样进行测量。通过实地测量，得到各土地利用类型的地理位置、海拔、坡度、面积等数据信息。

将访谈和测量结果绘制成草图，形成历史时期典型聚落不同时间断面的主要土地利用类型图，为下一步利用GIS方法精准制图提供基础参考。

（三）典型聚落简介

笔者在禄劝县掌鸠河流域共选取了三个典型聚落进行长期田野调查，分别是DY村、LY村和NN村（图1.1）。

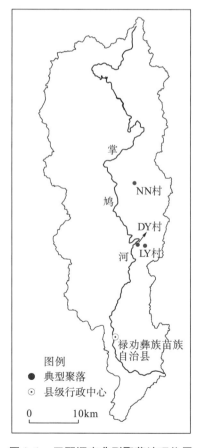

图1.1　田野调查典型聚落地理位置

DY 村（自然村，25°43′55.62″N，102°31′21.32″E）位于掌鸠河二级台地的山麓夷平面上，海拔约 1780～1970 米。DY 村创建于 1736 年左右。聚落人口数量为 341 人（2013 年），民族包括汉族、彝族和傈僳族，汉族人口占多数。在改革开放以前，村民主要从事农业生产，是较为典型的半山区农业聚落。

LY 村（自然村，25°43′39.33″N，102°32′06.55″E）位于掌鸠河的三级台地的山脊开阔地上，海拔约 1910～2120 米。LY 为彝语，L 为石头之意，Y 为嘴之意，建村在石头山嘴的地方，故名。LY 村创建于明代，具体时间无考。聚落人口数量为 581 人（2013 年），聚落民族汉彝杂居，以汉族为主。LY 村在 1950 年以前主要以农业和工商业为主，是典型的半山区农商结合聚落。

NN 村（自然村，25°50′22.3″N，102°31′10.0″E）位于流域内 NN 河的源头，海拔约 2087～2455 米左右。由于村中龙潭（山泉）较多，便于灌溉，故最先起名龙保村，后改名为 NN 村。NN 村创建于 1763 年左右，人口数量为 267 人（2014 年），居民全部为汉族。NN 村三面环山，是典型的山区农业聚落。

三个聚落在自然地貌形态、民族构成和聚落初期的经济发展类型上都属于流域内的典型聚落，可以为研究掌鸠河流域近 300 年的土地利用变化提供典型案例。

笔者在 2011 年 7 月第一次到 DY 村进行田野调查，至 2015 年 4 月最后一次对流域聚落进行普遍调查，总计进行 7 次 270 余日的调查（表 1.1），形成了总计 20 余万字的调查报告[①]，为本书的研究提供了坚实的资料基础。

表 1.1　田野调查时间表

| 次数 | 开始时间 | 结束时间 | 调查聚落 | 调查天数 |
|------|---------|---------|---------|---------|
| 第一次 | 2011 年 7 月 18 日 | 8 月 30 日 | DY 村 | 44 |
| 第二次 | 2012 年 2 月 1 日 | 3 月 2 日 | DY 村 | 31 |
| 第三次 | 2012 年 7 月 1 日 | 8 月 19 日 | LY 村 | 50 |
| 第四次 | 2013 年 1 月 9 日 | 2 月 3 日 | LY 村 | 26 |
| 第五次 | 2013 年 7 月 17 日 | 8 月 21 日 | NN 村 | 35 |

① 田野调查报告为待刊稿，本研究中所用三个聚落的数据资料均来自这些田野调查报告，在引用时不再出注。

续表

| 次数 | 开始时间 | 结束时间 | 调查聚落 | 调查天数 |
|------|----------|----------|----------|----------|
| 第六次 | 2014 年 12 月 19 日 | 2015 年 1 月 30 日 | NN 村 | 43 |
| 第七次 | 2015 年 4 月 2 日 | 2015 年 5 月 16 日 | 流域调查 | 44 |
| 总计 | | | | 273 |

（四）典型聚落的代表性问题

不同空间尺度的综合研究才能体现土地利用变化的复杂性①，本研究结合流域尺度和聚落尺度对山地土地利用变化进行研究，是多空间尺度相结合的一种尝试。然而，我们需要回答一个问题，即典型聚落田野调查所得出的影响土地利用变化的规律是否可以代表流域内其他聚落的发展规律？也就是代表性的问题。

第一，在典型聚落的选择上，我们在流域内不同的地貌类型中随机选取田野调查点进行调查，以反映不同地貌形态下聚落尺度土地利用变化的规律。

第二，在流域尺度聚落的普遍调查中，我们会进行一些关于聚落土地利用变化发展规律性内容的访谈，与典型聚落调查的信息进行校验，最后总结出流域范围内不同地貌类型中聚落尺度土地利用变化的规律。

第三，我们假设人是理性的，在相似的自然和人文环境中，对耕地开垦的数量和空间选择行为具有相对一致性，如面对相似地形的区域，人们在开垦耕地时都会优先选择坡度较小、水利条件较好的区域进行开垦，耕作条件较差的区域后开垦。在相似的驱动力作用下，人们反映在土地利用上的行为也是相似的。只有这一前提成立时，山地的土地利用变化才具有规律性，模型的构建才具有可靠性和实践意义。②

第四，所谓聚落土地利用变化的规律，是针对相似地形区内总体聚落土地利用变化的趋势，但并不能代表全部聚落，我们允许极少数特殊个体的存在，这并不影响我们对规律性探讨的意义。

第五，我们也可以运用人类学界所流行的"微型社会学"的理论来解释典型聚落的代表性问题。微型社会学以一个人数较小的社区或一个较大的社区

---

① 罗格平、张爱娟、尹昌应等：《土地变化多尺度研究进展与展望》。

② 林珊珊、郑景云、何凡能：《中国传统农区历史耕地数据网格化方法》，《地理学报》2008 年第 1 期，第 83 ~ 92 页。李柯、何凡能、张学珍：《基于 MODIS 数据网格化重建历史耕地空间分布的方法——以清代云南省为例》，《地理研究》2011 年第 12 期，第 2281 ~ 2288 页。

的一部分为研究对象，研究者亲自参与当地的社会活动，进行亲密的观察。

埃德蒙·利奇在《社会人类学》中认为：对于中国乡村聚落的研究不应该声称自己是某某的典型，因为人类学家设想运用推理能将民族志者的观察归纳成具有某种普遍规律的自然科学，他们这是在浪费时间。① 当然，把一个聚落看作全国聚落的典型，用它来代表所有的中国聚落，那必然是错误的，因为每个聚落都有它自己的特色，有它独特的地理环境、聚落中的人事关系。但认为一个聚落中一切都与众不同、自成一格也是不对的。②

每一个聚落都是中国整个社会历史的一部分，虽有其独特的个性，但总是在中国历史进程的大背景下发展进步的，必定带有某一时期、某一地区的文化特色。正如英国著名人类学家马林诺夫斯基在给费孝通的《江村经济》所作的序中认为："在乡村生活、农村经济、农业人口的利益和需要中找到的主要是农业文化基础。通过熟悉一个小村落的生活，我们犹如在显微镜下看到了整个中国的缩影。"③

费孝通先生曾对利奇的质疑进行回应："以江村来说，它果然不能代表中国所有的农村，但是确有许多中国的农村由于所处条件的相同，在社会结构上和所具文化方式上和江村基本上是相同的，所以江村固然不是中国全部农村的'典型'，但不失为许多中国农村所共同的'类型'或'模式'。我这种思考，使我进一步摆脱了 Leach 的责难。我认为有可能用微型社会学的方法去搜集中国各地农村的类型或模式，而达到接近对中国农村社会文化的全面认识。"④ 借鉴费孝通先生的理论看本书的研究，可以这样理解：山地流域内不同自然和人文环境下的聚落可以作为相似地形区内聚落的典型，通过研究不同地形区的典型聚落基本可以得到整个流域的土地利用变化规律。

## 三、田野调查资料的可靠性评估与校正

历史时期，云南山地大规模的移民开发主要集中在近 300 年以来⑤，20 世

① Leach E. *Social Anthropology*, London：Oxford University Press，1983：124 – 127.

② 费孝通：《人的研究在中国——个人的经历》，《读书》1990 年第 10 期，第 3～11 页。

③ 马林诺夫斯基：《〈江村经济〉序》，费孝通：《江村经济》，南京：江苏人民出版社，1986 年，第 4 页。

④ 费孝通：《重读〈江村经济·序言〉》，《北京大学学报（哲学社会科学版）》1996 年第 4 期，第 4～18 页。

⑤ 方国瑜：《中国西南历史地理考释》下册，第 1218～1236 页。

纪50年代以前山地土地利用和覆盖变化主要体现在耕地与林地、建筑用地等之间的转换上。耕地和房屋等作为农民最重要的生产和生活资源，其数量及空间格局的变动会对当时农民的生产及生活产生巨大的影响，这种影响会通过父祖的口头说教流传下来，所以对云南山地聚落进行百年或300年尺度的调查所得到的土地利用变化信息有一定的可靠性。

但不可否认的是，利用田野调查方法得到的数据资料在时空属性上存在一定的模糊性，如对聚落移民时间的访谈，可能会因为受访人的记忆偏差导致信息的模糊，利用这些数据资料量化重建具有明确时空属性的土地利用图时，还需要对其进行校正与处理。主要方法如下：

（1）为了保证访谈资料的可靠性，对同一知情人针对相似问题进行多次访谈，并就相似问题访谈多位人员，然后对访谈资料进行对比验证；

（2）对于时间信息模糊的访谈问题，以降低时间分辨率的方法来消除这种影响，在复原1950年以前的土地利用变化时，将时间分辨率定为50年；

（3）将访谈资料与历史文献资料和搜集到的家谱、碑刻、土地册等地方文献资料相互校验，以提高数据的准确性。

利用以上方法对所获得的数据信息进行校正和处理，在一定程度上保证了研究数据的可信度。

# 第四节　3S和地理模型方法

## 一、3S方法

随着现代科学技术的发展，历史地理学部分研究逐渐从定性描述向定量分析发展，以提高研究结果的定量化程度与精确性，其中3S方法的利用是实现上述目标的重要手段和方法。

3S是指GIS（地理信息系统）、RS（Remote Sensing，遥感技术）、GPS（Global Positioning System，全球定位系统）的总称。3S系统是指将上述3种技术及其他相关技术有机地集成在一起的技术，通过RS、GPS和GIS技术的集成，构成从数据获取、数据定位、可视化到空间数据整理和分析的信息系统。在 3S 系统中，遥感技术的主要作用是作为数据源为系统提供遥感图像数据及其他遥感空间数据。全球定位系统可以对被观测目标、遥感图像中的目标进行定位，赋予坐标，使其能与"数字地图"进行配套。地理信息系统可以实现空间数据集成、处理、管理和可视化，提供空间数据及其属性数据分析的能力。①

本书利用 GPS 对聚落内部不同土地利用类型进行地理位置、海拔高度等自然属性的测量，并与田野调查相结合，确定在不同的聚落发展阶段，各土地利用类型在空间上的发展情况。20 世纪 70 年代后期开始出现土地利用遥感影像，有利于我们分析研究区域当代的土地利用格局，为历史时期土地利用变化的重建提供检验参考。

地理信息系统方法因集数据整合、存储、管理、更新、分析和可视化等功能于一体，被越来越多应用在历史地理信息平台的建设与研究中。② 地理信息系统是通过空间特征、时间特征和属性特征来表达和解释地理现象的③，基于地理信息系统的历史数据库建设和数据分析具有以下特点。

一是多源数据的融合与管理。GIS 可以对多源数据资料进行整合，结构化后转化为地理空间数据，如历史文献资料、影音资料、地图资料、卫星图片等都可以整合进地理信息系统，并进行统一管理与更新。

二是空间分析功能。利用 GIS 方法对数据进行空间分析是一种数据挖掘、定量研究和知识发现的过程，从大量数据中挖掘出隐含的、先前未知的知识和规则，可以更好地发挥数据的价值。利用 GIS 方法对大量数据进行空间分析，能够准确、定量描述各种自然和人文现象的空间分布特征，进而分析空间现象的形成机理，为科学研究和决策制定提供重要的参考。

三是可视化展示功能。与文本和统计报表等相比，GIS 以地图的方式对数

① 张军、涂丹、李国辉编著：《3S 技术基础》，北京：清华大学出版社，2013 年，第 1 ~ 4 页。
② 参见葛剑雄：《中国历史地图：从传统到数字化》，《历史地理》第 18 辑，上海：上海人民出版社，2002 年，第 1 ~ 11 页。满志敏：《走进数字化：中国历史地理信息系统的一些概念和方法》，《历史地理（第 18 辑）》，上海：上海人民出版社，2002 年，第 12 ~ 22 页。廖泫铭、范毅军：《中华文明时空基础架构：历史学与信息化结合的设计理念及技术应用》，《科研信息化技术与应用》，2012 年第 4 期，第 17 ~ 27 页。陈刚：《"数字人文"与历史地理信息化研究》，《南京社会科学》2014 年第 3 期，第 136 ~ 142 页。张萍：《地理信息系统（GIS）与中国历史研究》，《史学理论研究》，2018 年第 2 期，第 35 ~ 47 页。潘威、王哲、满志敏：《近 20 年来历史地理信息化的发展成就》，《中国历史地理论丛》2020 年第 1 期，第 25 ~ 35 页。赵耀龙：《历史 GIS 的研究现状和发展趋势》，《地球信息科学学报》2022 年第 5 期，第 929 ~ 944 页。
③ 张新长、辛秦川、郭泰圣等：《地理信息系统概论》，北京：高等教育出版社，2017 年。

据进行展示，更加直观和形象，具有"一图胜千言"的效果。在地理信息系统中，较为典型的可视化方法为多图层叠加与展示，将自然地理数据、人文数据和图像数据等按照需求进行叠加，可以更加直观、形象、动态地表达地理事物的空间分布与特征。

数据库是地理信息系统的核心，是地理信息系统管理、分析和展示的数据来源。地理信息系统数据库中的数据涉及两种类型：空间数据和属性数据（非空间数据）。空间数据和属性数据必须同步才能进行查询、分析和可视化。

空间数据是指具有明确空间属性的数据，表示空间实体的位置、大小、形状及其分布特征，并可以定位于以现代地理坐标系统为参照系的地图上，如一个点的经度和纬度数据。然而历史文献中的空间信息往往是通过点（point，如县治所）、线（line，如国界线）、面（polygon，如湖泊）等地理信息来表现的。谭其骧先生主编的《中国历史地图集》是把传统的空间信息描述方法转移到以现代地理坐标为基础的现代纸质地图上，而 CHGIS 则是将纸质地图中的基础地理信息转移到电子地图上。属性数据是表示空间实体的属性特征，是对地理空间数据进行描述的数据，如省治所的人口数量、国界线的长度和湖泊的面积等。

在地理信息系统中，空间数据和属性数据需要具有明确空间信息的要素来承载，即载体数据。载体数据是可以承载属性数据，并落实到具体空间位置上的实体数据。[①] 作为载体数据，必须具有合适的空间尺度、较好的稳定性和可能性等特征。在本研究中，聚落在中小流域尺度，具有合适的空间尺度，如掌鸠河流域包含 794 个聚落；聚落除遇到战乱和灾荒等重大变故外，一旦形成则具有较好的稳定性，会长期存在；聚落信息较为容易获得，将聚落作为载体数据具有可行性。

数字高程模型（DEM）[②] 可以提供研究区域内的地表起伏数据，采用 ArcGIS 软件对 DEM 数据进行填注处理，再利用软件中的 Arc Hydro Tools 工具提取出掌鸠河流域的地形图，并生成流域坡度栅格图。

---

① 满志敏：《小区域研究的信息化：数据架构及模型》。

② 本书使用的 DEM 数据为 30m 分辨率 GDEMV2 数据，数据来源于中国科学院计算机网络信息中心国际科学数据镜像网站（http://www.gscloud.cn）.

## 二、专题数据库建设

### （一）流域聚落信息数据库建设

由于流域内聚落信息数据量较大，需要建立聚落数据库来进行管理。本研究利用 Access 软件进行聚落数据库的构建。

掌鸠河流域聚落数据库的字段包括 ID，聚落名称，聚落所属行政村、乡镇，聚落建立时间，民族，人口数，耕地数量，海拔高度，坡度等。其中，聚落建立时间是聚落所在地土地利用开始发生变化的起始时间，来源于三种资料：一是地名志的记载，二是历史文献资料的记载，三是田野调查获得的聚落信息。上文已经对田野调查所获得的数据进行了统一处理，下面将介绍其他两种数据来源的处理方法。

地名志资料中所记载的聚落建立时间或其他时间信息多以朝代或皇帝年号为依据，须进行统一处理。因本书将 1950 年前的时间分辨率定为 50 年，故将地名志中所出现的时间信息统一折算为建立时间，将清初及以前的时间一律折算为 1700 年以前，1700 年以后的时间如涉及皇帝年号，一律定在此皇帝在位的中间年份。如乾隆年间，定在乾隆三十年，即 1765 年。如涉及清代中、后期等记载，则清中期按 1750 年计，清后期按 1850 年计。

历史文献资料主要包括禄劝县历代的方志资料，如康熙《禄劝州志》、乾隆《农部琐录》、民国《禄劝县志》等方志中有聚落信息的记载。因地方志中所记载的一县聚落多是人口相对较多或地理位置相对重要的聚落，故在运用地方志的聚落信息时，依聚落在方志中出现的时间向前推 50 年定为聚落建立的时间。

将田野调查数据、历史文献数据和地名志资料中记载的聚落建立时间进行对比校验。如出现数据不一致的现象，则具体分析该聚落的地理环境、周边聚落的形成时间和民族、人口等因素，选取最合理的时间记入"聚落创建时间"字段中形成掌鸠河流域聚落信息数据库。

因地名志资料未包含聚落点的经纬度信息，故流域内的聚落需要手动定在地形图上。定点所依据的资料主要有：①禄劝彝族苗族自治县民政局和云南省测绘工程院于 2013 年联合绘制的 1∶12 万《禄劝彝族苗族自治县行政区划图》，图中标注了全县各乡镇所有各级聚落点的具体位置；②云南省测绘局和昆明市国土资源局于 2005 年绘制的 1∶12.5 万《禄劝彝族苗族自治县行政区划图》（带地形）；③由云南省测绘局绘制的 1982 年版《云南省地图集》①；④从禄劝县档案馆获得的民国时期老地图和 20 世纪 50 年代初期的行政区划图，这些地图可以有效弥补因流域内兴修水库等导致聚落搬迁后新地图中无法找到原有聚落点的问题。将聚落点准确定位后，利用 DEM 数据和坡度栅格数据，提取每个聚落的海拔高度和坡度值，填充到相关字段中，最后得到近 300 年来流域聚落空间演变图，具体流程如图 1.2 所示。

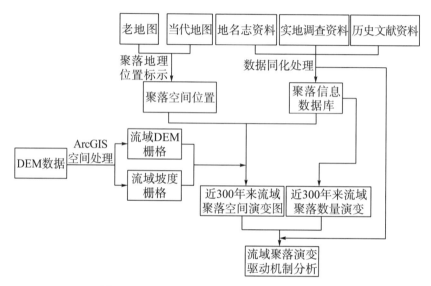

**图 1.2 流域聚落信息数据库建设方法流程图**

## （二）聚落尺度土地利用变化数据库建设

因研究时段较长，聚落内部土地利用类型较多，为方便管理与利用，将典型聚落田野调查方法所得数据做成不同土地利用类型的数据库，主要包括耕地发展数据库、人口发展数据库、院落②发展数据库等。耕地发展数据库包含聚落范围内每块耕地的 ID、开垦时间、开垦家族、1950 年土地改革以前归属、面积、坡度等字段。人口发展数据库包括每个家庭的 ID、来源、人口数量发展、配偶来源地等字段。院落数据库包含每座院落的 ID、兴建时间、兴建家族、形制、面积、兴建前的土地利用类型等字段。

使用 ArcGIS 软件，以研究区域的遥感影像为底图，结合 DEM 数据，利用

---

① 云南省测绘局编制：《云南省地图集》，昆明：云南省测绘局，1982 年，第 39 页。

② 本书所说的院落指主体住宅，也包括独立于住宅之外的畜圈、厕所等附属建筑。

GPS 所得地理坐标进行配准，将获得的历史时期各土地利用类型的变化数据绘制成图，得到不同时间断面的土地利用变化图，并计算出每个时期各土地利用类型的面积、平均海拔和平均坡度等，具体流程如图 1.3。

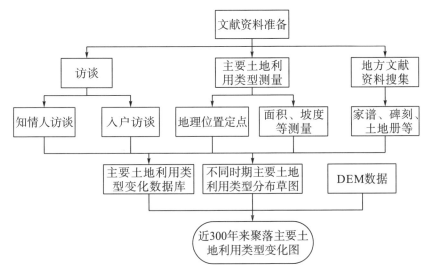

图 1.3　聚落尺度土地利用变化数据库建设方法流程图

## 三、地理模型方法

模型是人们为了一定的目的对现实复杂环境的简化，建模是构造现实世界中与研究对象相关的模型的过程，在忽略次要因素和不可观测因素的基础上，使用物理或数学的方法进行抽象，建立与实际对象近似的模型。[①]

土地利用和覆盖变化模型是深入了解土地利用和覆盖变化复杂性的重要手段，可以对变化情况进行描述、解释、预测和制定对策。[②] 近年来，国内外学者开展了许多利用模型的方法模拟历史时期土地利用变化的研究（详见前文研究回顾），最为常见的模型思路是在对研究区域历史时期土地利用变化充分调研的基础上，选择或建立合适的模型，根据模型的需要制作合理的驱动数据（如不同时期的耕地面积、森林面积、人口数据等）和初始值（如潜在自然植被分布、分级耕地面积等），最后通过运行模型模拟得到历史时期的土地利用

① 吴国平、宋崇辉、汪煜编：《地理建模》，南京：东南大学出版社，2012 年，第 5 页。
② 摆万奇、赵士洞：《土地利用和土地覆盖变化研究模型综述》，《自然资源学报》1997 年第 2 期，第 74～80 页。

变化信息。[1] 模型可以模拟历史时期区域或全球范围的土地利用各类型的数量及空间分布状态，提供高空间分辨率的网格化数据，在全球环境变化研究的背景下，为气候和生态系统模型的建立提供支持。[2]

---

① 胡宁科、李新：《历史时期土地利用变化研究方法综述》。
② 魏学琼、叶瑜、崔玉娟等：《中国历史土地覆被变化重建研究进展》。

# 第二章

## 近300年来掌鸠河流域聚落时空演变

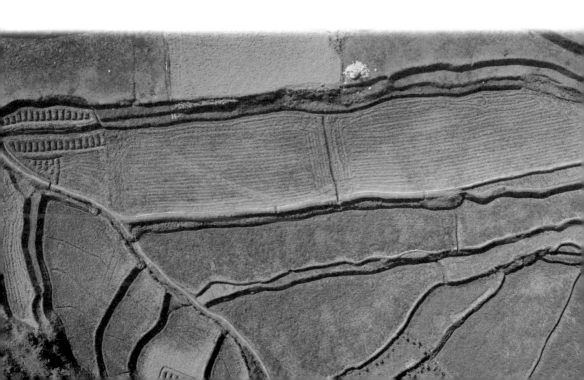

聚落是人类活动的中心。它既是人们居住、生活、休息和进行各种社会活动的场所，也是人们进行劳动生产的场所。[1] 聚落可分为乡村聚落和城市聚落，狭义的聚落指乡村聚落。在历史时期，当人类迁移至一个未经开发的区域时，会选择合适的区域定居并形成聚落，同时开垦土地从事农业生产，将林地、草地等土地利用类型改变为耕地。当聚落规模扩大到一定程度或有新的移民进入时，新的聚落会再次产生并重复耕地开垦的过程，导致土地利用不断发生变化。[2] 因此，在新开发的区域，聚落的建立与土地开垦是同步进行的，聚落格局的发展演变可以反映人类开垦耕地的历史过程。[3]

西南山地除自然地理环境复杂多样外，还具有多民族杂居的特点。近300年以来，各民族的迁徙与定居对聚落的空间演变与土地利用变化同样产生了重要的影响，需要进一步深入研究。

本章主要利用第一章所创建的流域聚落信息数据库，复原了1700年至1978年掌鸠河流域内每50年一个时间断面的聚落数量和空间演变进程，为进一步的土地利用变化研究提供基础。

## 第一节　聚落数量演变

聚落数量增加的幅度体现了流域内土地利用变化范围和强度的大小，通过

---

① 金其铭：《中国农村聚落地理》，南京：江苏科学技术出版社，1989年，第2页。

② Entwisle B, Rindfuss R R, Walsh S J, et al. Population growth and its spatial distribution as factors in the deforestation of Nang Rong, Thailand. *Geoforum*, 2008, 39（2）：879–897.

③ 曾早早、方修琦、叶瑜：《基于聚落地名记录的过去300年吉林省土地开垦过程》。

流域聚落信息数据库，我们可以得出近 300 年来流域内聚落数量发展情况（图 2.1）。从图中可以看出，掌鸠河流域聚落的数量自 1700 年以来呈现逐年增加的趋势，由 1700 年的 180 个增长到 1978 年的 780 个；1700 年聚落数量为 1978 年的 23%，可见在 1700 年以前，流域内已经有了相当数量的聚落分布，土地已经得到一定程度的开发。

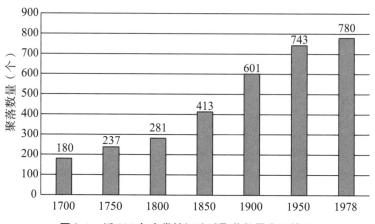

图 2.1　近 300 年来掌鸠河流域聚落数量发展情况

从流域内每 50 年一个时间断面的新创建聚落数量增长来看（图 2.2），可分为三个阶段：

（1）1701—1800 年的缓慢增长期，1701 年至 1750 年有 57 个聚落新创建，1751 年至 1800 年共 44 个聚落新创建，100 年中共增加了 101 个聚落；

（2）1801—1950 年的高速增长期，每 50 年的新增聚落数量都超过 130 个，共新增了 462 个聚落，平均每年增加 3.1 个聚落；

（3）1951—1978 年的缓慢增长期，这一时期共新增了 37 个聚落，增长速度放缓，平均每年增加 1.4 个聚落。

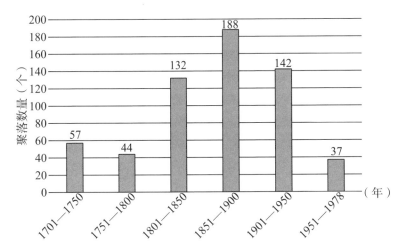

图 2.2  近 300 年来掌鸠河流域聚落数量分时段增长

从图 2.2 可以看出，近 300 年来掌鸠河流域内聚落的增加主要集中在 1801 年至 1950 年这 150 年间，共增长了 462 个聚落，占 1978 年聚落总数量的 59%，占 1701—1978 年新增聚落数量（600 个）的 77%。

## 第二节  聚落空间演变

根据流域聚落信息数据库，以 50 年为一个时间断面，形成近 300 年来掌鸠河流域聚落空间演变图（图 2.3）。从图中可以看出，近 300 年以来，掌鸠河流域内的聚落空间分布，由 1700 年主要分布在中下游河谷地带和上游的平坝地区，逐渐向周边山区扩散，空白区域越来越少。但总体来看，中下游河谷和平坝地区依然是聚落分布最为集中的区域。

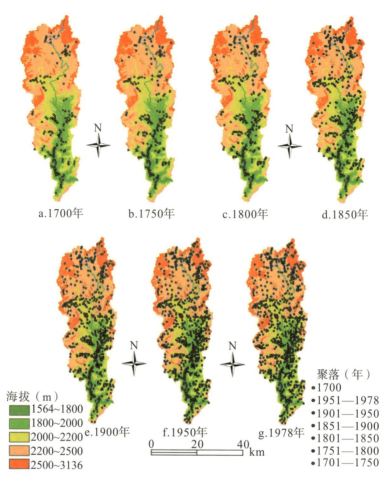

a.1700年　　b.1750年　　c.1800年　　d.1850年

海拔（m）

1564~1800
1800~2000
2000~2200
2200~2500
2500~3136

e.1900年　　f.1950年　　g.1978年

0　　20　　40
km

聚落（年）
•1700
•1951—1978
•1901—1950
•1851—1900
•1801—1850
•1751—1800
•1701—1750

图2.3　近300年来掌鸠河流域聚落空间演变图

　　为了更好地分析在不同时间断面内新创建聚落的空间演变，利用ArcGIS软件对每个时间段内新创建的聚落进行平均中心和标准差椭圆分析（图2.4）。平均中心是一系列点的地理中心（或密度中心），标准差椭圆（又称方向分布）可以汇总地理要素的空间特征，如中心趋势、离散和方向趋势，是分析具有方向性的地理数据的有效手段。

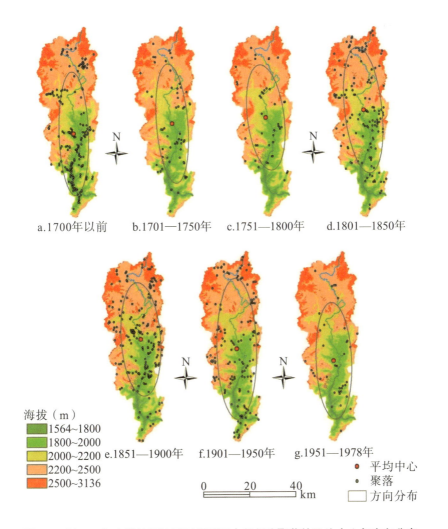

海拔（m）
1564~1800
1800~2000
2000~2200 e.1851—1900年
2200~2500
2500~3136

a.1700年以前　b.1701—1750年　c.1751—1800年　d.1801—1850年

e.1851—1900年　f.1901—1950年　g.1951—1978年

平均中心
聚落
方向分布

0　20　40 km

图2.4　近300年来掌鸠河流域时间断面内新创建聚落的平均中心与方向分布

从近300年来掌鸠河流域每50年一个时间断面内新创建聚落的格局演变、平均中心和标准差椭圆可以看出：

（1）1700年以前，流域内的聚落主要分布在中下游河谷地带和上游平坝区，1700年以后新创建的聚落逐渐向流域的中上游和河谷两侧的高海拔山区扩展。

（2）1700年以前，聚落的平均中心位于流域的中游偏下方，椭圆长轴较长，短轴较短，聚落主要沿掌鸠河中下游河谷呈带状分布。

（3）1701—1850年，新创建聚落的平均中心和标准差椭圆呈现出不断向流域中上游移动的趋势，标准差椭圆的短轴不断拉长，表明聚落的分布呈现不断向流域的中上游和河谷两侧山区发展的趋势。1851—1978 年，新创建聚落的平均中心不断向流域的中下游移动，标准差椭圆的短轴变短，说明这一时期聚落的分布逐渐向流域中下游河谷两侧的山区发展。

（4）从标准差椭圆长轴的变化上来看，1801—1850 年和 1901—1950 年两个时间断面内新创建聚落标准差椭圆的长轴较长，表明新创建聚落的分布在流域的上下游之间相对均匀。1751—1800 年和 1851—1900 年两个时间断面内新创建聚落标准差椭圆的长轴较短，表明新创建聚落的分布较为集中，且主要位于流域的中上游地区。

河谷地带是流域内自然环境具有相对优势的区域，是人类在选择农业生产和生活定居点时首要考虑的地区。[①] 在西南山地，河谷两侧相对平缓的台地自然环境相对优越，呈狭长形分布，是人口和聚落密度较大的区域。至 1978 年，掌鸠河流域内聚落的密度为每平方千米 0.57 个。由于河谷地带聚落密度较大，平均每个聚落的地理半径小于流域内的平均水平。对掌鸠河以 1 ~ 2 个聚落范围的 1 千米为距离做缓冲区，从每个时间断面内新创建聚落中位于缓冲区内的聚落百分比趋势图（图 2.5）可以看出，位于掌鸠河 1 千米范围内新创建聚落的比重呈现逐渐减小的趋势，说明随着时间的推移，新创建聚落的分布逐渐远离河谷地带，向两侧的偏远山区扩展。

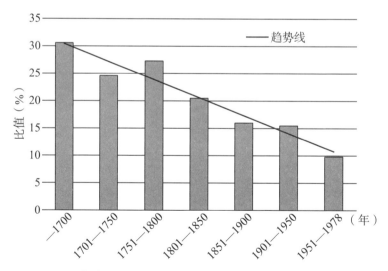

图 2.5　位于掌鸠河 1000 米缓冲区内的聚落占新创建聚落百分比趋势图

---

① 韩茂莉、张一、方晨等：《全新世以来西辽河流域聚落环境选择与人地关系》，《地理研究》2008 年第 5 期，第 1118 ~ 1128 页。

综合以上分析可知，近 300 年来掌鸠河流域聚落的分布格局演变，从纵向来看，经过了一个从中下游向中上游，又从中上游向中下游逐渐扩展的过程；从横向来看，流域内聚落的分布呈现从河谷地带向边远山区扩展的趋势。聚落分布格局的演变也可以反映这一时期山地流域内人口迁移和土地开发的空间扩展过程。

# 第三章

## 自然环境与山地土地利用变化

历史时期土地利用变化受到自然因素的深刻影响。自然环境是土地资源形成的基本要素，包括地形、气候、土壤等因素，这些因素及其相互作用制约着历史时期土地利用类型及其程度的变化，是影响土地利用变化的重要限制性因素。

　　中国具有多山且多高山的特点，山地的高度、梯度差异干扰了自然环境与自然资源水平地带性的分布，除了影响太阳辐射和大气环流外，还对光、热、水等气候要素进行再配置，改变了气候的纬度地带性，极大地增加了热量和水分地域分布的复杂多样性，使得山地非地带性规律与垂直地带性表现较为突出。①

　　本章将综合利用第二章研究所得到的掌鸠河流域聚落空间演变进程与典型聚落田野调查所得到的数据资料，在山地中小流域和聚落两个不同的空间尺度下，对历史时期影响山地土地利用变化的自然因子进行量化分析，并遴选出不同时间断面内对山地土地利用变化起主导作用的因子，为历史时期山地土地利用变化重建模型的构建提供必要的参考。

## 第一节　自然环境与山地生境

　　生境是指植物个体、种群或植物群落在生长发育和分布的具体地段上，各种具体环境因子（非生物因素）的综合。具体生境中的生态条件和各种生态

---

① 孙颔、石玉林主编：《中国农业土地利用》，南京：江苏科学技术出版社，2003 年，第 14 页。

因子直接或间接地影响着植物和农作物的生长发育、生物量或产量。① 山地较平原具有复杂的自然环境，山地生境是地形、气候、土壤等自然环境要素相互作用的结果，不同的山地生境对历史时期人类迁移定居与开垦土地进行农业生产具有不同的限制性作用。

## 一、地形与山地生境

地形与山地生境的关系既包括具体要素（海拔高度、坡度、坡向等）对山地气候、土壤等的影响，也包括局部地形（平坝区、半山区和山区等）中特殊的山地生境。

### （一）海拔高度与山地生境

海拔高度是山地局地气候最主要的影响因素之一。随着山地海拔高度的变化，太阳辐射、温度、降水和风向、风速等要素均发生一系列的变化，这不仅使山地的生物、农业与低平地有所不同，而且也使山地人类生存和发展所依赖的气候环境和资源发生了改变②，进而直接影响人类在新开发地区进行农业生产与生活的区域选择，也影响着区域农业发展的潜力，对山地土地利用变化的类型与数量有重要的影响。

日照时数是重要的气候要素之一。山地的日照时间，除与平地一样也受纬度、太阳赤纬和云雾的影响外，还受地形遮蔽和海拔高度的影响。③ 一般来说，山地实际日照分布的特点是：在山地下部，特别是在低洼的山谷盆地中日照较少，在向风的湿坡和阴坡上日照也少；在山的上部和背风向阳的坡上日照较多，而且气候愈潮湿，地形对日照的影响愈显著。④ 这些变化对人类活动的有利方面是，随着地面高度增加，空气更加干洁；无云时日照强烈，紫外线丰富，有利于植物的生长。⑤

气温是人类生活和进行农业生产的重要条件之一。山地气温随海拔高度增

① 曹广才、王俊英、乌艳红等主编：《环境与人类》，北京：气象出版社，2013年，第9页。
② 钟祥浩主编：《山地学概论与中国山地研究》，第175页。
③ 傅抱璞、虞静明、卢其尧：《山地气候资源与开发利用》，南京：南京大学出版社，1996年，第8页。
④ 傅抱璞：《山地气候》，北京：科学出版社，1983年，第37页。
⑤ 钟祥浩主编：《山地学概论与中国山地研究》，第175页。

加而递减①，年较差减小，霜日增加，无霜期缩短。② 云南高山、盆坝、河谷相间，高低悬殊，地形复杂，使得山地热量条件垂直差异显著。热量（或气温）随高度递减对人类活动不利的方面是增加了人类活动和农业生产的困难（特别是低温），森林、草原等的上线降低，从而减少了农林牧活动的高度范围。③

一定的降水量是传统时期农业生产的重要保障。一般来讲，向风面的山地随着海拔的升高，降水量会逐渐增加，至某一高度（最大降水量高度）达到最大值以后才转而逐渐递减。④ 所以在山区的谷地和盆地，一般都降水较少，特别是大河的河谷区或大水库区，由于地形和水体的双重影响，更是降水水平分布的低中心。

土壤是农业生产的基础。山地土壤的分布具有明显的垂直地带性，随着山体海拔的升高，热量递减，降水在一定高度（最大降水高度）内递增，而在超过该海拔后递减，并引起植被等成土因素随高度升高而发生规律性的变化，土壤类型相应出现规律性更替，呈垂直分带的特性。⑤ 云南土壤的分布，既有水平带又有垂直带的性质，在海拔随纬度变化的条件下，形成纬度地带与垂直地带相结合的"山原型水平地带"。⑥

总之，海拔高度对山地区域的气候、土壤等自然资源的分布与质量起着重要的影响作用，进而对人类生活和进行农业生产的区域选择起到重要的限制性作用。

（二）坡度与山地生境

坡度是山地的基本属性，对山地自然环境的影响主要表现在对地表的塑造与山地表层物质的移动上。"由太阳能和重力势能作用下形成的山地表层动力系统产生强大的剪应力，使地表岩土物质剥蚀与搬运，进而导致山地形态发生

① 王宇等编著：《云南省农业气候资源及区划》，第96～97页。在特殊环境中也存在着逆温的现象。

② 傅抱璞：《山地气候》，第114页。

③ 钟祥浩主编：《山地学概论与中国山地研究》，第175页。

④ 傅抱璞：《山地气候》，第144～145页。

⑤ 年鹤健、陈健飞、陈松林等编著：《土壤地理学》，北京：高等教育出版社，2010年第2版，第248～249页。

⑥ 云南省土壤肥料工作站、云南省土壤普查办公室编：《云南土壤》，昆明：云南科学技术出版社，1996年，第15页。

变化和山地高度降低。"[1] 山地坡面的坡度和植被覆盖直接影响坡面物质移动与搬运的速度和强度，对坡面水土保持具有重要的影响。

不同的坡度造成水土流失的强度存在差别，影响着农、林、牧等土地利用类型的差异。按照现代农业土地利用对于不同坡度下宜垦耕地的研究，一般来说，地面坡度在3°以下，基本无水土侵蚀，可作为较好的耕地；15°以下，宜于开垦，但水土流失比较普遍，应采取水土保持措施；25°为坡地开垦的极限，超限开垦会引起严重的水土流失，应用于牧业和林业；35°以上则均难以利用。[2] 坡度对水土流失程度的影响会直接影响耕地水肥的保持效果。另外，坡度也直接影响到耕地开垦的难度，坡度越大的坡面，梯田建造的成本也就越高。

### （三）坡向与山地生境

山地的高度、梯度差异使其具有坡向的地形特征，对山地的局地气候具有重要的影响。与海拔高度相似，坡向不同，太阳辐射、温度、降水和风向、风速等要素会发生一系列的变化，改变了山地人类的生存和发展所依赖的气候和资源。[3]

不同方位坡地上的温度差异主要是由太阳辐射的差异引起的。坡地上每天日出和日落的时间相同，因而坡地上不同方位每天的日照时间和所接受的太阳辐射总量不同，进而影响气候特征。[4] 在晴空条件下，全年日照时间坡地中南坡比北坡要多，坡度或纬度越大，南北差值也就越大；东西坡则无差异。

在高度不大的地形中，因地形对降水本身影响不大，空气湿度和土壤湿度的大小主要决定于降水的分布、地面保水情况以及蒸发的强弱。所以在小地表中，坡地的方位对土壤湿度的影响正好与对太阳辐射的影响相反，接受太阳辐射多、温度高的坡地蒸发能力较强，土壤水分消耗快，土壤的湿度也会较小。所以，当一个地区的热量条件对植物的生长发育起决定作用时，南向坡地的小气候条件比北向坡地更为有利。反之，当水分条件起决定作用时，则北向坡地的小气候条件比南向坡地更有利。

---

① 钟祥浩主编：《山地学概论与中国山地研究》，第103页。
② 孙颔、石玉林主编：《中国农业土地利用》，第60页。
③ 本部分写作主要参考傅抱璞：《山地气候》，第1~18、97~98、138~141页。
④ 傅抱璞、虞静明、卢其尧：《山地气候资源与开发利用》，第165页。

（四）地形形态与山地生境

地形形态指山谷、盆地、坡地和山顶等局部地形。局部地形形态对气候的影响不仅与地形形状、地形大小和相对高差有关，而且还与当地的天气气候条件有关，因此由地形形态所引起的小气候空间分布也十分复杂[1]，对耕地开发与扩展起到一定的限制性作用。

在不同的地形形态中，由于接受太阳辐射量、土壤湿度以及风速等的不同，温度会有明显差异。[2] 一般来说，白天最高气温山谷最高，山顶或背阳坡最低；最低气温山谷最低，半山坡或山坡上部最高；气温日较差谷底最大，山顶最小；日平均气温大多谷底最低，北坡和山顶次之，南坡最高。[3]

地形形态对湿度的影响主要通过局地蒸发、降水和温度的综合作用完成，最终以通过土壤湿度表现出来。在起伏地形的坡地，因为水分容易流失，土壤一般比较干燥，凹洼的低地因为周围山坡上的径流向此注集，土壤最为湿润；高地的顶部和梯田因为地面比较平缓，径流减少，土壤湿度亦较大。[4]

总之，复杂的山地地形造就了云南山地生境多样化的非地带性特征，对山地的气候、土壤都有着较为显著的影响，进而直接影响了人类的生活方式与农业活动的空间分布，对人类进入山区选择适宜的区域开发耕地起到一定的限制性作用。

## 二、气候与山地生境

云南山地气候受到低纬度、高海拔等地理条件的综合影响，同时受到季风气候的制约，形成了云南四季温差小、干湿季分明、垂直变异显著的低纬山原季风气候。上文已对地形对气候的影响进行了描述，这里仅就低纬和季风气候特征进行简单叙述。[5]

云南地处低纬度地带，北回归线从南部穿过，形成了年温差较小、四季不分明的低纬气候。全省除河谷地带、南部一些地区和少数高寒山区外，大部分地区夏无酷暑，冬无严寒，最热月平均气温一般在 20～28℃，最冷月平均气

---

① 傅抱璞、虞静明、卢其尧：《山地气候资源与开发利用》，第 176 页。

② 傅抱璞：《山地气候》，第 105 页。

③ 傅抱璞、虞静明、卢其尧：《山地气候资源与开发利用》，第 176 页。

④ 傅抱璞：《山地气候》，第 141 页。

⑤ 本部分内容主要参考王宇等编著：《云南省农业气候资源及区划》，第 4～6 页。

温在 8～10℃。

由于云南南部靠近海洋，西北部靠近青藏高原，冬、夏半年控制本省的气团性质截然不同，形成了冬干夏雨、干湿分明的季风气候。11 月至次年 4 月是云南的干季，受大陆气团控制，省内大部分地区降水稀少，仅占全年降雨量的 5%～15%。5—10 月是云南的雨季，受西南和东南两支暖湿气流的影响，雨量集中，降水量占全年的 85%～95%，其中 6—8 月最多，占全年的 55%～65%。

云南山地气候的复杂多样性形成了同样复杂多样的云南农业气候特点，云南农业气候具有光能丰富、热量充裕、雨量充沛且年内季节变化大、雨热同期、垂直差异明显、农业气象灾害频繁等特点。可见云南农业气候资源既有独特的优势，也具有其局限性的一面，制约着水、土、生物等资源的形成和发展，一定程度上影响了农业资源，尤其是耕地的空间分布。

### 三、土壤与山地生境

土壤是人类进行农业生产的根基，提供作物生长过程中所需的养分、水分等，土壤类型决定了农业发展的进程。土壤的形成与发展受到气候、地形和成土母质等自然因素的影响。云南土壤的分布，既有水平带又有垂直带的性质，形成纬度地带与垂直地带相结合的"山原型水平地带"。在水平地带上可以分为热带砖红壤、南亚热带赤红壤、中亚热带红壤和黄壤、温带棕壤四个类型；在垂直地带上，由于山地气候的共同特点是气温相对较低而又湿润，突出的是"湿"，在热带和亚热带山地的上部集中出现了黄棕壤、棕壤、暗棕壤、棕色针叶林土、亚高山草甸土以及寒漠土等山地土壤垂直带谱系列。[1]

云南土壤类型多样，不同土壤的特点决定了区域内人类进行土地开发的适宜性大小。[2] 当然，人类可以根据农业生产的需求对自然土壤进行改造，以适宜农业生产，最为典型的是水稻土的形成。水稻土是自然土壤经过人类长期水耕熟化后发育而成的，大体可归纳为红壤性水稻土、紫色土性水稻土和冲湖积性水稻土三大类。[3] 另外，根据不同自然环境下人类对土壤的开发利用和改造的不同，《云南农业地理》还将耕地土壤划分水田土壤与旱地土壤，具有不同

---

① 云南省土壤普查办公室编：《云南土壤》，第 7～15 页。
② 《云南省志》卷 1《地理志》，第 322～328 页。
③ 《云南省志》卷 1《地理志》，第 328 页。

土壤的水田中有鸡粪土田、油沙土田、沙泥田、胶泥田、红泥田等 11 类，旱地土壤又分为鸡粪土、石卡拉土、红土等 8 类，每类土壤具有不同的特点，适宜不同的作物种植。[①]

# 第二节  自然环境与中小流域土地利用变化

历史时期，在西南山地，聚落的空间演变过程既反映了人类对自然环境的选择，同时也反映出自然环境对人类活动的限制性作用。本节在流域尺度下，通过研究聚落在流域内的空间演变过程，量化考察自然环境对人类活动，尤其是耕地开发的限制性作用。

## 一、海拔因素

利用掌鸠河流域聚落信息数据库，统计近 300 年来掌鸠河流域整体聚落和不同时间断面内新创建聚落的平均海拔（图 3.1）。近 300 年来流域内不同时间断面内新创建聚落分布的平均海拔呈逐渐上升趋势，从 1700 年的 1958 米上升到 1950 年的 2166 米，1951—1978 年有所下降。从整体聚落的平均海拔来看，呈不断上升的趋势，由 1700 年的 1958 米上升到 1978 年的 2079 米。总之，近 300 年来，流域内的整体聚落和不同时间断面内新创建聚落的分布在海拔高度上呈逐渐上升的趋势，也体现出人类在山地流域内开垦耕地的海拔高度在不断升高。

---

① 《云南农业地理》编写组：《云南农业地理》，昆明：云南人民出版社，1981 年，第 67～71 页。

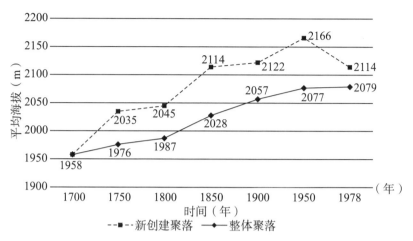

图 3.1　近 300 年来掌鸠河流域聚落分布平均海拔

　　海拔高度对人类定居和耕地垦殖的影响还体现在聚落扩展的限制性界线上。在低纬高原地区，随着海拔的升高，作物生长所需的热量不断减少，对主要粮食作物水稻种植的影响也越来越大。在掌鸠河流域，2200 米是水稻种植的上限。① 从图 3.1 可以看出，虽然近 300 年来新创建聚落的平均海拔不断升高，但未突破 2200 米。

　　聚落在不同海拔区间的分布密度可以直观地反映人类在定居和进行农业生产时对自然环境的选择。因流域内海拔对气候，主要是温度的影响，2600 米是农作物种植的上限②，如果以稍低于农作物种植上限的 2500 米③为界进行统计，则位于 2500 米以下的聚落占总聚落数量的比例始终保持在 95% 以上，是流域内聚落分布的重要海拔高度界线。加上 2200 米的水稻种植上限，土地开发也主要位于这两个海拔高度区间内。

　　从表 3.1 可以看出，掌鸠河流域不同海拔高度区间内面积比例最大的是2200～2500 米，占总面积的 38.9%，最小的为 1800 米以下的海拔区间，只占总面积的 5.1%。

---

　　①　禄劝彝族苗族自治县农业局编：《禄劝彝族苗族自治县农业志》，第 235 页。
　　②　禄劝彝族苗族自治县农业局编：《禄劝彝族苗族自治县农业志》，第 235 页。
　　③　据《云南省志·农业志》（《云南省志·农业志》编纂委员会编，第 80 页）对土地类型的划分，2500 米是云南农业山区和高寒山区的分界线。

表 3.1    掌鸠河流域海拔区间划分

| 海拔（米） | 海拔区间面积占总面积比例 |
| --- | --- |
| $1564 \leqslant h \leqslant 1800$ | 5.1% |
| $1800 < h \leqslant 2000$ | 17.4% |
| $2000 < h \leqslant 2200$ | 23.9% |
| $2200 < h \leqslant 2500$ | 38.9% |
| $h > 2500$ | 14.7% |

从掌鸠河流域总体聚落在不同海拔区间中密度分布变化图（图 3.2）可以看出，在 1700 年，聚落分布密度最大的海拔区间为 1564 ~ 1800 米，达到 70 个/100 平方千米，27% 的聚落分布在 5.1% 的面积中，使得流域下游河谷地带成为聚落密度最高的区域，其他海拔区间的聚落密度远远低于这一区间。随着海拔的增加，聚落密度逐渐缩小。至 1978 年，密度最大的海拔区间依然集中在 1654 ~ 1800 米，但失去了 1700 年时的绝对优势，与其他海拔区间的差距缩小。说明在近 300 年来，随着低海拔区域聚落密度不断增加，人地关系的紧张程度不断加大，人类逐渐向海拔较高的区域扩展。

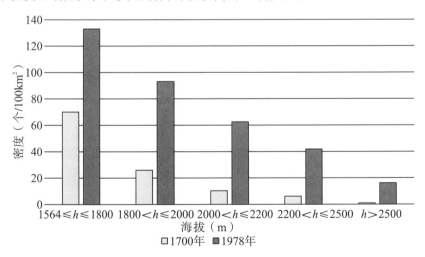

图 3.2    1700 年、1978 年掌鸠河流域整体聚落不同海拔区间的密度分布

我们再从近 300 年来各时间断面中新创建的聚落在不同海拔区间内的密度变化进行分析（图 3.3）。在 1701 年到 1950 年的 250 年间，新创建聚落较高的密度主要分布在 1564 ~ 1800 米、1800 ~ 2000 米和 2000 ~ 2200 米三个区间，尤其是 1800 ~ 2000 米这一区间的密度最高。1901—1950 年，在低海拔区域聚

落密度不断增加的同时，2200～2500 米区间的聚落密度也在不断加大，且2500 米以上区间的聚落密度也首次超过 5 个/100 平方千米，这一时期聚落在各区间的分布相对均匀。1951—1978 年，流域内聚落的分布以 1800～2500 米为主，1800 米以下的聚落密度较低。

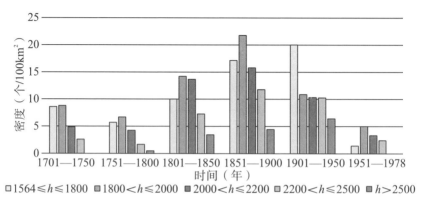

图 3.3　近 300 年来掌鸠河流域新创建聚落海拔区间分布密度图

可以看出，近 300 年来，掌鸠河流域内聚落的分布受海拔高度的影响非常明显，在 1700 年，海拔 1800 米以下的河谷地带是聚落的主要分布区，密度远远超过其他海拔高度区间。1700 年以来，新创建的聚落不断向高海拔区间扩展，低海拔区间的密度优势在减弱，说明在流域尺度，海拔因素对聚落分布与扩展的限制性作用在逐渐减弱。由于主要粮食作物水稻种植的限制，2200 米成为流域内聚落扩展的重要上限。

## 二、坡度因素

因研究区域与目的的不同，现有研究对于坡度的等级划分有不同的标准。本书在参考国内普通标准[1]的同时，主要根据云南省对坡度划分的标准[2]与掌鸠河流域的实际情况[3]，将研究区域内的坡度划分为四个等级。

小于 8°：属于缓坡耕地，地势平坦，土壤理化性状好，限制因素较少，生产水平较高，是高产农业的主要分布区。

---

① 孙颔、石玉林主编：《中国农业土地利用》，第 54 页。

② 云南省农业区划委员会办公室编：《云南省不同气候带和坡度的土地面积》，昆明：云南科学技术出版社，1987 年，第 3～4 页。

③ 禄劝彝族苗族自治县农业局：《禄劝彝族苗族自治县农业志》，第 234～240 页。

8°~15°：属于坡耕地，地势起伏不平，存在水土流失等限制性因素，生产力水平相对较低，可进行农业生产。

15°~25°：属于陡坡耕地，地势起伏较大，存在水土流失等限制性因素，生产力水平低。勉强可以进行农业生产，是农耕地的上限区。

25°以上：属于很陡坡耕地，雨水冲刷和块体运动加剧，侵蚀强烈，水土流失严重，土壤贫瘠，不宜农耕，适宜发展林、牧业。

利用 ArcGIS 软件对掌鸠河流域内不同坡度区间的面积进行划分和统计（图3.4、表3.2）。从表3.2 中看出，在掌鸠河流域内，面积最大的坡度区间为 15°~25°，占流域面积的 35.5%；最小的坡度区间为 0°~8°，只占流域面积的 14.1%。说明掌鸠河流域内较适宜开垦成耕地的缓坡面积较小，大部分属于陡坡，耕作条件相对较差。

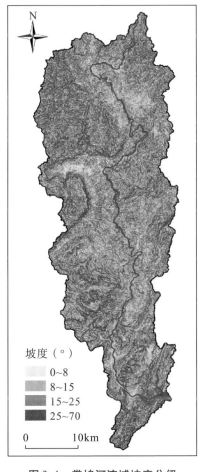

图3.4　掌鸠河流域坡度分级

表 3.2　掌鸠河流域坡度区分级统计

| 坡度 | 坡度区间面积占总面积比例 |
|---|---|
| $0° \leqslant s \leqslant 8°$ | 14.1% |
| $8° < s \leqslant 15°$ | 26.1% |
| $15° < s \leqslant 25°$ | 35.5% |
| $s > 25°$ | 24.2% |

　　对近300年来流域内聚落分布的坡度特征进行统计（图3.5），从图中可以看出，近300年来流域内新创建聚落和整体聚落平均坡度除1951—1978年新创建聚落的平均坡度出现了一个异常高值外，总体呈现出相对稳定且逐渐增加的发展趋势。流域内新创建的聚落平均坡度由1700年的15.4°增加到1950年的16.4°；1950年以后的坡度增加较明显，由16.4°增加到20.4°。整体聚落的平均坡度由1700年的15.4°增加到1978年的16.4°。15°～17°的区域是聚落选址的最主要集中区，而20°是流域内聚落空间扩展的重要限制性坡度。总体来看，聚落平均坡度的变化较为稳定，说明坡度因素对聚落在山地的选址始终起着较为稳定且重要的作用。

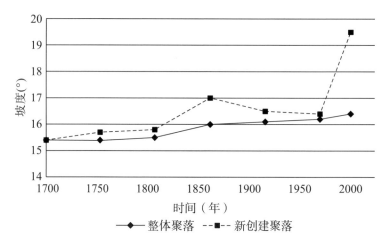

图 3.5　近 300 年以来掌鸠河流域聚落平均坡度统计

注：新创建聚落平均坡度为每50年一个时间断面内新创建聚落的平均坡度，1700年以前创建的聚落为单独一个时间断面。

　　从1700年和1978年掌鸠河流域整体聚落在不同坡度区中的密度分布图（图3.6）可以看出，在1700年，聚落密度在0°～8°这一坡度区间最高，为每100平方千米20个，14.1%的面积分布了22%的聚落。聚落密度随着坡度的增加而减小。至 1978 年，各坡度区间的密度差距相对减小，尤其是 25°以上的两个坡度区间，密度增加较为明显。可以看出，密度较小的区域是聚落选址时优先考虑的，耕地开垦成本低且耕作条件相对优越，对外交通也较为方便。

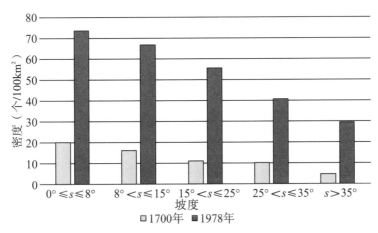

图 3.6　1700 年、1978 年掌鸠河流域整体聚落不同坡度区中的密度分布

从不同坡度区间的新创建聚落密度来看（图 3.7），1701—1950 年间，0°~25°的坡度区间始终是聚落分布密度较高的区域，25°以上的区域在此期间发展速度较快，尤其是在 1801 年到 1950 年间，与 25°以下各区间的差距逐渐缩小，且相对稳定。1951—1978 年，35°以上区域的聚落密度超过了其他所有的坡度区间，成为聚落分布密度最大的区域。

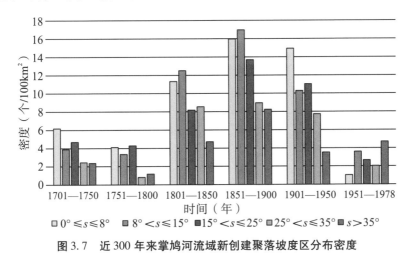

图 3.7　近 300 年来掌鸠河流域新创建聚落坡度区分布密度

总之，近 300 年来，坡度对聚落在流域内的空间格局演变具有重要的限制

性作用，聚落的平均坡度呈不断上升的趋势，但相对较为稳定，15°~17°始终是聚落分布的主要坡度区间。从密度上来看，各坡度区间的聚落密度都有所增加，但0°~8°仍是聚落密度最大的坡度区间。

## 三、地形因素

在山地流域中，地形因素是影响历史时期土地利用变化的重要因素之一。根据掌鸠河流域不同区域所处的自然环境差异，利用 ArcGIS 的空间分析功能，按照表 3.3 所示的标准，将流域划分为中下游河谷、平坝、半山区和山区四种不同的地形区，并统计各地形区的面积（图 3.8）。

表 3.3　掌鸠河流域地形类型划分和统计

| 地形 | 划分标准 | 面积（km²） | 占流域面积的比例（%） |
|---|---|---|---|
| 中下游河谷 | 海拔 <1800 米，掌鸠河中下游 1000 米缓冲区范围内 | 83.2 | 6.0 |
| 平坝 | 1 千米×1 千米区域内坡度 <8°①，且排除中下游河谷区 | 152.4 | 11.1 |
| 半山区 | 海拔 <2000 米，且排除中下游河谷和平坝区 | 195.3 | 14.2 |
| 山区 | 海拔 >2000 米，且排除平坝区 | 945.3 | 68.7 |

---

① 《云南省志·农业志》编纂委员会编撰：《云南省志》卷 22《农业志》，第 80 页。《云南省不同气候带和坡度的土地面积》，第 3 页。

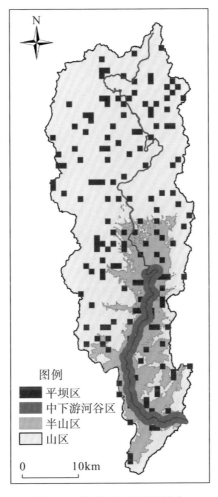

图例
■ 平坝区
▰ 中下游河谷区
▨ 半山区
☐ 山区

0　　　10km

**图3.8　掌鸠河流域地形划分**

　　提取1700年和1978年各地形区聚落的数量，并统计各地形区聚落的密度，得到图3.9。从图3.9中可以看出，在1700年，中下游河谷地带的聚落密度最高，达到54.1个/100平方千米；其次是半山区；密度最低的是山区，每100平方千米的聚落数量是6.8个。到1978年，这种聚落分布的格局仍未改变，密度最高的是中下游河谷地区，达到了110.6个/100平方千米，半山区的聚落密度增加较快，与中下游河谷地区差距缩小。

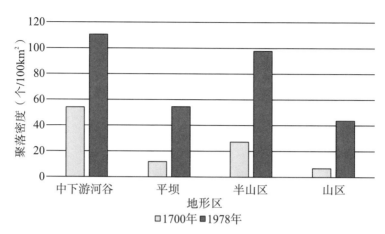

图 3.9　1700 年和 1978 年掌鸠河流域各地形区聚落密度分布

在此值得注意的是平坝区聚落密度较小，从表 3.4 中可以看出，虽然同为坡度较平缓的平坝区，但 2200 米以下的平坝区聚落密度远远高于 2200 米以上的平坝区聚落密度，是导致图 3.9 所示平坝区聚落密度较小的主要原因。

表 3.4　不同海拔的平坝区聚落分布差异

| 海拔 | 面积（km²） | 1700 年 | | 1978 年 | |
|---|---|---|---|---|---|
| | | 聚落数量（个） | 密度（个/100km²） | 聚落数量（个） | 密度（个/100km²） |
| 2200 米以下 | 74.8 | 14 | 19 | 59 | 79 |
| 2200 米以上 | 77.6 | 4 | 5 | 24 | 31 |

1700 年以来，以 50 年为一个时间断面统计不同地形区新创建聚落的密度，得到图 3.10。从图中可以看出，由于中下游河谷地区在 1700 年以前密度就已经达到较高水平，故在此之后聚落密度较其他几个地形区并没有较明显的优势。平坝区虽然由于统计原因聚落密度较实际情况小，但仍然较大。除1701—1750 年外，其他时间断面内新创建的聚落密度最大值都在半山区，也反映出近 300 年来，半山区的聚落增长和耕地开发较为迅速。

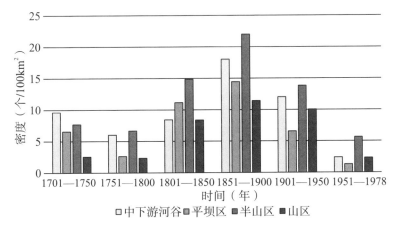

图 3.10　近 300 年来掌鸠河流域不同地形区新创建聚落密度演变

## 四、坡向因素

利用 ArcGIS 软件对流域 DEM 数据进行坡向分析，并提取每个聚落点的坡向数据。软件中的坡向分析是顺时针从 0°～360°，即 0°为正北方向，90°为正东方向，180°为正南方向，270°为正西方向，360°为正北方向。为直观地分析聚落所处的坡向，本研究将聚落的坡向分为两个等级，即 90°～270°为朝南坡向，0°～90°和 270°～360°为朝北坡向。提取每个时间断面内新创聚落中坡向朝北的聚落，并计算其在总聚落中所占的比例，得到表 3.5。

表 3.5　近 300 年来掌鸠河流域聚落坡向统计

| 时间 | 坡向朝北的聚落数（个） | 新创建聚落数（个） | 比例 |
|---|---|---|---|
| 1700 年以前 | 83 | 180 | 46.1% |
| 1701—1750 年 | 25 | 57 | 43.9% |
| 1751—1800 年 | 27 | 44 | 61.4% |
| 1801—1850 年 | 62 | 132 | 47.0% |
| 1851—1900 年 | 97 | 188 | 51.6% |
| 1901—1950 年 | 80 | 142 | 56.3% |
| 1951—1978 年 | 15 | 37 | 40.5% |
| 平均 | | | 49.5% |

从表 3.5 中可以看出，近 300 年来掌鸠河流域内新创建聚落中坡向朝北的聚落数量占新创建聚落总数量的比例均在 40% 以上，7 个时间断面中有 3 个超过了 50%，平均比例达到 49.5%。可见，坡向对于流域内聚落的创建和选址

的影响并不显著。因聚落点与耕地一般会处于同一坡面上，所以也可以说，在掌鸠河流域，坡向对近 300 年来耕地的空间扩展没有显著影响。

## 五、气候因素

在掌鸠河流域，年平均气温与积温会随着海拔高度的升高具有较为明显的下降趋势，故可以利用海拔高度数据替代温度数据来表示小区域尺度的温度变化趋势。

降水是气候的另一个重要因子，降水量的时间和空间分布对云南山地农业生产具有重要影响，"水稻面积之大小与各年栽培成数之增减，受地理与温度之限制者少，而为雨期与水利所支配者甚大"[1]。历史时期，云南山区农业灌溉水源主要有三种。一是天然降水，"高原之地，雷鸣雨沛始得播种者，谓之雷鸣田"[2]。二是河流水，因云南山区河流河床多下切较深，农业灌溉中对河流水的利用较为困难，"滇省河流多行深谷中，可资灌溉者少"[3]。仅在地势相对平坦的中下游平坝地区可引河流水进行灌溉。[4] 三是山泉水，当地称之为龙潭水，"惟湖泽、泉池如星罗棋布，所在皆是，农田胥倚赖焉"[5]。

在禄劝，民国以前的水利兴修主要集中于掌鸠河下游的县城周围，因地势平坦开阔，河床较高，水流较缓，可引河流水灌溉，而大部分的山区耕地则"多为山田，水道缺乏，非待大雨不得栽种"[6]。到 1949 年前，全县小型引水沟 150 余条，灌溉农田 1.5 万亩（包括引用龙潭水等水源）；利用简易提水工具翻车、人拉水车等灌溉农田 1.2 万亩，总灌溉面积 3 万余亩，大部分的耕地主要依靠天然降雨灌溉。[7] 1949 年以后云南山区大规模的水利建设和灌溉率大幅度提高，如禄劝县自 1949 年至 20 世纪 90 年代初，先后建成各类水利设施 1800 多个，大多数为以天然降水为对象的蓄水和引水设施，全县有效灌溉面积占耕地面积的 38.8%。[8]

---

① 中山大学农学院编：《云南省五十县稻作调查报告》，无页码。
② 刘慰三：《滇南志略》，方国瑜主编：《云南史料丛刊》第 13 卷，第 43 页。
③ 《新纂云南通志》卷 139《农业考二》，昆明：云南人民出版社，2007 年，第 12 页。
④ 戴维斯著，李安泰等译：《云南：联结印度和扬子江的锁链·19 世纪一个英国人眼中的云南社会状况及民族风情》，第 176 页。
⑤ 《新纂云南通志》卷 139《农业考二》，第 12 页。
⑥ 民国《禄劝县志稿》卷六《实业志》。
⑦ 禄劝彝族苗族自治县水利电力局编：《禄劝彝族苗族自治县水利电力志》，第 3 页。
⑧ 禄劝彝族苗族自治县农业局编：《禄劝彝族苗族自治县农业志》，第 71~72 页。

总之，在掌鸠河流域，气候因素中的气温因子可通过小区域尺度的聚落海拔高度来体现，降水在流域中分布较为均匀，且自然降水的汇集区——河流除在下游坝区外，对山区聚落和耕地的吸引力较小，故本书不考虑气温和降水的因素。

## 六、土壤因素

土壤是农业生产的基础，直接影响着农业生产力水平。禄劝县境内土壤类型以红壤土类面积最大，占 52%；其次是紫色土，占 17.8%。[①] 掌鸠河流域内海拔高度在 1564 ~ 3137 米之间，2200 米是流域内聚落分布的重要界线，1564 ~ 2200 米之间的自然土壤以红壤和黄棕壤为主[②]，区域间差异相对较小。

虽然土壤的分布受地形、气候等自然因素的影响，但人类活动在自然土壤的基础上进行农业生产，对土壤进行改造，导致土壤呈现出同心圆式分布，土壤的种类随距离聚落由近到远出现肥力和土层等特征的变化，是人类农业活动改造的结果，故流域内的土壤在红壤和黄棕壤两大类型下又可大体分为水田土壤和旱地土壤。[③] 所以土壤因素对近 300 年来聚落和耕地发展的影响可通过海拔高度与农业技术来体现，故本书在历史时期土地利用变化重建模型中不考虑土壤因素。

# 第三节 自然环境与聚落土地利用变化

上文以掌鸠河流域近 300 年来聚落的空间格局演变为代用资料，研究了流域内自然环境因素对土地利用变化的影响，遴选了影响土地利用变化的主要自然因子。本节以聚落为研究尺度，通过对掌鸠河流域内三个典型聚落在近 300 年来土地利用变化，主要是耕地变化的自然影响因素进行研究，遴选出聚落尺度下土地利用变化的主要影响因子，为土地利用变化重建模型的构建提供必要的参数。

---

① 禄劝彝族苗族自治县土地详查办、土地管理局：《禄劝土地利用现状详查报告》，内部发行，1993 年，第 3 ~ 5 页。禄劝县档案馆土地管理局：《G - 48 - 86 土地利用现状详查报告》，档案号：530128 - 321 - 1。

② 《禄劝彝族苗族自治县志》编纂委员会编：《禄劝彝族苗族自治县志》，第 93 页。

③ 禄劝彝族苗族自治县农业局编：《禄劝彝族苗族自治县农业志》，第 61 ~ 67 页。

## 一、DY 村的个案研究

DY 村是掌鸠河流域一个典型的半山区农业聚落，面积约 1.3 平方千米，聚落的海拔与坡度见图 3.11。

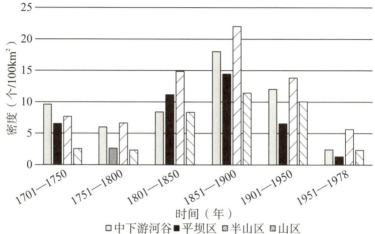

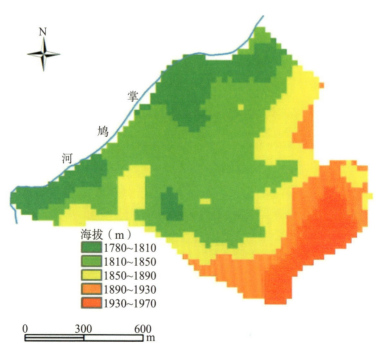

**图 3.11  DY 村自然环境①**

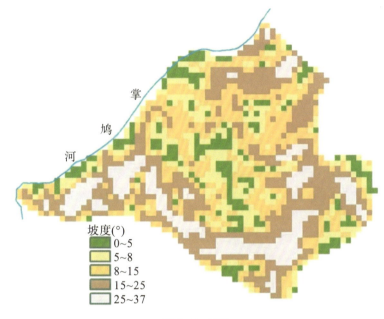

图 3.11（续）

## （一）耕地开垦的空间和数量重建

据调查所知，当聚落的始迁祖于 1736 年左右移民定居并创建聚落时，聚落北部掌鸠河边的滩地已经被相邻聚落开垦，故假设这些耕地开垦的时间在 1700 年以前。

中国古代自发的小范围农业移民多以家族或家庭为单位从一地迁移至另一地，选择适合生存的地方定居，并发展农业生产。在聚落创建的初期，最先定居的移民有大量适宜开垦的区域（多为林地）可供选择，越到晚期，适宜开垦且未开垦的区域越来越少，自然条件越来越差，直到在一定的生产水平下适宜开垦的区域全部开垦完毕，继续迁入的人口只能作为佃户等耕种前期已开垦的田地。据调查，DY 聚落内的移民与田地开垦过程如表 3.6。

表 3.6　DY 村各姓氏移民状况①

| 姓氏 | 李姓 | 何姓 | 董姓 1 | 武姓 1 | 董姓 2 | 孔姓 | 董姓 3 | 董姓 4 | 何姓 2 | 武姓 2 | 杨姓 |
|------|------|------|--------|--------|--------|------|--------|--------|--------|--------|------|
| 移民时间（年） | 1736 | 1736 | 1766 | 1885 | 1887 | 1910 | 1912 | 1920 | 1940 | 1952 | 1958 |
| 耕地拥有情况 | 开田 | 先租田后开田 | 开田 | 租田 | 租田 | 先租田后开田 | 租田 | 租田 | 租田 | 种集体田 | 种集体田 |

　　从表 3.6 中可以看出，DY 村最先迁入的三个姓氏是李姓、何姓和董姓，在 18 世纪迁入后都开垦了自己的耕地，至 19 世纪武姓 1 和董姓 2 迁入时，聚落内已经没有太多适宜开垦的区域可供选择，只能租种已经开垦的耕地。1910 年孔姓迁入后，又开垦了一些耕种条件相对较差的耕地。

　　在中国古代，安土重迁的观念深入人心，祖业（祖屋和祖田等）除非万不得已，一般不会出卖或转让，在 DY 村这种思想依然存在。据调查，各姓氏开垦的耕地基本不会出卖，如果发生急需用钱而必须出卖耕地的情况，也会首先考虑卖给本姓，然后才是外姓。这与费孝通所调查的禄村情况相似，即地权一般只在本姓内流动，很少落到外姓。② 所以，1949 年以前聚落耕地的归属可以大体反映梯田开垦时的归属，据各姓氏的移民时间和耕地开垦情况，可以复原耕地开垦的数量和空间格局。根据 DY 村土地利用信息数据库，复原了聚落主要土地利用类型的空间演变过程（图 3.12），通过计算得出近 300 年来 DY 村耕地数量的变化情况（图 3.13）。

---

　　① 　除表中所列姓氏外，村中还有万姓、王姓、角姓等，这些姓氏多是因入赘到其他姓氏后还宗的后代，故不列入。表中李姓为彝族，其余姓氏皆为汉族。
　　② 　费孝通、张之毅：《云南三村》，第 187 页。

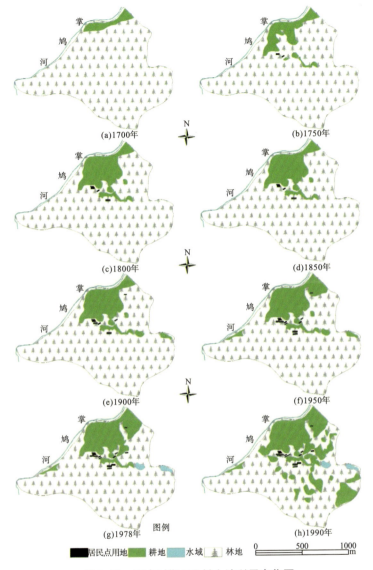

图例

■ 居民点用地 ■ 耕地 ■ 水域 ⋀ 林地

0　　　　500　　　1000 m

图 3.12　历史时期 DY 村土地利用变化图

　　从图 3.12 和 3.13 中可以看出，在近 300 年来，DY 村的耕地数量变化经历了三个阶段：第一阶段，1700—1800 年是耕地的快速增长期，在聚落创建的 100 年内，大量的耕地被开垦出来。第二阶段，1801—1950 年是耕地的缓慢增长期，在经历了第一阶段的大面积开垦后，适宜开垦的耕地基本被开垦完毕，这一阶段以发展农业技术为主要手段来提高粮食产量（见下文分析）。第三阶段，1949 年以来，其中至 1978 年改革开放以前耕地有少量的增加，但增加量并不明显；1979 至 1990 年间耕地数量大量增加，短短的 10 余年间增加了 232.5 亩，占 1990 年耕地总面积的 38.7%。

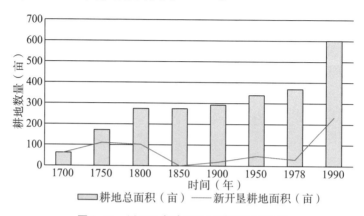

图 3.13　近 300 年来 DY 村耕地数量变化

注：新开垦耕地面积为 50 年一个时间断面的新增面积。

## （二）耕地开垦与自然环境的关系

利用 ArcGIS 软件提取近 300 年来 DY 村各时间断面内新开垦耕地的海拔和坡度数据，并计算其平均海拔和平均坡度（图 3.14），对照 DY 村主要土地利用变化图和聚落内海拔、坡度分布图，可以得出土地利用变化与自然环境的关系。

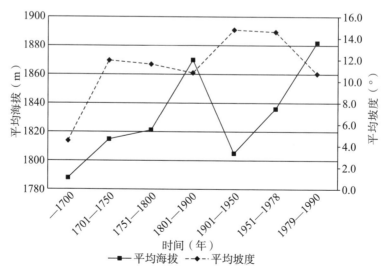

图 3.14　近 300 年来 DY 村时间断面新开垦耕地平均坡度和平均海拔

1700 年以前，聚落范围内最先开垦的耕地位于掌鸠河较平坦的一级台地上，相对海拔较低（平均海拔 1788 米），坡度平缓（平均坡度 4.5°），农业生产条件较好。

1701—1900 年的 200 年间，从海拔高度上来看，聚落内新开垦耕地的海拔不断上升，由 1788 米上升到 1870 米，新开垦耕地的发展趋势是从离居民点较远的低海拔区域向较高的居民点靠近，并有部分耕地的海拔超过了居民点的海拔。从坡度上来看，新开垦耕地的坡度值快速上升后略有下降，总体来说较为稳定，保持在 10°~12°之间。

1900 年以来，聚落内新开垦耕地的平均海拔和平均坡度呈完全相反的发展态势。1901—1950 年，新开垦耕地的海拔迅速下降，但坡度却上升到研究阶段的最高点，达到 14.8°。主要是因为这一时期聚落内修建了引水沟渠，为了能够利用引水沟渠进行灌溉，这一时期新开垦的耕地分布在海拔较低、坡度较陡的区域（见下文详细分析）。1951—1978 年，新开垦的耕地海拔不断上升，坡度依然较大，新开垦的耕地位于聚落周边。

1979—1990 年间，新开垦耕地的海拔急剧增加，坡度急剧下降，主要是因为这一时期海拔相对较低、适宜开垦的区域基本被开垦完毕，耕地面积的增加只能向高海拔、远离聚落的地区扩展，这些新开垦的耕地因海拔高于水利设施所能达到的位置，所以只能开垦为旱地。在无法保证灌溉的情况下，村民在开垦耕地时会选择海拔较高、坡度较缓的区域进行开垦，以保持水土，所以这一时期新开垦耕地的平均海拔和平均坡度表现出相反的发展态势。

综合以上所述，在农业聚落 DY 村，近 300 年来的土地利用变化与自然环境的关系较为密切。在聚落发展的初期（聚落创建后 100 年内），耕地的开垦从相对海拔较低、坡度较为平缓的区域开始，逐渐向相对海拔较高的区域发展。在没有水利灌溉的条件下，耕地多为"望天田"，相对海拔较低处具有更大的集水区域，可搜集和利用更多的天然雨水进行灌溉。随后新开垦耕地的海拔逐渐上升，在相对海拔较低处即使坡度较大也会继续开垦，出现相对海拔较低、高坡度和远离居民点的耕地。说明在聚落发展的初期，海拔因素较坡度具有更大的影响力。

在聚落发展的初期阶段以后，居民点以下相对海拔较低的区域被基本开垦完毕，耕地开垦开始向相对海拔较高的区域扩展，这时坡度因素和与居民点距离的因素开始发挥更大的作用。这一时期新开垦耕地的坡度开始下降，与居民点的距离也在缩短，相对高度、坡度和与居民点的距离三个要素在同时起着作用。此外，这一时期农业技术的发展，尤其是农田水利的兴修也大大影响了耕地开垦的空间分布，这一问题将留在以后的章节进行论述。

　　在 1978 年以后，由于改革开放、农田水利等人文因素的影响，耕地开垦的区域选择逐渐向相对海拔更高、离居民点更远，但坡度更加平缓的区域发展，坡度因素起着更大的作用。

## 二、NN 村的个案研究

　　NN 村是掌鸠河流域一个典型的山区农业聚落，聚落三面被山坡包围，南面有小山谷开口，类似簸箕的地形，水流从聚落北面、西北面的龙潭中涌出，汇流后从南面流出，集成一条小河流。聚落面积约 2.2 平方千米（图 3.15）。

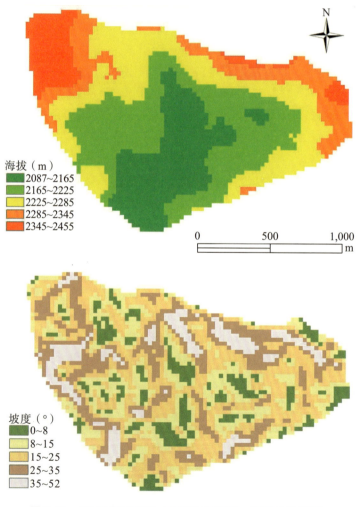

图 3.15　NN 村自然环境（上图为海拔图，下图为坡度图）

## （一）耕地开垦的空间和数量重建

NN 村的始迁祖为王姓，聚落创建时间约为 1763 年。在聚落发展的过程中，其他姓氏多以入赘的形式进入聚落，经过一定的时间后改回原姓氏，形成多姓氏杂居的现状。其他姓氏入赘到本村时可以从女方父母那里获得一部分财产和耕地，如村中的关姓，据《寻根问祖——禄劝关姓的来龙去脉》[①] 一书记载："团街乡 NN 支系曾祖关兴舜：是从撒营盘酒房到 NN 王家招亲，不知什么原因又搬迁到现在的双化乡撒冲居住，过两年曾祖母听不懂彝语，无奈又迁回 NN 村。王家给曾祖父一片柴山和耕地、水田。"可见关氏迁入本村时所获得的耕地并其自己开垦，而是从父辈那里继承来的。这些以入赘的方式迁入聚落的人口随着本家支人口的增长，也会出现一定的粮食压力，所以开垦更多的耕地成为必然的选择。笔者在田野调查中发现，这些入赘人口对入赘时所继承的耕地及入赘后自己新开垦的耕地都有较为清晰的记忆，仍然可以依据姓氏的迁入时间和继承、开垦耕地的空间特征来复原耕地的数量和空间演变情况。根据 NN 村土地利用信息数据库，复原了聚落主要土地利用类型的空间演变过程（图3.16），通过计算得出 NN 村自创建以来耕地数量的变化情况（图3.17）。

从图 3.16 和 3.17 可以看出，聚落耕地数量变化经历了三个阶段。第一阶段是聚落创建的初期，即 100 年以内，是耕地数量迅速增长的时期，大量耕地被开垦出来。第二阶段是聚落创建后的第二个 100 年，即 1851—1950 年，这一时期耕地增长速度缓慢。1950 年以后是耕地发展的第三阶段，耕地数量大量增加，1951—1978 年共开垦了 728 亩耕地，远远超过此前耕地总面积的 431 亩。1979—1990 年间增长的速度放缓。

---

① 关祥祖编：《寻根问祖——禄劝关姓的来龙去脉》，2012 年。

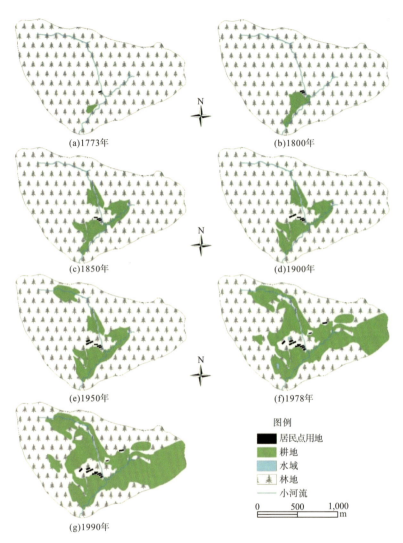

(a)1773年     (b)1800年

(c)1850年     (d)1900年

(e)1950年     (f)1978年

(g)1990年

图例

■ 居民点用地
■ 耕地
■ 水域
🌲 林地
— 小河流

0    500    1,000
m

图 3.16　历史时期 NN 村土地利用变化

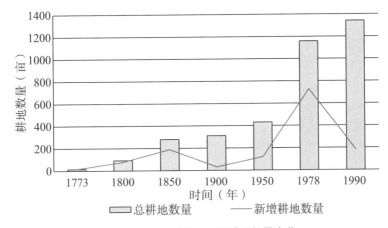

**图3.17 历史时期 NN 村耕地数量变化**

注：新开垦耕地面积为 50 年一个时间断面的新增面积。

## （二）耕地开垦与自然环境的关系

利用 ArcGIS 软件提取近 300 年来 NN 村各时间断面内新开垦耕地的海拔和坡度数据，并计算其平均海拔和平均坡度，得到图 3.18，对照 NN 村主要土地利用变化图和聚落内海拔、坡度分布图，可以得出土地利用变化与自然环境的关系。

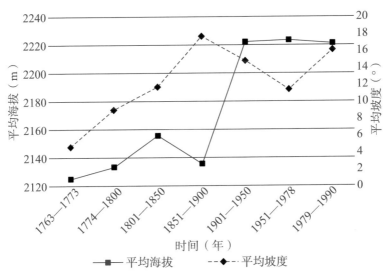

**图3.18 历史时期 NN 村新开垦耕地平均坡度和平均海拔**

自 1763 年左右 NN 村创建聚落，在相对海拔较低（平均海拔 2125 米）、坡度较平缓（平均坡度 4.6°）的区域开垦了 15 亩左右的耕地，假设 10 年时间开垦完毕，即 1773 年。

因 NN 村的主要灌溉水源来自龙潭，龙潭水和引水沟渠的海拔高度决定了可灌溉耕地的上限，所以，相对海拔较低的区域成为耕地开垦的首选。1774—1850 年间，新开垦的耕地相对海拔不断升高，但仍处于龙潭和民居点以下，可以进行灌溉。坡度增加，达到 11.7°。

1851—1900 年间，新开垦的耕地海拔有所下降，但坡度升高，达到研究时期内的最高值 17.7°。同样是为了引水灌溉，这一时期开垦了离居民点较远、海拔较低但坡度较高的区域。

1901—1950 年间，新开垦的耕地海拔高度迅速上升，坡度有所下降。这一时期新开垦的耕地位于离居民点较远的区域，主要是为了有效利用附近泉水进行灌溉。

1950 年以来，尤其是 1951—1978 年间开垦的大量耕地海拔高度都较高，但坡度下降明显，因为这一时期所开垦的耕地由于海拔过高无法进行灌溉，耕作条件较差，只能选择坡度较小的区域开垦旱地，是海拔的限制性作用减弱、坡度的限制性作用加强的表现。1979—1990 年间新开垦的耕地坡度和高度都较高，耕作条件更差。

总之，山区聚落 NN 村的耕地开发受自然条件的影响较为明显。首先，在聚落创建的初期即 1763 年左右，相对海拔较低、坡度较小的区域是耕地开垦的首选。随后，1774—1850 年，耕地的海拔高度不断上升，坡度也不断升高，虽然 NN 村的龙潭水较为丰富，但受到龙潭所处位置的影响，相对海拔越低的区域引用龙潭水灌溉就越方便，海拔高度依然是限制耕地开发区域选择的最重要因素之一。

在聚落创建 100 年以后，相对海拔较低的区域基本完毕开垦，新开垦的耕地开始向相对海拔较高的区域扩展，这时坡度因素开始发挥着更加重要的作用，尤其是 1901—1950 年间新开垦的耕地向龙潭附近扩展，海拔高度升高、坡度降低，海拔高度的限制性作用大大减弱。

1950 年以来，由于相对海拔较低区域内适宜开垦的耕地基本被开垦完毕，所以耕地开垦发展的方向是高海拔、低坡度的区域，坡度和与居民点的距离成为主导因素。

与 DY 村不同的是，NN 村地处山区，在 1950 年以前所开垦的耕地中同时存在精耕细作与粗放经营两种耕作方式。精耕细作即开垦耕地后主要通过增加劳动力、改进农业生产技术来提高单位产量，粗放经营是指主要以休耕的方式来恢复地力，种一至两年休耕三至五年，周而复始。故 NN 村会在短时间内开垦大量耕地，以部分耕作条件相对较好的耕地作为精耕细作耕地，以耕作条件较差的耕地作为休耕地。

### 三、LY 村的个案研究

在 20 世纪 50 年代初期以前，LY 村是掌鸠河流域典型的农业和工商业聚落，聚落建筑分布在中部较为平坦的山梁上，山梁两边为田地，林地则分布于聚落中高处的山上。聚落面积约 1.1 平方千米（图 3.19）。

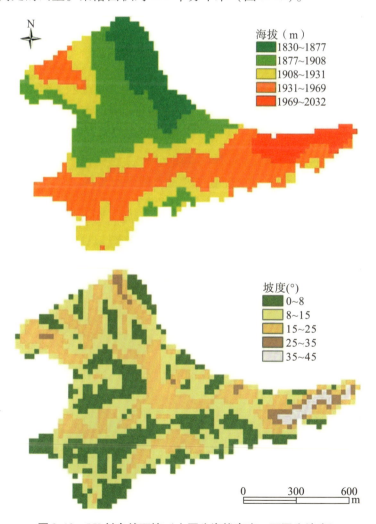

**图 3.19 LY 村自然环境（上图为海拔高度，下图为坡度）**

第三章 自然环境与山地土地利用变化

### （一）耕地开垦的空间和数量重建

据田野调查所知，LY 村在明代即已建立，并逐渐发展成为一个农业和工商业并重的小集市，成为周边聚落的经济和行政中心。由于瘟疫等，村中的主导姓氏多次变更，1900 年左右的一场大火给聚落带来了毁灭性打击。但 LY 村并未因为这次的灾难而一直沉寂下去，在火灾后不到 50 年的时间里，大量外来移民纷纷迁入聚落，从事工商业和农业生产，人口迅速发展。

因 LY 村创建于明代，耕地开发时间较久，加之聚落人口几经更迭，耕地多被周边聚落的彝族地主收买，再转租给新迁移至聚落的居民，增加了复原耕地开发史的难度。聚落中的汉族居民多为 20 世纪以后迁入，缺少对聚落最初建立与发展口耳相传的认知，只能追溯到自己家族移民到本村时的情形，而居住于聚落较久的彝族因时代久远的关系，也不能提供完整的聚落发展和耕地开发史信息。故本研究在复原聚落耕地开发史时，不对明朝或清朝中前期的开发情况进行推测，而只是以能够从田野调查中得到确切信息的时间为节点开始复原，以确保相关内容的准确性。LY 村的耕地发展可分为四个时期：1910 年前、1911—1950 年、1951—1978 年和 1979—1990 年。根据 LY 村土地利用信息数据库，复原了 1910 年以来聚落主要土地利用类型的空间演变过程，得到图 3.20，通过计算得到 1910 年以来 LY 村耕地数量的变化情况（图 3.21）。

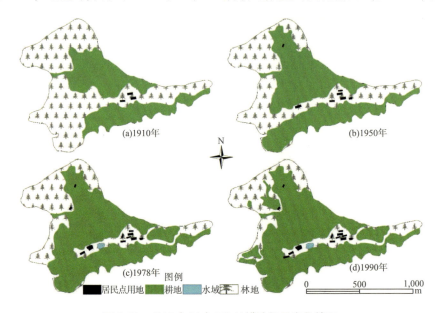

**图 3.20　1910 年以来 LY 村耕地数量变化情况**

从图 3.20 和图 3.21 可以看出，在 1910 年，LY 村已经开垦了 600 余亩的耕地，但由于这一时期大量外来人口的迁入，对原有耕地造成了一定的压力，故 1911—1950 年间又开垦了 278 亩耕地。1951—1978 年和 1979—1990 年聚落耕地都有所增加，但增加幅度一般，没有超过 1911—1950 年的增加数。

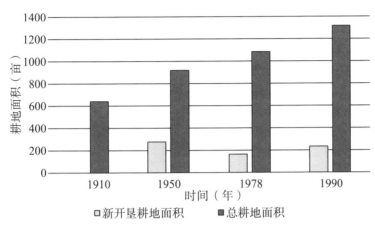

**图 3.21　1910 年以来 LY 村耕地数量变化**

注：新开垦耕地面积为 50 年一个时间断面内新开垦的耕地面积。

## （二）耕地开垦与自然环境的关系

提取 LY 村各时间断面内新开垦耕地的海拔和坡度数据，并计算其平均海拔和平均坡度（图 3.22），对照 LY 村主要土地利用变化图和聚落内海拔、海拔分布图，可以得出土地利用变化与自然环境的关系。

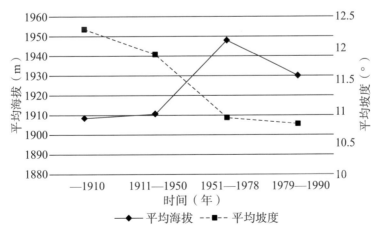

**图 3.22　LY 村时间断面新开垦耕地平均坡度和平均海拔**

1910 年以来 LY 村新开垦耕地的平均海拔呈现逐渐上升的趋势，坡度呈现出逐渐下降的趋势。经过几百年的发展，至 1910 年，LY 村适宜开垦的耕地已基本开垦完毕，新开垦的耕地主要位于离居民点较远、海拔相对较高的区域，因海拔较高，位于灌溉水源的上方，不能进行灌溉，耕作条件较差，新开垦的耕地以旱地为主。可以看出，1910 年以来，海拔高度对新开垦耕地的限制性作用逐渐减弱，坡度和与居民点的距离因素起着更为重要的作用。

## 小 结

本章量化研究了云南山地流域尺度和聚落尺度土地利用变化的自然影响因素，遴选出了主导影响因子，分析了主导因子的动态作用，并得到了主导因子在山地土地利用变化限制性作用中的阈值。

在流域尺度，海拔、坡度和地形是自然因素中限制性作用较显著的三个因子。首先，从海拔来看，近 300 年来，各时间断面内新创建聚落与整体聚落的平均海拔都表现出由低向高发展的趋势，表明土地利用的变化呈现出由低海拔向高海拔发展的趋势，且越向近代发展，较高海拔区间聚落的密度也在不断增加。海拔因子对流域内聚落和耕地空间扩展的限制性作用在不断减弱，但2200 米和 2500 米是重要阈值。其次，从坡度来看，近 300 年来，各时间断面内新创建聚落与整体聚落的平均坡度呈现出不断增加的趋势，变化较为平缓，说明坡度因素虽然对聚落和耕地扩展的限制性作用有所减弱，但长期来看，这种限制性作用较为稳定。坡度 20° 是流域内聚落和耕地空间扩展的重要阈值。最后，从地形来看，中下游河谷地带和平坝区的聚落密度较大，但因面积有限，随着时间的推移，半山区和山区聚落的密度不断增加，成为聚落和耕地扩展的主要区域。

在聚落尺度，影响聚落耕地数量和空间演变的自然因子主要是相对海拔高度和坡度。从三个典型聚落的分析可以看出，在聚落创建后的 100 年间，相对海拔高度对聚落范围内耕地的空间分布具有至关重要的影响，耕地多分布在相对海拔较低的水源或引水设施和居民点下方，主要原因是相对海拔较低的区域具有更大的集水区，更有利于引水灌溉，坡度因素则相对次要，但

12°仍是重要的阈值。随着耕地的开发，相对海拔较低区域内适宜开垦的耕地基本开垦完毕，新开垦的耕地开始向较高相对海拔区域扩展，这时海拔因素的限制性作用逐渐减弱，坡度和与居民点距离等因素在逐渐增强。相对海拔高度和坡度因素的限制性作用分别经历了一个由强到弱和由弱到强的动态过程。

# 第四章

## 人口发展与山地土地利用变化

人口因素（包括人口迁徙与数量发展）对土地利用变化的影响主要体现在对土地利用的空间、数量及程度三个方面的影响上。当移民到达一个未经开垦的区域，会选择自然条件较好的区域开垦田地，建筑房屋，进行农业生产和生活，导致区域土地利用发生变化。在全国范围来看，"中国历史上农业开发从黄河流域向长江流域，从中心向周边，从平原向山区的空间发展历程，就是在人口推动下的土地寻觅过程，且山区进入全面开发的明清时代，正是人口增长幅度最大的时期"①。

　　人口数量的变化是引起区域土地利用数量变化的主要因素，"在生产主要依靠体力劳动的情况下，一定数量的劳动力是完成地区开发的决定条件。任何一个地区必须具有一定数量的人口，才能使多数可以利用的土地得到开垦"②。特别是在传统农业时期，作为劳动力密集型的生产部门，农业生产发展进程几乎由劳动力的数量决定。③ 人口既是生产者，又是消费者。随着人口数量的不断增加，粮食需求量持续扩大，更多的耕地被开垦，更多的房屋被建造，同时水利设施的兴修，增加了区域的水域用地，道路的兴修增加了区域的交通用地等，不断地改变着区域土地利用类型。

　　土地利用程度是指人类对土地这一基本生产资料的利用强度，受社会因素和自然环境的综合影响，如可以划分为土地未利用级、土地自然再生利用级、土地人为再生利用级和土地非再生利用级四个级别。④ 从未受人类干扰的土地未利用级，如冰川和永久积雪区，到某一部分土地上的自然和社会系统之间开始发生初级的物质与能量交流，如林地、草地等，再到某一部分土地上自然和社会系统之间直接的和以年度为周期的较持续的物质和能量交换，如耕地、园

　　① 韩茂莉：《中国历史农业地理》上册，第38页。
　　② 葛剑雄：《中国移民史》第1卷《导论 大事年表》，福州：福建人民出版社，1997年，第97页。
　　③ 韩茂莉：《中国历史农业地理》上册，第37页。
　　④ 西藏自治区土地管理局：《西藏自治区土地利用》，北京：科学出版社，1992年，第57~62页。

地、人工林和人工草地等，到最后一级人类利用土地的极端方式，即原有的自然平衡由于社会系统的影响而发生了彻底的变化，如城镇、居民点和交通用地等，这一土地利用的发展过程是人口移动和数量增加综合作用的结果。

人口的空间移动和数量增长对区域土地利用变化的影响具有多样性，是最具活力的土地利用变化驱动力之一。① 在全球变化和历史时期土地利用变化研究中，人口因素常被用作综合参数来反映人类活动在土地利用变化中的贡献。然而，简单利用人口数量作为区域耕地数量变化的表征，不足以表达人口因素对历史时期土地利用变化驱动作用的复杂性，尤其是在自然环境和民族构成等都较为复杂的西南山地。

本章将要研究的问题是：近300年来，在流域尺度，人口迁移和数量增长的时空特点如何影响了土地利用变化；在聚落尺度，聚落发展的各阶段内，人口因素对土地利用变化的驱动作用及动态性特征。只有解决了以上问题，才能更加深入地理解人口因素对山地土地利用变化的复杂作用。

# 第一节　近300年来掌鸠河流域的移民与土地利用变化

## 一、历史时期云南的移民与土地开发

关于汉代以前的云南部族社会，《史记·西南夷列传》记载"西南夷君长以什数"，从社会经济上来看，滇池地区已经开始有了定居的农业生产，"耕田，有邑聚"②。汉族最早大规模地进入云南地区始于楚国时的庄蹻入滇："蹻至滇池，方三百里，旁平地，肥饶数千里，以兵威定属楚。"③

至王莽时，"以广汉文齐为太守，造起陂池，开通溉灌，垦田二千余顷。率厉兵马，修障塞，降集群夷，甚得其和"④。《华阳国志》记载文齐"造开

① 王秀兰：《土地利用/土地覆盖变化中的人口因素分析》，《资源科学》2000第3期，第39~42页。
② 《史记》卷116《西南夷列传》，北京：中华书局，1982年，第2991页。
③ 《史记》卷116《西南夷列传》，第2992页。
④ 《后汉书》卷86《南蛮西南夷列传》，北京：中华书局，1973年，第2846页。

稻田，民咸赖之"①。汉晋时期大批汉人移民云南，为当地的农业开发提供了充足的劳动力，带来了较为先进的农业生产技术。②

唐宋时期迁移到云南的汉族人口主要来自云南地方势力所俘掠的战俘与汉地农民，数量较多者如天宝年间唐兵溃败，与太和、咸通年间南诏出掠西川安南。③《旧唐书·杨国忠传》记载："自仲通、李宓再举讨蛮之军，其征发皆中国利兵……凡举二十万众，弃之死地，只轮不还。"④ 这二十万兵士固然有战死者，但亦有不少被俘和逃亡的。这些人口多以农业为生，也加强了云南地区的农业开发。

元代在云南设立行省，实行与内地相似的行政管理体制。⑤ 驻守云南边疆的军户在屯地开屯戍守，"云南、八番、海南、海北本非立屯之地，欲因之置军旅于蛮夷腹心，以控扼之也"⑥。由于军屯，大批蒙古人、色目人和汉人迁徙到云南，对云南山区的开发作出了重要贡献。⑦

汉族大量进入云南发生在明代。明初于全国实行卫所屯田制度，"军士三分守城，七分屯种"⑧，大量汉族迁入云南。曹树基认为洪武二十六年（1393）云南人口总数大约为 120 万，正德年间（1491—1521）云南人口可能在 170 万人。⑨ 据陆韧的研究，明代后期天启年间（1621—1627）云南汉族人口数达 300 万左右，成为当地人口最多的民族。⑩ 明代初期大量军事人口主要集中在自然环境较好的坝区⑪，明中后期，哨等军事设施大规模设立，成为中央王朝势力深入少数民族聚居区的前沿，对明代云南山区的开发起到重要的作用。⑫

清代迁入云南的移民具有与以往不同的特点，从移民类型来看，既有军事

---

① 常璩撰，任乃强校注：《华阳国志校补图注》卷十《文齐传》，上海：上海古籍出版社，1987年，第 611 页。

② 方国瑜：《汉晋时期在云南的汉族移民》，《方国瑜文集》第 1 辑，昆明：云南教育出版社，2001 年，第 303 ~ 354 页。

③ 方国瑜：《唐宋时期在云南的汉族移民》，《方国瑜文集》第 2 辑，第 80 ~ 103 页。

④ 《旧唐书》卷 106《杨国忠传》，北京：中华书局，1975 年，第 3243 页。

⑤ 《元史》卷 61《志第十三·地理四》，第 1457 页。

⑥ 《经世大典·屯田篇》，方国瑜主编：《云南史料丛刊》第 2 卷，642 页。

⑦ 方国瑜：《明代在云南的军屯制度与汉族移民》，《方国瑜文集》第 3 辑，第 146 ~ 151 页。

⑧ 《明会典》卷十八《户部五·屯田》，方国瑜主编：《云南史料丛刊》第 5 卷，第 705 页。

⑨ 曹树基：《中国人口史》第四卷《明时期》，上海：复旦大学出版社，2000 年，第 191 页。

⑩ 陆韧：《变迁与交融：明代云南汉族移民研究》，昆明：云南教育出版社，2001 年，第 136 ~ 137，139 ~ 140 页。

⑪ 陆韧：《变迁与交融：明代云南汉族移民研究》，第 174 ~ 177 页。

⑫ 陆韧：《变迁与交融：明代云南汉族移民研究》，第 189 ~ 195 页。

移民，又有大量自发性的农业和矿业移民；从空间分布来看，既有定居于坝区的移民，又有大量定居在山区的移民。清代实行绿营兵制，在云南各地山区广设关哨汛塘，以"诘奸究而戒不虞"，"设立哨塘，分置兵役，星罗棋布，立法至为周详"①。这些长期戍守的兵士在山区安家落户，垦荒定居，发展成为聚落，促进了云南山区的农业开发。②而绿营兵的裁减和调动等也导致汉族人口由云南腹地向边疆地区的流动，促进了边疆的开发。③

除军事移民外，自发的农业和矿业移民也大量从省外迁入。如道光十六年（1836）云南督抚稽查流民，"钦奉上谕，有人奏：云南地方辽阔，深山密箐未经开辟之区，多有湖南、湖北、四川、贵州穷民往搭寮棚居住，砍树烧山，艺种包谷之类。此等流民，于开化、广南、普洱三府为最多"④。又在广南府，"广南向止夷户……楚、蜀、黔、粤之民，携挈妻孥，风餐露宿而来，视瘴乡如乐土"⑤。这类流民多是自发性的农业移民，迁居云南山区开垦耕地，进行农业生产，形成聚落。

清代云南矿业得到大规模开发，云南省外之民大量移居云南产矿之区开发矿业。乾隆年间张允随奏言："滇省山多田少，民鲜恒产，惟地产五金，不但滇民以为生计，即江、广、黔各省民人亦多来滇开采。……今在彼打槽开矿及走厂贸易者，不下二三万人。"⑥据李中清估计，嘉庆年间（1796—1820）西南地区的矿工达50万人，多分布于云南，其中70%是由湖广、江西、四川迁入，矿工与家属合计100万左右。⑦因矿产资源多集中在山区，大量矿业移民的粮食供给问题促进了矿区的耕地开发与农业移民的迁入，加之矿业冶炼用材，对矿业生产地的生态环境造成了重大影响。⑧

方国瑜先生注意到元明清三代云南移民的空间分布特点："元代汉人主要住在城市，明代主要住在坝区，清代则山险荒僻之处多有汉人居住，且在边境

① 道光《云南通志》卷四十三《建置志五·关哨汛塘》，方国瑜主编：《云南史料丛刊》第11卷，昆明：云南大学出版社，2001年，第681页。
② 方国瑜，缪鸾和：《清代云南各族劳动人民对山区的开发》。
③ 秦树才、田志勇：《绿营兵与清代云南移民研究》，《清史研究》2004第03期，第32~40页。
④ 道光《威远厅志》卷三《户口》，《中国地方志集成·云南府县志辑》，南京：凤凰出版社，2009年，第93页。
⑤ 道光《广南府志》卷二《民户》，台北：成文出版社，1967年，第54页。
⑥ 《东华录》，乾隆十一年六月甲午。
⑦ 李中清：《明清时期中国西南的经济发展和人口增长》。
⑧ 杨煜达：《清代中期（公元1726—1855年）滇东北的铜业开发与环境变迁》。谭刚：《个旧锡业开发与生态环境变迁（1890—1949）》。

亦莫不有汉人踪迹。"① 据曹树基的研究，大约在嘉庆、道光之际，迁入云南山区的农业移民至少有 130 万人。② 大规模人口进入山区开发农矿业，大量林地等土地利用类型转变为耕地。

至咸同年间，由于战争的影响，云南人口大量减少："自军兴以来，各属久遭兵燹、饥馑、瘟疫，百姓死亡过半，田地多有荒芜。……现查各属百姓户口，被害稍轻者十存七八或十存五六不等，其被害较重者十存二三，约计通省百姓户口不过当年十分之五。"③ 战争带来的不仅是军事人口的死亡，由战争和人口频繁流动等引起的鼠疫导致的人口死亡大大超过了直接由军事造成的人口死亡。据李玉尚等人的研究，咸同云南回民起义中，云南人口损失的 70% 死于鼠疫。④ 受战争波及的地区大量人口死亡或逃亡，使得田地荒芜，在一定程度上减缓了人口增长对耕地数量的压力。

民国初期，云南地区由于军阀战争、自然灾害频发等原因，人口增长有限。抗战军兴，战乱、饥荒、瘟疫等造成的人口损失较为严重。⑤ 这一时期云南山区的开发除原有居民点人口增加等因素导致的耕地开垦外，由于战乱、疾病、饥荒等从坝区逃亡至山区的人口也对山区的开发起到一定的促进作用。例如笔者在掌鸠河流域进行田野调查过程中就发现，许多移民是在民国时期由昆明、安宁等平坝地区因逃避战乱而迁到禄劝山区的。

1950 年以后，云南人口增长以自然增长为主，从 1953 年到 1982 年的 30年间，全省净增人口 1587.93 万人，其中自然增长 1486.02 万人，占人口增长总量的 93.6%。⑥ 但这一时期由于特殊的土地制度和人口政策，加上较为和平的社会环境，人口自然增长率较高，快速增长的人口数量对单位耕地面积产量增长和耕地数量增加都提出了较高的要求。

① 方国瑜：《明代在云南的军屯制度与汉族移民》，《方国瑜文集》第 3 辑，第 332 页。

② 曹树基：《中国移民史》第六卷《清·民国》，第 170～171 页。

③ 岑毓英：《截止民兵厘谷请免积欠钱粮片》（同治十二年六月初九日），《岑襄勤公（毓英）遗集》卷 8，方国瑜主编：《云南史料丛刊》第 9 卷，昆明：云南大学出版社，1999 年，第 341 页。

④ 李玉尚、曹树基：《咸同年间的鼠疫流行与云南人口的死亡》，《清史研究》2001 年第 2 期，第 19～32 页。

⑤ 邹启宇、苗文俊主编：《中国人口·云南分册》，北京：中国财政经济出版社，1989 年，第 83～84 页。

⑥ 邹启宇、苗文俊主编：《中国人口·云南分册》，第 122 页。

## 二、元明清时期掌鸠河流域的移民与土地开发

元代统一全国后，在全国范围内大兴屯田，"内而各卫，外而行省，皆立屯田，以资军饷"①。在云南地区共设军民屯田一十二处，世祖至元二十七年（1290），"以云南成军粮饷不足，于和曲、禄劝二州爨僰军内，签一百八十七户，立屯耕种，为田七百四十八双"②。这是史料中关于禄劝县境内耕地屯垦的较早记载。爨僰军是驻守本地而不出戍他方的乡兵③，屯田所用土地并非新垦耕地，而是用"已业田"或"官给田"④。按一双为五亩⑤，则共屯田约3740亩，每户屯田20亩。

至明代，罗婺多"居山林高阜，牧养为业。有房屋，无床榻，以松叶藉地而卧"⑥。在明初，武定土司商胜可以"自备米粮一千石"来接济大军，说明这一时期罗婺实行的是一种农牧结合的经济形态。凤英任土知府时（1488—1510），"开辟田野，教民稼穑"⑦，在一定程度上加快了罗婺部由牧业向农业的转变。⑧ 凤氏改土归流前自农民处征收钱粮，"每斗二钱"，是土司维持自身生活和军事需求的主要经济来源。⑨

元明时期，罗婺的主要活动区域集中在以今天云龙乡为中心的掌鸠河流域，流域内的彝族由"牧养为业"逐渐改为"开辟田野"，这种从牧业或农牧结合的经济形态转变为以农业为主的经济形态的转变，增强了人类对土地利用的影响，流域内中、上游地区的林地和草地逐渐减少，耕地逐渐增加。

明隆庆元年（1567），武定府始改土归流，汉族农民和商人纷纷进入，对当

---

① 《元史》卷一百《兵三·屯田》，第 2558 页。

② 《元史》卷一百《兵三·屯田》，第 2576 页。

③ 韩儒林主编：《元朝史》上册，北京：人民出版社，1986 年，第 313 页。刘灵坪：《"汉"、"土"之分：明代云南的卫所土军——以大理诸卫为中心》，《历史地理》第 27 辑，上海：上海人民出版社，2013 年，第 70－82 页。《元史》卷九八《志第四十六·兵一》："云南之寸白军，福建之畲军，则皆不出戍他方者，盖乡兵也。"

④ 木芹：《经世大典云南事迹辑录·后记》，《云南史料丛刊》第 2 卷，第 651 页。

⑤ 李京：《云南志略·诸夷风俗》，方国瑜主编：《云南史料丛刊》第 3 卷，昆明：云南大学出版社，1998 年，第 128 页。

⑥ 刘文征撰，古永继点校：天启《滇志》卷 30《羁縻志十二》，第 996 页。

⑦ 《武定军民府土官知府凤氏世袭脚色》，方国瑜主编：《云南史料丛刊》第 7 卷，第 283～284 页。

⑧ 何耀华：《武定凤氏本末笺证》，第 29 页。

⑨ 《明神宗实录》卷四百七十五，万历三十八年九月己未。

地的社会生活和生产造成了一定的影响，"奸商黠民，移居其寨，侵占田产，倍索利息。稍不当意，罗告撼词，不才有司，乘之以上下其手，左右其祖"①。

在清代初期，掌鸠河流域汉族和少数民族的空间分布具有较明显的差别，与今天全县彝、汉杂居而汉族为主的分布格局完全不同，这说明汉族大批进入广大山区进行垦殖主要是清代，特别是 18 世纪以来发生的事情。民国《禄劝县志》精练地总结了这一过程：

> 禄劝自元设州，置汉官治夷，而汉人之来徙者，仅居城内，其城外以及四乡皆夷也。既而罗次、富民、昆明、晋宁、新兴之民或以流佣占籍，或以训读寄居，乐其川原之广，风俗之淳，粒食之易，不复思归，遂成土著，散满五境之中。加以承平日久，江西客往往来兹贸易，虽深丛邃谷，无不遍历，狎熟菁寨，习为夷言，而夷民富谷，争学诗书，补诸生，充小吏，岁不乏人。其居室饮食，衣服半化夷俗，故二十四马汉人渐多，不复辨夷汉矣。②

从中我们可以看出汉族在禄劝县或掌鸠河流域的移民和扩散过程：元明之际的汉族官员和移民主要居住于县城之中，城外及四野以少数民族为主；其后来自云南省内罗次、富民、昆明等以坝区面积较大地区的汉族移民移居于五境之中，主要位于流域中、下游坝区；最后，农业人口继续迁入，加之来自江西等地的商人渐次迁入县境，布满了少数民族聚居的二十四马地区，改变了汉人居住在下游坝区、少数民族居住在流域的中上游的分布格局，逐渐形成了今天各民族杂居、"不复辨夷汉"的现象。

清代初期改土归流以来，流域外汉族、苗族等人口的迁入，流域内区域间的移民等都促进了新聚落的创建和土地的开发。这些移民除迁入已有的聚落进行农业生产外，有相当一部分移民会在未开发区域创建新的聚落，所以各时间断面内的移民数量可以在新创建聚落的数量上面体现出来，从图 2.2 中可以看出，1801—1950 年间的三个时间断面是聚落数量增长最快的时期，也是流域内耕地开垦的重要时期。

咸同回民起义（1856—1873）给禄劝的人口带来较为严重的损失，但影

---

① 周懋相：《条议兵食疏》，刘文征撰，古永继点校：天启《滇志》卷 22《艺文志》，第 752～753 页。

② 民国《禄劝县志》卷三《风土志》，第 166 页。

响范围主要集中在中下游河谷地带，其他区域损失较小，反而成为流域内中下游河谷地带和流域外逃亡人口的迁入地。从1851—1900年流域内新创建聚落的数量及空间分布可以看出，这一时期是近300年来掌鸠河流域新创建聚落数量最多的时期，而且主要集中在山区。所以战乱对流域土地利用变化的影响在区域上也具有一定的差异性。

### 三、民国时期掌鸠河流域的移民与土地开发

在1901—1950年间[①]，流域内仍然有较多数量的聚落被创建，从图2.4和表4.1中可以看出，这一时期新创建的聚落较为分散，分布于流域的上、中、下游。新创建聚落的平均海拔为2166米，聚落分布最多的海拔区间为2201~2500米，其次是2001~2200米，高于所有时间段内新创建聚落的平均海拔。

表4.1　1901—1950年流域内新创建聚落分布

| 海拔高度（m） | 聚落数量（个） | 比例 |
| --- | --- | --- |
| 1564~1800 | 14 | 10% |
| 1801~2000 | 26 | 18% |
| 2001~2200 | 34 | 24% |
| 2201~2500 | 55 | 39% |
| 2501~3000 | 13 | 9% |

在一定的区域范围内，当聚落的空间扩散达到一定规模后，新增加的农业人口只能在自然条件较好的地区以增加聚落密度的形式创建新的聚落。[②] 1900年以前，流域内每个时间断面新创建的聚落都有较为明确的扩展区域与方向，总的呈现出由河谷向山区发展的态势，但在1901—1950年间却出现了在全流域内较为均匀发展的现象，说明这一时期有一定数量的聚落是由较大聚落为母体在周围分离出来的子聚落。在这一时期新创建的92个汉族聚落中，除42个不详外，有14个聚落是从相邻母聚落中分离出来的子聚落，占可知聚落来源数量的28%，且主要集中于中下游河谷地带。可见，在1872年回民起义结束后，流域

① 民国时期的起止时间为1912—1949年。由于本研究的统计标准等因素，此处的研究时间定为1901—1950年。
② 韩茂莉、张暐伟：《20世纪上半叶西辽河流域巴林左旗聚落空间演变特征分析》。

中下游河谷地带出现了一个人口回流和迅速增长的时期，至 1900 年左右，河谷地带的人口增长又重新导致了人口压力的产生。例如民国二十三年（1934）的《禄劝县地志资料》记载第一区内的大缉麻、六角屯和康宜村（今康泥大村）的人口数量已经达到 500 人以上。[①] 受到土地等资源的限制，新增加的部分人口不得不向聚落外围发展，以获取更多的资源，创建了许多新的子聚落。

在聚落密度增加到一定程度后，人口的发展和土地的矛盾就会显现，新增加的农业人口不得不向自然条件更加恶劣的边远山区迁移。在掌鸠河流域，这种现象几乎与通过增加聚落密度创建新聚落的过程一致，发生在 1900 年前后。

### 四、中华人民共和国成立后掌鸠河流域的移民与土地开发

1949 年以来，由于制度、政策等因素的影响，人口和耕地的发展模式产生了较大的变化。严格的户籍政策限制了人口的自由迁移，使得区域人口的增长主要以自然增长为主。以粮为纲的农业政策和连续不断的农业增产增收运动，使得区域耕地的增长具有随政治运动波动性增长的特征。

1952 年禄劝县开始进行土地改革，按照聚落耕地和房屋的多少，将人口多而耕地和房屋少的聚落人口迁移至周边人口少、耕地和房屋多的聚落中，流域内人口发生了小规模流动。在 1958 年严格的户籍制度建立以前，流域外向流域内的人口迁移以及流域内的区域性迁移还继续存在。如在 DY 村，这一时期迁入聚落的武姓与杨姓，都是在土地改革时由周边人多地少的聚落分配到 DY 村的。在 LY 村，这一时期亦有三户人迁入聚落，其中两户由周边聚落迁入，一户由外县迁入。NN 村这一时期迁入的李姓来自流域中游。这说明这一时期的人口迁移还相对自由，可以根据区域人地关系或由政府组织调整，或由个人决定，经过迁入地的同意后自由迁移。

限制农村人口流动的严格的户籍制度从 1958 年开始执行，《中华人民共和国户口登记条例》的公布实施，标志着国家限制农村人口迁往城市的城乡二元管理体制正式确立。另外，农业合作社和人民公社制度的推行，将劳动力变为集体的一部分，在经常性的运动式农业活动中，劳动力是集体的重要资源，关系到农业生产盛衰，在一定程度上限制了人口的自由流动。在调查的三个典型聚落中，1958 年以后较少出现外来人口迁入的现象。

从 1951—1978 年流域内新创建聚落的分布看（图 2.4、表 4.2），这一时期

---

① 《禄劝县地志资料》十八《城乡》，1923 年抄本。

新创建聚落数量为 37 个，为所有时间断面内新创建聚落数量最少的一个时间段。这一时期新创建的聚落主要分布在中下游地区，其中以 1800~2000 米和 2200~2500 米两个海拔区间分布的比重最大，这些聚落一来是从一些规模较大的聚落分裂出的，二来苗族等少数民族的定居与生活方式的改变也是其产生的重要原因。这一时期，以汉族为始迁民族的 23 个新创建聚落中，除 6 个聚落不详外，共有 9 个聚落是从邻近的母聚落中分裂出的子聚落，平均海拔为 1956 米；而新创建的 3 个彝族聚落中，全部都是从母聚落分离出的子聚落，平均海拔 2030 米。可以看出，这一时期，在长距离迁移受到限制的情况下，规模较大的聚落开始分裂出小的聚落，以便于扩展人口增长所需的住宅及耕地。

表 4.2　1951—1978 年掌鸠河流域新创建聚落分布

| 海拔高度（m） | 聚落数量（个） | 比例 |
| --- | --- | --- |
| 1564~1800 | 1 | 2% |
| 1801~2000 | 14 | 34% |
| 2001~2200 | 12 | 29% |
| 2201~2500 | 14 | 34% |
| 2501~3000 | 0 | 0% |

　　这一时期聚落分布特征形成的另一个重要原因是少数民族政策的实施。中华人民共和国成立以来，实行各民族平等的政策，为苗族划分了土地、山林，使得苗族转变了历史时期"迁徙无常"的游耕方式，逐渐定居下来。苗族居住的区域多位于海拔较高的山区，所以因其定居而创建的聚落多分布在较高的区域，这一时期新创建的聚落中位于 2200~2500 米以上有 14 个，其中有 8 个是苗族聚落，平均海拔为 2232 米。

# 第二节　近 300 年来掌鸠河流域的
## 民族分布演变与土地利用变化

　　民族的空间分布分为水平与垂直两种形式，水平分布即各民族在一个区域内二维空间中所处的地理位置，垂直分布是指在增加了海拔高度这一维度后的三维空间分布，受其所处地理环境的重要影响，具有更加复杂的形成过程与分布形态。[1]

清代以来，既有大量汉族和其他少数民族从省外迁往云南地区，也有省内区域间的民族迁徙，逐渐打破了原有的民族分布格局，形成了今天多民族杂居和垂直分布的形态。各民族不同的生产及生活习惯对民族居住地区的土地利用程度造成了不同的影响。

历史时期西南山地民族[2]迁徙与分布的研究是民族史、历史民族地理和移民史研究的重要内容之一，取得了较为丰富的成果。[3] 由于历史时期西南山地文献资料的缺乏，已有研究多以宏观描述为主，对西南山地民族在百年尺度中的动态演变过程及其对自然环境的影响缺少量化研究。

缪鸾和先生曾于 20 世纪 50 年代初期对禄劝县的民族情况进行过详细调查[4]，列出了禄劝县境内五个区（掌鸠河流域主要位于一、二、三区）的民族聚居聚落的分布情况（表4.3）。

表4.3　20世纪50年代初期禄劝县各族聚居聚落调查表

| 区域 | 聚落数（个） | 汉族（个） | 彝族（个） | 苗族（个） | 傈僳族（个） | 哈尼族（个） | 傣族（个） | 回族（个） |
|------|------|------|------|------|------|------|------|------|
| 第一区 | 167 | 129 | 18 | 13 | 5 | 3 | | |
| 第二区 | 348 | 157 | 136 | 21 | 17 | | 6 | |
| 第三区 | 217 | 130 | 75 | 1 | 3 | | 5 | |
| 第四区 | 196 | 110 | 58 | | 11 | | 13 | |

---

[1]　邓祖涛、陆玉麒、尹贻梅：《山地垂直人文带研究》，《地域研究与开发》2005年第2期，第11~14页。

[2]　本书所指山地民族为生活在云南高原山中的民族，包括研究区域内坝区、半山区和山区的汉族和其他少数民族，非专指生活于高山之上的民族。

[3]　这类研究如张其昀：《中华民族之地理分布》上，《地理学报》1935年第1期；《中华民族之地理分布（续）》，《地理学报》1935年第2期。凌纯声：《云南民族的地理分布》，《地理学报》1936年第3期。陶云逵：《几个云南土族的现代地理分布及其人口之估计》，《国立中央研究院历史语言研究所集刊》，第七本第四分册，1939年。方国瑜：《彝族史稿》，成都：四川民族出版社，1984年。尹绍亭：《试论云南民族地理》，《地理研究》1989年第1期。尤中：《云南民族史》，昆明：云南大学出版社，1994年。曹树基：《中国移民史》第六卷《清 民国时期》。陈国生、杨晓霞：《明代贵州民族地域性研究》，《贵州民族研究》1997年第1期。安介生：《历史民族地理》，济南：山东教育出版社，2007年。管彦波：《民族地理学》，北京：社会科学文献出版社，2011年。詹姆士·斯科特著，王晓毅译：《逃避统治的艺术：东南亚高地的无政府主义历史》，北京：三联书店，2016年。等。

[4]　缪鸾和：《禄劝县民族调查》，方国瑜主编：《云南史料丛刊》第13卷，第434－463页。

| 区域 | 聚落数（个） | 汉族（个） | 彝族（个） | 苗族（个） | 傈僳族（个） | 哈尼族（个） | 傣族（个） | 回族（个） |
|------|------|------|------|------|------|------|------|------|
| 第五区 | 146 | 104 | 34 | 1 | | | | 1 |
| 总计 | 1074 | 630 | 321 | 36 | 36 | 3 | 24 | 1 |

来源：缪鸾和：《禄劝民族调查》，方国瑜《云南史料丛刊》第13卷，第437页。

注：1. 将原表密岔、明朗和凉山族合并为彝族，泰族和仲家族合并为傣族，傈僳族从彝族中分离，并对民族名称依当代民族名称命名。2. 原注：内有23个村系高度杂居村，未归入各族聚居村内。3. 原注：以占该村人口二分之一以上者定为该族聚居村，杂居者不计。

由表4.3可以看出，在20世纪50年代初期禄劝县的主要民族分布，第一区主要位于掌鸠河流域的下游河谷地区，以汉族聚居聚落为主，其次是彝族和苗族。位于流域中游的第二区是彝族的主要聚居区，彝族聚居聚落数量与汉族聚居聚落数量较为接近，其次是苗族和傈僳族。位于流域上游的第三区亦主要是汉族的聚居区，其次是彝族。总体来说，汉族聚居的聚落在全流域内占绝对优势，彝族的分布主要集中在第二区，苗族和傈僳族主要集中在第一区和第二区。

1990年，禄劝县境内居住着24个民族，其中20万人以上的只有汉族，占总人口的70.1%，万人以上的有彝族、苗族、傈僳族，分别占总人口的22%、2.9%和2.9%。[1] 本节将以禄劝县境内的三个主体民族——汉族、彝族、苗族为对象，量化分析近300年来掌鸠河流域主体民族水平和垂直空间演变的过程及其对山地土地利用变化的影响。

## 一、民族聚落演变数据库建设

当民族人口迁移至一个未经开发的区域时，会选择合适的地点定居并形成聚落，由此这些聚落便具有了民族属性。由于缺乏历史时期云南山地各民族迁移及人口数量演变的直接记载，所以我们利用民族聚落的空间演变作为代用资料来分析各民族在流域内的分布及扩展过程。

在聚落的民族属性中，始迁民族[2]可以较好地反映不同时期各民族的迁徙方向，成为本书研究民族分布过程的主要参考指标。在聚落发展的过程中，可

---

[1] 《禄劝彝族苗族自治县志》编纂委员会编：《禄劝彝族苗族自治县志》，第117～118页。

[2] 聚落的始迁民族是指一个聚落中最先迁入并创建聚落的民族。

能会由其他民族的迁入、战争等改变其原有的单一民族属性，成为多民族杂居聚落，甚至后迁入的民族人口数量可能超过始迁民族，成为聚落的主体民族，这些主体民族被改变的聚落亦可以反映当时的民族关系及其对有限资源竞争的情况。

禄劝县历代方志中都会记载县境内的民族种类及分布情况，如康熙《禄劝州志》记载禄劝境内的族群有汉人、回回、僰人、摆彝、傈苏、罗缅、白彝、黑彝等。[①] 乾隆《农部琐录》[②] 和民国《禄劝县志》[③] 亦记载了禄劝县境内的民族种类，但其具体的地理分布状况较为模糊，不能满足量化研究的需求。

《云南省禄劝彝族苗族自治县地名志》[④] 记载了20世纪90年代初期禄劝县境内所有聚落的民族构成及大部分聚落的民族人口数量，为我们提供了较为重要的当代民族分布信息。笔者利用前文所述田野调查法获得了较为准确的流域内聚落始迁民族信息。其中，始迁民族为汉族、彝族和苗族的聚落为751个，占1990年聚落总数784个的96%。

结合前文的流域聚落信息数据库，创建流域民族聚落信息数据库，字段包括聚落ID、聚落名称、所属行政村、所属乡镇、创建时间、始迁民族、当代主体民族、当代人口数量、海拔高度、坡度等，得到近300年来掌鸠河流域每50年一个时间断面的民族聚落空间演变图（见图4.1），进而为量化研究民族迁移和垂直民族带的形成过程提供基本数据。


## 二、民族水平分布演变

在长期的历史发展过程中，西南山地各民族经过不断迁徙、交往和融合的过程，原始本土民族的分布奠定了区域民族分布的基础，而外来民族的迁入和区域间民族的流动则或多或少地改变了原有的格局，并在明清以后稳定下来，最终形成了今天多民族大杂居、小聚居的水平分布格局。[⑤] 各民族在水平方向上的空间分布及演变特点是西南山地独特的自然环境、各民族的生产及生活方

---

① 康熙《禄劝州志》卷上《风俗》，云南省图书馆抄本。史料中提到的族群名称"玀""猓""猡"等，本书皆改为"摆""傈""罗"。

② 檀萃辑：乾隆《农部琐录》卷十二《种人传》，云南省图书馆抄本。

③ 民国《禄劝县志》卷三《种人志》。

④ 禄劝彝族苗族自治县人民政府编：《云南省禄劝彝族苗族自治县地名志》。

⑤ 管彦波：《民族地理学》，第530~532页。

式和不断变化的社会环境等因素综合作用的结果。①

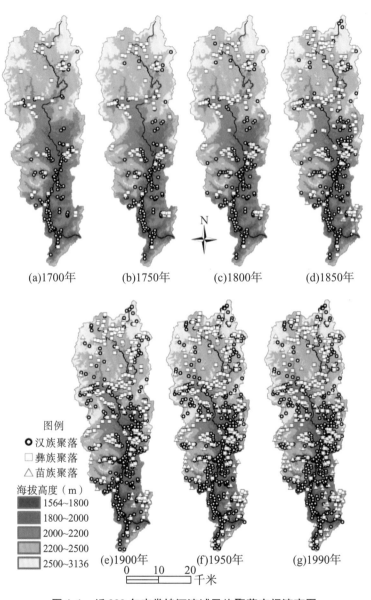

图例
◉ 汉族聚落
□ 彝族聚落
△ 苗族聚落

海拔高度（m）
1564~1800
1800~2000
2000~2200
2200~2500
2500~3136

(a)1700年　　(b)1750年　　(c)1800年　　(d)1850年

(e)1900年　　(f)1950年　　(g)1990年

0　　10　　20
千米

图 4.1　近 300 年来掌鸠河流域民族聚落空间演变图

① 参见方国瑜：《中国西南历史地理考释》下册，第 1128 ~ 1236 页。尤中：《云南民族史》，第 459 ~ 562 页。

就掌鸠河流域而言，清代初期，汉族多分布在中下游县城附近的五境之地①，至民国时期汉人已经遍布二十四马，"二十四马汉人渐多，不复辨夷汉矣"②。从图 4.1 中也可以看出，在清初的 1700 年，流域内主要居住着汉族和彝族，且各民族分布较为集中，彝族主要分布在流域的中上游平坝地区，汉族主要分布在流域的中下游河谷地带，呈现出南北分异的现象。经过近 300 年的发展，至 1990 年，流域内的民族呈现出杂居分布的现象，尤其是汉族遍布了整个流域，在原来彝族聚居区的中上游平坝地区，汉族聚落的数量也超过彝族聚落数量，居主体地位。

## （一）彝族的水平分布演变

罗婺凤氏是境内的土著族群，为"邑之易龙里人也，本东爨之裔，世为乌蛮，居幸邱山中"③。易龙即今天掌鸠河流域北部的云龙乡。至清初，禄劝地区罗婺的生产方式基本上转变为以农业为主，"在山林高阜，籍地寝处。男子挽发戴笠，短衣披毡衫，佩刀跣足，耕种输税"④。康熙《禄劝州志》也记载当地人"性醇谨务农"⑤。掌鸠河流域中上游平坝区地形平缓，耕地开发较早，是罗婺部族集中居住的区域。

清代初期，禄劝州境"旧编五里，惟法卿里汉人所居，其归仁、慕义、怀德、向化尽为彝地"⑥。法卿里统辖五境皆在县城周边，也是汉人聚集较多的地区。其余四里统辖二十四马，是少数民族聚居的地方，"禄劝向分五境二十四马，境地则汉人居之，马地则夷人居之"⑦。禄劝境内的彝族分黑彝与白彝两种，其中黑彝"即黑罗倮，杂处山阱中"，在禄劝境内的分布较广，"州辖归仁、向化、怀德、慕义四里均属此种。性情叵测，狡猾难治，夙为土酋所踞，不服汉拘，钱粮多累头人赔纳"⑧。境内彝族的另一支为白彝，据康熙《禄劝州志》记载："白彝，即白罗倮，住州之大弥陀、龙潭等处。"⑨ 大弥陀位于今普渡河流入禄劝县境处，近掌鸠河的下游。从图 4.1 中可以看出，在

① 民国《禄劝县志》卷 3《风土志·种人》，第 177 页。
② 民国《禄劝县志》卷 3《风土志·风俗》，第 166 页。
③ 檀萃：《农部琐录》卷 11《人物下·凤氏本末》，云南省图书馆抄本。
④ 傅恒等编纂：《皇清职贡图》，扬州：广陵书社，2008 年，第 457 页。
⑤ 康熙《禄劝州志》卷上《风俗志》，云南省图书馆抄本。
⑥ 康熙《禄劝州志·凡例》，云南省图书馆抄本。
⑦ 民国《禄劝县志》卷 3《种人志》，第 177 页。
⑧ 康熙《禄劝州志》卷上《风俗志·种人》，云南省图书馆抄本。
⑨ 康熙《禄劝州志》卷上《风俗志·种人》，云南省图书馆抄本。

1700 年，掌鸠河流域内的彝族聚落主要分布在中上游的平坝地区，分布较为集中，下游区域虽有彝族聚落分布，但数量较少。

康熙五十七年（1718）撒甸（今流域北部撒营盘镇）土酋常应运反叛，禄劝知州李廷宰亲赴撒甸进行驱逐，招集土司管辖下的二十四马火头，火头"情愿归流，解纳钱粮"，知州趁机"将二十四马更为二十四甲，坐落归仁、向化、怀德、慕义四里，设立甲头，给以遵照，令其办纳钱粮"①。

常应运被诛后，原属于土司管辖的"田赋、户口编入武定里甲"②，知州李廷宰亲往当地清查土酋田地："沿江法期、卡租地方逐一清查，该酋私垦田地共一十九处，虽俱系山场箐底，田地硗薄，然皆成熟可种。"这些开垦的耕地被纳入升科范围，但因这些耕地处于远离州治的边远山区，汉人较少，只能让少数民族认领："前项田地不特去州最远，又兼山岚气重，汉民不能居住，无人承种，查有招抚归服彝众，虽经安插，内尚有无业之人，请将此项田地即散给领种，办纳钱粮，庶已熟之田地不致抛荒，而既归之野夷，又有业可守矣。"③

可以看出，在明末清初，少数民族居住的流域上游地区的土地已经得到开垦，并且已有部分开垦成熟。在少数民族地区改土归流之前，征收农业税的主要对象是"汉民田土"，少数民族耕地则由土司征收。改土归流以后，少数民族地区开垦的田地虽然仍免清丈，但直接受政府的管理，政府对少数民族地区的管理大大加强。因为这些清查出的田地位于距州城较远的山区，汉人较少，无法租给汉人，只能租给夷人，也说明这一时期流域上游以少数民族分布为主，汉族人口相对较少。

利用 ArcGIS 软件对近 300 年来彝族聚落的分布进行平均中心和方向分布分析，形成近 300 年来每 50 年一个时间断面内新创建彝族聚落的平均中心和方向分布演变图（图 4.2）。

从图 4.2 和图 4.3 中可以看出，至 1750 年，掌鸠河流域的中上游地区仍以彝族分布为主。1700—1800 年，新创建的彝族聚落平均中心由流域的中上游向中下游移动，说明这一时期内新创建的聚落分布呈现出向流域中下游发展的趋势；从方向分布来看，椭圆的短轴和长轴都在不断减小，表明新创建聚落

① 李廷宰：《驱逐常应运将二十四马改土归流编甲申文》，康熙《禄劝州志》卷下《艺文志》，云南省图书馆抄本。

② 雍正《云南通志》卷四《建置志》，南京：江苏广陵古籍刻印社影印，1988 年，第 313 页。

③ 李廷宰：《清查常应运私垦田地应科微粮银数目详文》，康熙《禄劝州志》卷下《艺文志》，云南省图书馆抄本。

分布的集聚度越来越高。经过清代初期的改土归流，社会较为稳定，从田野调查中发现，这一时期新创建彝族聚落的人口既有来自流域内的原有彝族聚落，也有来自流域外的地区，但以流域内短距离迁移后创建的聚落为主。新创建的聚落主要围绕原有聚落扩散，聚落数量发展较为平稳。

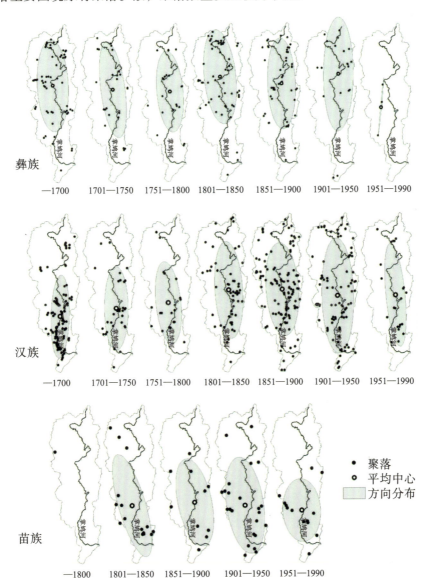

图4.2　近300年来每50年一个时间断面内新创建主体民族聚落的平均中心和方向分布

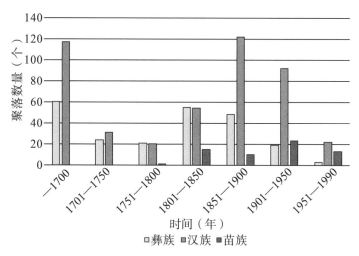

图 4.3　近 300 年来每 50 年一个时间断面内新创建主体民族聚落数量演变

　　1801—1950 年间，平均中心向中上游移动，说明这一时期新创建的彝族聚落呈现出向流域中上游地区发展的趋势；这一时期标准差椭圆的短轴和长轴都较前 100 年有所增加，说明这一时期聚落的分布相对较为分散。从聚落数量发展来看，这一时期聚落数量发展异常迅速，尤其是 1801—1850 年和 1851—1900 年这两个时间段，分别达到 55 个和 48 个。从田野调查得知，这一时期新创建的聚落中有许多彝族来自四川，可能与这一时期的四川凉山彝族大迁徙有关。据方国瑜的研究，由于清政府的军事镇压与黑彝奴隶主的打冤家等，凉山彝族约有三分之一的人口先后迁到西昌及邻近地区，而这些人口迁到新住处的年代大都在十代以内，以五六代为多。[①]　禄劝隔金沙江与四川会理相望，凉山地区的大量彝族在动乱时越过金沙江迁移至掌鸠河流域内，因其是自北向南迁移，故主要聚集在流域的中上游地区，流域外大规模移民的迁入改变了清代初期彝族聚落和人口向中下游发展的趋势。在掌鸠河流域，这一大规模的长距离移民主要集中在 1801—1900 年的 100 年间，1901—1950 年又趋稳定。

　　1951—1990 年间，新创建的彝族聚落数量较少，只有 3 个，且平均中心南移。影响这一时期聚落数量及分布的主导因素为政治变革。中华人民共和国成立以后，实行集体化运动，限制了农村人口在区域间的迁移（详见后文分析）。

　　总体来说，从近 300 年来掌鸠河流域内彝族聚落的空间演变来看，彝族人口主要分布在中上游平坝地区，经历了一个由中上游向中下游发展，又向上游

①　方国瑜：《彝族史稿》，第 562～563 页。

发展的过程，纵向（流域的上、中、下游之间）上分布相对集聚，横向（流域的河谷至分水岭之间）上分布相对分散。

（二）汉族的水平分布演变

明清以来，尤其是清代以来，大量汉族人口迁入掌鸠河流域，至民国时已经遍布整个流域，形成今天多民族杂居的现象。据流域下游崇德乡大缉麻村康熙三十四年（1695）重修时氏始迁祖时伯通的墓碑记载①，大缉麻村的时氏于明代迁居此地。根据传说，其为明初跟随沐英征战云南的军士，后留在禄劝缉麻村，以其文武兼修，获得凤氏土司的封赏，得以在当地立足，发展成为当地的一个大家族。

除自发的农业移民外，政府主导的军事移民在掌鸠河流域的民族分布演变中也起着重要的作用。设置军事据点并派兵驻守是清朝维持地方社会安定的重要举措。为加强对禄劝少数民族区域的管辖，防止中上游撒甸地区的土司再次作乱，康熙五十七年（1718），在平定撒甸常应运反叛后，云贵总督蒋陈锡上奏在撒甸设汛，"滇省蛮夷，僻居山箐，其中有土酋不法，煽诱相残，虽旋令解散，但距武定府之禄劝州甚近，夷性叵测，必须设立一汛，驻守弹压，戡宁内地。请拨武定营马兵三十名，步兵二百二十名、并附近之杉松营兵一百五十名，委守备一员，千、把各一员，驻汛防守，庶地方可以永靖"②。康熙五十八年（1719）移武定府同知驻扎其地，"分防治理，责令劝垦地亩、宣讲上谕十六条"③。军事据点的设立对于驻扎地方农业的开发和维持少数民族地区的社会稳定具有较重要的促进作用，为汉族人口进入中上游地区进行农业生产提供了稳定的社会基础。

禄劝改土归流以后，地方小土目的势力遭到削弱，虽然仍是世袭，但随着汉族移民的进入和地方政府势力的深入，土目的权威遭到了严重的挑战，原有的社会秩序逐渐瓦解，由政府主导的新的社会秩序逐渐形成。在汉族移民与土地开发的过程中，汉族与原居于此的彝族之间难免会发生冲突，尤其是与当地的土目之间。禄劝县北部汤郎乡一块嘉庆年间（1796—1820）的碑刻记载："该马志力、汤郎歹二处，江西民人聚集甚多，先是土目祖先屡经结告，自乾

①　时建文编：《禄劝县大缉麻村时氏家谱》（稿本），2006 年。
②　《清圣祖实录》卷二百七十九，康熙五十七年六月乙未。亦见于蒋陈锡：《奏请委官设兵驻守撒甸疏》，康熙《禄劝州志》卷下《艺文志》，云南省图书馆抄本。
③　甘国璧：《奏请将武定府同知移驻撒甸并请给关防疏》，康熙《禄劝州志》卷下《艺文》，云南省图书馆抄本。

隆三十九年起，□□□五年以来，祖父俱殁，至被家人纠串佃户，欺凌田主，以致江西人等乘势陆续渐入，聚集更多。"① 江西移民所建的房铺及坟墓，占了当地土目的田地，土目欲将其驱散，但江西人"恃众不从"，令当地的土目毫无办法。据缪鸾和的调查，这些江西人是清初来四川会理作战的军人，战争结束后落籍会理，后逐渐过江，移民到禄劝县。大量汉人的迁入对土目的权威造成了严重挑战，土目只能求救于政府，使得政府的权威深入到基层，将少数民族地区逐渐纳入中央政府的直接控制。少数民族地区原有社会组织的崩溃，对于汉族人口向原土著民族聚居区移民定居具有一定的促进作用。

据图4.2和图4.3，可以将汉族聚落的发展分为三个时期。1701—1800年，新创建的汉族聚落主要集中在流域的中下游地区，平均中心不断向中上游移动，说明这一时期新创建的汉族聚落在不断向流域的中上游发展。标准差椭圆的短轴有所增加，说明聚落的分布逐渐从掌鸠河河谷地带向两侧山区扩展。这一时期新创建聚落的数量发展较为缓慢，与彝族在这一时期的发展较为相似。1801—1950年，平均中心向中上游移动的幅度增加，后期虽有回落，但依然高于1751—1800年，说明这一时期新创建的汉族聚落主要集中在流域的中上游地区。标准差椭圆的长轴和短轴都较上一时期大幅度增加，说明在这150年间，新创建的聚落分布较为分散，汉族人口逐渐由中下游河谷地带向中上游和河谷两侧的山区扩展。从汉族聚落增长的数量上来看，这一时期流域内汉族聚落增加较为迅速。其中虽有流域外人口的大量迁入，也有流域内中下游河谷地带向中上游和两侧山地的移民，导致大规模的山地开发。1951—1990年，平均中心较前一时期南移，但依然停留在中游。标准差椭圆的长轴较长，短轴较短，说明这一时期汉族聚落的分布纵向上较为分散，横向上较为集中，以掌鸠河河谷地带为主。这一时期聚落数量增长较缓慢，这些新创建的聚落较大一部分是由母聚落分裂出来的子聚落。

总之，从近300年来掌鸠河流域汉族聚落的空间演变来看，汉族人口经历了一个从流域的中下游河谷向中上游河谷、平坝区和山区扩展的过程，在纵向上和横向上都呈现出越来越分散的发展趋势。

（三）苗族的水平分布演变

据乾隆《农部琐录》，乾隆年间禄劝境内即已有苗族分布，可能数量较

---

① 缪鸾和：《禄劝县九个单位名称的少数民族初步调查报告》，方国瑜主编：《云南史料丛刊》第13卷，第420页。

少，记载亦较简略："苗人，黔省最多，在滇者亦有类黑干夷。"[1] 据田野调查，流域内最早的苗族聚落创建于 1765 年，与历史文献中最早记载苗族出现的时间接近。

禄劝县境内的苗族为花苗，民国时期，"在县属六块、辑麻、兴龙、罗国卧等处山居。性佃地耕种，不治生产，自食其力。数年一迁徙，靡所定居"[2]。由于苗族居于高山且经常迁徙的特征，历史时期关于苗族的文献资料相对较为缺乏，较难获得苗族迁徙和分布的时空特征。

从图 4.2 可以看出，掌鸠河流域苗族聚落的分布较为分散，中心点呈现由中游向下游发展的趋势，表明苗族聚落的分布不断向下游地区发展。从标准差椭圆可以看出，除 1800 年以前和 1951—1990 年两个时期外，其余三个时期的椭圆长轴都相对较长，表明聚落的分布在纵向上较分散。1951—1990 年长轴变短，表明纵向上的分布相对集聚。椭圆的短轴在 1801—1990 年间不断增加，表明聚落在横向上的分布有不断分散的趋势，越来越多的聚落向河谷两侧的山区发展。从苗族聚落的数量演变来看，1800 年以来每 50 年一个时间断面内聚落数量的增长相对较为稳定，未出现大起大落的现象。

总体来说，从苗族聚落的分布演变来看，掌鸠河流域苗族人口主要分布在中下游河谷两侧的边远山区，呈现纵向上不断集聚、横向上不断分散的趋势，越来越多的苗族人口向中下游的边远山区扩展。


### 三、民族垂直分布演变

地形和海拔高度是影响山地人口分布的最主要自然因素。[3] 在西南山地，各民族的分布具有明显的垂直地带性特征。如在滇西德宏地区盆地中多为傣族，半山区有德昂、阿昌和汉族，景颇族和傈僳族位于山区；在滇西南和滇南，一般是傣族和汉族居最低处，哈尼、瑶族居高山，中山山地则分布着布朗、拉祜等民族；而在滇南红河西南部，山脚是傣族和壮族的聚居地，山间为哈尼族的主要分布区，而山头则是彝族和苗族、瑶族的住所。[4] 在贵州的黔中、黔东南、和黔东北等地区的民族分布同样具有明显的垂直分布特征，汉族

---

① 檀萃辑：乾隆《农部琐录》卷十二《种人传》，云南省图书馆抄本。

② 民国《禄劝县志》卷三《种人志》，第 186 页。

③ 孟向京、贾绍凤：《中国省级人口分布影响因素的定量分析》，《地理研究》1993 年第 3 期，第 56～63 页。

④ 尹绍亭：《试论云南民族地理》，《地理研究》1989 年第 1 期，第 40～49 页。

多分布于平坝、山脚及谷地，侗、回等民族以半山区为主，而山顶则以苗族为主。① 以上民族的垂直分布特征都是在长期的历史发展过程中逐渐形成并稳定下来的。

从近300年来掌鸠河流域三个主体民族的整体聚落平均海拔演变图中（图4.4）可以看出，汉、彝、苗三个民族在山地垂直地带性的分布上具有明显的差异，总体来看，从低到高依次分布着汉族、彝族和苗族，具有明显的垂直地带性特征。从线性回归分析来看，汉族聚落和人口的垂直地带性变化最为剧烈，其次是苗族，彝族相对稳定。由于制度变更等原因，1949年以来三个民族的垂直地带性变化较为稳定。

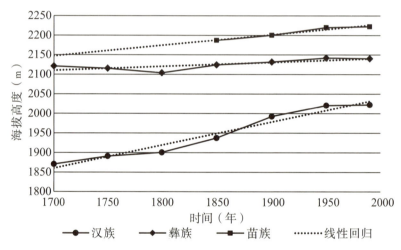

**图4.4　近300年来掌鸠河流域主体民族整体聚落平均海拔演变**

汉族聚落和人口在近300年来的迁徙和定居过程中，不断从海拔相对较低的中下游河谷地带向中上游和河谷两侧高海拔地区扩展。1700—1800年的百年间，汉族聚落和人口垂直地带性变化相对较小，主要集中在中下游河谷地带。1800年以来由于流域外和流域内人口的大规模迁移，汉族向高海拔区域扩展的速度在不断加快。19世纪中期咸同回民起义对流域内人口的空间演变起到重要的作用，由于起义的影响主要集中在中下游河谷地带，所以汉族人口大量迁往山地，促进了高海拔地区汉族人口的大规模增加。

彝族聚落和人口近300年来的垂直地带性变化最为稳定，主要集中在海拔相对较高的中上游地区，1700—1800年的百余年间由于聚落和人口不断向中

---

① 陈国生、杨晓霞：《明代贵州民族地域性研究》，《贵州民族研究》1997年第1期，第90~98页。

下游发展，导致平均海拔呈现不断下降的趋势。1800 年以来，由于外来移民主要是四川省凉山彝族的南迁，移民主要定居于中上游地区，打断了彝族人口向中下游发展的趋势，开始向高海拔地区扩展。

苗族聚落和人口分布在远离河谷和平坝的高山地区，处于民族垂直分布的最顶端。在掌鸠河流域，2200 米是水稻种植的上线，1900 年时，苗族聚落的平均海拔高度就已经超过了 2200 米，也决定了苗族的农作物种类以荞麦、玉米等高山作物为主。

在聚落发展的过程中，由于外来移民的迁入、聚落人口的外流等，会出现始迁民族与占聚落人口多数的主体民族不一致的现象，从表 4.4 可以看出，在近 300 年来始迁民族与主体民族不一致的 41 个聚落中，主体民族从彝族转变为汉族的达到 39 个，汉族转变为彝族和苗族的分别为 1 个。从转变聚落的地理环境来看，彝族转变为汉族聚落的平均坡度和平均海拔都相对低于汉族转变为彝族和苗族的聚落，尤其是汉族转变为苗族的聚落海拔达到 2449 米。主体民族转变聚落的地理环境也可以反映各民族不同的生产和生活方式对其迁移和定居的空间选择的影响。

表 4.4　近 300 年来主体民族改变聚落统计

| 类别 | 聚落数量（个） | 平均坡度（°） | 平均海拔（m） |
|---|---|---|---|
| 彝变汉 | 39 | 15.4 | 2031 |
| 汉变彝 | 1 | 18.7 | 2151 |
| 汉变苗 | 1 | 17 | 2449 |

# 第三节　近 300 年来掌鸠河流域的人口数量发展与土地利用变化

人口数量的发展对土地利用变化的影响主要体现在耕地数量的增加上，在其他条件不变的情况下，区域人口数量的增长导致粮食需求量的增加，必然导致更多耕地的开垦。从某种程度上来说，人口数量与耕地数量的发展具有一定的正相关性。在山地流域内，各地形区具有不同的自然环境，单位耕地面积的粮食产量相差较大，导致相近人口数量所需要的最低耕地保障量的不同。本节分别基于历史文献资料和聚落人口增长率两种方法重建了近300年来掌鸠河流域的人口数量演变，继而利用人均最低耕地保障量估算了近300年来流域内的耕地数量发展情况。

1949年以来，禄劝县人口增长以自然增长为主，自1953年的20万人增长到1990年的41万人，年平均增长率为18.8‰。[1] 从空间分布上来看，流域内的人口主要集中在掌鸠河中下游河谷和中上游较大的平坝地区（见图4.5）。

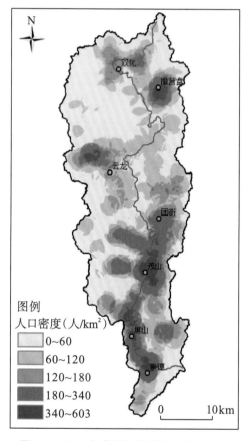

图4.5　1990年掌鸠河流域人口密度分布

① 《禄劝彝族苗族自治县志》编纂委员会编：《禄劝彝族苗族自治县志》，第114页。

## 一、基于文献资料的人口数量重建

### （一）清朝时期

清代前期云南山区的户口统计主要是针对汉族而非少数民族①，所以历史文献记载的人口数量往往是汉族人口数量，不包括少数民族。清代前期禄劝的人口分布较为分散，"村落沿山，居民星聚，有相距数里者，有相距数十里者，户口多寡，势难联络"。在流域的下游坝区人口分布较为集中，聚落较为稠密，"惟缉麻烟户颇稠，左右村庄相去不远"②。在统计县境内的户口时，亦只将从事农业生产的汉族人口统计在内，"民舍户丁合计不过千百有奇，余皆四境氓民，去留靡定"③。康熙《禄劝州志》记载当时的人丁数为"原额民勋人丁共三百二十八丁"④，主要是居住于县城周边的汉族人丁数量。

曹树基认为从嘉庆二十五年（1820）至道光十年（1830），武定直隶州的人口平均增长率高达 56.2‰，可能是道光之前禄劝和元谋两县的汉族人口未列入统计之内所导致的。曹氏根据 1982 年少数民族人口在武定、禄劝、元谋三县占总人口比例的 33.8% 计算出武定直隶州光绪十年（1830）的人口数为 31.1 万人，继而依据云南府从乾隆四十一年（1776）至道光十年 8‰的人口增长率计算出武定直隶州在嘉庆二十五年（1820）的人口数为 28.7 万，乾隆四十一年（1776）为 20.2 万。继续按 8‰的发展速度，1856 年武定直隶州人口数量为 41.1 万。以 1953 年武定州人口 40.5 万为基数，以 5‰的年平均增长率回溯到 1872 年的人口数为 27 万，则咸同回民起义时期共损失人口 14.1 万，损失率为 34.3%。⑤

1900 年禄劝县人口为 12.2 万（见下文研究），因战后人口增长率相对较低，以 5‰的增长率倒推至 1872 年人口为 10.6 万。在咸同回民起义期间，禄劝县人口损失率较武定低，武定人口损失率为 34.3%，假定禄劝县的人口损失率为 20%，则 1856 年的人口数量为 12.7 万。1856 年以前禄劝县人口发展除本区域的自然人口增长外，还有大量外来人口的迁入，如从四川、昆明等人

---

① 曹树基：《中国人口史》第 5 卷《清时期》，第 214 页。
② 李廷宰：《缉麻义学碑记》，康熙《禄劝州志》卷下《艺文》，云南省图书馆抄本。
③ 康熙《禄劝州志》卷上《户口》，云南省图书馆抄本。
④ 康熙《禄劝州志》卷上《户口》，云南省图书馆抄本。
⑤ 曹树基：《中国人口史》第 5 卷《清时期》，第 561 页。

口稠密区域迁移来的农业和工商业人口①，故禄劝县的人口增长率可能略高于
云南府乾隆四十一年至道光十年的 8‰，按 9‰ 来回溯 1700 至 1856 年间的人
口增长，得出清代禄劝县人口数量发展情况。按照 1990 年掌鸠河流域人口占
全县总人口的 35.9%，得出掌鸠河流域清代的人口数量（表 4.5）。

表 4.5 清代禄劝县和掌鸠河流域人口发展

| 时间（年） | 全县人口数（人） | 掌鸠河流域人口数（人） |
|---|---|---|
| 1700 | 30209 | 10845 |
| 1750 | 47708 | 17127 |
| 1800 | 75342 | 27048 |
| 1850 | 118984 | 42715 |
| 1856 | 126685 | 45480 |
| 1872 | 105571 | 37900 |
| 1900 | 122276 | 43897 |

## （二）20 世纪上半叶

侯杨方认为清末宣统年间进行的人口普查是中国历史上第一次现代人口普
查，在全国各地得到了切实的执行，具有一定的参考价值。② 但在云南地区，
"因边省情形迥异腹地，汉夷杂处，猜疑易生，而各属辖地半多辽阔，调查既
需时日，填报尤虞错漏"③。故此次云南地区的人口普查数据并不理想。

1912 年，云南省都督府令全省各属进行户口调查，各厅、州县地方限期 5
个月、土司地区限 10 个月完成。禄劝县人口调查结果为 15502 户，72656
口。④ 这次调查所得结果并不准确，"事属草创，表册琐碎，举事繁重，故或
册报未确，或记载不全。实无足为征信云"⑤。1915 年，内政部公布《县治户
口编查规则》和《警察厅户口调查规则》，要求进行户口调查，云南"时以护
国军兴，未及举办"，至 1917 年云南省政务会议决定进行全省户口调查，调查

---

① 民国《禄劝县志》卷 2《地舆志·村庄》，第 166 页。
② 侯杨方：《中国人口史》第 6 卷《1910—1953 年》，第 48～54 页。
③ 王士达：《民政部户口调查及各家估计》，转引自侯杨方：《中国人口史》第 6 卷《1910—1953
年》，第 41～42 页。
④ 民国《禄劝县志稿》卷 5《户口》，叶十四下。
⑤ 云南省志编纂委员会办公室编：《续云南通志长编》卷三十八《民政三·户政一》中册，第
64 页。

分清查、复查和抽查三种。① 此次调查历时两年半时间，至 1919 年 11 月始汇编总表。这次调查所得禄劝县的人口数量为 124846 人。② 此后，云南省又经过数次人口调查，但或由于地方官吏的敷衍塞责，或因"本省民智锢蔽，一闻调查户口，即恐增加负担，征募兵役，以多报少，各地皆然"③。更因政局未稳，对人口调查的人力物力不足，所以调查数据难以利用。

1932 年，"本省盗匪已清，大局平定"，为平均负担，征募兵役，云南省遂进行人口调查。因这次调查计划周全，政局稳定，被当时人所认可，"盖本省办理户口统计，本非一次，但从未若此次之郑重其事也"④。1937 年抗战军兴，为加强人口控制，利于兵力的征调，实行严格的保甲制度，"各县废局改科，及自治上废闾邻改保甲"⑤。以十户为甲、十甲为保、十保为乡或镇，并将壮丁年龄由原来的 20～45 岁改为 18～45 岁。此次调查是云南省政府"抱最大决心，用大量款项办理全省编甲事务。其主旨在将清查户口、编组保甲、登记异动三项要政同时举办"⑥。将 20 世纪上半叶禄劝县的人口调查结果进行汇总，得到表 4.6。

表 4.6　20 世纪上半叶禄劝人口调查数据

| 时间（年） | 户数（户） | 男（人） | 女（人） | 人口总数（人） | 性别比 | 户均人口数（人） |
|---|---|---|---|---|---|---|
| 1910[1] | 19979[2] | 54020 | 53485 | 107505 | 101 | 5.4 |
| 1919[3] | 24802 | 62865 | 61981 | 124846 | 101.43 | 5 |
| 1924[3] | 25566 | 64950 | 63880 | 128830 | 101.68 | 5 |
| 1932[3] | 23959 | 64953 | 56832 | 121785 | 114.29 | 5.1 |
| 1938[5] | 23611 | 63630 | 54590 | 118220 | 116.56 | 5 |
| 1939[3] | 21816 | 58431 | 53829 | 112260 | 108.55 | 5.1 |

① 《滇省全省户口暂行章程》（节要），云南省志编纂委员会办公室编：《续云南通志长编》卷三十八《民政三·户政一》中册，第 64 页。

② 民国《禄劝县志稿》卷 5《户口》中的数字为 125250 口，与《云南省各属户口统计表》有所出入，以统计表为准。

③ 《云南行政纪实》第一编《民政·户籍》。

④ 云南省志编纂委员会办公室编：《续云南通志长编》卷三十八《民政三·户政一》中册，第65～67 页。

⑤ 云南省志编纂委员会办公室编：《续云南通志长编》卷三十八《民政三·户政一》中册，第68～69 页。

⑥ 《云南行政纪实》第一编《民政·户籍》。

续表

| 时间（年） | 户数（户） | 男（人） | 女（人） | 人口总数（人） | 性别比 | 户均人口数（人） |
|---|---|---|---|---|---|---|
| 1943[3] | 22927 | 56136 | 52081 | 108217 | 107.79 | 4.7 |
| 1953[4] | 42625 | 99944 | 104026 | 203970 | 96.08 | 4.8 |

数据来源：1.《各府、州、县、厅男子、女子及学童、壮丁总数表（1910年）》，云南省档案馆编：《云南省档案史料丛编》第2辑《近代云南人口史料（1909—1982）》，1987年，内部发行，第24～27页。其中女性人口和总人口是经过修正后的数字。

2. 户数为1911年数据。《中历四千六百零九年（1911年）云南全省各属男丁女口数目总表底册》，云南省档案馆编：《云南省档案史料丛编》第2辑上《近代云南人口史料（1909—1982）》，1987年，内部发行，第38～41页。

3.《续云南通志长编》卷三十八《民政三·户政四》中册，第111～152页。1932、1938、1939、1943年数据亦见于云南省档案馆编：《云南省档案史料丛编》第2辑上《近代云南人口史料（1909—1982）》，1987年，内部发行。

4.《禄劝彝族苗族自治县志》编纂委员会编：《禄劝彝族苗族自治县志》，第115页。《一九五三年全省人口分县（市）统计表》（云南省档案馆编：《云南省档案史料丛编》第2辑下《近代云南人口史料（1909—1982）》，1987年，内部发行，第314～322页）中统计数据为196360人，以县志为准。1953年的户口数来自《一九五三年全省人口分县（市）统计表》。

从表4.6可以看出，禄劝县人口自1924年开始呈下降的趋势，至1943年人口由128830人下降到108217人，20年间人口减少了2万余人。但这一时期，尤其是1927年以后，龙云主政云南，社会相对稳定，并未有对禄劝县人口造成影响的重大事件发生，而且这一时期除县境内的人口自然增长外，流域外的人口也在大规模地进入，所以人口数量不可能减少。另外，从民国时期禄劝县人口的发展与1953年的人口数量来看，1943年至1953年的人口增长率达到59.3‰，是不正常的人口增长。这说明这一时期的人口统计数字不能反映当时人口发展的真实情况。

总体来看民国时期禄劝县的人口发展情况，虽然抗日战争等外部事件对流域内的人口会产生间接的影响，如为了保证征兵的兵源，自抗战军兴起便实行较为严格的保甲制度，明令地方官员"令将该属甲乙级壮丁总数调查明确，分填各表……应参照廿七年编查保甲呈报甲乙壮丁人数办理"[①]。1940年禄劝

---

① 《禄劝县政府壮丁统计训令》（1940年6月16日），禄劝县档案馆藏国民党禄劝县政府档案，档案号：90-1-83。

县政府对全县编查保甲以统计壮丁人数"查填甲、乙级壮丁统计表"①，为了逃避兵役，必定有壮丁外逃的现象发生。为了防止壮丁逃避兵役，对于"未经征集先自逃避出境"者，"依序征其次子"来弥补兵额的亏空。②但在禄劝县，因征兵额较为有限，外逃者基本上从下游逃亡到中上游山区。在大多数情况下，昆明周边的县征兵额数较多，导致一定数量的逃役移民迁移到禄劝山区，如在禄劝县的 LY 村就有民国时期从安宁县逃亡来的移民。所以，总体来看，这一时期禄劝的人口数量并未减少，而是在持续增加。

侯杨方认为云南因少数民族众多，且多分布在交通不便、远离政治中心的地区，在进行人口普查时会有所遗漏。③假如 1910 年未进行统计的少数民族人口和从流域外迁入的人口占总人口的 25%，则 1910 年人口数为 134381 人，1910 年至 1953 年人口增长率为 9.5‰。经过修正后的禄劝县和掌鸠河流域人口数见表 4.7。

表 4.7　20 世纪上半叶掌鸠河流域人口发展

| 时间（年） | 全县人口数（人） | 掌鸠河流域人口数（人） |
|---|---|---|
| 1900 | 122276 | 43897 |
| 1910 | 134381 | 48243 |
| 1920 | 147685 | 53019 |
| 1930 | 162306 | 58268 |
| 1940 | 178374 | 64036 |
| 1950 | 196033 | 70376 |
| 1953 | 203696 | 73127 |

将上文研究所得掌鸠河流域清代、20 世纪上半叶和中华人民共和国成立以来的人口数量④综合统计，得到近 300 年来掌鸠河流域人口发展情况（图 4.6）。可以看出，近 300 年间，掌鸠河流域的人口数量发展在 1850 年以前相对稳定，1850 年以后有所下降，回民起义以后稳定增长，1949 年以后，除三年严重困难时人口有所减少外，都保持着较为快速的增长速度。

---

① 《禄劝县政府壮丁统计训令》（1940 年 5 月 19 日），禄劝县档案馆藏国民党禄劝县政府档案，档案号：90 - 1 - 83。

② 《云南省民政厅关于征兵、逃兵缉捕工作的训令》（1940 年 12 月 27 日），禄劝县档案馆藏国民党禄劝县政府档案，档案号：90 - 1 - 81。

③ 侯杨方：《中国人口史》第六卷《1910—1953 年》，第 205～206 页。

④ 《禄劝彝族苗族自治县志》编纂委员会编：《禄劝彝族苗族自治县志》，第 114 页。

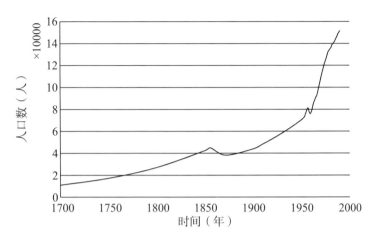

图4.6　近300年来掌鸠河流域的人口发展

## 二、基于聚落人口增长率的人口数量重建

根据笔者在掌鸠河流域进行的田野调查，可以将山地聚落人口和耕地发展的关系划分为四个阶段（表4.8）。在聚落发展的第一阶段或初建时期（0～100年），主要表现为人口大量增加（自然增长与机械增长都较高），对外来人口的迁入持积极态度，耕地大面积开垦。在聚落发展的第二阶段或发展时期（100～200年），对外来人口的迁入持积极态度，充足的劳动力可以增加农业生产的精耕细作程度，但耕地数量的增加较为缓慢。在聚落发展的第三阶段或成熟时期（200～300年），对外来人口的迁入持消极或抵制态度，并开始有部分人口向外迁移，这一时期耕地面积有少量增加，以提高农业技术来增加区域的环境承载力。聚落发展的第四个阶段为1949—1978年，是不同于以往的特殊时期，人口发展呈现出不同之前的特点，人口增长形式以自然增长为主，且人口增长率较高，耕地数量的变化也更多地受到政策和水利等因素的影响。当然，有些创建时间较晚的聚落会直接跳过第三或第二和第三阶段，直接进入第四阶段的特殊时期。

表4.8　山区聚落发展阶段划分

| 时间（年） | 发展阶段 | 人口增长来源 | 对外来人口态度 | 田地开垦情况 |
| --- | --- | --- | --- | --- |
| 0～100 | 第一阶段：初建时期 | 自然增长和机械增长并重 | 积极 | 大量开垦 |

| 时间（年） | 发展阶段 | 人口增长来源 | 对外来人口态度 | 田地开垦情况 |
|---|---|---|---|---|
| 100~200 | 第二阶段：发展时期 | 自然增长和机械增长并重 | 较积极 | 少量开垦 |
| 200~ | 第三阶段：成熟时期 | 自然增长为主，人口开始向外迁移 | 消极或抵制 | 少量开垦 |
| 1949—1978① | 第四阶段：特殊时期 | 自然增长为主 | | 部分区域大量开垦 |

外来人口的迁入情况直接影响了聚落人口的增长率，在20世纪50年代以前，处于第一、二阶段的聚落人口增长率因有外来人口的迁入，会大于处于第三阶段以人口自然增长为主的聚落。因禄劝县以山区为主，外来人口在18世纪以来较为频繁地迁入，会相对高于清代嘉庆、道光年间云南府的年平均增长率8.2‰②，如在DY村和NN村的前两个发展阶段都有大量外来人口的迁入，在此假定处于第一、二两个阶段时聚落的人口增长率为10‰。

当聚落的发展处于第三个阶段时，由于聚落人口压力较大，在消极对待或抵制外来人口的迁入时，也会有部分人口向外迁移，寻找更加适合的区域开垦土地或到已创建的聚落内租种土地，所以聚落的年人口增长率会小于8‰，以7‰计。20世纪50年代以后，由于农业生产力水平的提高和医疗技术的发展，在人口出生率增加的同时，人口的死亡率也在下降，导致人口自然增长率大大提高，如前文所述，在禄劝县，1953年至1990年人口增长率达到18.8‰，且这一时期人口的高增长率在全县范围内都是较为普遍的现象。所以，在1950年以后，聚落的自然增长率可以统一假定为18.8‰（表4.9）。

表4.9　近300年来聚落发展阶段年平均人口增长率

| 阶段 | 人口增长率 |
|---|---|
| 初建时期 | 10‰ |
| 发展时期 | 10‰ |
| 成熟时期 | 7‰ |
| 1950—1990 | 18.8‰ |

为统计方便，我们假定1700年以前创建的中下游河谷和平坝区聚落至

① 本表前三项时间尺度为聚落建立的时间，1949—1978年为中华人民共和国成立后的特殊时期。
② 曹树基：《中国人口史》第5卷《清时期》，第216、221页。

1700年时已处于第三个发展阶段，1700年以后按7‰的增长率增长；1700年以前创建的半山区和山区聚落至1700年时统一确定为处于第二个发展阶段，1700年以后创建的聚落按各聚落发展阶段的年平均人口增长率发展。

因咸同回民起义期间掌鸠河流域内以中下游河谷地带和平坝区的聚落受影响最大，其他地形区的人口损失相对较小，在此以﹣5‰的人口增长率来计算1850—1900年间中下游河谷地带和平坝区聚落的人口增长率，其他地形区的聚落人口增长不受影响。另外，受安全和社交等因素的影响，聚落在创建和发展阶段较少出现单家独户的现象，在此假设每个聚落至少两户人家，每户按5口人计，即每个聚落在各阶段的人口数不得少于10人。

按照以上规则，以地方志中所记载流域聚落1990年人口为基数，回溯近300年来各聚落的人口数，得到近300年来流域内每个聚落在每50年一个时间断面的人口数量，进而综合计算出掌鸠河流域及各地形区的近300年来的人口数量变化情况（表4.10）。

表 4.10　基于聚落人口增长率的近 300 年来掌鸠河流域人口数量发展

| 时间（年） | 总人口数（人） | 河谷地带 | | 平坝区 | | 半山区 | | 山区 | |
|---|---|---|---|---|---|---|---|---|---|
| | | 人口数量（人） | 占总人口比例（%） | 人口数量（人） | 占总人口比例（%） | 人口数量（人） | 占总人口比例（%） | 人口数量（人） | 占总人口比例（%） |
| 1700 | 6643 | 2437 | 36.7 | 712 | 10.7 | 1673 | 25.2 | 1821 | 27.4 |
| 1750 | 11064 | 3798 | 34.3 | 1321 | 11.9 | 2699 | 24.4 | 3246 | 29.4 |
| 1800 | 16818 | 5611 | 33.4 | 2015 | 12.0 | 4110 | 24.4 | 5082 | 30.2 |
| 1850 | 29217 | 8640 | 29.6 | 3554 | 12.2 | 6986 | 23.9 | 10037 | 34.3 |
| 1900 | 39426 | 7364 | 18.7 | 5225 | 13.3 | 9678 | 24.5 | 17159 | 43.5 |
| 1950 | 68460 | 11974 | 17.5 | 8618 | 12.6 | 16457 | 24.0 | 31411 | 45.9 |
| 1978 | 130593 | 22986 | 17.6 | 15895 | 12.2 | 30852 | 23.6 | 60860 | 46.6 |

从表4.10中可以看出，中下游河谷地带和平坝区的人口在总人口中的比例呈逐渐下降的趋势，而山区的人口比例在逐渐上升，由1700年的27.4%上升到1978年的46.6%，这是山区聚落数量增加与人口持续增长的结果。中下游河谷地带和平坝区是流域内自然环境相对较好的区域，也是耕地开垦和人口密度较高的区域，但在历史发展的过程中，山区和半山区的聚落创建数量不断增加，人口增长较快，逐渐超过了中下游河谷和平坝区的人口数量（图4.7）。

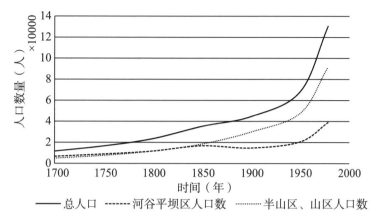

图 4.7　近 300 年来掌鸠河流域不同地形区人口发展示意图

对比本研究根据不同方法复原的近 300 年来掌鸠河流域两套人口数据（表 4.11）可以看出，两套数据的差别主要体现在 1700 年至 1850 年的 150 年间。利用文献资料复原的人口数量过高估计了咸同回民起义对全流域人口损失的影响，实际上，这种影响只是局部的。相比较而言，利用聚落人口增长率的方法复原的流域人口数量考虑了不同时期单个聚落的具体发展情况，且空间分辨率较高，有更高的可靠性。

表 4.11　掌鸠河流域两套人口数据的对比

| 时间（年） | 人口数量（人） | |
|---|---|---|
| | 聚落人口增长率方法 | 文献资料方法 |
| 1700 | 6643 | 10845 |
| 1750 | 11064 | 17219 |
| 1800 | 16818 | 27048 |
| 1850 | 29217 | 42715 |
| 1900 | 39426 | 43897 |
| 1950 | 68460 | 70376 |

## 三、基于人均最低耕地保障量的耕地数量估算

### （一）人均最低耕地保障量的估算

由于自然环境的差异，山地流域在纵向上的上下游之间和横向上的河谷至

坡顶之间的资源分配不均①，尤其是传统时期对农业生产具有决定性作用的海拔和坡度等因素的不同，所以单位耕地面积的产出存在区域差异性。

为更加清晰地认识不同地形区之间的农业生产水平差异，表4.12统计了1952年流域内不同地形区聚落的耕地面积、亩产量和人均耕地等信息。因平坝区的有效数据未能获得，在此以中下游河谷和半山区的平均值作为平坝区的亩产量值。

表 4.12　1952 年掌鸠河流域不同地形区聚落单位耕地数量和产量统计

| 地形区 | 聚落名称 | 平均海拔（m） | 耕地数量（亩） | 其中田 | 其中地 | 人均耕地（亩/人） | 亩产量（斤/亩） | 人均粮食产量（斤/人） |
|---|---|---|---|---|---|---|---|---|
| 中下游河谷地带 | 发明 | 1754 | 268 | 262 | 7 | 1.2 | 1197.0 | 1395.0 |
| | 迎春里 | 1666 | 311 | 296 | 15 | 0.9 | 670.0 | 611.1 |
| | 四维 | 1711 | 245 | 245 | 0 | | 1072.9 | |
| | 荣发 | 1722 | 313 | 219 | 95 | | 657.5 | |
| | 上庄 | 1730 | 291 | 258 | 33 | | 804.3 | |
| | 平均 | 1717 | 286 | 256 | 30 | 1.0 | 880.3 | 1003.0 |
| 平坝区 | 平均 | | | | | | 680.3 | |
| 半山区 | 岔河 | 1854 | 423 | 268 | 156 | 3.8 | 470.9 | 592.8 |
| | 高家 | 1840 | 6430 | 5101 | 1329 | 3.9 | 511.4 | 656.3 |
| | 运昌 | 1839 | 7758 | 6853 | 905 | 4.5 | 451.3 | 674.1 |
| | 丽山 | 1938 | 7671 | 7013 | 659 | 3.7 | 527.8 | 643.8 |
| | 乐业 | 1941 | 1905 | 1617 | 288 | 1.3 | 440.0 | 572.1 |
| | 平均 | 1882 | 4837 | 4170 | 667 | 3.4 | 480.3 | 627.9 |
| 山区 | 卓干 | 2232 | 1440 | 562 | 878 | 1.2 | 219.2 | 263.9 |
| | 马初 | 2306 | 1756 | 468 | 1288 | 1.9 | 199.8 | 385.4 |
| | 以资 | 2115 | 6341 | 2908 | 3433 | 2.1 | 170.5 | 356.1 |
| | 幸丘 | 2191 | 1941 | 1092 | 2547 | 2.4 | 141.6 | 341.1 |
| | 宜岔 | 2215 | 1879 | 909 | 970 | 1.9 | 150.0 | 282.6 |
| | 治安 | 2105 | 4095 | 1981 | 2114 | 2.3 | 257.3 | 597.8 |
| | 古宜 | 2063 | 1661 | 728 | 933 | 1.9 | 196.1 | 375.8 |

---

① 杨庆媛、周宝同、涂建军等：《西南地区土地整理的目标及模式》，第 209～211 页。

| 地形区 | 聚落名称 | 平均海拔（m） | 耕地数量（亩） | 其中田 | 其中地 | 人均耕地（亩/人） | 亩产量（斤/亩） | 人均粮食产量（斤/人） |
|---|---|---|---|---|---|---|---|---|
| 山区 | 新山 | 2120 | 3505 | 1266 | 2239 | 1.8 | 228.2 | 411.8 |
| | 挪拥 | 2268 | 1840 | 788 | 1052 | 1.9 | 133.9 | 250.5 |
| | 龙海 | 2047 | 2757 | 2198 | 559 | 1.9 | 261.3 | 485.2 |
| | 火期 | 2097 | 2136 | 1037 | 1099 | 1.7 | 196.0 | 332.5 |
| | 云龙 | 2120 | 3393 | 2707 | 3985 | 1.1 | 303.1 | 334.3 |
| | 平均 | 2157 | 2729 | 1387 | 1758 | 1.8 | 204.8 | 368.1 |

数据来源：1.《云南省武定区禄劝县第一区各村种植面积及其产量》（1952 年 10 月 15 日），禄劝县档案馆藏秀屏区档案，档案号：26 - 1 - 2。

2.《发明乡发明村分配后土地、人口、牲畜调查统计表》（1952 年），禄劝县档案馆藏禄劝县秀屏区档案，档案号：26 - 1 - 1。

3.《禄劝县第二区各乡 1952 年农业税征收清册封面》（1952 年 12 月），禄劝县档案馆藏团街区档案，档案号：28 - 1 - 27。

注：1. 半山区和山区的统计单位为行政村。2. 亩产量包括大春与小春产量。

从表 4.12 可以看出，中下游河谷地区因自然环境相对优越，成为历史时期开发时间较早的区域，水利设施也较为完备，水田的数量远远多于旱地的数量，平均亩产量最高，山区的平均亩产量最低，只相当于中下游河谷地区的 23%。

因 20 世纪 50 年代初期的农业生产技术与产量和传统农业时期较为相似，故我们以这一时期的情况为依据，来研究传统时期不同地形区的人均耕地面积最低保障量。假设每人每年消费成品粮 432 斤[①]，因上表中的统计数字包括每亩耕地的大春与小春产量，所以不必考虑复种指数问题。原粮加工成为成品粮的转换率为 70%，传统农业社会耕地中出产的粮食为家庭主要收入，假设 70% 的粮食用作口粮，30% 的粮食用作日常支出，则每人每年的粮食生产量不得少于 882 斤。最后得出掌鸠河流域不同地形区中人均最低耕地保障量，见表 4.13。

---

[①] 吴慧：《中国历代粮食亩产研究》，北京：农业出版社，1985 年，第 195 页。傅辉：《晚清南阳县土地利用分析》，《清史研究》2004 年第 4 期，第 59 ~ 70 页。

表4.13　传统时期掌鸠河流域各地形区人均最低耕地面积保障量

| 地形区 | 人均最低耕地面积保障量（亩） |
|--------|------------------------------|
| 中下游河谷 | 1.0 |
| 平坝区 | 1.3 |
| 半山区 | 1.8 |
| 山区 | 4.3 |

在此需要说明的是，表4.14中各地形区的最低耕地面积保障量仅可代表20世纪50年代初期以前传统农业时期的情况，20世纪50年代初期以后全国范围内的大兴水利、改良土壤和积肥等运动大大提高了单位耕地面积的产量，最低耕地面积保障量也会相应减少。

另外，在山区，尤其是在一些苗族聚落中，中华人民共和国成立以前，其经济形式是以农业为主，以养殖业、采集、狩猎为辅[1]，对耕地的依赖程度相对较小，历史时期真实的人均耕地数量可能略小于最低耕地保障量。

## （二）区域最低耕地保障量的估算

将聚落人口数量与人均最低耕地保障量相结合，可以得出历史时期流域内各地形区的最低耕地保障量（表4.14）。

表4.14　近300年来掌鸠河流域各地形区的最低耕地面积保障量（亩）

| 时间（年） | 中下游河谷地带 | 平坝区 | 半山区 | 山区 | 流域耕地数量 |
|-----------|---------------|--------|--------|------|-------------|
| 1700 | 4630 | 2688 | 4727 | 9834 | 21879 |
| 1750 | 5991 | 3809 | 6905 | 16194 | 32899 |
| 1800 | 7702 | 5151 | 10181 | 25972 | 49005 |
| 1850 | 10372 | 8321 | 14452 | 44720 | 77866 |
| 1900 | 8706 | 7778 | 19910 | 81425 | 117818 |
| 1950 | 11974 | 11204 | 29619 | 135089 | 187885 |

从近300年来掌鸠河流域各地形区最低耕地保障数量发展示意图（图4.8）可以看出，中下游河谷地带和平坝区的耕地数量发展相对较为平稳，半山区和山区的耕地数量发展较为迅速。在1700年，虽然山区人口少于中下游河谷地带，但由于山区单位耕地面积产量较低，导致山区耕地开发的数量远远

---

① 《禄劝彝族苗族自治县志》编纂委员会编：《禄劝彝族苗族自治县志》，第137页。

大于其他三个地形区。

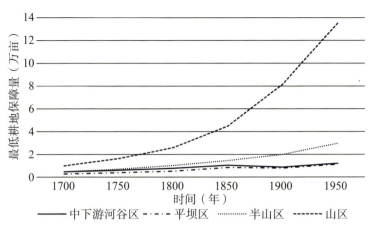

图 4.8　近 300 年来掌鸠河流域各地形区最低耕地保障量发展

　　1850 年左右是四个地形区耕地数量发生变化的重要时间节点。由于回民起义的影响，大量人口迁往半山区和山区，大规模开垦耕地，所以半山区和山区尤其是山区耕地的开发出现了一个高速增长期。中下游河谷地带和平坝区则因人口损失较多，耕地数量反而有所减少。从 1850 年至 1950 年间，流域内各地形区之间土地数量的差距不断拉大。

# 第四节　人口、耕地与区域环境承载力：聚落尺度的考察

　　环境承载力的本质是由环境系统的组成与结构所决定的物质、能量及信息的输入输出能力所决定的。区域环境作为一个开放的系统，可以通过与外界交换物质、能量及信息而保持其自身结构与功能的相对稳定，即在一定时期内，区域环境系统在结构、功能方面不会发生质的变化，因此，在一定时期内，环境承载力是相对稳定的。但环境系统的结构会因为其自身的运动变化与人类活动对环境所施加的作用而发生变动，故环境承载力又具有变动性。人类活动对环境所施加的压力是环境系统结构发生变化的主导因素。因此，环境承载力的

动态性在很大程度上可以由人类活动加以控制。[①]

环境承载力的相对稳定性与动态性的结合表现在中国传统农业社会中，是与人口、资源和技术等因素相互联系、相互制约的。土地作为中国传统农业社会中最重要的生产资源，其开发利用程度和效率决定着区域内环境承载能力的大小，继而又决定了人口数量与经济发展水平。

当一个区域的环境承载能力达到一定的极限时，当地人会面临几种选择：一是提高当地的环境承载能力，包括增加区域内的耕地资源，提高农业生产技术以增加单位土地资源生产能力等；二是减少对当地环境产生压力的因素，主要是控制人口数量与改变农业生产方式以减少对环境系统的压力，而控制人口数量又可以分为实行计划生育以控制人口出生率来控制人口的自然增长速度，另外就是向区域外移民，将人口的压力向其他区域转移。就本书研究的三个典型聚落而言，人口与耕地的关系不仅展现了聚落本身环境承载力的动态过程，而且反映出流域范围内不同地形区人地关系的紧张程度。

## 一、DY 村的个案研究

从 DY 村各姓氏的移民情况来看（表 4.15），18 世纪中期迁入聚落的移民都来自流域下游的聚落，说明在 18 世纪中期左右，掌鸠河流域的下游地区已经出现了一定程度的人地紧张。新迁入聚落的人口获得耕地的途径主要是开垦新的耕地。当移民到达一个区域创建聚落后，因人口数量较少，劳动力不足，只能采取粗放的耕作方式。为了保证基本的粮食需求，大规模地开垦耕地成为主要选择。

表 4.15　DY 村各姓氏移民发展[②]

| 姓氏 | 李姓 | 何姓 | 董姓1 | 武姓1 | 董姓2 | 孔姓 | 董姓3 | 董姓4 | 何姓2 | 武姓2 | 杨姓 |
|---|---|---|---|---|---|---|---|---|---|---|---|
| 移民时间（年） | 1736 | 1736 | 1766 | 1885 | 1887 | 1910 | 1912 | 1920 | 1940 | 1952 | 1958 |
| 来源 | 下游聚落 | 下游聚落 | 下游聚落 | 中游相邻聚落 | 中游相邻聚落 | 下游聚落 | 中游相邻聚落 | 中游相邻聚落 | 下游聚落 | 中游相邻聚落 | 中游聚落 |

---

① 汪诚文、刘仁志、葛春风：《环境承载力理论研究及其实践》，北京：中国环境科学出版社，2011 年，第 25～26 页。

② 除表中所列姓氏外，聚落中还有万姓、王姓、角姓等，但这些姓氏主要是入赘后还宗的结果，故不列入。非同一家族的同一姓氏按不同姓氏计，下同。

| 姓氏 | 李姓 | 何姓 | 董姓1 | 武姓1 | 董姓2 | 孔姓 | 董姓3 | 董姓4 | 何姓2 | 武姓2 | 杨姓 |
|------|------|------|-------|-------|-------|------|-------|-------|-------|-------|------|
| 迁入原因 | 开田 | 先租田后开田 | 开田 | 租田 | 租田 | 先租田后开田 | 租田 | 租田 | 租田 | 种集体田 | 种集体田 |

从掌鸠河流域1700—1800年两个时间断面新创建聚落的平均中心和标准差椭圆分布（图2.4）来看，标准差椭圆的长轴不断变短，短轴变长，说明这100年间流域内新创建的聚落主要分布在流域的中游和上游偏下地区，从掌鸠河河谷向两侧的山区扩展。

18世纪后期至19世纪中前期，DY村未出现移民迁入的现象，并非这一时期流域内没有人口流动，而是人口流动的方向集中在流域的中上游。至1800年左右，DY村耕作条件较好的区域已经基本开垦成为耕地（图3.12）。如果在这一时期有外来人口迁入，可以开垦耕作条件较差的区域或租种先迁入人口的耕地。耕作条件较差的区域开垦成本高，且单位面积产量较低，而租种已开垦的耕地则会成为佃户，这是当时人所不愿做的事情。我们可以从缪鸾和在20世纪50年代调查的一个事例中找到答案。

据缪鸾和调查，清朝初年李老珠带领族人先到富民县为当地马头开水沟，以换取一些田地，但水沟开好后马头改口，让他们做佃民，李氏不愿，便弃沟来到禄劝。在禄劝又遇到同样的情况，又弃沟而走。一直到乾隆三十年（1765），开好第三条沟，并且换得当地马头给予其半数山田的承诺后才稳定下来。据缪鸾和的调查，在山区开一条十几里的水沟是非常困难的，李姓族人之所以放弃前两次所开的水沟，主要原因是"不愿做佃才搬家"[1]。此外，据缪氏调查所得外县迁入的少数民族也多是由于作为佃户，受不了马头的虐待才移民到禄劝。[2] 可见，如果有选择的话，当地人情愿进行远距离的移民来开垦新的田地，成为自由人，也不愿做佃户。

经过18世纪的移民垦殖，掌鸠河中游地区耕作条件较好的区域已经基本被开发完毕，随着人地矛盾的加剧，不断向外迁移的移民只能向耕作条件更加恶劣的上游和河谷两侧的山区移动。到了19世纪，位于流域中上游山区的NN村开始了接收大量移民的过程。

---

① 缪鸾和：《禄劝县九个单位名称的少数民族初步调查报告》，方国瑜主编：《云南史料丛刊》第十三卷，第423~424页。

② 缪鸾和：《禄劝县九个单位名称的少数民族初步调查报告》，方国瑜主编：《云南史料丛刊》第十三卷，第417~419页

## 二、NN 村的个案研究

从 NN 村各姓氏移民的过程可以看出（表4.16），王氏于 1763 年左右迁入并创建聚落，自 19 世纪初期至 20 世纪 50 年代后期，不断有外来移民迁入，其中 19 世纪共迁入 4 个姓氏，迁入的形式以入赘为主。在禄劝，入赘是一种非常普遍的婚姻形式。招赘人或因无男性子嗣继承家业，或因家业较大需要多人管理而招来上门女婿。入赘人一般会改姓招赘人的姓氏，至第三代后还宗本姓，故 NN 村今天姓氏较多的现象与招赘婚姻关系很大。

表4.16 NN 村各姓氏移民发展

| 姓氏 | 王姓 | 曹姓 | 袁姓 | 关姓 | 李姓 1 | 杨姓 | 李姓 2 | 李姓 3 | 熊姓 |
|---|---|---|---|---|---|---|---|---|---|
| 移民时间（年） | 1763 | 1800 | 1845 | 1870 | 1890 | 1923 | 1925 | 1957 | 不明 |
| 来源 | 下游 | 下游聚落 | 中游聚落 | 上游聚落 | 上游聚落 | 上游聚落 | 上游聚落 | 下游聚落 | 下游聚落 |
| 迁入原因 | 开田 | 入赘 | 入赘 | 入赘 | 入赘 | 入赘 | 逃难 | 逃难 | 入赘 |

与 DY 村相似，王姓创建聚落后，在耕作条件较好的区域开垦了大量的耕地，但人口较少，劳动力缺乏，无法进行精耕细作，招赘是快速增加劳动力的途径之一。入赘人进入聚落后会从招赘人那里继承土地，不用做佃户。如关姓的族谱记载了其获得土地的过程："（关氏曾祖）是从撒营盘酒房到 NN 王家招亲，不知什么原因又搬迁到现在的双化乡撒冲居住，过两年曾祖母听不懂彝语，无奈又迁回 NN 村。王家给曾祖父一片柴山和耕地、水田。"①

从各姓氏迁入的来源地看，19 世纪迁入 NN 村的 4 个姓氏中来自上游的有 2 个，下游和中游的分别 1 个。来自上游的关姓来自撒营盘的平坝区，是少数民族聚居区，自明清以来汉族因驻军和农业移民而多有定居，此时也出现了人口压力，以向外移民的方式缓解人地关系。

从掌鸠河流域 1801—1900 年两个时间断面内新创建聚落的平均中心和标准差椭圆（图2.4）来看，新创建的聚落主要分布在流域的中上游地区，且标准差椭圆的短轴较长，向河谷两侧的分布趋势较明显。从这两个时间断面的民族聚落演变（图4.2）来看，汉族聚落在上游坝区的分布明显增多，彝族聚落不断向平坝区的外围扩展。

① 关祥祖编：《寻根问祖——禄劝关姓的来龙去脉》，2012 年，第 122～123 页。

经过 18 世纪对流域中游和上游平坝区的开发，适宜开垦耕地且还未建立聚落的区域越来越少，到 19 世纪，如 NN 村这样的山区聚落成为移民的重要选择。另外，越来越多的人选择就近迁移至还可接受外来人口的已有聚落做佃农。在掌鸠河中游地区，这种现象出现在 19 世纪的后期。在 DY 村，19 世纪后期迁入的两个姓氏都来自流域中游与 DY 村相邻的聚落，迁入聚落后租种了前期移民开垦的耕地，成为佃农。

## 三、LY 村的个案研究

随着区域人口的迁移，至 20 世纪前期，掌鸠河流域的人地矛盾不断加剧，人口流动现象更加频繁。在 DY 村，1900—1950 年间共有 4 个姓氏迁入，分别来自中游和下游；在 NN 村亦有 2 个姓氏因逃难而迁入聚落，且都是来自上游。除了区域间的人口迁移，流域外的人口迁入也依然在持续，LY 村的个案可以较好地反映出这一时期流域人口迁移的情景。

LY 村创建于明代，因手工业（酿酒）兴盛，发展成为乡村集市。但在 1900 年左右一场火灾给聚落带来毁灭性的打击，大批人口逃亡，手工业衰落。因聚落具有天然的水利等优势，火灾后大量人口重新迁移至聚落内（表 4.17）。从表 4.17 可以看出，在 1900—1950 年的 50 年间，共有 20 个姓氏迁移至聚落，其中彝族 3 个、汉族 17 个。从来源地来看，新迁入的彝族都来自流域内，且主要从事农业生产。在汉族移民中，只有 5 个姓氏来自流域内，其余 12 个来自流域外。可见，LY 村的移民大部分来自流域外，流域内的移民则来自下游和中游。在来自流域外的移民中，主要来自寻甸、安宁、江川等滇中地区，这也反映出到 20 世纪上半叶，尖锐的人地矛盾不仅发生在禄劝县掌鸠河流域，还发生在整个滇中地区。自然条件较好的移民迁入地已经非常难以寻找，一旦出现有大量人口损失的聚落，外来人口就会迅速填补，且多是跨越县境的长距离迁移。

表 4.17 LY 村各姓氏移民发展

| 编号 | 姓氏 | 民族 | 迁入时间（年） | 来源地 | 迁入原因 | 从事职业 |
|---|---|---|---|---|---|---|
| 1 | 张姓 1 | 彝 | | （原住民） | | 农业 |
| 2 | 王姓 | 彝 | | （原住民） | | 农业 |
| 3 | 李姓 1 | 彝 | 1910 | 1900 左右火灾时迁出，1910 年迁回 | | 农业 |

| 编号 | 姓氏 | 民族 | 迁入时间（年） | 来源地 | 迁入原因 | 从事职业 |
|---|---|---|---|---|---|---|
| 4 | 杨姓 | 彝 | 1940 | 不明 | 入赘 | 农业 |
| 5 | 李姓2 | 彝 | 1948 | 下游 | 入赘 | 农业 |
| 6 | 陶姓 | 汉 | 1868 | 中游 | 租田 | 农业 |
| 7 | 钱姓 | 汉 | 1920 | 下游 | 从事工商业 | 工商业 |
| 8 | 文姓 | 汉 | 1926 | 安宁县 | 躲抓壮丁 | 农业 |
| 9 | 胡袁姓 | 汉 | 1926 | 安宁县 | 躲抓壮丁 | 农业 |
| 10 | 舒姓 | 汉 | 1927 | 寻甸县 | 从事工商业 | 工商业 |
| 11 | 舒姓 | 汉 | 1929 | 寻甸县 | 从事工商业 | 工商业 |
| 12 | 张姓 | 汉 | 1927 | 安宁县 | 从事工商业 | 工商业 |
| 13 | 张姓 | 汉 | 1927 | 安宁县 | 不明 | 农业 |
| 14 | 尤姓 | 汉 | 1930 | 下游 | 租田 | 农业 |
| 15 | 毛姓 | 汉 | 1933 | 寻甸县 | 从事工商业 | 工商业 |
| 16 | 李姓 | 汉 | 1935 | 江西 | 军人掉队 | 工商业 |
| 17 | 严姓 | 汉 | 1935 | 江西 | 军人掉队 | 农业 |
| 18 | 余姓 | 汉 | 1936 | 本县流域外 | 租田 | 农业 |
| 19 | 董姓 | 汉 | 1940 | 下游 | 从事工商业 | 工商业 |
| 20 | 唐姓 | 汉 | 1940 | 下游 | 从事工商业 | 工商业 |
| 21 | 王姓 | 汉 | 1940 | 江川县 | 从事工商业 | 工商业 |
| 22 | 洪姓 | 汉 | 1946 | 本县流域外 | 躲抓壮丁 | 工商业 |
| 23 | 刘姓 | 汉 | 1952 | 中游 | 租田 | 农业 |
| 24 | 王姓 | 汉 | 1952 | 中游相邻聚落 | 与家人发生矛盾 | 工商业 |
| 25 | 武姓 | 汉 | 1952 | 中游相邻聚落 | 不明 | 农业 |
| 26 | 山姓 | 汉 | 1955 | 寻甸县 | 从事工商业 | 工商业 |

## 四、环境承载力极限下的选择

至 20 世纪上半叶，掌鸠河流域内已经出现了相对较为严重的"相对人口过剩"① 现象，环境承载力已达到或接近极限，依靠向外转移人口来缓解人地矛盾变得非常困难。中华人民共和国成立后，解决人地矛盾的方式逐渐变成通过农业集体化和发展农业技术以提高单位耕地产量。随着人口数量的持续增加、特殊政策的实行等，区域环境承载力很快达到极限，又会出现新的人地矛盾，DY 村的个案很好地反映了这一过程。

DY 村于 20 世纪初期曾大力发展水利，除了与一定的人口压力相关，直接触发机制是自然灾害的发生。1905—1907 年连续自然灾害的发生，使当地的环境承载力被大大减弱，迫使当地人通过兴修水利来提高单位耕地粮食产量。这种手段使得在耕地面积基本没有增加的情况下，聚落人口从 1910 年的 55 人左右发展到了 1952 年的 110 人左右，40 年间增加了 1 倍。

1949 年以后，农田水利的大量兴修等一度提高了聚落的农业收成，也吸收了新的移民进入。在土地改革时曾接纳了武姓、徐姓（后迁出）、夏姓（后迁出）等，在 1958 年时还迁入了杨姓一家，也说明当时聚落的环境承载能力还未达到极限。

环境承载力的可控性是有限度的②，在一定的生产力水平下，当耕地面积和亩产量不能再持续增加时，当地的环境承载力基本处于稳定状态。人口的持续增长使得环境承载力与人口压力之间达到一个平衡点，到了 20 世纪 60 年代中后期，修建水库时发生拒收外村人事件，说明 DY 村达到了这种平衡点。

1966 年 DY 村计划修建上坝塘（小型水库），由于扩大坝塘面积需要淹没 LY 村 2~3 亩水田，当时 DY 村提出多缴纳所淹没水田的公余粮进行补偿，但 LY 村要求将本村的 4~5 户人家迁到 DY 村，以换取被淹的水田。当时 DY 村有 40 户 200 人左右，为了两三亩水田就要增加 1/10 的人口，他们认为不划算，没有同意，坝塘的面积没有扩大。DY 村在 20 世纪 50 年代曾同意迁入几户人家，并未给本村带来实质性的利益，而坝塘面积的大小直接关系到蓄水量的多少，蓄水量的增多对水稻的增产有较大的促进作用，但 DY 村宁愿不扩大坝塘面积也不同意迁入人口，说明当时 DY 村的人口数量已经达到当地环境承载力的极限。如果聚落再迁入更多的人口，人均耕地数量和粮食产量就会减少，将不足以保证全村人的口粮，所以才宁愿放弃扩大坝塘面积。这是村民在当时的生产力水平下有意识地控制外来人口，进而维持环境承载力与人口压力之间平衡的表现。

---

因 DY 村在流域中是一个提供粮食的聚落，其环境承载力在 20 世纪 60 年代中期前后达到极限，基本可以代表整个掌鸠河流域的情况。这种环境承载力极限的出现是有一定制度和政策背景的。中华人民共和国成立初期，为了解决粮食供求矛盾，于 1953 年开始，除西藏和台湾外，全国城乡开始实行粮食统购统销制度，规定生产粮食的农民必须按国家规定的收购粮种、收购价格和计划收购的分配数字将余粮售给国家，并且禁止私商经营粮食，阻断了农民间粮食的余缺调剂。① 据调查，在 20 世纪 60 年代中期，DY 村要上交的公余粮数量占全村粮食生产总量的三分之一。公余粮的征收导致农民存粮减少，对自然灾害与人口压力的承受能力大大下降。

1958 年开始的"大跃进"等运动对农村副业造成了重大的破坏。② 20 世纪 60 年代中期全国农村兴起的"农业学大寨"，把家庭副业、自留地、集市贸易当作"资本主义尾巴""割掉"。所有这些政策都限制了农村经济的多样性。加上严格的户籍制度，限制了农民在区域之间的自由流动，大部分农民被束缚在土地上（详见下文研究）。在这种特殊的制度与政策环境下，大大压缩了由农业技术发展所带来的区域环境承载力的增加量，人口的持续增加，必然对区域环境产生较大的压力，这种压力在整个流域都是普遍存在的。

20 世纪 60 年代中期以后，随着农作物品种的改良和水利的兴修、灌溉水源的稳定等技术条件的保障，促进了 DY 村单位耕地面积产量的大幅度上升。从 1965 年开始在全国范围内实行的粮食征购一定三年的稳定政策，到 1971 年又改为一定五年③，减轻了农民的负担，使农民没有了多产会多购的后顾之忧，提高了其增产粮食的积极性，农民粮食储存量有所增加。以上现象都对当地环境承载力的提高有促进作用，缓解了人口增加等因素带来的粮食压力，是继 20 世纪初期和 50 年代大规模兴修水利后再一次对当地环境承载力的大幅度提升。DY 村的人口数量从 1968 年的 168 人发展到 1981 年的 240 人，短短 10 多年间增加了 43%。

① 薄一波：《统购统销的实行》，王瑞璞等主编：《共和国经济大决策》第一卷，北京：中国经济出版社，1999 年，第 171~195 页。

② 黄宗智：《长江三角洲小农家庭与乡村发展》，北京：中华书局，2000 年，第 275 页。

③《关于继续实行粮食征购任务一定五年的通知》（1971 年 8 月 21 日），商务部当代中国粮食工作编辑部编：《当代中国粮食工作史料》上卷，1989 年，第 531~532 页。

# 小　结

　　人口因素是历史时期土地利用变化的主要人文驱动因素之一，近 300 年来，人口迁移和数量发展对掌鸠河流域土地利用变化具有重要的影响。流域外和流域内区域间的人口流动创建新的聚落，开垦耕地，导致土地利用在空间上的扩展。掌鸠河流域内的各民族具有不同的生产及生活方式，近 300 年来各民族的空间分布及扩散导致不同地形区土地利用类型及程度的变化。

　　人口数量的发展在一定程度上可以反映区域耕地数量的演变趋势。掌鸠河流域内不同地形区的单位耕地面积产量不同，导致人均最低耕地保障量有所差别。本研究利用聚落人口增长率的方法复原了近 300 年来流域内各聚落人口数量发展数据，具有准确的空间属性，可靠性较好。笔者利用不同地形区人均最低耕地需求量和对应的历史时期人口数据，估算了流域内各地形区历史时期的最低耕地保障量，可以为下文模型所模拟的耕地数量提供检验指标。

　　聚落人口的来源与迁移方向可以反映流域内不同区域间人地关系的紧张程度。从三个典型聚落的人口来源和流域内聚落的空间演变数据可以看出，在 18 世纪，流域的中下游河谷地带出现了一定的人口压力，流域内部人口迁移的方向是从中下游河谷地带向中上游半山区迁移，流域的中上游半山区被大规模开垦；在 19 世纪，流域的中游地区较为适宜开垦的区域基本开垦完毕，为了拥有自耕农的身份，来自下游和中游地区的移民开始向流域的上游和山区移动，流域的上游和山区出现开垦的高潮期；至 20 世纪上半叶，整个流域内适宜开垦的耕地基本开垦完毕，移民开始向海拔更高、自然条件更加恶劣的高山区域扩展。如自然条件相对较好的区域出现人口损失，会被流域外和流域内的移民迅速填补。这时，整个流域或滇中地区都出现了人地关系较为紧张的情况，人地关系的缓解方式面临着重要转型。中华人民共和国成立后，集体化运动、大力发展农业技术等一系列制度和技术上的改变正好适应了这种转型需求，大大提高了区域环境承载力。然而到 20 世纪 60 年代，随着人口的大规模增加，制度变革和技术进步所带来的区域环境承载力达到极限，新一轮的制度变革和技术进步再次出现，持续提高区域环境承载力。

# 第五章

## 农业技术发展与山地土地利用变化

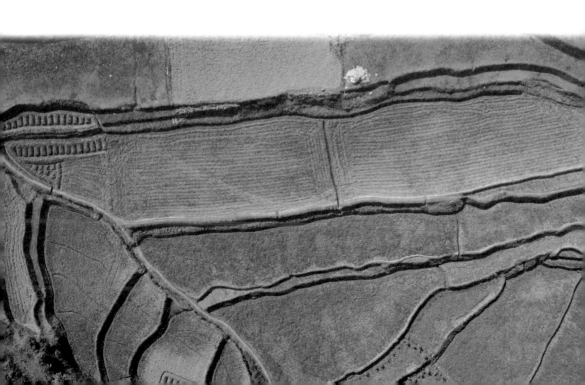

农业技术是"人类施加于农作物与自然环境之间的作用方式，方式的差异取决于自然环境与社会经济基础"①。其中，自然环境的影响主要表现在地域之间技术类型的选择上，如水田与旱地，体现了人类对环境的适应特征；社会经济的影响则主要表现在技术水准的选择上，如精耕细作与粗放经营，社会经济发展程度的差异导致农业生产技术空间上的复杂性。农业技术的发展可以提高单位耕地面积产量和区域环境承载力，在一定程度上减缓人口增长对粮食需求的压力，进而对耕地开发起到一定的限制性作用。

尽管农业技术包括农田水利、耕作技术、种植制度和土壤肥料等，但在1978年以前，农田水利的建设与发展是农业技术进步的最重要体现，而且是增施肥料、改善耕作制度等技术的前提条件。②

农业技术中肥料的施用是改良土壤、恢复地力的重要措施，是农作物连作的重要保证。历史时期云南山区肥料的施用并不受重视，如陈宏谋所言："滇省地方，跬步皆山，沃壤原少，而山确之区不能处处种植，即低下之区亦不能年年种植。总因小民狃于积习，不知广积粪土，不知栽植杂粮，诚为可惜也。"③ 因积肥技术不发达，地力恢复较慢，一定程度上影响了作物的播种面积和复种指数。农业技术中工具的发展在千年尺度上并未有本质性的革新，多呈现为从笨拙向灵巧、轻便改造④，珀金斯甚至认为14世纪以来中国农具技术一般都处于停滞状态⑤。

① 韩茂莉：《中国历史农业地理》，第118页。
② 郭益耀：《中国农业的不稳定性（1931—1991）：气候、技术、制度》，香港：香港中文大学出版社，2013年，第16页。
③ 陈宏谋：《种杂粮广树植状》，《皇朝经世文编》卷37，《魏源全集》第15册，长沙：岳麓书社，2004年，第170页。
④ 韩茂莉：《中国历史农业地理》，第36~37页。
⑤ 珀金斯：《中国农业的发展：1368—1968》，上海：上海译文出版社，1984年，第68页。

在文献资料中关于西南山区农业技术发展的记载主要以农田水利为主，如乾隆二年（1737）谕："水利所关农功綦重，云南跬步皆山，不通舟楫，田号雷鸣，民无积蓄，一遇荒歉，米价腾贵，较他省数倍，是水利一事，不可不急讲也。凡有关于民食者，皆当及时兴修，总期因地制宜，事可谋成，断不应惜费。"① 因云南特殊的自然环境，水利的兴修与否直接影响农作物的产量高低，为历代统治者所重视。

同时，农田水利的发展是精耕细作农业的前提条件，也是云南农业技术发展的关键因素，自清代至民国并未有多少改变。清代云南虽然存在"一岁两熟"或三熟的现象，"稻谷一岁两熟至三熟者，未免薄耳"②。但由于云南以山区为主，地形条件较为复杂，农田水利兴修艰难，"梯田，以高下形似名，候雷雨而栽，又曰雷鸣田"③，大部分山区仍以一年一熟为主。④

民国时期在对云南稻作进行调查后，认为增产问题的关键依然在于发展农田水利："滇省扩大耕地面积，增加农产品生产之可能性甚大，但以水利之改进为其先决问题。"⑤ 水田作物较旱地作物单位面积产量高，但影响水田与旱地面积与分布的主要因素仍然为农田水利："各县稻田多在平坝，如得水利之便，则虽山坡之上，亦为梯田栉比之区。故滇省稻作栽培面积之大小，与其所占夏季作物栽培成数之增减，及每亩产量之高低，受雨期与水利之支配者大，而为地理所限制者小。"⑥ 可见农田水利对云南农业的发展具有至关重要的影响，是历史时期山地农业技术发展的核心因素。即使在中华人民共和国成立以后至1978年以前的一段时间，在化肥、农药等未大量使用之前，农田水利的重要性依然有增无减，故本章在讨论近300年来山地农业技术发展时将主要关注点放在农田水利上。

---

① 《钦定大清会典事例》卷930《工部六九·水利·云南》，方国瑜主编：《云南史料丛刊》第8卷，第370页。

② 《元江杂记诗》，康熙《元江府志》卷2《艺文》，转引自萧正洪：《环境与技术选择：清代中国西部地区农业技术地理研究》，第129页。

③ 吴应枚：《滇南杂记》，方国瑜主编：《云南史料丛刊》第12卷，昆明：云南大学出版社，2001年，第51页。

④ 萧正洪：《环境与技术选择：清代中国西部地区农业技术地理研究》，第129~131页。

⑤ 中山大学农学院编：《云南省五十县稻作调查报告》，无页码。

⑥ 中山大学农学院编：《云南省五十县稻作调查报告》，无页码。

# 第一节 近300年来掌鸠河流域农业技术发展及空间演变

旱灾是对云南农业生产影响最大的气象灾害之一。在低纬度、高海拔地理条件的综合影响下，加之受季风气候的制约，云南形成了独特的四季温差小、干湿季分明、垂直变化显著的低纬山原季风气候。冬春干旱，尤其是3—4月的春旱，会影响这一水分临界期和关键期小春作物的生殖生长。如果4—6月出现春夏连旱，则云南多数地区气温升高，蒸发量增加，湿度降低，水利条件较差的地方大春旱作播种和水稻移栽推迟，会酿成后期的冷害、稻瘟病等灾害，造成农业减产。[①]

克服农业出现旱灾的最好方法是增加人类对水资源在时间和空间上的调配，通过兴修引水沟渠可以完成水资源的空间调节，以水库为主的蓄水设施可以对水资源进行时间上的重新配置。

## 一、历史时期云南农田水利技术的发展

### （一）清及以前云南农田水利技术的发展

王莽时期，"以广汉文齐为太守，造起陂池，开通溉灌，垦田二千余顷"[②]。在唐代，云南坝区有了较为成熟的稻作农业技术，"蛮治山田，殊为精好"[③]，并出现了稻麦复种技术[④]。在元代，农田水利建设得到较大的发展，如元至元十一年（1274）赛典赤为平章政事，行省云南，"教民播种，为陂池以备水旱"[⑤]。"初，昆明池口塞，水及城市，大田废弃，正途壅底，公命大理等

---

① 王宇等编著：《云南省农业气候资源及区划》，第5、124～125页。
② 《后汉书》卷86《南蛮西南夷列传》，第2846页。
③ 樊绰撰，向达校注：《蛮书校注》，北京：中华书局，1962年，第172页。
④ 杨毓才：《云南各民族经济发展史》，昆明：云南民族出版社，1989年。方铁、方慧：《中国西南边疆开发史》，昆明：云南人民出版社，1997年。
⑤ 《元史》卷125《赛典赤赡思丁》，第3065页。

处巡行劝农使张立道，付二千役而决之，三年有成。"① 这些水利设施主要集中在滇池、洱海周边的坝区。

明代大量移民进入云南坝区和部分山区进行屯田，"然有屯田必需水利，有水利必赖治水之良有司，故民屯者军国之元命也，水利者民屯之活脉也，良有司者司命之枢筦也"②。随着移民在云南地区的扩展，形成汉族与少数民族交错杂居的格局，汉族较为先进的农业生产技术和耕作方式传播到少数民族地区，"使云南广大地区特别是坝区的农业耕作条件得到了巨大的改善"③。这一时期的水利建设仍以移民进入较多的坝区为主，但开始从滇池、洱海等较大的坝子向小坝子和部分山区扩展。

清代初期，农田水利出现官修化的趋势④，云南坝区的农田水利建设以官府主导为主，往往工程量较大，工程效益也较高，可灌溉耕地数达上千亩。⑤ 雍正至乾隆初年，云南地方官吏组织兴修了大规模的水利设施，是云南水利建设的一次高潮。⑥

云南坝子地形平坦，河网密布，水利资源丰富。但在农业开发初期，由于排水不畅，坝子内的农业发展易受到洪涝灾害的影响，加上云南降水较为集中，加重了农业生产所面临的旱与涝的矛盾。⑦ 如晋宁州位于滇池东岸，东南地势较高地区的耕地"专赖泉源"，兴修堰塘蓄引灌溉。而西北靠近滇池区域的耕地则受滇池影响较大，多"利害视夫海口"，多受水患，自元代始兴修河口水利，"泻出壤地万余顷，皆为良田"⑧。即使在同一县境内，由于地形的不同，也会导致水利类型与目的的差异化，如在大理坝区，高处蓄水灌溉，低处排水防涝。⑨

《滇南志略》中记载了云南府不同类型的耕地及相对应的农田水利形式：

---

① 赵子元：《赛平章德政碑》，方国瑜主编：《云南史料丛刊》第 3 卷，第 267 页。

② 杨忠：《石屏宝秀新河碑记》，方国瑜主编：《云南史料丛刊》第 7 卷，第 262 页。

③ 陆韧：《变迁与交融：明代云南汉族移民研究》，第 254 页。

④ 刘文远：《清代水利借项研究：1644—1850》，厦门：厦门大学出版社，2011 年，第 24～35 页。

⑤ 鄂尔泰：《兴修水利疏》，道光《云南通志》卷52《建置志七·水利一》，道光十五年（1835）刻本。

⑥ 杨煜达：《清代云南季风气候与天气灾害研究》，上海：复旦大学出版社，2006 年，第 149 页。

⑦ 萧正洪：《环境与技术选择：清代中国西部地区农业技术地理研究》，第 119 页。

⑧ 道光《晋宁州志》卷5下《赋役志·水利》，《中国地方志集成·云南府县志辑》，2009 年，第 381～391 页。

⑨ 杨伟兵：《云贵高原的土地利用与生态变迁》，第 171～187 页。

田分上、中、下三则，滨海之田，沟浍流通，如箪在水者谓之箪田；凿地开沟，引水灌溉者谓之渠田；建闸筑堤、籍资干御宣泄者谓之坝田；高原之地，雷鸣雨沛始得播种者，谓之雷鸣田；海边涸出可以耕种者，谓之海田；积水为塘，藉资灌溉者，谓之塘田；水道、田塍俱皆现成而现在抛荒者，谓之熟水田；其地有水可引，宜种稻谷，始经开垦者，谓之生水田；只种杂粮不能开为水田者，谓之旱田；其形如梯级、如冰裂，其址如初月、如断核，尖凹曲折，非直方易治，此类之田，培塍补罅，役工尤巨而收成尤薄，统谓之山田。①

云南府地处滇池盆地，境内既有广阔的滇池水域，也存在大面积的平坝和山区。境内农田总的来说可分为有水灌溉和无水灌溉两种类型，有水灌溉的包括渠田、坝田、海田、塘田、熟水田、生水田等，无水灌溉者如雷鸣田、旱田、山田等。农田水利类型有开沟引水灌溉、建闸筑堤防洪、积水为塘灌溉等。清代云南府自然环境的复杂性决定了农田水利与农田类型的多样化。不同农田类型的生产效益亦有不同，如有水可灌溉者收获相对较丰，雷鸣田、旱田和山田等则收成较薄，农田水利成为决定农业收成的关键要素。

清代官方不仅重视坝区大型农田水利的建设，对山区的小型农田水利也较为关注，"地方水利为第一要务，兴废攸系民生，修濬并关国计。故勿论湖海江河以及沟渠川浍，或因势疏导，或尽力开通。大有大利，小有小利，皆未可畏难惜费，忽焉不讲"②。

从水源上来看，云南山地河流下切严重，多高山峡谷，不宜引河流水灌溉，"滇省河流多行深谷中，可资灌溉者少"③。灌溉水源主要来自山间出水，当地称为龙潭或珍珠泉，《滇南闻见录》记载："滇、黔之地，多珍珠泉。永昌西关外之龙泉池，广数十亩，水由地中出，其源如线，旋转而上，如万斛珍珠，随地涌出。……有闸口，农时启之，田亩借以灌溉，水利尤溥焉。"④ 龙潭在云南山区分布广泛，且水量稳定，为农民修建小型农田水利提供了便利。在明代后期，徐霞客游至今昆明西山区，"里仁村当坞中北山下，半里抵村之

① 刘慰三：《滇南志略》卷1《云南府》，方国瑜主编：《云南史料丛刊》第13卷，第42~43页。

② 鄂尔泰：《兴修水利疏》，道光《云南通志》卷52《建置志七·水利一》，道光十五年（1835）刻本，叶二正。

③ 《新纂云南通志》卷139《农业考二》，第12页。

④ 吴大勋：《滇南闻见录》上卷，方国瑜主编：《云南史料丛刊》第12卷，第14页。

东，见流泉交道，山崖间树木丛荫，上有神宇，盖龙泉出其下也。乐坞以无泉，故皆成旱地；西坞以有泉，故广辟良畴"①。在新兴州（今玉溪）亦是如此："田地最饶，赤旱不荒，盖由各龙潭之灌溉也。"②

从农田水利的类型上来看，主要分为开凿引水沟渠与浚塘筑坝两类。由于山区梯田的垂直分布特征，宜于从高处引水至梯田自流灌溉：

> 滇省山多坡大，田号雷鸣，形如梯磴，即在平原，亦鲜近水之区，水利尤为紧要。且滇省水利与别省不同，非有长川巨浸可以分疏引注，其水多由山出，势若建瓴，水高田低，自上而下，此则宜疏浚沟渠，使之盘旋曲折，再加以林枧、石槽，引令飞渡。③

引水沟渠可长至数里，用石枧或石槽跨越山谷，消除地形带来的不便："山田层级而下如梯形，泉水流注，最宜于稻。平畴则每有小沟引水，远者曲折递引，沿至数里外。更有于两山之间，架一木槽，引此山之水通于彼山，其法甚巧。"④ 这种沟渠水利的开发要保证沟渠的高度基本平衡且缓慢向下，在山间盘旋数里，需要一定的劳动力，如里程较长，还需要周边受益聚落的合作或在官府的帮助下才能完成。一旦沟渠修建完成，可自流灌溉，较为省力，是一种非常有效的灌溉技术。在哀牢山哈尼族⑤和洱海流域的白族⑥聚居区，亦主要以引水沟渠为主，形成了传统时期云南山区使用最为普遍的农田水利类型。⑦

---

① 徐弘祖著，朱惠荣校注：《徐霞客游记校注》（下）（增订本），昆明：云南人民出版社，1999年4月，第845~846页。

② 张泓：《滇南新语》，方国瑜主编《云南史料丛刊》第11卷，第382~383页。

③ 《张允随奏稿》上，方国瑜主编《云南史料丛刊》第8卷，第562~563页。

④ 吴大勋：《滇南闻见录》上卷，方国瑜主编《云南史料丛刊》第12卷，第16~17页。

⑤ 王清华：《梯田文化论——哈尼族的生态农业》，昆明：云南大学出版社，1999年，第18~19页。郑茜：《人活天地间：哈尼族》，昆明：云南大学出版社，2001年，第82~83页。

⑥ Mark Elvin, et al. The impact of clearance and irrigation on the environment in the Lake Erhai Catchment from the ninth to the nineteenth century, *East Asian History*, 2002, 23: 1-60.

⑦ 杨伟兵：《云贵高原的土地利用与生态变迁》，第287页。

**图 5.1　梯田与架槽图**①

在无法引龙潭水灌溉的地区，修建坝塘进行蓄水灌溉是调节水资源的重要手段。"而论有碍于民田之处，则以雨水涨发，山箐之间，顷刻成河，一泻千里，以有用之水，不能稍为停潴，而沙石并下左近田地，反被冲压。若能于出水之处，或浚塘筑棚建坝，水发之时，层层停蓄，积满而流，两岸需水之处，均得灌溉，则平田虽少，而山田之可耕者亦多。"② 修建坝塘可以蓄不时之雨水以备旱。坝塘的兴修技术要求较高，堤围漏水的问题较为严重，"或欲筑坝，地多石窾，水易漏泄"③。如与云南地理环境相似的贵州，"地方山多地少，素无堰塘蓄水"④。即使中华人民共和国成立后建立的一些坝塘也存在技术和维护的问题⑤，故在传统农业社会，由于技术条件和劳动力的限制，这种坝塘主要存在于坝区，在山区则相对较少。

除沟渠引水和坝塘蓄水两种水利技术外，云南山区另一重要的农田水利技

---

① 徐光启撰，石声汉校注：《农政全书校注》卷 5《田制》、卷 17《水利》，上海：上海古籍出版社，1979 年，第 120、433 页。

② 陈宏谋：《请通查兴修水利状》，《皇朝经世文编》卷 106，《魏源全集》第 19 册，第 24 页。

③ 乾隆《腾越州志》卷 3《渠堰》，台北：成文出版社，1967 年，第 41 页。

④ 《贵州巡抚周琬乾隆二十二年九月二十六日奏》，葛全胜主编：《清代奏折汇编——农业·环境》，第 161 页。

⑤ 中共云南省委农村工作部：《贯彻省委关于兴修水利防旱指示的意见》（1954 年 2 月 24 日），禄劝县档案馆藏中共禄劝县委档案，档案号：1-1-101。

术为冬水田技术。冬水田是一种将耕作与灌溉结合起来的因地制宜的农田水利技术，每年秋冬之际，在一部分土地上不种植作物而预留来春之灌溉用水。冬水田可以降低水稻生产成本，防止土壤冲刷流失，具有自肥功能等，1990 年左右全国仍有冬水田 2.5 亿多亩。[①] 据萧正洪的研究，四川地区的冬水田起源于清代初年[②]，乾隆《罗江县志》记载："挖塘筑堤最为急务，而秋冬田水不可轻放，尤为要着矣。每见农家当收获之时，将田水尽行放干，及至春夏雨泽稀少，便束手无策。则何不坚筑塍堤，使冬水满贮，不论来年有雨无雨，俱可恃以无恐哉。"[③] 冬水田水量蓄积量大，可放水供其他水田用水的称为囤水田[④]；蓄水量小，只能供自身用水的称为浅水田。囤水田技术在传统时期的哈尼族地区被普遍使用。[⑤] 冬水田技术虽然降低了耕地的复种指数，但保证了春夏稻田的水利灌溉，可以有效提高大春的产量，总体来说可以获得较高的效益。[⑥]

农业技术的空间覆盖面是评价农业技术进步的重要指标。[⑦] 在清代及以前的云南山区，可灌溉的耕地面积仅占耕地总面积的一小部分，大部分耕地无法进行灌溉。直到 1957 年，经过 20 世纪 50 年代初的大建水利工程，云南全省的有效灌溉面积也仅占总耕地面积的 15.6%[⑧]，所以在传统时期有效灌溉的耕地面积占总耕地面积的比例可能更低，多为"雷鸣田"："有旱山之田，土性宜稻，必待雨而有收，谓之雷鸣田。"[⑨] 雷鸣田无水利设施进行灌溉，只能利用自然降水，吴应枚的一首诗体现出当时农民候雨的心情："梯田百级计双耕，曲直高低地势成。芒种未过秧出水，山农日日听雷鸣。"[⑩]

因降雨季节分配不均，雷鸣田中所种植的作物种类也会受到的影响，"滇

① 朱永祥、马建猷编著：《冬水田立体农业技术》，成都：西南交通大学出版社，1991 年，第 1 ~ 6 页。

② 萧正洪：《环境与技术选择：清代中国西部地区农业技术地理研究》，第 114 页。亦见张芳：《清代四川的冬水田》，《古今农业》1997 年第 1 期，第 20 ~ 27 页。

③ 乾隆《罗江县志》卷 4《水利》，转引自萧正洪：《环境与技术选择：清代中国西部地区农业技术地理研究》，第 114 页。

④ 张芳：《清代四川的冬水田》。

⑤ 王清华：《梯田文化论——哈尼族的生态农业》，第 18 页。

⑥ 萧正洪：《环境与技术选择：清代中国西部地区农业技术地理研究》，第 114 页。

⑦ 郭益耀：《中国农业的不稳定性（1931—1991）：气候、技术、制度》，第 114 页。

⑧ 云南省统计局编：《云南统计年鉴（1988）》，北京：中国统计出版社，1988 年，第 246 页。

⑨ 吴大勋：《滇南闻见录》上卷，方国瑜主编：《云南史料丛刊》第 12 卷，第 17 页。

⑩ 吴应枚：《滇南杂咏三十首》，道光《云南通志》卷 199《艺文志四·诗三》。

省田亩低洼少而高阜多，其雷鸣梯田不能岁岁俱栽稻谷，每遇雨少之年种植杂粮"①。为了增加在雷鸣田水稻种植的比重，滇省农民发明了"候雨蓄秧之法"：

> 雨于滇最不均，半年晴而半年雨，故滇农下秧以二月，秧针盈寸即决水而干之，虽阅日久不起节。四月尾五月初雨大下，分秧栽之，可丰收，即六月初通雨犹可，及过是则无为矣。此滇农候雨蓄秧之法也。江乡秧过四十日则起节，不可栽，由不知稿而蓄之以待雨耳!②

候雨蓄秧法在一定程度上减少了雨水不常导致的农业灾害，是特殊环境中的技术适应与创造。

除以上所论述的可灌溉之相对精耕细作农业和不可灌溉之相对粗放农业外，清代云南亦存在着原始农业，主要耕作方式为刀耕火种："斤斧难施旦旦樵，山根绿树达山椒。无端野烧燔空起，遮莫来年好种荞。"③ 这种农业形态主要存在于偏远的少数民族地区，以种植大麦、小麦，燕麦、荞、苦荞、豆等作物为主。④ 萧正洪认为这种原始农业只要撂荒期或休闲期足够长，森林可自我恢复，同样有一定的效率。⑤

民国时期，由政府主导在坝区兴修了一些较大的农田水利工程⑥，对云南省主要产粮区的农业灌溉起到较大的促进作用。但在广大山区，由于地方财力所限，加之时局动荡，水利建设成绩一般，"细察实际情形，成绩实属微小，数年来本省农业建设盖仅稍具规模，甫见端倪而已，未可以言建设本身也。本省农业建设，遭遇两项重大困难，即人才缺乏与经费支绌，而尤以后者为主"⑦。

---

① 《云南巡抚图尔炳阿乾隆十三年六月二十九日奏》，葛全胜主编：《清代奏折汇编——农业·环境》，第 105 页。

② 檀萃辑：《滇海虞衡志》卷 12《杂志》，方国瑜主编：《云南史料丛刊》第 11 卷，第 226～227 页。

③ 吴应枚：《滇南杂咏》，《中华竹枝词全编》七，潘超、丘良任、孙忠铨主编：《中华竹枝词全编》7，北京：北京出版社，2007 年，第 148 页。

④ 刘崑：《南中杂说》，方国瑜主编：《云南史料丛刊》第 11 卷，第 355 页。

⑤ 萧正洪：《环境与技术选择：清代中国西部地区农业技术地理研究》，第 242 页。

⑥ 《云南省建设厅概况》（1946 年 1 月 1 日），云南省档案馆藏云南省建设厅档案，档案号：1077 - 001 - 02008 - 005。

⑦ 张邦翰（云南省建设厅厅长）：《云南省建设厅工作报告》（1942 年 1 月 1 日），云南省档案馆藏云南省建设厅档案，档案号：1077 - 001 - 03768 - 017。

## （二）中华人民共和国成立后云南农田水利技术的发展

中华人民共和国成立初期，农业技术的发展仍然以农田水利建设为核心。1951 年，云南提出农田水利建设的方针："仍以防洪和灌溉为首要任务。有重点的举办大型工程，广泛的而同时有重点的发动群众性的岁修防洪及小型水利，加强管理，调协水规，以达到恢复和发展生产的要求。"① 兴建和修复并重。1950 至 1952 年，云南全省共完成中、小型水利工程 11220 件，蓄水 2 亿多立方米，增加灌溉面积 76 万多亩，改善灌溉面积 200 多万亩。②

1953—1957 年的"一五"计划期间，云南提出"以蓄水为主，大力发展群众性小型水利，举办力所能及的中型工程，重点举办机械提水，加强管理养护，扩大灌溉效能"③ 的方针，从修复和兴建并重阶段转向以兴建新农田水利设施为主的阶段。随着合作化运动的开展，农田水利建设发展迅速，五年共修了大、中、小型水利工程 25 万多个，蓄水逾 21 亿立方米，增加灌溉面积逾 712 万亩。这些水利工程绝大部分是 1956 和 1957 两年内完成的。④

1958 年，中央提出在贯彻执行"小型为主，以蓄为主，社办为主"的"三主方针"时，应注意发展中型和大型水利，使大、中、小型工程相互结合。⑤ 在"大跃进"的三年间，云南共增加灌溉面积 235 万亩，是云南农田水利建设极为重要的三年。⑥

1960 年，中央提出"调整、巩固、充实、提高"的国民经济发展方针，云南 1960—1965 年的农田水利工程多为续建配套的中、小型工程，新建工程较少，这一时期共增灌面积 205 万亩。⑦ "文化大革命"时期，虽然水利组织

① 《云南省人民政府关于一九五一年水利春修工程的指示》（1951 年 2 月 14 日），《云南政报》1951 年第 8 期，第 66~67 页。

② 云南省农业厅水利局：《云南省农田水利十年建设成就》，农业部农田水利局编：《水利运动十年：1949—1959》，第 305 页。

③ 云南省农业厅：《云南省水利事业 1951 年工作总结及 1952 年方针与任务》，转引自云南省水利水电厅编撰：《云南省志》卷 38《水利志》，第 649 页。

④ 云南省农业厅水利局：《云南省农田水利十年建设成就》，农业部农田水利局编：《水利运动十年：1949—1959》，第 305 页。

⑤ 《中共中央关于水利工作的指示》（1958 年 8 月 29 日），中华人民共和国国家农业委员会办公厅编：《农业集体化重要文件汇编（1958—1981）》下，北京：中共中央党校出版社，1981 年，第 76~77 页。

⑥ 《当代中国》丛书编辑部编：《当代中国的云南》上册，北京：当代中国出版社，1991 年，第 386 页。

⑦ 《当代中国》丛书编辑部编：《当代中国的云南》上册，第 387~388 页。

机构受到破坏，但农田水利建设依然取得了一定的成果，这一时期共增加灌溉面积 259 万亩。[①]

如表 5.1 所示，云南全省有效灌溉面积由 1957 年的 667 万亩增长到 1978 年的 1357 万亩，有效灌溉面积占总耕地面积的比例也由 1957 年的 15.6% 增长到 1978 年的 33%。

表 5.1　1949—1978 年云南全省灌溉面积发展统计表

| 时间（年） | 有效灌溉面积（万亩） | 有效灌溉面积占总耕地面积（%） |
|---|---|---|
| 1957 | 667 | 15.6 |
| 1962 | 1177 | 28.7 |
| 1965 | 1280 | 30.7 |
| 1971 | 1145 | 28.5 |
| 1972 | 1202 | 29.8 |
| 1973 | 1274 | 31.6 |
| 1974 | 1280 | 31.8 |
| 1975 | 1300 | 32.4 |
| 1976 | 1326 | 32.7 |
| 1977 | 1338 | 33.1 |
| 1978 | 1357 | 33.0 |

数据来源：云南省统计局编：《云南统计年鉴》。

中华人民共和国成立后云南农田水利技术的发展具有较为明显的区域差异，为保证城市人口的粮食供应和工业对粮食的需求，坝区水利是优先发展的对象。[②] "几年来水利发展的规律是：先内地后边疆，先坝区后山区。目前内地坝区的保灌面积一般已达到 65% 左右，玉溪区达到 90% 以上，基本上水利化；山区半山区水利化程度一般只达 20%～30%，还有相当大的面积是靠天吃饭。边疆真正大干水利是 1958 年开始，目前坝区保灌面积一般只达 30% 左右，骨干工程少，干坝子多。"[③] 20 世纪 60 年代始，山区和半山区的农田水利

---

①　《当代中国》丛书编辑部编：《当代中国的云南》上册，第 389 页。

②　云南省农业厅：《云南省水利事业 1951 年工作总结及 1952 年方针与任务》，转引自云南省水利水电厅编撰：《云南省志》卷 38《水利志》，第 649 页。

③　《关于水利建设问题的意见——向中央和水利部的报告》1960 年，转引自云南省水利水电厅编撰：《云南省志》卷 38《水利志》，第 655 页。

建设逐渐受到重视，"我省水利工作必须围绕着以'抗旱为中心'来进行……今后水利任务是两方面：一方面是积极巩固、提高已有水利设施的抗旱能力……；另一方面是必须继续大力发展水利，特别是山区、半山区大搞小型水利"①。在 1965 年增加灌溉的 102 万亩当中，小型水利占 67％。② 在山区和半山区水利建设上，以小型为主，以社队自办为主，以蓄水为主，见效快，时间短。③

　　随着农田水利的发展，云南农作物的复种指数也在不断上升（图 5.2），农作物复种指数的提高可以在不增加耕地面积的情况下增加农作物的播种面积，单位耕地面积的粮食产量得到提高。

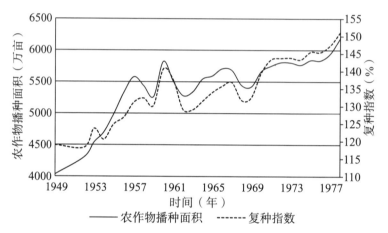

**图 5.2　1949—1978 年云南省农作物播种面积和作物复种指数统计**
数据来源：云南省统计局编：《云南统计年鉴》。

## 二、清代掌鸠河流域农田水利技术的发展

### （一）中下游河谷地带

掌鸠河流域中下游河谷地带是流域内汉族移民较早进入进行农业开发的区

---

① 云南省农业厅党组：《关于全省水利工作会议情况（给省委）的报告》，1963 年 9 月 9 日，转引自云南省水利水电厅编撰：《云南省志》卷 38《水利志》，第 657～658 页。
② 《去冬今春水利运动基本情况的报告》1966 年 6 月，转引自云南省水利水电厅编撰：《云南省志》卷 38《水利志》，第 660 页。
③ 《一九七二年农田水利建设的意见（讨论稿）》1972 年，转引自云南省水利水电厅编撰：《云南省志》卷 38《水利志》，第 661 页。

域，汉族移民带来了先进的农业技术，农田水利建设相对较为完备。天启《滇志》所记载的明代武定府农田水利设施主要集中在这一地带，类型以引水沟渠为主，有者吉村渠（今县城地）、源桃村渠、永平村渠（今永平村）、纳吉村渠（今杨家营）、大缉麻屯渠（今大缉麻村）等。① 从水源看，主要来自掌鸠河或其支流，掌鸠河下游河谷地带及支流地形开阔，水流平缓，易于开挖沟渠引水。

至清代初期，掌鸠河流域农田水利继续发展，且仍主要集中在中下游河谷地带，"附郭固滋灌溉，而十里外依山傍麓，石田者皆是也。水利不兴，农事坐废，顾瞻田野，汉少彝多"②。康熙《禄劝州志》记载清初禄劝县的农田水利建设如表 5.2 所示。

表 5.2　清代初期禄劝县水利分布统计

| 名称 | 水源 | 灌溉聚落 | 现址 |
| --- | --- | --- | --- |
| 普济沟 | 掌鸠河 | 江头村、者老革、旧县、南村 | 旧县、南村、哑口、迎春里 |
| 广济沟 | 盘龙河 | 城外、英子龙 | 县城、英子龙 |
| 拖梯水道 | 龙潭 | 碹匠村 | 相将村 |
| 通济沟 | 掌鸠河 | 拖梯 | 荣发村 |
| 盘龙沟 | 掌鸠河 | 马家庄、永平、纳吉 | 马家庄、永平 |
| 纳吉村龙潭 | 龙潭 | 纳吉村 | 杨家营村 |
| 大弥陀龙潭 | 龙潭 | 大弥陀村 | 大弥拖村 |
| 六块龙潭 | 龙潭 | 六块村 | 绿槐村 |
| 老乌村龙潭 | 龙潭 | 老乌村 | 老乌村 |

资料来源：康熙《禄劝州志》卷上《堤防》，叶二十正至叶二十一正。

从表 5.2 中可以看出，清代初期掌鸠河流域有记载的农田水利设施仍然全部集中在中下游河谷地带，以开渠引水为主要类型。从水源上讲，河流水和龙潭水是主要水源。因河流水水量较大，可灌溉的农田较多。龙潭水虽然稳定，但水量相对小，可灌溉的面积有限，多限于一村之农田。

据康熙二十五年（1686）时任武定知府王清贤《拖梯水道碑记》，拖梯村位于碹匠村的上游，拖梯村庠生苟尚礼等讼碹匠村军民施国贤等"越地穿疆，侵其本界之水道"，经王清贤实地勘查，碹匠村为明代屯军军余所开垦之田

① 刘文征撰，古永继点校：天启《滇志》卷 30《羁縻志十二》，第 126 页。
② 谢宗枋：《创开通济沟碑记》，康熙《禄劝州志》卷下《艺文》，云南省图书馆抄本。

地，因“旧作桶车注鸠水以逆灌之，民力几何而堪？年换月添也耶。所以任其废弃”，现在“石田数顷，维草宅之”。[①] 明代碹匠村以筒车车水进行灌溉，成本高、效率低，故在清初开凿了引水沟渠，引用拖梯村龙潭所出之泉水灌溉，“新浍在傍，遥遥数里间，其为军余所力凿，而因以致讼”，引发了两个村庄的用水争端。经王清贤到龙潭察看，水量较大，可灌溉拖梯和碹匠两村田地。经过调解，拖梯村同意碹匠村引用龙潭水进行灌溉。从这个案例可以看出，即使在掌鸠河下游河谷地带，由于自然环境的限制，水车灌溉因成本高、灌溉面积有限等，并未大面积推广。开凿引水沟渠引用高处的龙潭水灌溉，因成本低，建成以后可长期使用等，成为较为便捷且经济的选择。

康熙四十五年（1706），禄劝知州谢宗枋以州境水利缺乏，亲自偕绅士耆老匠役勘察水道，修建引水沟渠，“定以水平绳，以丈尺，颇得高下之宜。再计沟道广狭，截长补短”，并购买了引水沟渠占用的耕地，选择吉日开工兴建，“军民彝猓踊跃从事”，知州捐俸以助，费时两个月完成。此沟渠引掌鸠河水，可灌溉伏同庄、拖梯、碹匠村西岸数十里之田地。[②] 此类灌溉面积较大的水利工程因涉及聚落较多，需要协调各方利益，多需官方主导与协调。

从文献资料上来看，掌鸠河中下游河谷地带自清初至清末，新增水利设施较少，民国《禄劝县志》记载，民国时期农田水利设施与清初相似，仅新增马家庄渠：“马家庄渠，在城东南，明凤氏古沟，年久圮塞。清雍正四年知州贾秉臣从册腰凿石成渠，复旧沟，疏濬深通，分十二节挨次引灌马家庄等村。乾隆五十三年水涨沟圮。道光五年邑人杨永清、施宗周等疏濬，永平诸村得资灌溉。”[③] 此沟渠在明代即已开凿，因年久失修，未列入康熙《禄劝州志》。

总体来看，明代掌鸠河中下游河谷地带是军屯之地，田地开发较早，农田水利兴修较为完备，到清代初期县城周边的区域基本可以保证灌溉，“附郭固滋灌溉”，此后的水利发展基本是对原有水利设施的修补，新修水利较少。从农田水利类型上来看，以沟渠为主，“水利专恃沟渠”[④]。河流水与龙潭水成为最主要的水源。因下游地势较平坦，河谷较浅，可引河流水灌溉，“禄劝县城居秀屏山之东，南北二水交流，附郭田千余亩，北流掌鸠水较大，惟河流平衍，筑堤导水不易。南流盘龙水虽小，惟河流较高，前人于盘龙河上游距城八

① 王清贤：《拖梯水道碑记》，康熙《禄劝州志》卷下《艺文》，云南省图书馆抄本。
② 谢宗枋：《创开通济沟碑记》，康熙《禄劝州志》卷下《艺文》，云南省图书馆抄本。
③ 民国《禄劝县志》卷4《建置志·水利》，第255~258页。
④ 刘慰三：《滇南志略》卷6《武定直隶州》，方国瑜主编：《云南史料丛刊》第13卷，第319页。

里虎跳滩之下筑堤开沟引水，以资灌溉"①。龙潭在云南山区分布较为广泛，且水量常年稳定，开挖沟渠便可引水灌溉，成为坝区农田水利的重要水源，但因水量较河流小，可灌溉面积有限。

（二）山区、半山区

近 300 年来，随着移民大规模进入云南山区，农田水利建设也得到不断发展。由于山区、半山区农田水利规模小，分布分散，很少受到官方关注，多不见于文献记载，但仍然是云南农业技术发展的重要组成部分，"禄劝林深箐密，地瘠民贫，然河流浩浩，龙泉时出不穷，果能于沟渠川浍随时疏瀹开通，则人力未始不可以胜天也"②。

掌鸠河流域山区、半山区农田水利发展以农民自发兴建为主，规模相对较小，所灌溉的耕地多限于一个或数个聚落。如前文提及的李老珠的案例，外来移民将较为先进的农业技术带到山区，兴修水利，发展农业生产，在经过几次开发水利换取耕地失败后，最终在施内矣村开挖一条沟渠，换取了当地陆家一半的田地，才定居下来。据缪鸾和的实地调查：

> 当地地形是两座大山夹着一条深箐，山腰以上都是平缓的坡地，一条终年不涸的小河流在箐底，距山腰好几十丈。他们从小河的上游美林场打一个坝，从那里起纡回曲折的在悬崖峭壁上凿了长约十二、三里的水沟。我们沿着水沟走，有一段全是石岩，下面几十丈深，上面看不到顶。……坝的工程也很大，是用许多石头架斜砌起来成缓坡，石头竖立如菱形，一块扣住一块，再大的水也涌不掉。③

缪鸾和的描述体现了山区水利的特点，首先从水源来看，来自龙潭水，水流下来后因地势较低，处于箐底，无法利用。为抬高水渠的海拔，只能从小河的上游打坝。水坝用石头砌起，将水位抬高，水量积蓄充足。而水渠则多位于悬崖峭壁之上，长十余里，工程量较大。当地村民可以用一半的山和田来换取一条水渠，也体现了农田水利对于山区农业发展的重要性。

---

① 梅增荣：《修筑广济沟堤埂记》，民国《禄劝县志》卷 13《艺文志》，第 933 ~ 936 页。
② 民国《禄劝县志》卷 4《建置志·水利》，第 255 页。
③ 缪鸾和：《禄劝县九个单位名称的少数民族》，方国瑜主编：《云南史料丛刊》第 13 卷，第 423 ~ 424 页。

### （三）水利管理

农田水利关系到聚落的粮食产量，受到官府和村民的高度重视，在兴修水利之后，加强管理与维护成为保证农业生产稳定的关键。在水利设施的管理上，"禄劝旧制每沟设水利二三人或五六人，疏通补塞，凡二十五处"①。"水利"也叫水头，是管理水利设施的负责人，每沟设 2～6 人不等，其职责是保持沟渠的畅通，必要时召集村民对沟渠进行维修。

在掌鸠河中下游河谷地带，尤其是在引用河流水时，因河流水随降水多少而有变化，如广济沟"值雨泽稀少之年，河水不发，堤梗不伤，沟自川流不息。如遇雨泽太多之岁，河水暴涨，堤梗冲决，沟水不来"，河流水量大小不定，对引水沟渠影响较大，需要不时兴修，"值四五六月之间农田需水紧急万状，是必群起兴修。乃堤埂修复而暴水又来。常有一年修堤至二三次者，劳民动众，莫此为甚"②。在山区，因传统时期技术的限制，水渠多为土沟，且宽窄不一，高下不等，堤埂不固，需要年年兴修。

如水利沟渠灌溉多个聚落，其维护与兴修则需要集体协作。康熙年间《禄劝州掌鸠河水道碑记》记载，掌鸠河水道可灌溉江头村、六角屯村、者老革和者吉村四个村落，每逢用水之前水头都会召集村民进行修补，"每逢冬作，照田亩而派人工修筑，虑夫河水泛涨时水坝前工尽弃"③，每村按照顺序分定界址兴修与维护。

如系后来加入之用水村庄，则与原开挖沟渠的村庄不具有相同的权利。上文所言之掌鸠河水道灌溉四村，南村地理位置较四村为低，道光年间南村因原有水渠干涸，欲引用四村之水，引发矛盾。南村与四村商议，请四村将放水后之余水引到南村灌溉耕地，得到四村的同意，前提是南村要捐出钱四十千文以作修理沟渠之用。即使如此，南村仍没有与原四村同样的用水权利，四村原有的放水次序依旧，南村只能在四村放水之后使用剩余之水进行灌溉。④

山区农业开发往往引起水土流失，会导致水利设施淤塞，进而造成农业减

① 民国《禄劝县志》卷 4《建置志·水利》，第 258 页。

② 梅增荣：《修筑广济沟堤埂记》，民国《禄劝县志》卷 13《艺文志》，第 933～936 页。

③ 蔡维寅：《禄劝州掌鸠河水道碑记》，禄劝彝族苗族自治县水利电力局编：《禄劝彝族苗族自治县水利水电志》，第 152～153 页。

④ 《掌鸠河合同碑记》，禄劝彝族苗族自治县水利电力局编：《禄劝彝族苗族自治县水利水电志》，第 153～154 页。

产。① 时人即已经认识到坡度较陡区域的耕地开垦对水利的影响，如光绪十九年（1893）立于禄劝县屏山镇的《永封大箐》碑刻记载："桂花箐山势孤高，每遇夏秋，山水发涨，水又卷沙，经附近田地，多受其灾，久经封禁在案。仍去春杨梅②捕经开垦试种，本年夏间，水发冲坏田地七百余工，实属有碍农田，亟应示禁。为此仰□贰军民人等道级，自出示之后，此桂花箐地方永远封禁，不准开垦。"③ 这是当地村民为保护水利而禁止开垦坡度较陡地区的自觉行为，也可以反映出农田水利对于农业生产的重要性。

### 三、民国时期掌鸠河流域农田水利技术的发展

#### （一）农田水利技术的发展

与清代相似的是，民国时期掌鸠河流域农田水利技术的发展依然呈现较为明显的空间不均衡性：

> 禄境水利颇不平均，如一、二、三区河道纵横，水道便利，四、五、六区则反是。一区如盘龙河发源武定，环绕一区，迂徐曲折，沿河两岸概系水田。又加以掌鸠河、鲁溪小河绵亘全区，农田资以灌溉。撒马邑各村则龙潭最多，水源甚富，四时不断。二区如甲甸小河、笃拉小河，三区如云龙河、鹧鸪河，均环绕贯通，水通四达，农田均赖以灌溉。故以上三区稍遇雨泽即得耕种，无干旱虞。至四、五、六区多为山田，水道缺乏，非特大雨不得栽种。故提倡水利，多筑堰塘蓄水以资灌溉。④

引用河流水灌溉的耕地多局限在河道两旁，而龙潭的分布相对较为普遍，为山区农业灌溉提供了较为稳定的水源，如民国《禄劝县志》就记载了禄劝县境内较大的十个龙潭，大的龙潭广十余亩，可灌溉农田一千余亩。⑤

抗战期间，在中央和云南省政府大力发展农业的政策鼓励下，禄劝县于

---

① 周琼：《清代云南瘴气与生态变迁研究》，第 326～356 页。
② 杨梅，应指县绅杨海。
③ 《永封大箐》，曹善寿主编：《云南林业文化碑刻》，第 440～442 页。
④ 何毓芳：《视察禄劝县实业报告》，《云南实业公报》1923 年第 23 期，第 79～96 页。
⑤ 民国《禄劝县志》卷 4《建置志·水利》，第 262 页。

1942 年 2 月成立了督导农林生产建设委员会，制定了农业生产三年实施计划，计划三年内逐渐增加农产品的生产和输出，具体方法有三：一是增加五谷杂粮之生产，二是增加六畜之出产，三是扩张农村副产之数额。① 农田水利与品种改良作为增加五谷杂粮生产的方法之一被提出。1943 年的一份《禄劝县政府关于粮食生产的训令》将夏季增产的主要措施定为：垦殖荒地，增加玉米、杂粮的种植；利用夏季休闲田地种植杂粮；防治稻田螟害；做好防旱工作，推广陆稻栽培；利用休闲秧地种植粮食作物等几个方面。② 虽然云南省建设厅等相关机构不断催促地方兴修水利以利农事，但从禄劝县的情况来看，并未有具体行动。③

禄劝县在民国时期设立实业所，据民国十二年（1923）视察员对禄劝县的视察报告："至实业行政，则有实业所，虽成立年久，不过虚有其名，历来办事员绅，诸多侵蚀。使实业废驰。"④ 所长将实业所移至家内，每月除开支薪水外，并未举办一事。然而，禄劝县实业无所成就并非仅因为实业所官吏贪婪无为，当时恶劣的社会治安一定程度上影响了政府官员发展实业的精力，"查该县以盗匪充斥，历任知事均注意团务，对于实业毫不关心，以致农会、商会均未设立"⑤。在 1934 年旅行者到达禄劝县城时，"初看一如大乡镇"。建设经费不足仍然是一个大问题，"县长常谈到经费就叹气，慢说职员薪俸养家成问题，就是县长本人衣食都感大困难"⑥。1941 年，曾昭抢率领川康科学考察团从昆明到四川经过禄劝时，看到县城商业较为繁荣，但治安较差，沿途要在士兵或团练的保护下才敢行走。⑦

民国时期的方志，如《禄劝县志》《禄劝县志稿》《禄劝地志资料》等对流域内农田水利的记载主要是较大的水利工程，且主要集中在县城周边区域，相较天启《滇志》和康熙《禄劝州志》所载境内农田水利并无太多的增加（表 5.3）。

---

① 《禄劝县政府提倡全县农林生产建设三年实施计划书》（1942 年 2 月），禄劝县档案馆藏国民党禄劝县政府档案，档案号：90 - 1 - 118。

② 《禄劝县政府关于粮食生产的训令》（1943 年 7 月 19 日），禄劝县档案馆藏国民党禄劝县政府档案，档案号：90 - 1 - 123。

③ 《禄劝县政府关于水利建设的训令》（1942 年 2 月 26 日），禄劝县档案馆藏国民党禄劝县政府档案，档案号：90 - 1 - 118。

④ 何毓芳：《视察禄劝县实业报告》。

⑤ 何毓芳：《视察禄劝县实业报告》。

⑥ 钟天石等：《西南游行杂写》，第 212 ~ 213 页。

⑦ 曾昭抢：《滇康道上》，桂林：文友书店，1943 年，第 24 ~ 45 页。

表 5.3 民国《禄劝县志》所载流域内水利设施[1]

| 名称 | 最早出现时间（年） | 来源 |
|---|---|---|
| 桃源村渠 | 明天启（1621—1627） | 天启《滇志》 |
| 永平村渠 | 明天启（1621—1627） | 天启《滇志》 |
| 纳吉村渠 | 明天启（1621—1627） | 天启《滇志》 |
| 者吉村渠 | 明天启（1621—1627） | 天启《滇志》 |
| 普济沟 | 清康熙（1662—1722） | 康熙《云南通志》 |
| 广济沟 | 清康熙（1662—1722） | 康熙《云南通志》 |
| 盘龙沟 | 清康熙（1662—1722） | 康熙《云南通志》 |
| 通济沟 | 清康熙（1662—1722） | 康熙《云南通志》 |
| 拖梯水道 | 清康熙（1662—1722） | 康熙《云南通志》 |
| 马家庄渠 | 清雍正（1723—1735） | 雍正《云南通志》 |

（二）农田水利设施的空间分布

云南省大规模的农田水利建设是从土地改革以后开始的。1951 年是禄劝县进行土地改革的前一年，大规模的农业建设工作还未展开[2]，故这一年农田水利设施的空间格局基本可以代表传统时期或民国后期的分布特点。据禄劝县档案馆所藏 1951 年《武定专区禄劝县现有中小型水利工程调查表》，全县共有水利设施 126 件，其中水渠 76 条[3]，坝塘 50 座，总受益耕地面积 49507 亩。[4] 结合 1975 年对 1949 年以前水利工程建设的调查统计[5]，其中可确定具体位置且位于流域内的水利设施有 91 件，其中水渠 64 条，坝塘 27 座（表 5.4）。

---

① 民国《禄劝县志》卷 4《建置志·水利》，第 255～258 页。
② 《禄劝县一九五二年小型水利春修总结》（1952 年 3 月 15 日），禄劝县档案馆藏禄劝县人民政府档案，档号：1-1-11。
③ 本书所言水渠指规模相对较大，一般会跨越一个聚落范围的水渠，聚落内田地间的小水渠和由聚落内坝塘引水的水渠不计算在内。
④ 《武定专区禄劝县现有中小型水利工程调查表》（1951 年 8 月 18 日），禄劝县档案馆藏禄劝县人民政府档案，档号：2-1-2。档案中受益面积为 33044.83 亩，现据每件水利工程受益面积相加得到 49506.8 亩。
⑤ 《禄劝县各公社解放前所建主要工程一览表》，禄劝县档案馆藏禄劝县水电局档案，档案号：62-1-6。

表5.4  1951年掌鸠河流域水利设施统计

| 水利类型 | 数量（件） | 总灌溉面积（亩） | 平均每件设施灌溉面积（亩/件） |
|---|---|---|---|
| 水渠 | 64 | 25914 | 405 |
| 坝塘 | 27 | 7773 | 288 |
| 小计 | 91 | 33687 | 370 |

注：小计一行中，平均每件设施灌溉面积为总灌溉面积/总设施数量。

从表5.4可以看出，在20世纪50年代以前的传统农业时期，掌鸠河流域内的农田水利设施以引水沟渠为主，占总量的70.3%，水渠灌溉面积占总灌溉面积的76.9%。限于劳动力和技术上的困难，这些水渠以农民自发兴建为主，规模相对较小。

利用GIS方法对农田水利数据进行整合，进而进行定量研究。由于云南山区多数坝塘只能灌溉单个或数个相邻的聚落，故可以将坝塘所在地直接定位于聚落中。水渠虽然多流经一个以上聚落，但其起始聚落相对较为明确。所以，仍然可以将聚落作为承载农田水利数据的载体数据。我们将档案资料中农田水利信息的载体从水利设施转换为聚落，如水利设施a在1948年修建，位于聚落A中，则水利设施的自身属性，如经度、纬度、海拔等都与聚落相同，可以用聚落的这些属性代替水利设施的相关属性。而水利设施a所承载的可灌溉面积、修建时间、水利类型等属性，同样可赋予聚落A，作为聚落A的专题属性。创建数据库，字段如表5.5所示。

表5.5  聚落农田水利信息表结构

| 字段名 | 字段类型 | 说明 |
|---|---|---|
| ID | 数字型 | 自动编号 |
| 聚落名称 | 短文本 | 聚落名称 |
| 经度 | 浮点型 | 聚落/水利所处经度值 |
| 纬度 | 浮点型 | 聚落/水利所处纬度值 |
| 海拔 | 浮点型 | 聚落/水利所处海拔高度 |
| 水利建设时间 | 数字型 | 水利建设的时间 |
| 水利设施类型 | 短文本 | 水利的类型 |
| 水利设施数量 | 数字型 | 水利设施的数量 |
| 可灌溉面积 | 数字型 | 可灌溉的耕地面积 |
| …… | …… | …… |

在表 5.4 中，ID 字段具有唯一性，虽然聚落的名称可能有重复的现象，但 ID 的唯一性确保了每条记录的唯一性。聚落的经度、纬度和海拔高度等属性可以看作聚落/水利设施自身所具有的属性。水利建设时间是指水利设施建设完成的时间。水利类型主要指蓄水设施和引水设施两种类型。可灌溉面积字段，如果一个聚落在一个时间断面内有多个水利设施，则将全部水利设施的可灌溉面积进行累加。将 1951 年流域内的水利设施标注在地图上，可以更加直观地展现水利设施的空间分布情况（图 5.3）。

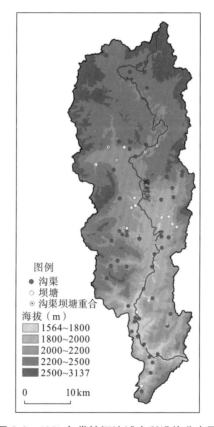

图 5.3　1951 年掌鸠河流域水利设施分布图

从图 5.3 可以看出，20 世纪 50 年代初期，流域内的水利设施主要分布在中下游河谷地带和中上游面积相对较大的平坝区。从水利设施类型的空间分布上看，引水沟渠的分布相对较为均匀，蓄水坝塘则主要分布在平坝区。中下游河谷地带可同时引用河流水和龙潭水，开挖沟渠自流灌溉成为传统时期农田水利的主要类型。在山区和半山区，由于地形复杂、耕地分散和水利技术的限制等原因，主要以开挖沟渠引龙潭水灌溉为主。在耕地较为集中的平坝区，由于龙潭水量有限，在农田需要集中用水时不能同时满足整个区域的灌溉供水需求，故在利用水渠的同时，也修建坝塘以蓄龙潭水与不时之雨水。地形与农田水利类型的关系参见表5.6。

表5.6 农田水利类型与地形关系表

| 地形区 | 中下游河谷地带 | 平坝区 | 山区、半山区 |
|---|---|---|---|
| 主要灌溉水源 | 河流水、龙潭水 | 龙潭水 | 龙潭水 |
| 主要水利类型 | 水渠 | 水渠、坝塘 | 水渠 |

利用ArcGIS软件中的点计算功能，以拥有农田水利设施的聚落为点，以农田水利设施的可灌溉面积为值，以2千米为计算半径，计算流域内不同区域可灌溉耕地的密度，密度值越大，表示该区域单位面积可灌溉耕地面积就越大，水利化程度越高（图5.4）。

图5.4　1951年掌鸠河流域可灌溉耕地密度

从图中可以看出，水利化程度较高的地区主要集中在中下游河谷地带和中上游平坝区，中下游河谷地带主要沿掌鸠河及其主要支流呈条带状分布，密度最大，达到 200 亩/平方千米。中上游坝区则多呈片状分布于平坝，相对较为平均。山区、半山区虽然也有一些水利设施的分布，但因可灌溉面积小，密度值较低。

## 四、新中国成立后掌鸠河流域农田水利的发展

### （一）农田水利技术的发展

20 世纪 50 年代初期，云南山区的耕地多为中低产田，通过发展农业技术的方式增加单位面积粮食产量的潜力较大。在中央和地方各级政府农业政策的影响下，云南山区的农田水利建设呈现不同于以往的态势。

在农田水利类型上，20 世纪 50 年代以来，尤其是集体化的实施，有了社会组织保障，在劳动力数量和水利技术方面有了实质性的进步。[①] 在农田水利建设方面上，云南省在山区实施"以蓄为主，以小型为主"的水利政策[②]，改变了传统农业时期云南山区普遍存在的"水利专恃沟渠"的现象，禄劝县在 20 世纪 50 年代初期也逐渐将发展农田水利的重点转向蓄水设施的兴建。[③]

中华人民共和国成立至 20 世纪 90 年代初期，禄劝县共兴建各类水利工程 1800 多件，其中蓄水工程有效灌溉面积 86057 亩，引水工程有效灌溉面积 59700 亩，机电排灌工程有效灌溉面积 8500 亩，共计 154257 亩，占总耕地面积的 38.8%[④]（如图 5.5）。自 1980 年以来，禄劝县的水利工作重点由建设转向加强管理，所以 20 世纪 90 年代初期的数字基本可以代表 1978 年的情况。从有效灌溉面积的发展趋势来看，20 世纪 50 年代至 60 年代初期是禄劝县有效灌溉面积增加最为迅速的几年，70 年代又出现了一个快速发展的局面。

---

① 如在禄劝县，为兴修农田水利，多次召开水利训练班，对基层干部进行培训，推广了水利技术。《禄劝县人民政府建设科一九五二年工作总结》（1952 年 12 月 27 日），禄劝县档案馆藏禄劝县人民政府档案，档号：1-1-11。

② 《云南省建国以来水利方针政策资料汇编（1953—1957 年)》，《云南水利志通讯》1987 年第 1 期，第 15 页。

③ 禄劝彝族苗族自治县地方志编纂委员会编：《禄劝彝族苗族自治县志》，第 70 页。

④ 禄劝彝族苗族自治县农业局编：《禄劝彝族苗族自治县农业志》，第 71~72 页。

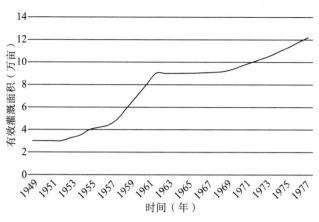

**图 5.5　1949—1978 年禄劝县有效灌溉面积统计**

数据来源：禄劝彝族苗族自治县水利电力局编：《禄劝彝族苗族自治县水利水电志》，第
139 页。

　　禄劝县档案馆所藏 1975 年禄劝县水电局在全县范围内进行水利调查的档
案详细记载了 1975 年以前禄劝县以乡镇为单位各聚落的水利兴修情况，尤其
是对地理位置相对明确的坝塘水利的记载较为详细，包括坝塘名称、兴修时
间、预计蓄水量、预计受益面积、实际蓄水量和实际受益面积等内容，档案说
明中要求"凡能灌溉的小塘小坝都进行统计例报"①，所以，报表中出现许多
灌溉面积只有几亩的小坝塘，也可看出这次统计的详细程度，表明这一统计资
料具有较高的可靠性。

　　在云南山区农田水利发展的时间阶段性方面，根据中华人民共和国成立以
来不同时期的农业政策、地方农田水利发展的特点和档案资料的时间分布等因
素，将 1952 年至 1975 年的农田水利发展划分为三个阶段：1952—1957 年、
1958—1966 年和 1967—1975 年。各时间断面的农田水利兴修情况见表 5.7。

**表 5.7　1952—1975 年掌鸠河流域农田水利兴修统计表**

| 时间（年） | 数量（件） | 受益面积（亩） | 平均受益面积（亩/件） |
|---|---|---|---|
| 1952—1957 | 130 | 5249 | 40 |
| 1958—1966 | 114 | 12080 | 106 |
| 1967—1975 | 117 | 9377 | 80 |

---

　　①　《禄劝县各公社水库坝塘情况统计表》（1975 年 11 月 25 日），禄劝县档案馆藏禄劝县水电局档
案，档案号：62 - 1 - 6。

| 时间（年） | 数量（件） | 受益面积（亩） | 平均受益面积（亩/件） |
|---|---|---|---|
| 小计 | 361 | 26706 | 75 |

数据来源：《禄劝县各公社水库坝塘情况统计表》（1975年11月—1976年1月），禄劝县档案馆藏禄劝县水电局档案，档号：62-1-6。

从表5.7可以看出，在三个时间段内，从数量上来看，第一个阶段内兴修的水库数量最多，占总数量的36%。从受益面积来看，第二个阶段的平均受益面积和总受益面积最大，总受益面积占三个阶段总受益面积的45%。"大跃进"的三年共兴修水库61座，占1958—1966年总数量的54%，受益面积9437亩，占这一时期总受益面积的78%，可见"大跃进"的三年是流域内农田水利兴修的重要时期。在第三个阶段，水库的总受益面积和平均受益面积较第二阶段都有所减少。

### （二）农田水利设施的空间演变

在掌鸠河流域内农田水利发展的三个阶段中，蓄水设施坝塘的修建一定程度上反映了农田水利建设在空间上的演变过程。利用前文所述方法创建流域农田水利信息数据库，将三个时间段内新建的坝塘标注在地图上，可以更直观地显示农田水利建设的空间分布特点及其演变规律（图5.6）。

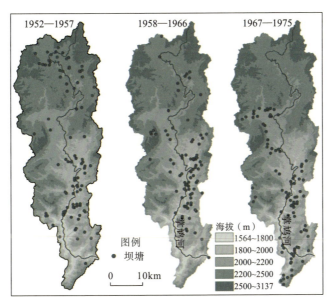

**图5.6　1952—1975年掌鸠河流域新修农田水利设施的空间分布**

从图5.6可以看出，20世纪50年代以来，掌鸠河流域的农田水利建设经历了一个由中下游河谷地带和平坝区逐渐向中上游山区分散发展，向中下游山区、半山区集中，再向中下游河谷和平坝区发展的趋势。

1952—1957年，流域内新修的坝塘分布较为分散，呈现"遍地开花"的形态。20世纪50年代以来的农业发展政策对西南山区的农田水利建设起到重要作用，"一五"计划期间，为贯彻云南省委提出的"以蓄为主，大力发展群众性小型水利"的方针①，禄劝县提出了"集中力量以做好塘、坝蓄水和管理养护工作，同时整修、兴修即时生效的小型水利为主"的做法。在工作方法上，"要反对小手小脚一件一件去搞的做法，必须明确以运动的姿态来搞，如通过代表会、介绍经验等方式，在互助合作运动带动下，运用和发动一切可以运用和发动的力量投入这一运动，组织一个群众性的防旱搞水利的热潮"②。在大力发展农田水利的政策影响下，掌鸠河流域的水利建设呈现数量多、空间分散和单位灌溉面积小的特点。

1958—1966年，掌鸠河流域内的坝塘主要分布在中下游地区，流域上游和下游分布较少，分布较为集中。这一时期禄劝县水利建设的重点从小型水利建设向以中型蓄水设施建设为主的方向发展，如在中游兴修了双化水库，灌溉面积达到2.5万亩③，伴随着中型蓄水设施的兴修，中游地区一些小型水库作为配套设施也大规模出现。所以，这一时期的农田水利设施主要分布在中下游地区，灌溉面积相对较大，而上游和下游新增的农田水利设施则相对较少。

1967—1975年，流域内新建设坝塘的分布主要集中在流域的中下游河谷地带和平坝区。虽然20世纪70年代初期在"农业学大寨"运动的推动下，云南省的水利建设重点放在山区和半山区④，禄劝县也掀起一场农业建设的高潮时期，"男女老少齐上阵，各行各业总动员，出动十二万人，打一场声势浩大的农业大会战"⑤。但从水利建设的空间分布上来看，又重新回到中下游河谷地带和平坝区，在山区和半山区的效果并不显著。

---

① 《云南省建国以来水利方针政策资料汇编》（1953—1957年），《云南水利志通讯》1987年第1期。

② 中共云南省委农村工作部：《贯彻省委关于兴修水利防旱指示的意见》（1954年2月24日），禄劝县档案馆藏中共禄劝县委档案，档号：1-1-101。

③ 禄劝彝族苗族自治县水利电力局编：《禄劝彝族苗族自治县水利电力志》，第61页。

④ 《一九七二年农田水利建设的意见（讨论稿）》（1972年），转引自云南省水利水电厅编撰：《云南省志》卷38《水利志》，第661页。

⑤ 《禄劝县革命委员会关于进一步开展农业学大寨的群众运动的决议（草案）》（1970年12月30日），禄劝县档案馆藏禄劝县革命委员会档案，档号：1-1-528。

从三个时期新兴建水库的平均海拔来看（表 5.8），由 1952—1957 年的 2028 米逐渐下降到 1967—1975 年的 1948 米，呈现出从高海拔向低海拔演变的趋势。在掌鸠河流域，越往上游地区，海拔越高，温度越低，对农作物生长也就越不利，2200 米是流域内水稻种植的高度上限，限制了农田水利建设投入对提高单位耕地面积产量的效益。

表 5.8　1952—1975 年掌鸠河流域新兴建水库的平均海拔高度

| 时间（年） | 水库平均海拔（m） |
|---|---|
| 1952—1957 | 2028 |
| 1958—1966 | 1976 |
| 1967—1975 | 1948 |

为更加直观地展现云南山区农田水利在 20 世纪 50 年代以来不同时间段内的空间演变特点，本书借鉴了人口学中人口重心方法进行分析。人口重心是假设某地域内每个居民的重量都相等，则在该地域全部空间平面上力矩达到平衡的一点就是人口分布重心。当人口分布状况发生变化时，人口的重心就会有相应的移动，故人口重心可以反映区域内人口分布变化的趋势。[①] 在本研究中，我们同样可以对每一时期兴修的水利设施进行重心分析，以研究区域内水利建设的空间演变趋势。利用 ArcGIS 软件对图 5.6 所示的农田水利设施进行重心分析，可得到 20 世纪 50 年代以来掌鸠河流域农田水利设施重心的演变趋势图 5.7。

① 张善余：《人口地理学》，北京：科学出版社，2003 年，第 247 页。

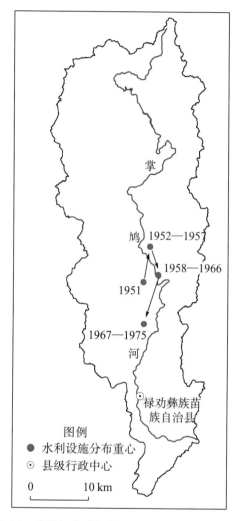

**图 5.7　掌鸠河流域新建设水利设施重心空间演变**

　　在图 5.7 中，从纵向上来看，20 世纪 50 年代以来，掌鸠河流域的农田水利重心经历了一个从中下游向中上游移动，再向中下游移动的过程。从 1951 年的中游偏下地区开始向上游移动了 6.1 千米，至 1952—1957 年间达到最北端，1958—1966 年又向下游移动了 5 千米，但未达到 1951 年的位置。1967—1975 年长距离向中下游移动了 8.6 千米，越过了 1951 年的位置。从横向上来看，水利重心始终在掌鸠河的河谷地带，横向分布相对较为稳定。

### （三）农田水利设施演变的影响因素分析

当代云南山区农田水利在时间和空间上的演变特征受到自然环境和国家政策等因素的综合影响，但在不同时期影响程度具有较大的差异。20 世纪 50 年代以来，在"以粮为纲"的农业发展纲领指导下，云南山区开展了一次又一次的农业增产运动，其中水利的兴修是农业发展的重要推动力，促进了耕地单位面积产量的不断增加，缓解了由于人口大规模增长给区域生态环境带来的压力。但由于云南山区自然环境复杂，农田水利建设具有兴建与维护成本高、经济效益有限等特点，一定程度上抵消了农业政策对云南山区农田水利建设的促进作用。

海拔高度是山区局地气候最主要的影响因素之一，随着山区海拔高度的变化，人类的生存和发展所依赖的气候环境和资源都会发生改变[1]，进而直接影响农田水利建设对提高单位耕地面积产量的潜力。从表 5.8 可以看出，1952—1957 年掌鸠河流域农田水利建设的平均海拔高度达到 2028 米，农田水利的建设扩展到了高海拔地区，是国家政策驱动下农田水利建设大规模扩张的具体表现。成本投入与经济收益是地方基层组织在进行农田水利建设时考虑的重要因素，从下文对不同地形区单位耕地面积产量、水利建设的投入和维护成本的分析可以看到，在低海拔的中下游河谷地带和平坝区的投入产出比远远大于高海拔的山区和半山区，这也是 1958—1966 年以来农田水利平均海拔高度不断下降的主要原因。

由 20 世纪 50 年代以来掌鸠河流域农业增产情况统计（表 5.9）可以看出，自 1952 年至 1980 年，亩产量在半山区和山区都有所增加，其中 1980 年半山区的平均亩产量是 1952 年的 1.8 倍，山区的平均亩产量是 1952 年的 2.3 倍。虽然如此，山区 1980 年的亩产量仍未达到半山区 1952 年的水平。而在中下游河谷地带一些灌溉条件较好的区域，1952 年的亩产量已经达到 880 斤/亩。[2]

表 5.9　1952—1980 年山区和半山区单位面积产量比较

| 地形区 | 1952 年亩产量<br>（斤/亩） | 1980 年亩产量<br>（斤/亩） | 1980 年与 1952 年<br>亩产量之比 |
|---|---|---|---|
| 半山区 | 483 | 859 | 1.8 |

---

① 钟祥浩主编：《山地学概论与中国山地研究》，第 175 页。

② 《云南省武定区禄劝县第一区各村种植面积及其产量》（1952 年 10 月 15 日），禄劝县档案馆藏秀屏区档案，档号：26 - 1 - 2。

| 地形区 | 1952 年亩产量（斤/亩） | 1980 年亩产量（斤/亩） | 1980 年与 1952 年亩产量之比 |
|---|---|---|---|
| 山区 | 203 | 476 | 2.3 |

数据来源：《禄劝县一九八○年度农业生产统计年报》（1981 年 1 月 2 日），禄劝县档案馆藏，档号：28 - 1 - 131。

由于地形复杂、海拔较高、耕地分散，山区和半山区农田水利建设的平均收益低于平坝区和中下游河谷地带。中华人民共和国成立初期，在不断发展农业生产的政策影响下，山区和半山区的农田水利建设经过一段时间的迅猛发展，水利建设对单位耕地面积粮食产出的效用不断递减，且后期维护成本大、报废率高，不得不转向自然环境相对较好的中下游河谷地带和平坝区。据档案资料统计，山区和半山区的报废水利数量远远大于中下游河谷地带和平坝区的数量，报废的原因主要是地形复杂、修建技术不过关、灌溉效率低等，导致许多水利设施存在漏水严重、整修成本高等问题，不得不从新建农田水利设施转向维护或直接废弃。[①]

在对当地的田野调查中，我们详细调查了 20 世纪 50 年代以来一些山区聚落中农田水利设施报废的案例。如在山区聚落 NN 村，村中两个坝塘分别修建于 1953 年和 1960 年，处在高于大部分耕地的陡坡上，但由于坡度较大，水库面积小，且渗漏严重，修建好以后并未发挥实际的灌溉功能，聚落的主要灌溉形式仍然是利用水渠引用龙潭水进行灌溉，在实行联产承包责任制以后，坝塘便被废弃，继而被填平为耕地。据访谈，聚落中修建坝塘主要是为了响应国家号召，积极发展农业生产，坝塘的兴修对聚落农业生产的促进作用并不显著，而且维护成本高，最后不得不废弃。

中下游河谷地带和平坝区因自然环境相对优越，在传统时期便是流域主要的粮食生产区，水利设施也较为完备，在这些地区兴修水利以增加和稳定农业生产带来的经济效益要大于半山区和山区。所以，虽然地方政府在政策与口号上面仍然坚持要发展山区农田水利，但从农田水利建设的实际结果来看，自1958 年以来，农田水利的发展重心便逐渐向中下游移动，目的以发展和稳定传统粮食生产区为主，是成本—效益规律发挥作用的结果。

总的来说，由于自然环境的影响，中下游河谷地带和平坝区是云南山区的

---

① 《禄劝县各公社水库坝塘情况统计表》（1975 年 11 月—1976 年 1 月），禄劝县档案馆藏禄劝县水电局档案，档号：62 - 1 - 6。

主要粮食生产区，也是传统时期农田水利建设的重点区域。20 世纪 50 年代以来，随着相关农业政策的实施，半山区和山区水利设施大规模兴建，以期有效地提高这些区域的单位耕地面积产量。但通过发展农田水利来提高半山区和山区农业生产的效果毕竟有限，投入大、收益有限，在发展到一定程度后，水利建设的重心又逐渐回到了传统的农业发达的中下游河谷地带和平坝区。这一发展趋势是地方基层组织在国家政策与自然环境、边际成本与边际收益之间综合权衡的结果。

# 第二节　农业技术发展、单位耕地面积产量提高与土地利用变化

农业技术的发展，尤其是水利的兴修对于单位耕地面积产量的提高具有重要的促进作用，这种促进作用一方面体现在单位播种面积产量的提高上，另一方面则体现在复种指数增长使相同耕地作物种植面积的增加上。中华人民共和国成立后的大规模农田水利建设运动，尤其是蓄水设施的兴修对山地单位耕地面积产量的提高具有较大的促进作用，在一定程度上减缓了人口大量增加对耕地产生的压力。

## 一、农田水利技术发展与单位播种面积产量的提高

单位播种面积产量指某种作物的产量与播种面积之比。单位播种面积产量是衡量单位耕地面积产量的主要指标之一，也是农业技术发展提高单位耕地面积粮食产量的最显著体现。在云南山区，复种指数较高的耕地可以种植夏季和冬季两季作物，夏季大春作物以稻谷为主，冬季小春作物以小麦为主[1]，我们可以将稻谷和小麦这两种作物的产量变化情况作为重要指标来衡量单位播种面积产量的变化。

单位播种面积产量受气候、地形、土壤和农业技术因素的综合影响，在云南山区传统农业社会，人类可以改变的因素主要集中在农业技术上面，其中农

---

① 张肖梅：《云南经济》，第 A61～64 页。

田水利又是影响单位播种面积产量的核心要素。由于云南季风气候所决定的降水季节变化较大，全年粮食收入主体来源的大春作物，尤其是水稻"移栽时期，每苦无水。是以各县境内，可供栽稻之田虽多，而实际栽培面积之大小与栽培成数之增减，须视水利情形及各年雨季迟早而定"①，水利的兴修是保证水稻种植与亩产量的重要影响因素。

1952 年，禄劝县稻子平均亩产量为 355 斤，小麦平均亩产量 116 斤。② 稻子亩产量略低于民国时期云南 70 县稻子平均亩产量的 375 斤，但略高于地理环境相似的武定县的 323 斤。③ 小麦亩产量低于民国时期云南 52 县小麦平均亩产量 168 斤，也低于武定县的 163 斤。④

传统时期云南山区农田水利的兴修多是小农的自发行为，发展速度缓慢，受益面积小。20 世纪 50 年代以来，大规模农田水利的发展，对单位播种面积产量的提高是全流域性的，提高速度也较快（表 5.10）。从表 5.10 可以看出，虽然水稻和小麦的单位面积产量在 30 余年的发展过程中有起伏，但总趋势是在不断增长，水稻和小麦的亩产量都增加了一倍多。⑤

表 5.10　1950—1980 年禄劝县单位播种面积粮食产量统计

| 时间（年） | 水稻（斤/亩） | 小麦（斤/亩） |
|---|---|---|
| 1950 | 320 | 92 |
| 1955 | 574 | 120 |
| 1960 | 472 | 92 |
| 1965 | 400 | 132 |
| 1970 | 558 | 96 |
| 1975 | 710 | 208 |
| 1980 | 678 | 214 |

数据来源：禄劝彝族苗族自治县农业局编：《禄劝彝族苗族自治县农业志》，第 128～130 页。

① 中山大学农学院编：《云南省五十县稻作调查报告》，无页码。

② 《云南省禄劝县种植面积及其产量统计表》1952 年 12 月 30 日，禄劝县档案馆藏禄劝县人民政府档案，档案号：1 - 1 - 11。

③ 《云南七十县耕地面积及稻米产量》，《云南实业通讯》1940 年第 1 卷第 5 期，第 21～22 页。

④ 《云南省五十二县小麦面积及产量》，《云南实业通讯》1940 年第 1 卷第 6 期，第 24 页。

⑤ 《禄劝彝族苗族自治县农业志》与 1952 年档案中的统计数据有所差别，在此仅说明农田水利技术发展对单位播种面积产量提高的影响，不对这些统计数据作进一步的量化分析。

## 二、农田水利技术发展与复种指数的提高

复种指数是指全年内农作物的总播种面积与耕地面积之比，可以用来说明耕地在一年内被用来种植农作物的平均次数。复种指数越高表示一定的耕地面积可种植的作物次数越多，是在不扩大耕地面积的前提下提高单位耕地面积作物产量的重要途径。

复种指数的高低受当地热量、土壤、水分、肥料等因素的影响。云南山区只种植大春作物而不种植小春作物的耕地称为冬闲田，"冬闲之原因，多系水利不良之故。滇省冬春苦旱，冬作须有相当灌溉，水利不良之地，即无法耕种。再则肥料不足，亦有相当关系"[1]。可见，水利、肥料对作物复种指数有重要影响。另外，上文提及的冬水田技术，亦是为了保证夏季大春作物用水而牺牲冬季小春的种植，导致复种指数降低。

在清代，由于自然环境和社会经济发展的不平衡，区域间的复种指数亦存在较大的差异。复种指数较高的地区主要集中在坝区，山区以一年一熟为主，复种指数较低。[2] 调查显示，民国时期西南地区"冬季作物占作物面积五分之二以上"，"本区盛行冬季作物制度，半由于佃农冬季所种之作物，无须纳租。作物面积之复种者，仅略逾二分之一，为水稻地带任何区比例之最低者"[3]。至1949年，云南全省耕地面积3391.5万亩，农作物年复种面积4031万亩，复种指数为118.9%；至1978年，复种指数达到151.2%。[4]

在禄劝，民国时期曾为增加农作物生产而推广冬耕[5]，但因水利技术发展有限，未有明显成效。统计资料显示，至1949年，禄劝县总耕地面积为43.6万亩，年播种面积为44.2万亩，复种指数只有101.5%；至1978年，复种指数提高到147.4%（图5.8）。[6]

① 张肖梅：《云南经济》，第 K30 页。

② 萧正洪：《环境与技术选择：清代中国西部地区农业技术地理研究》，第 130～131 页。

③ 卜凯：《中国土地利用》，第 102 页。

④ 云南省统计局编：《云南统计年鉴》。

⑤ 《禄劝县政府关于冬耕作物生产的训令》（1941 年 11 月 12 日），禄劝县档案馆藏国民党禄劝县政府档案，档案号：90－1－117。

⑥ 《禄劝彝族苗族自治县志》编纂委员会编：《禄劝彝族苗族自治县志》，第 219～225 页。

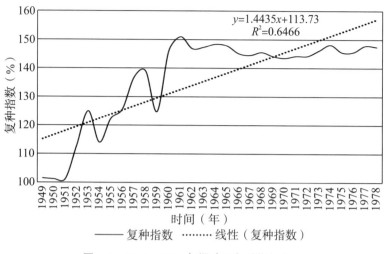

图5.8　1949—1978年禄劝县复种指数发展

### 三、农田水利技术发展与单位耕地面积产量的提高

随着农田水利技术的发展，单位播种面积产量和复种指数逐渐提高，促进了单位耕地面积产量的增加。以灌溉水田与望天田为例。灌溉水田指有水源和灌溉设施，在一般年景内能够正常灌溉，用以种植水稻等水生作物的耕地；望天田指无灌溉水源及水利设施，靠天然降雨种植水稻等作物的耕地。据20世纪90年代初期的土地利用详查资料，掌鸠河流域中下游河谷平坝地区的灌溉水田大春亩产可达到1200斤，而望天田只有300斤（表5.11）。灌溉水田的小春作物亩产可以收获200斤，而望天田因无水利灌溉只能种植一季，冬季休耕，所以灌溉水田全年的单位耕地面积产量是望天田的4.7倍。[①] 望天田产量低、年均产量不稳定，也影响了农民对这些耕地的投入，比如人们会将更多的肥料、劳动力等资源投入灌溉水田。

表5.11　20世纪90年代初期禄劝县灌溉水田与望天田产量比较

| 耕地类型 | 大春 | | 小春 | | 全年平均亩产 |
|---|---|---|---|---|---|
| | 主要种植作物 | 单产（斤/亩） | 主要种植作物 | 单产（斤/亩） | （斤/亩） |
| 灌溉水田 | 水稻 | 1200 | 小麦等 | 200 | 1400 |

① 禄劝彝族苗族自治县土地详查办、土地管理局：《禄劝土地利用现状详查报告》，第47～48页。

| 耕地类型 | 大春 | | 小春 | | 全年平均亩产 |
| --- | --- | --- | --- | --- | --- |
| | 主要种植作物 | 单产（斤/亩） | 主要种植作物 | 单产（斤/亩） | （斤/亩） |
| 望天田 | 水稻 | 300 | 无 | 无 | 300 |

半山区和山区是掌鸠河流域面积最大的两个地形区，表5.12显示了1952年和1980年间部分半山区和山区聚落单位耕地面积产量的增长情况。[①] 1952年以来，半山区和山区的亩产量都有所增加，其中半山区平均亩产量由483斤增加到859斤，山区则由203斤增加到476斤。半山区和山区单位耕地面积产量的大幅增加，一定程度上减轻了人口数量增长对耕地造成的压力，对土地利用变化产生一定的限制性作用。

表5.12　1952—1980年山区和半山区单位面积产量比较

| 聚落名称 | 地形区 | 1952年每亩产量（斤/亩） | 1980年亩产量（斤/亩） | 1980年与1952年亩产量之比 |
| --- | --- | --- | --- | --- |
| 高家 | 半山区 | 511 | 809 | 1.6 |
| 运昌 | 半山区 | 451 | 905 | 2.0 |
| 丽山 | 半山区 | 528 | 798 | 1.5 |
| 乐业 | 半山区 | 440 | 924 | 2.1 |
| 平均 | | 483 | 859 | 1.8 |
| 卓干 | 山区 | 219 | 524 | 2.4 |
| 马初 | 山区 | 200 | 377 | 1.9 |
| 治安 | 山区 | 257 | 481 | 1.9 |
| 挪拥 | 山区 | 134 | 522 | 3.9 |
| 平均 | | 203 | 476 | 2.3 |

---

① 《禄劝县一九八〇年度农业生产统计年报》（1981年1月2日），禄劝县档案馆藏团街公社档案，档案号28-1-131。

## 第三节　农业技术发展与耕地开垦的空间选择：聚落尺度的考察

传统时期，耕地开垦的空间选择在受自然环境影响的同时，也与农业技术尤其是农田水利的发展、与聚落的距离等因素息息相关。这些影响因素在聚落发展的不同时期的影响力也会发生动态变化。

### 一、耕地开垦空间的理性选择

西方经典经济学理论认为人是"理性经济人"，一个决策者在面临几种选择时，会做出使其自身利益最大化的选择。这一理论应用在农业生产领域，则认为农民是"理性小农"，如舒尔茨认为："人民是文盲这一事实并不意味着，他们在配置自己所拥有的要素时对边际成本和收益所决定的标准反应迟钝。"[①]对中华人民共和国成立后集体制度下农民行为的研究也证明，"在农业经营中，农民的选择是理性的"[②]。历史时期，西南山地的农民在聚落范围内开垦耕地时的空间选择也是一种理性的行为。

近300年来，随着汉族移民的迁入，稻谷逐渐成为云南普遍种植的粮食作物，"山田、平田皆产稻米"，而旱稻则"种于山隈地角，莳插时即不用水，收成亦微薄"[③]。在禄劝县，"农产以水稻为主，居民大部以米为主食品，旱稻间有栽于旱地，但产量极少"[④]。

水稻种植对水利灌溉的要求较高，水田的空间分布在很大程度上受到水利灌溉的影响，《齐民要术》在言及水田的位置时认为"选地欲近上流"[⑤]，徐

---

① 舒尔茨著，梁小民译：《改造传统农业》，北京：商务印书馆，2006年，第44页。
② 张乐天：《告别理想：人民公社制度研究》，上海：上海人民出版社，2012年，第269页。陆益龙：《嵌入性政治与村落经济的变迁：安徽小岗村调查》，上海：上海人民出版社，2007年，第183页。
③ 吴大勋：《滇南闻见录》，方国瑜主编：《云南史料丛刊》第12卷，第22、30页。
④ 民国《禄劝县志稿》卷6《实业志》。
⑤ 贾思勰著，缪启愉校释：《齐民要术校释》（第二版），北京：中国农业出版社，1998年，第138页。

光启认为："水田之处，不在水原，则在水委。原欲近泉，委欲近潴。非泉非潴，则于溪涧江河长流不竭之处。"① 水稻种植还涉及排水问题，如在种稻之前要先放水，"先放水。十日后，曳陆轴十遍"。待稻苗长到七八寸时用水来除草，"稻苗渐长，复须薅。薅讫，决去水，曝根令坚。量时水旱而溉之。将熟，又去水"②。在水稻生长过程中，需要反复排水和灌水，就要求水田在具有保水功能的同时，还要具有良好的排水系统。

在云南山区，梯田的修造为水稻种植提供了蓄水条件，使山区种植水稻成为可能，"谓梯田为田也。夫山多地少之处，除磊石及峭壁，例同不毛。其余所在土山，下自横麓，上至危颠，一体之间，裁作重磴，即可种艺。……此山田不等，自下登陟，俱若梯磴，故总曰梯田"③。由于山区自身具有一定的高度梯度差异，梯田开沟排水相对较为方便，所以，山区农田水利技术的重点集中在灌溉上面，也是耕地开垦时需要考虑的主要问题之一。

人类学对哈尼族的调查研究为我们展现了西南山区梯田开发与水利之间的密切关系。哈尼族开挖新的梯田一般在冬季至阳春三月间，这段时间的气候温和凉爽，宜于劳作，且土质干燥，开挖时可看清哪里会渗水。在有水源保证的地区，可直接开挖梯田。但在水源较少的地区，一般要先将荒坡开垦为台地，在台地上播种数季旱地作物，待水沟开挖之后，再在台地上开挖梯田。梯田一般从山上往山下开挖，也有从山脚往上逐层开挖的。④ 水利条件的优劣决定了是否可以直接开挖梯田，或是先在台地上种植旱地作物，几年后再种植水稻。

20 世纪 60 年代初期哈尼族许氏兄弟的案例为我们描述了梯田开垦的具体过程：

> 选择恰当的地形是开田的第一要务，兄弟几个人首先观察何处有最理想的水源，然后察看坡度是否适宜，之后便开始测量。他们选中了一块坡度较大的梯地，最初的工作是在坡地两端分别竖直两根竹竿，用棕叶结成的长绳水平牵直，紧贴地面，拴在竹竿上，作为一道标尺，以保证挖出的田不致倾斜。其后，他们正式动手开垦，将上面

① 徐光启撰，石声汉校注：《农政全书校注》卷25《树艺》，第625页。
② 贾思勰著，缪启愉校释：《齐民要术校释》（第二版），第138页。
③ 徐光启撰，石声汉校注：《农政全书校注》卷5《田制》，第119页。
④ 王清华：《梯田文化论——哈尼族的生态农业》，昆明：云南大学出版社，1999年，第18页。管彦波：《云南稻作源流史》，北京：民族出版社，2005年，第145页。侯甫坚：《红河哈尼梯田形成史调查和推测》，《南开学报》（哲学社会科学版），2007年第3期，第53~61页。

的土一锄锄挖下来，直到堆积成一块面积相当的台地，再开沟接通上面的水源，放水冲下来，濡湿台地上的土，将他们拌成均匀柔和的泥巴，再用锄尖平整地刮出一块地来，在其边缘围筑成一道田埂，两三天后，泥巴干透，再进一步加固田埂。

一块梯田如此便草成规模，之后，兄弟几人马上转移到台地下方，接着开垦下一块田。由于选择的坡地过于凹陷，上面挖下的土无法将它填平，兄弟几人便抬来石头镶嵌在底部，再从山顶放大水，将坡上的泥土大片大片冲下来，使之沉积在凹处。许氏兄弟在山上筑窝棚，昼夜与土石相厮搏，自开田始就不再回家。到年底，坡上齐齐崭崭现出六台如鳞栉比的新田，清灵的泉水汩汩注入其间，明净如画！翌年，满山布谷鸟鸣中，谷种撒了下去，这时，许家兄弟的锄声又响起在六道新田的下方。①

从上述梯田开垦的步骤可以看出，首先要察看否有充足的水源和适宜开垦的坡度，其次再平整梯田、围筑田埂。在开垦梯田时，如果水源与坡度之间发生矛盾，水源的重要性胜过坡度。坡度虽大，开垦较费力，但也只是一时之事，而水源则是长久之事，直接关系到梯田的收益大小。梯田开垦的选址是农民综合考虑各种因素后的理性选择。

在水源稳定时，纵横交错的若干主渠和支渠构成一片或数片梯田完整的灌溉系统。在修建水渠时，需要事先探测水源，测量水沟的坡向。有的水渠较长，在山区会遇到各种复杂的地形条件，需要具备较高的技术和经验才可能完成②，这也导致传统时期云南山区的灌溉水渠多以小型为主。

梯田灌溉的水源主要来自龙潭水与天然降水。在哈尼族开垦梯田时，先于高层梯田处修凿拦断山腰的主渠，把高山流下来的泉水和雨水引入水渠，水渠沿山流至梯田，再在梯田中修建分支水渠③，继而形成较为完善的水利灌溉系统。如在元阳县洞浦村，有梯田950亩，盘山而下的水沟就有22条，其中大沟5条，中沟4条，小沟13条。大沟是直接引入水源的水渠。④

在水源不稳定或无固定水源可引用时，即成为历史时期云南山区较为普遍的雷响田。但即使是雷响田，在梯田开垦的初期，也会存在灌溉与排水沟渠，

---

① 郑茜：《人活天地间：哈尼族》，昆明：云南大学出版社，2001年，第82~83页。
② 管彦波：《云南稻作源流史》，第217页。
③ 管彦波：《云南稻作源流史》，第219页。
④ 王清华：《梯田文化论——哈尼族的生态农业》，第18~19页。

只是这些水渠规模较小，只能引用聚落周围的龙潭水与雨水。

## 二、DY 村的个案考察

在聚落发展的第一阶段，聚落内耕地大量开垦，农田水利技术因劳动力不足、耕地较易获得等原因而发展缓慢。从 DY 村耕地开垦过程与自然环境的关系可以看出（图 3.11~图 3.14），在聚落创建前的 1700 年左右，聚落内的部分耕地已经由相邻聚落开垦，最先开垦的区域是相对海拔较低、坡度较为平坦的河边滩地，平均坡度为 4.5°。这一区域靠近掌鸠河，灌溉方便，坡度较为平坦，梯田建造较为省力。1701—1750 年，新开垦的梯田主要集中在原有耕地的上方，居民点以下。另外，在聚落周边的平坦地区和山谷内也有少量新开垦梯田。这一时期新开垦耕地的平均坡度为 12°，较前一时期有所增加。

1751—1800 年间，聚落原有姓氏的人口不断增加，加上外来人口董氏的迁入，聚落内的耕地持续增加。新增加的耕地继续向海拔相对较高处发展，与居民点的距离越来越近，居民点周边和山谷出水口处也有少量耕地增加。新开垦耕地的平均坡度为 11.6°。在 1700—1800 年间大量开垦耕地后，聚落内适宜开垦的耕地基本开发完毕，1801—1850 年间耕地数量增长缓慢。

如前文所述，在聚落发展的第一阶段（前 100 年左右），相对海拔是影响聚落耕地分布的主要限制性因素，农民在开垦耕地时会优先选择相对海拔较低的区域，即使坡度较大。在这一阶段，农业生产较为粗放，水利灌溉不发达，耕地类型多为雷鸣田。雷鸣田的灌溉用水除天然降水外，自高处流下的龙潭水或汇集的雨水等自流水也是重要的水源。引用这种自流水对技术要求不高，水流从高处流下，多经过山谷，在山谷出水口区域开挖水渠，引到梯田中，自上向下层级灌溉。所以，在梯田开垦初期，为了灌溉与排水，水利沟渠就已经存在，只是这种水渠规模较小，是一种成本小、见效快的水利类型。但这种小型水渠受到降水、高海拔区域来水稳定性等因素的影响较大，农业灌溉不能得到保证。

从引用自流水进行农业灌溉的方便程度来讲，在聚落的山坡斜面上，耕地的相对海拔越低，自流水的汇集区域就越大，越容易成为开垦耕地时优先选择的区域。可见，在聚落初建时期，水利灌溉的需要是新开垦耕地在聚落内空间位置分布的主要影响因素之一。

从耕地开垦扩展的方向上看，大体来说是由相对海拔较低的区域向较高的区域发展，与居民点的距离也越来越近，缩短了农民自居住点到耕地进行劳作的距离，也节省了运送肥料、农作物等的劳动力成本。在心理上来说，耕地处于居民点的下方，下山种田有一种轻松愉快感，体力耗费少，可以有更多的时间和精力来从事农业生产。①

至 DY 村发展的第二个阶段（100～200 年间），即 1801—1900 年，聚落内有少量耕地增加，新开垦的耕地分布在远离原有耕地，但位于相对海拔较高的山谷集水区域，平均坡度为 10.8°，数量较少。

从新开垦耕地的主要功能来看，海拔较高，距离聚落较远，农业耕作并不占有优势，不是农业耕作的理想区域。所以，这些新开垦的耕地主要作为聚落冬季储水的冬水田来利用。因这一时期开垦的耕地海拔较高，位于聚落上方山谷中，是聚落上方龙潭水和雨水的汇集区，在水稻收割后，不进行小春耕作，将冬天的雨水和龙潭水储存起来，待春季用水时，放水供低处梯田进行灌溉。这种冬水田的蓄水深度有时会达到两尺左右，蓄水量大，被称为囤水田。除囤水田外，DY 村的冬水田多是浅水田，且面积较大，易于聚集雨水，蓄水深度一般 20～30 厘米左右，秋冬潴水，供来春自身田块插秧之用。冬水田面积占 DY 村总耕地面积的一半左右，另外一半左右的耕地为雷鸣田。雷鸣田虽然不能保证来春的水稻种植，但可以进行冬季的小春复种（种植小麦、蚕豆等），提高了复种指数，增加了杂粮的生产。

1901—1950 年，DY 村耕地增加一共有两处：一处位于掌鸠河河边滩上；一处位于聚落原有耕地旁的坡地上，为孔氏所开垦（以下简称为孔氏田）。河边滩上的耕地为旱地，距居民点和其他耕地较远，生产成本较大，且在掌鸠河洪水期有被淹没之险，耕作不稳定。而孔氏田相对海拔较低，在居民点以下，但距离居民点也较远，坡度较大，达到 18.5°。这两处耕地之所以被开垦，一是因为这一时期人口的持续增加对耕地粮食产量造成的压力；二是因为水利的兴修使得孔氏田所在区域可以得到水利灌溉，虽然坡度较大，但仍被开垦。

传统时期，云南坝区水利建设总体上是政府行为②，但山区水利的开发主要是由相邻聚落的村民自发组织与兴建的，多是民间行为。20 世纪初期，DY村与海拔较高处的邻村 LY 村等联合修建了引水沟渠，水源为龙潭水。作为公共水利，每年谷雨插秧前共享此水利的聚落都会上交一定的水粮，并维修划定的水渠渠段。放水时也有一定的规则，根据耕地面积多少确定放水量。如图 5.9 所示，1949 年以前，DY 村的引水系统已经较为完备，现存的主要水渠除

① 王清华：《梯田文化论——哈尼族的生态农业》，第 93 页。
② 杨伟兵：《云贵高原的土地利用与生态变迁（1659—1912）》，第 309 页。

一条是 20 世纪 60 年代上坝塘修建后所修之外，其余都已经存在，而且可以覆盖大部分的梯田，在水源充足的情况下，大部分梯田都可以得到灌溉。

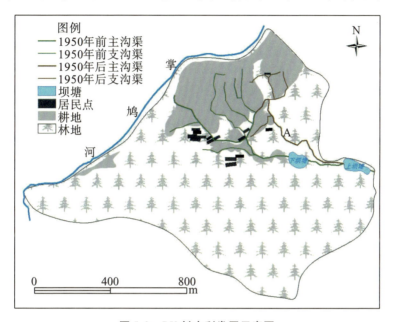

图 5.9　DY 村水利发展示意图

数据来源：作者田野调查与测量，以下 NN 村、LY 村相同。

由于龙潭水量较小，且为多个村落共同利用，在水渠修通以后，聚落内冬水田技术依然发挥着一定的作用。但相比兴修水渠之前，相对稳定的引水灌溉在保证大春水稻产量稳定的同时，也提高了复种指数，增加了小春粮食作物的种植面积，提高了粮食的总产量，一定程度上缓解了人口增加带来的粮食压力。也同样由于水利的兴修，之前未被开垦的坡度较大的区域被孔氏开垦为梯田，水利灌溉对耕地开垦的空间选择依然发挥着重要的影响。

中华人民共和国成立以来是云南山区农业技术发展的高峰期，尤其是山区水利技术的发展。1951—1978 年间，DY 村新开垦的耕地主要分布在原有耕地的上方，平均坡度为 14.8°，空间分布同样受到水利灌溉的影响。在这一时期，DY 村的水利发展在蓄水设施、引水设施和水源上面都得到了较大的发展。1952 年，当地政府组织 DY 村村民兴修水利，把原来的囤水田修建为水库，即下坝塘，库容量为 4 万立方米。同时，通往各块梯田的水渠也得到重新整修。

1966—1967 年，政府再次组织 DY 村村民兴修水库，是为幸福水库（因位于下坝塘上方，当地人习惯称之为上坝塘），库容量为 2 万立方米。同时，兴修了一条主干水渠（图 5.9 水渠 A），以灌溉位于东北部的耕地。

DY 村水利发展的另外一个重要变化是灌溉水源由原来的引龙潭水变为引运昌大沟水。运昌大沟始建于 1956 年，是双化水库灌区的灌溉工程，1970 年延伸到 DY 村。运昌大沟深 1.5 米，宽 2.5 米，过流量 2.5 秒立方米。[①]

DY 村上、下坝塘的修建，加上运昌大沟水源稳定，水量相对充足，聚落中的农业灌溉用水基本可以得到保证，冬水田基本消失，复种指数提高，单位播种面积粮食产量也得到较大的提高，大大缓解了人口快速增长带来的粮食需求压力。

这一时期，DY 村的耕地增加了 29.8 亩，从新开垦耕地的地理位置来看，主要分布在原有耕地的上方，坡度达到 14.8°，而且距离居民点较远。这些耕地是在兴修了上坝塘和引水沟渠 A 后才开垦的，可见水利灌溉对耕地开垦的数量和空间分布仍具有较大的影响。

这一时期 DY 村之所以没有像流域内其他山区聚落一样大规模开垦旱地，如下文所述 NN 村，是因为聚落内有大量的水田可以种植，随着水利设施的逐渐完备，单位耕地面积产量具有较大的提升空间，在扩大耕地面积进行广种薄收和提高水利灌溉保证率以增加单位面积产量之间，当地人选择了后者，是水利技术发展对山区耕地开发起到限制性作用的体现。

1978—1990 年，一系列政策转变与社会变革激发了农民开垦耕地的热情，云南山区耕地被大规模开垦。在 DY 村，这一时期共开垦耕地 232.5 亩。从地理位置看，主要分布在距离居民点较远的山顶、山谷等区域，平均坡度有所降低，为 10.7°，分布较为分散。这一时期新开垦的耕地海拔高于原有水利设施，无法进行水利灌溉，基本都是旱地。耕地开垦摆脱了水利灌溉的束缚，也就摆脱了海拔高度对耕地空间扩散的限制。为了开垦耕地时节约劳动力，保持水土，坡度成为影响耕地开垦空间分布的重要因素。

### 三、NN 村的个案考察

NN 村有五个较大的龙潭，常年出水较为稳定，且水量大，成为流域内小河流的源头（图 5.10）。从 NN 村耕地开垦过程与自然环境的关系（图 3.15 ~ 图 3.18）可以看出，在聚落创建的初期（18 世纪中后期），NN 村开垦了 15

---

① 禄劝彝族苗族自治县水利电力局：《禄劝彝族苗族自治县水利电力志》，第 50 ~ 51 页。

亩左右的耕地，相对海拔较低，平均坡度为 4.6°。在耕地的高处开挖小沟渠引水灌溉，工程量小，在聚落创建初期劳动力较少的情况下容易操作。

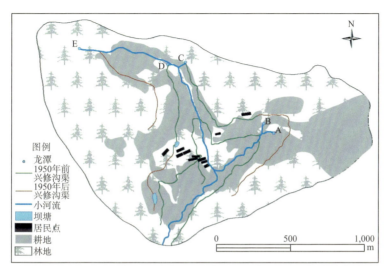

图 5.10　NN 村水利发展图

NN 村 1850 年以前的耕地在空间分布上呈现向 A、B、C、D 四个龙潭所在位置扩展的趋势，且海拔高度都低于龙潭，为开挖水渠进行自流灌溉提供了可能。1851—1900 年间聚落内耕地增加数量较少，分布在相对海拔较低，但坡度较大的区域，平均坡度达到 17.7°，这也是由于相对海拔较低处利于水利灌溉的缘故。1901—1950 年，新开垦耕地的海拔高度迅速增加，坡度则有所降低，从耕地的地理位置看出，这一时期新开垦的耕地分布在两个区域，一个区域是在龙潭 E 的下方，虽然距离居民点较远，但离龙潭较近，方便灌溉。另一区域分布在原有耕地的上方，龙潭 A 和 B 的下方。可以看出，在 NN 村发展的前两个阶段，新开垦耕地的空间分布受到水利的影响较大，作为主要水源的龙潭的所处位置和相对海拔高度决定了耕地的空间分布情况。

中华人民共和国成立以来，NN 村的耕地数量迅速增加。1951—1978 年新开垦耕地 728 亩，这些新开垦耕地的相对海拔较高，大部分超过了龙潭的高度而导致无法灌溉；坡度进一步下降，平均坡度为 11.4°。这一时期聚落内开挖了三条水渠，进一步保证了龙潭以下耕地的灌溉。由于 NN 村位于山区，海拔较高，单位耕地面积因水利的兴修带来的增产较为有限，所以在兴修水利以提高精耕细作程度的同时也在大量开垦耕地。这时，耕地逐渐摆脱水利和相对海拔的限制，向海拔更高且坡度较为平缓的区域扩展，坡度的限制性作用更加凸显。

　　另外，NN 村为了响应国家大力发展水利的号召，分别于 1953 和 1960 年兴建了两个坝塘，主要水源来自龙潭。但随着聚落内水渠的完善，龙潭以下的耕地基本可以自流灌溉，坝塘的作用并不显著，至改革开放后被废弃。

　　1979—1990 年，NN 村的耕地增加了 183 亩，经过中华人民共和国成立至 1978 年的大量开垦，这一时期所开垦的耕地海拔有所下降，但仍然高于龙潭，无法进行灌溉，且坡度有所增加，达到 16.1°，耕作条件较差。

### 四、LY 村的个案考察

　　LY 村在 1900 年左右的火灾后，外来移民在短短的 50 余年间大量迁移至聚落内，人口的迅速增加再次为聚落耕地造成了一定的压力。加上 LY 村工商业，主要是酿酒业的发展，对粮食需求量增加，一定程度上刺激了聚落耕地的开发。在 1911—1950 年间，聚落内新开垦了 278 亩耕地，从耕地开垦过程与自然环境的关系（图 3.19 ~ 图 3.22）可以看出，这些耕地位于海拔相对较高、与居民点距离较远的区域。

　　随着人口的大量迁入和工商业的发展，对粮食需求量大大增加，兴修水利以增加粮食生产成为除扩大耕地面积外的另一重要手段。在 20 世纪初期，LY 村与 DY 村等周边村落联合开挖了引水沟渠进行灌溉（图 5.11），但因作为水渠水源的龙潭出水量小，且与其他相邻村落共享，只能灌溉部分耕地。

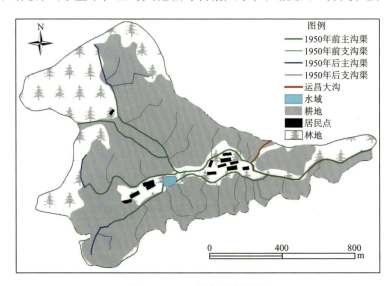

图 5.11　LY 村水利发展图

1950—1978 年，LY 村曾兴修过两个坝塘：一个位于聚落中间（图 5.11），兴修于 1954 年，蓄水量为 2.5 万立方米，可灌溉面积有限；一个位于引水龙潭出水处，兴修于 1961—1962 年，由于兴修时技术上的限制，漏水情况严重，在 20 世纪 70 年代初期被废弃。

与 DY 村相似，1970 年，聚落的灌溉水源有了较大变化，可引用运昌大沟水进行灌溉，水量较为充足，灌溉面积大幅增加，使单位播种面积产量和复种指数都有所提高。

这一时期新开垦了 165 亩耕地，位于相对海拔较高、坡度相对平缓的区域。在不能保证水利灌溉的情况下，耕地开垦的空间分布倾向于水土保持较好、开垦成本较低的缓坡。

1978—1990 年，聚落内水利发展以对原有水利设施的完善与维护为主。这一时期新开垦的耕地海拔和坡度都有所降低，但依然不能进行水利灌溉，只能进行旱地耕种。

# 小 结

农业技术的发展可以有效提高单位耕地面积产量，一定程度上缓解区域内人口增长对耕地带来的压力，对区域土地利用变化起到限制性作用。近 300 年来，云南农业技术的发展主要体现在农田水利技术的发展上。

在掌鸠河流域，农田水利的发展具有明显的时间和空间特点。在清代和民国时期，除中下游河谷地带会受到官府的介入而兴修规模较大的农田水利外，半山区和山区的农田水利以民间自发组织和兴修为主。受人力物力的限制，半山区和山区农田水利常常以小型为主，类型以引水沟渠为主。中华人民共和国成立后，开始了由政府主导的大规模农田水利兴修行动，农田水利的类型转变为以蓄水设施为主，且出现许多规模较大的水利设施。但较大的水利设施受益范围仍主要集中在坝区和中下游河谷地带，半山区和山区受地形和社会经济发展的限制，仍以小型为主。随着大规模农田水利的兴修，单位播种面积产量和复种指数不断提高，单位耕地面积产量持续增加，缓解了人口大规模增长对耕地带来的巨大压力。

在聚落尺度，耕地开垦的空间选择受到农田水利的重要影响。在聚落发展

第五章 农业技术发展与山地土地利用变化

的初期，由于人口数量较少，劳动力不足，只能实行较为粗放的耕作方式，农田灌溉以天然降水和龙潭水为主。而聚落范围内相对海拔较低的区域具有较大的汇集雨水区，可开挖简单的水渠引水灌溉，成为最先开垦的区域。在聚落发展的第二个阶段，开始兴修小规模的农田水利，这时会从聚落范围外的水源地开挖水渠引水，可灌溉的耕地只能低于水渠，进一步限制了耕地扩展的相对海拔。至聚落发展的第三个阶段，即中华人民共和国成立以来，聚落内新开垦的耕地逐渐脱离水利灌溉的限制，向相对海拔较高的区域扩展，农田水利对聚落范围内耕地开垦空间分布的影响逐渐减弱或消失。也可以说，农田水利对聚落范围内耕地开垦的空间分布影响具体表现在相对海拔上。

通过本章的研究，我们对聚落发展的不同阶段耕地开发与人口、农田水利的相互关系有了更加深入的认识（表5.13）。

表5.13　山地聚落耕地开发与人口、农田水利的关系

| 时间（年） | 发展阶段 | 人口来源 | 对外来人口态度 | 田地开垦情况 | 水利情况 |
|---|---|---|---|---|---|
| 0～100 | 初建时期 | 自然增长和机械增长 | 积极 | 大量开垦 | 少量兴修 |
| 100～200 | 发展时期 | 自然增长和机械增长 | 较积极 | 少量开垦 | 大量兴修 |
| 200～ | 成熟时期 | 自然增长为主 | 消极或抵制 | 少量开垦 | 少量兴修 |
| 1950—1978 | 特殊时期 | 自然增长为主 | | 半山区、山区大量开发，平坝和河谷地带少量开发 | 大量兴修 |

# 第六章

## 制度、政策演变与山地土地利用变化

制度和政策是两个既有联系又有区别的概念，"新制度主义"将制度看作"导致形成某种社会惯例、分配实践参与者的角色，并且引导这些角色相互作用的一个各种权利、规则以及决策程序的集群"①。而政策则是行动者为了达到自己的特殊目的而采取的行动计划、措施和方法等。② 制度和政策在全球环境变化问题的产生和影响方面扮演着重要的角色。

为了理解制度是如何影响各种参与者及环境后果，以及为何有些制度较其他制度在对人类的影响方面更有效等，在全球环境变化的人文因素计划的主持下，形成了全球环境变化的制度因素（Institutional Dimensions of Global Environmental Change，IDGEC）科学计划，该计划的核心是"分析社会制度作为人类/环境关系进程的决定因子所起的各种作用"③。制度本身并不是影响全球环境变化的参与者，只是作用于那些易受规则、决策影响的参与者，以此来发挥作用。

制度与政策因素对环境变化的影响具有以下几个特点：第一，制度与政策同时扮演了大尺度环境问题根源的角色和人类对环境问题作出响应的部分角色，有随着制度实践效果的变化而改变的特征④，决定了其对区域土地利用变化的影响具有不稳定性；第二，由于区域间的差异性，相同制度和政策的实施对环境变化的影响存在较大的区域性差异；第三，不同制度与政策的实施对环境变化的影响具有不同的生命周期，有些制度与政策的影响周期会长达数百年，有的则只有数年；第四，一个时期的制度与政策对环境变化的影响表现在

① Oran R Young, Leslie A King, Heike Schroeder 编，廖玫等译：《制度与环境变化：主要发现、应用及研究前沿》，北京：高等教育出版社，2012 年，第 4 页。
② 邹吉忠：《自由与秩序：制度价值研究》，北京：北京师范大学出版社，2003 年，第 66 页。
③ 《全球环境变化的制度因素科学计划（IDGEC）》，孙成权、王天送、黄彦敏编译：《全球环境变化与城市化、制度因素、全球土地计划》，北京：气象出版社，2008 年，第 64 页。
④ 《全球环境变化的制度因素科学计划（IDGEC）》，孙成权、王天送、黄彦敏编译：《全球环境变化与城市化、制度因素、全球土地计划》，第 73 页。

直接与间接两方面，并且两方面的影响同时发生作用。① 所以，制度与政策因素是环境变化人文驱动力因素中较为复杂的。

本章以时间为线索，分析不同历史时期制度与政策因素对山地土地利用和环境变化的影响，以及这种影响的区域差异性。战争与重大灾害等属于突发性的历史事件，常常在短时间内对区域人口、社会组织和农业生产等造成严重的破坏，对历史时期山地土地利用变化具有较为重要的影响，也是本章研究的内容。

## 第一节　清代制度、政策演变与山地土地利用变化

### 一、改土归流

改土归流是清代云南历史上最为重要的事件之一，改变了少数民族地区的基层权力结构，废除或削弱了土司对当地社会经济的控制，中央政府的权威不断深入。② 地方土司权力的削弱为外来移民的迁入创造了较为稳定的社会环境，18 世纪云贵高原人口与经济的快速增长正是改土归流的深刻化体现，对山区和边疆少数民族地区的农业开发产生了重要的影响。③

在明代武定府的土司管辖区，以马为单位，设四十八马，"夷所用事托重，而恃力者曰马头，凡四十有八"④。这些马的马头（亦称火头）是土司之下管辖地方的重要力量，土司的物力、人力多来自这些马头，并统之于总管。"滇之遇警，惟调土司兵勇，而土兵又多散处，号召难齐，往往坐视盗贼猖獗，束手无计，无练兵故耳。武定四十八马，近者得以文法羁束，其余分布江边，参错江外，箐林深谷，阴巷峻岭，险要可凭，与江外诸夷结好连姻，互相

---

① 《全球环境变化的制度因素科学计划（IDGEC）》，孙成权、王天送、黄彦敏编译：《全球环境变化与城市化、制度因素、全球土地计划》，第 69 页。

② 温春来：《从"异域"到"旧疆"：宋至清贵州西北部地区的制度、开发与认同》，北京：三联书店，2008 年，第 183 ~ 216 页。

③ 杨伟兵：《制度变迁与地域社会：清代云贵地区改土归流和民族生态变迁新探》。

④ 刘文征撰，古永继点校：天启《滇志》卷 30 《羁縻志十二》，第 43 页。

倚恃，克、举之变，实由于斯。"① 四十八马中，十马属元谋县，十马属和曲州，禄劝有二十七马之属。②

土司之下还设置一些小的土目分管各种事权，如在土司之下设总管，总管之下设曲觉、遮古、更资、扯墨、管家等头目，《农部琐录·爨语·释官名》记载："部长曰撒颇，其妻曰耐德。死土曰苴可。分管地方头目曰曲觉，一曰曲角。管理庄田头目曰遮古。管理喇惧头目曰更资。喇惧者，钱粮之畸零也。管理六班快手头目曰扯墨。管理庄田租谷头目曰管家。通夷汉语者，曰通事，一曰把事，一曰目把，总曰通把。"③ 这些头目"籍土衙之势，索取夷民，民畏之如虎，甘为盗贼劫掠以应其求，尽归于土府"④。各头目各有所掌，如遇兵事则"一应调遣，各领步兵从征"⑤。

明末，凤氏土知府被夺印，降为土舍。⑥ 为保住昔日的权力，抵制改土归流，自明嘉靖七年（1528）至清初，凤氏土司共发动了七次反叛，且一呼百应⑦，较为完备的基层权力结构是其发动叛乱的基础。

嘉靖、隆庆年间武定土府同知邓世彦的《武定府改土设流议》⑧ 具体阐述了改土归流的二十条方法，其重点是瓦解土司的权力结构，将中央王朝的权威深入到基层。

首先，对土司权力结构的高层——总管和曲觉，采取"分割地方，以消彝势"的政策。在明隆庆年间（1567—1572）刚进行改土归流时，由于夷民多恋旧主⑨，土司头目的权威在地方民众心中很难在短期内消除，有再次起兵反叛的危险，但如不许其管理地方"恐其负固"，只能先招抚，"合无革去总管、曲觉、遮古名色，仍许为马火头，亦使过之意，庶可经理地方，兵不必

---

① 何耀华：《武定凤氏本末笺证》，第 238 页。

② 邓世彦：《武定府改土设流议》，康熙《武定府志》卷四《艺文》，《续修四库全书·史部·地理类》第 715 册，第 169 页。另一马的地理位置无法确定。

③ 檀萃：《农部琐录》卷十四《爨语·释官名》，云南省图书馆抄本。

④ 何耀华：《武定凤氏本末笺证》，第 191 页。

⑤ 邓世彦：《武定府改土设流议》，康熙《武定府志》卷四《艺文》，《续修四库全书·史部·地理类》第 715 册，第 169 页。

⑥ 何耀华：《武定凤氏本末笺证》，第 102 页。

⑦ 见《明史》卷 314《列传二百二·云南土司二》，第 8094～8097 页。何耀华：《武定凤氏本末笺证》，第 106～202 页。毛奇龄：《云南蛮司志》，方国瑜主编：《云南史料丛刊》第 5 卷，第 439～440 页。《明实录》各朝实录等。

⑧ 邓世彦：《武定府改土设流议》，康熙《武定府志》卷四《艺文》，《续修四库全书·史部·地理类》第 715 册，第 168～172 页。

⑨ 何耀华：《武定凤氏本末笺证》，第 282 页。

添，而余党自出，大过既宥，而反侧自安矣"①。如果仍让原有的土目管理地方，势力依旧难以控制，故可分割各马的归属，"以削彝势"。元谋县所属的十马归县府管辖，不归土司总管，故无须改属。禄劝的二十七马与和曲的十马归土司下属的总管管辖，是历次凤氏作乱的主要人力、物力来源。要从根本上控制地方，必须削弱这三十七马的力量。故邓氏建议将三个曲觉革去其二，只留其一，并提高其地位，使其与总管相当，将禄劝二十七马交与总管管辖，和曲十马交与曲觉管辖，这样就将三十七马的力量一分为二，使总管与曲觉不相统属，相互制衡。且在权力上只许其捕盗从征，不许干涉地方诉讼。于是，总管与曲觉名目虽在，但权力已被削弱，易于中央控制。

其次，对于中层头目，"永立管马通事以寓保甲"。武定地方辽阔，如果革去下层土目，只靠上层总管、曲觉等人进行直接管理，必定造成诸多不便，在中层管理上还需要再加强。以往土司地方中层头目称为火头，"各马彝民俱听马火头调用，前此只知总管统之，属于土衙，钱粮差役俱系管甸通事代征，有终身不见汉官者"。为了加强中央对基层的管控，对原有之火头进行重新检选，下设村长，属火头管辖，并赴府衙投见，使其知流官之权威。在火头与村长之上恢复原有之通事一职，以征收钱粮。但经过战乱，各马钱粮多不完纳，以致管甸通事多有赔累，无人充当，导致征收钱粮较为困难，"合无择取州县之民，有身家忠实，为某马彝人信服者，就立为此马通事，子孙世充"②。这里的通事即内地的里长，而火头、村长相当于汉地的甲首。通事是改土归流之初为了沟通上下而设立的，"夫通把之力，不过设流之初谓彝与官不相习，择通彝者而代其征，庶几便于彝云耳"，但设立之后却出现了通事上下其手的现象，"孰知立一通把，随加一狼虎，正额未已也，而火耗数倍之；火耗未已也，而杂派重科之"③。最后只得撤销通把。

再次，对下层头目采取"尽革头目，以翦羽翼"的政策。在土司管辖下，直接与民众接触的是下层分管各种具体事务的小头目，如上文所述之遮古、更资、管家等，"此等头目，彝马庄民受害已极。今不痛革，民彝畏之如虎。仍

① 邓世彦：《武定府改土设流议》，康熙《武定府志》卷四《艺文》，《续修四库全书·史部·地理类》第715册，第168～169页。

② 邓世彦：《武定府改土设流议》，康熙《武定府志》卷四《艺文》，《续修四库全书·史部·地理类》第715册，第170页。

③ 傅宗龙：《署禄劝州钱公惠政碑记》，康熙《禄劝州志》卷下《艺文》，云南省图书馆抄本。

知有土衙之势，求其不为盗贼，劫掳以偿头目之索取，不可得也"①。为满足土目之索取，情愿为盗贼劫掳。另外，这些小头目也是火头存在的基础，将这些小头目革除，则总管、曲觉等大头目必将势单力薄，无力反叛。

明末针对禄劝地区的改土归流集中于改革土司原有的上层、中层和下层权力体系，逐渐向内地州县保甲体系和治理模式发展，这一过程持续到清康熙年间李廷宰为禄劝州知州时。李廷宰于"康熙五十三年守州，平常应运之乱，改马为甲，设义学，清私垦，政绩甚多"②。

常应运为凤氏阿爱之夫，居于撒甸（今流域北部撒营盘镇），虽然并非凤氏，但"夷民愚而恋主，本非其主，犹爱其似者而奉之。虽虐之至死，终不肯叛"③。常应运与武定那氏土酋连年仇杀，严重影响了当地的社会安宁。康熙五十四年（1715），李廷宰奉命委吏目协同把总进撒甸驱逐常应运，但未成功。后李廷宰亲往撒甸驱逐，常应运闻堂官亲往，潜逃藏匿。李廷宰怕常应运藏在近处，招来二十四马的火头，查出常氏藏匿的地方，领兵去捕，但已逃去。火头鲁甫、阿俄等呈称："为遵奉归流恳恩申报事，民等世居撒马，历来守法，因常应运与那德发仇杀无休，连年受累，幸蒙大宪府念赤子，追取那德发牛羊牲畜，给散各马，又将那德发擒拿法处，又将常应运驱逐，州主加意抚绥，使甫等重覩尧天，畏威怀德，情愿归流，办纳钱粮。倘应运再敢潜回撒甸，甫等二十四马即协力擒拿解赴天台，断不敢容留隐匿。……是以十百载彝民一旦倾心向化，情愿归流。卑职将二十四马更为二十四甲，坐落归仁、向化、怀德、慕义四里，设立甲头，给以遵照，令其办纳钱粮。"④

然而，此次改土归流后，各马火头并未按上文所言擒拿常应运，而是在康熙五十七年（1718）常应运回到撒甸时，依然可以"诱胁数千人攻卓干马，已逼杉松营，距城四十里"⑤。这次反叛如果没有各马火头的支持是不可能成功的。禄劝土司最后一次反叛也随着常应运的死亡而结束。事后移驻武定府同知于撒甸分防治理，"撒甸野彝既已倾心归顺，地方辽阔，自应遴调文职一员分防治理，责令劝垦地亩，宣讲上谕十六条，并设义学，俾朴者安心耕织，秀

① 邓世彦：《武定府改土设流议》，康熙《武定府志》卷四《艺文》，《续修四库全书·史部·地理类》第715册，第169页。
② 檀萃：《农部琐录》卷八《职官志》，云南省图书馆抄本。
③ 何耀华：《武定凤氏本末笺证》，第282页。
④ 李廷宰：《驱逐常应运将二十四马改土归流编甲申文》，康熙《禄劝州志》卷下《艺文志》，云南省图书馆抄本。
⑤ 何耀华：《武定凤氏本末笺证》，第286～287页。

者习读诗书，教养兼施"①。此后，凤氏再未发起反叛行动。

由此也可以看出，由于夷人"愚而恋主"，要加强中央对地方的控制，消灭或削弱土司和土目的权威，关键是对少数民族基层组织进行改革。如李廷宰对禄劝二十四马改马为甲的措施，将其逐渐纳入全国统一的管理体系，加强中央政府对火头或甲长的控制，树立中央政府在普通民众心中的威信，改变其只知有土司不知有王朝的观念，才能彻底解除忧患，但这需要一个漫长的过程。

少数民族地区的改土归流逐渐改变了土司及大小头目控制地方的局面，行政、司法也逐渐纳入中央政府统一的管理体系，土司治下"昔苦其五，曰抄，曰杀，曰夺其妻，曰不育其子，曰驱之为盗"。改设流官后"今乐其一，曰安"，"耕者食，畜者群，行不必偶，出入无禁，屈者伸，寡弱无凌暴。父母妻子相聚，见交贺，曰：而今而后，知流官之便于民也"②。

改土归流政策的实施，使得当地土目的势力遭到严重削弱，为汉人的迁入并从事农业生产提供了较为稳定的社会环境。在改土归流以前，汉族人口数量较少，对土目的态度是"畏之如虎"，但当汉人达到一定数量，就可以与当地的土目抗衡，维护自己的权益。

在金沙江边的志力村，一块嘉庆二十年的碑刻记载了外来汉人移民与当地土目发生矛盾的过程：

禄劝县正堂示：署武定直隶州禄劝县正堂加三级纪录六次郭　为请求遵行以正民风事，照得汤郎马土目□□□具禀："该马志力、汤郎丐二处，江西民人聚集甚多，先是土目祖先屡经结告，自乾隆三十九年起，□□□五年以来，祖父俱殁，至被家人纠串佃户，欺凌田主，以致江西人等乘势陆续渐入，聚集更多，来□□□一切起盖房铺及亡故埋葬，俱不向土目理清查问，坟茔庐墓在彼，借占土地不少，俱碍土目地面。为□□□现奉札谕，查点门户，恐有不法之徒，渗入滋事，除马内汤乍拉□□已照户发给门牌，亦未散给□□□不谋生理，游荡募食之辈，不敢概给门牌，即土目私庄包姑箐一带，原佃所亲身户，亦未散给□□日复不法之徒滋事受累，虽欲陆续查点驱逐，奈伊等恃众不从，除将包姑箐一带原佃私自所占□□及汤乍拉游荡聚

① 甘国璧：《奏请将武定同知移驻撒甸并请给关防疏》，康熙《禄劝州志》卷下《艺文志》，云南省图书馆抄本。《清圣祖实录》卷282，康熙五十七年十二月癸亥。
② 邓世彦：《武定府改土设流记》，道光《云南通志稿》卷二百六，点校本8，昆明：云南美术出版社，2020年，第331页。

食之徒，赏示遵行；其志力、汤郎歹二处江西人等，业经发给门牌，其一切起盖房屋□亡故埋葬在先者，概难追究，自后禀请赏准勒石垂牌，禁止劝戒，庶异乡无杂处之患而本地无□□□虞，土目世世子孙，顶祝不浅。"等情前来，除指示立案外，合行给示勒碑示禁，为此示，仰该马土目□□江右各色人等知悉，嗣后凡有外来江右人等欲在此地住坐谋生以及死亡者，俱要向土目理□□□不得擅行住葬。该土目仍随时查明人户丁口姓名，注册取结禀报，方得入寨，散给门牌，如有不法□□禀请，严拿驱逐。至先年久住之江右人，原佃所私招亲身者，即按户查明，其中有游荡不务生业，□□□端者，亦即指名禀报拿究驱逐，以正风俗，而安人心，勿负本县谆谆化导之至意，□□毋违；特示：右仰遵知　嘉庆二十年二月　日示 发汤郎马勒石晓谕[1]

从以上碑文可以看出，首先，矛盾的双方是当地土目和江西民人，矛盾的起因是江西人迁入当地，房屋及坟茔占据了土目的土地，土目进行查点驱逐时，因江西人数较多，"恃众不从"，使得土目毫无办法。这体现出乾隆年间少数民族地区土目已经非常弱势，连外来人口占据自己的土地都无法驱逐，这在改土归流以前是无法想象的。

其次，在乾隆年间，中央政府的权威在地方得到了真正的体现，司法权已经收归官府。另外，土目在所管地方要查点门户，并发给门牌，是保甲制度推向少数民族地区的象征，土目只是代政府管理地方，而非土司的代理人。

最后，碑文中出现佃户欺凌田主的现象，佃户是当地的少数民族，而田主则是土目，在改土归流以前佃户可以用劫掠的方式来满足土目及土司的要求，"愚而恋主"，但至乾隆年间少数民族与土目的家人一起来欺凌土目，可见土目在原有少数民族群体中也没有了以往的权威，被欺凌时只能向官府求助，以致江西人乘机迁入其所属地方，占据土地。

以上都可以说明在改土归流以后，至乾隆年间，土司上层和下层土目在当地少数民族中的权威已大大下降，无法再像改土归流以前那样大胆行事，而中央政府的权威已牢牢确立。

黑彝状告土目争夺土地的事件也可以清楚地反映土目权威的急剧衰落。据

① 缪鸾和：《禄劝县九个单位名称的少数民族初步调查报告》，方国瑜主编：《云南史料丛刊》第13辑，第420页。

第六章 制度、政策演变与山地土地利用变化

20世纪50年代初期的民族调查，今天撒营盘镇撒老乌村的彝族李发现说：
"我们是自田自地，自苦自吃的。"并非土司的佃户，但自耕农的身份也是祖
先拼死换来的：

> 以前常土司家，曾经想霸占我们的田地，来骗我们的祖先说：到
> 城里上粮太远，官府又不好见，不如我把你们的粮带去上。我们祖先
> 认为是好心，就把粮票交给他。他代上几次粮，就把业主改成自己的
> 名字，要我们作佃户，我们祖先叫阿则，不服气，到禄劝去告，常家
> 钱多，买通官府，判阿则无理，并且施用种种刑法，用棉花裹在手指
> 上醮油烧，想苦打成招，承认是常家的佃户。阿则死不肯认，说：
> "拼着我一个人死，不让子孙做佃民。"在监牢里，阿则自己把门牙
> 打落两个，连血用布包着，递给亲人到省城去喊冤，官府知道常家是
> 恶霸，要治他的罪，常家慌了，请他的亲戚联名去保，又跟我们和
> 解。阿则释放出来，由武定官府认回九两九钱的税银，把它称为
> "拿饿税"。姓李的也称为"拿饿"，意思是不在人的权力下，是独立
> 的。以后留下这样的话，"拿饿粮好拨，拿饿子孙不能做人家的奴
> 隶"。①

以上彝族状告土司并争回土地的案例表明，当时少数民族要到城里去上
粮，且上粮的对象是官府，可以判断当时已经改土归流。改土归流以前"各
马彝民俱听马火头调用，前此只知总管统之，属于土衙，钱粮差役俱系管甸通
事代征，有终身不见汉官者"②。改土归流以后彝族阿则到禄劝状告土司，失
败后，又到省城去喊冤，表明在少数民族的思想中已经有了中央政府的意识，
最后彝族阿则状告成功，拿回了自己的耕地。

在笔者田野调查的NN村，始迁祖王氏先从南京迁到昆明的王家桥，乾隆
中期从王家桥迁到禄劝县为县长牵马。NN村地处昆明至四川会理的交通道路
上，当时附近出了两宗人命案：一宗是江西人在过路时被杀，一宗是湖南人被
杀。县长到此处理命案，NN村处于三马（卓干马、撒马依马与挪岔马）交界
之地，这三个马的马头怕惹上官司，都不敢认这一区域是自己的，所以县长就

① 缪鸾和：《禄劝县九个单位名称的少数民族初步调查报告》，方国瑜主编《云南史料丛刊》第
13辑，第422页。
② 邓世彦：《武定府改土设流议》，康熙《武定府志》卷四《艺文》，《续修四库全书·史部·地
理类》第715册，第169页。

把这块地方给了王家老祖。由此，王家老祖迁移到 NN 村，创建了聚落。可以看出，随着境内改土归流的实施，外来汉族移民逐渐增多，或进行农业生产，或从事商业贸易，逐渐遍布整个流域。

## 二、鼓励垦荒

清代云南的山区开发主要是在政府相关政策鼓励下的自发的移民与垦殖活动。

首先，制定奖励政策，鼓励官民积极垦殖。康熙初年规定地方官的开垦劝惩之例："州县卫所荒地一年内全无开垦者，令督抚题参；其已垦而复荒者，削去各官开垦时所得加级纪录，仍限一年督令开垦，限内不完者，分别降罚。前任官垦过熟地，后任官复荒者，亦照此例议处。"① 雍正年间继续以招垦之事为考成的标准之一："其州县官能劝谕百姓开垦地亩多者，准令议叙，督抚大吏能督率各属开垦地亩多者，亦准议叙。"② 严厉的劝垦政策使得各级地方官员不敢怠慢。雍正年间鄂尔泰在滇东北地区的改土归流运动导致大量少数民族人口逃亡，高其倬继任云贵总督后除安抚逃亡的本地居民，还招徕移民进行垦殖，"招募农民，资给送昭通，每户拨田二十亩，借发牛种，开垦为业"③。使得当地经济得到恢复和发展。

其次，清朝还利用放宽新垦耕地的升科年限或免予升科来鼓励垦荒。④ 顺治六年（1649）规定开垦耕地六年起科，"六年以前，不许开征，不许分毫金派差徭"⑤。顺治十三年（1656）规定，"各省屯田荒地，已行归并有司，即照三年起科事例，广行招垦"⑥。清初，经过战乱，云南田地多有荒芜，云贵总督赵廷臣奏请："滇、黔田土荒芜，当亟开垦。将有主荒田令本主开垦，无主荒田招民垦种，俱三年起科，该州、县给以印票，永为己业。"⑦

康熙十年（1671），将新垦田地的起科时间定为四年，十一年（1672）再定为六年。康熙十二年（1673），"嗣后各省开垦荒地，俱再加宽限，通计十

① 《清朝文献通考》卷二《田赋二》，北京：商务印书馆，1936年，第4863页。
② 《清世宗实录》卷六，雍正元年四月乙亥。
③ 倪蜕辑，李埏校点：《滇云历年传》卷12，昆明：云南大学出版社，1992年，第619页。
④ 何凡能、戴君虎、葛全胜：《从康雍干垦殖政策看中国清前期垦荒发展趋势》。
⑤ 《清世祖实录》卷四三，顺治六年四月壬子。
⑥ 《清世祖实录》卷一百二，顺治十三年七月癸丑。
⑦ 《清圣祖实录》卷一，顺治十八年二月乙未。

年方行起科"。康熙十八年（1679）规定"复为六年起科，逐成定例"①。三藩之乱后，云南的社会经济遭到严重破坏，耕地大量荒芜，经过几年的人口发展与招垦，至康熙五十一年时，大部分耕地已被复垦，"至平定以来，人民渐增，开垦无遗。或沙石堆积难于耕种者，亦间有之。而山谷崎岖之地，已无弃土，尽皆耕种矣"②。雍正年间，"因念国家承平日久，生齿殷繁，地土所出，仅可赡给，偶遇荒歉，民食维艰，将来户口日滋，何以为业？惟开垦一事，于百姓最有裨益"③。于是规定水田仍以六年起科，旱田以十年起科。

乾隆年间对征税对象进行了重大调整。乾隆五年（1740），为鼓励全国开垦耕地，以资口食，规定："凡边省内地零星地土可以开垦者，嗣后悉听该地民夷垦种，免其升科。……其在何等以上仍令照例升科，何等以下永免升科之处，各省督抚悉心定议具奏。"④ 在云南，山头地角等耕地在三亩以上者照旱田例十年之后升科，三亩以下则免升科；水滨河尾的耕地在二亩以上者照水田例六年之后升科，二亩以下免升科。⑤ 乾隆七年（1742），云南总督张允随上奏："请嗣后民夷垦种田地，如系山头地角、坡侧旱坝，尚无砂石夹杂，在三亩以上者，俟垦有成效，照旱田例，十年之后，以下则升科。若系砂石硗确，不成片段，及瘠薄已甚，不能灌溉者，俱长免升科。至水滨河尾，尚可挑培成田，在二亩以上者，照水田例，六年后，以下则升科。如零星地土，低洼处所，淹涸不常，难必有收者，仍长免升科。"⑥ 乾隆三十一年（1766）上谕：

> 滇省山多田少，水陆可耕之地俱经开辟无余，惟山麓河滨，尚有旷土，向令边民垦种，以供口食。而定例山头地角在三亩以上者，照旱田十年之例，水滨河尾在二亩以上者，照水田六年之例，均以下则升科。第念此等零星地土，本与平原沃壤不同，倘地方官经理不善，一切丈量查勘、胥吏等恐不免从中滋扰。嗣后滇省山头地角、水滨河尾，俱着听民耕种，概免升科，以杜分别查勘之累，且使农氓无所顾虑，得以踊跃赴功，力谋本计。至旧有水利地方，如应行开渠筑坝之处，小民无力兴修，及开旷地亩、艰于开垦者，并令确切查明，酌借

① 《清朝文献通考》卷二《田赋二》，第4865页。
② 《清圣祖实录》卷二百四十九，康熙五十一年二月壬午。
③ 《清世宗实录》卷六，雍正元年四月乙亥。
④ 《清高宗实录》卷一二三，乾隆五年七月甲午。
⑤ 《钦定大清会典事例》卷一六四《户部十三》，方国瑜主编：《云南史料丛刊》第8卷，第178页。
⑥ 《清高宗实录》卷165，乾隆七年四月丁巳。

公项，俾问阎工作有资。①

清代对云南山区开垦的零星土地从宽限升科年限到"概免升科"，以鼓励官民积极垦殖，对于农民移民山区、开垦山林起到了重要的促进作用。雍正、乾隆朝，全国垦殖的主要区域转向边疆，云南山区成为移民开垦的重要区域之一。②

历史文献资料中关于掌鸠河流域耕地开垦的记载相对较少，在清代的实录中可以找到零星关于禄劝县耕地开垦和上报升科的记录，虽然地方督抚的上报可能受到皇帝或督抚本身主观因素的影响③，但在一定程度上也可以反映耕地的实际开垦情况。

在《清高宗实录》中，自乾隆十九年（1754）开始出现云南巡抚有关禄劝县新开垦耕地的上报，接着乾隆二十年（1755）、二十一年（1756）、二十七年（1762）与二十八年（1763）都有禄劝县开垦耕地的上报记录④，在十年间上报了五次，可见18世纪中期是禄劝县耕地开垦的一个高峰期。

从1751—1800年掌鸠河流域聚落增长的情况来看，这一时期新创建聚落数量并不多，处于缓慢增长期，较大的可能是由于这一时期中下游地区原有聚落水利技术的发展，农业生产由粗放向集约发展，成为"垦有成效"的耕地，被地方官员上报升科。如在掌鸠河下游的茂山乡以德莫村，据当地的碑刻资料记载，乾隆二十年（1755），外来移民李老珠在以德莫村开挖了引水沟渠，大大提高了单位耕地的产量，并获得了原有田主给予田地和山林的回报。⑤

清实录中第二次出现有关禄劝县耕地开垦的多次上报是在道光朝，在二十年间出现了六次开垦耕地升科的记录（表6.1）。从掌鸠河流域1801—1850年新创建聚落的数量来看，这一时期新创建的聚落数量达到132个，属于高速增长期，虽然主要分布在山区，但中下游河谷和平坝区也有少量分布，可能成为这一时期新开垦耕地上报的重要来源。另外，乾隆三十一年（1766）规定云南山头地角开垦的耕地"概免升科"，故在此后所上报的升科耕地应是面积相

①　《清高宗实录》卷七六四，乾隆三十一年七月癸酉。

②　何凡能、戴君虎、葛全胜：《从康雍干垦殖政策看中国清前期垦荒发展趋势》。

③　杨煜达：《清代档案中气象资料的系统偏差及检验方法研究——以云南为中心》，《历史地理》第22辑，上海：上海人民出版社，2007年，第172～188页。

④　《清高宗实录》卷497，乾隆二十年九月乙未；《清高宗实录》卷520，乾隆二十一年九月戊寅；《清高宗实录》卷672，乾隆二十七年十月丙申；《清高宗实录》卷694，乾隆二十八年九月丙辰。

⑤　缪鸾和：《禄劝县九个单位名称的少数民族初步调查报告》，方国瑜主编：《云南史料丛刊》第13卷，第423～424页。

对较大、耕作条件较好的耕地，是禄劝县耕地开发的另一高潮。因掌鸠河流域是禄劝县的主要农耕区，这一时期也可以看作掌鸠河流域开发的一次高潮期。

表6.1　道光年间云南巡抚上报禄劝县开垦并升科田地

| 时间 | 上报人 | 内容 |
| --- | --- | --- |
| 道光四年（1824） | 云南巡抚韩克均 | 禄劝县开垦屯田六十八亩，照例升科 |
| 道光十三年二月（1833） | 云南巡抚伊里布 | 陆凉、禄劝二州、县开垦田四顷三十三亩有奇，照例升科。 |
| 道光二十年十二月（1840） | 云南巡抚颜伯焘 | 禄劝县开垦地六十五亩有奇，照例升科。 |
| 道光二十年（1841） | 前任云南巡抚颜伯焘 | 河西、禄劝二县开垦田四十九亩有奇，照例升科。 |
| 道光二十一年（1842） | 云南巡抚张澧中 | 禄劝县开垦田二十五亩有奇，照例升科。 |
| 道光二十三年（1844） | 云南巡抚张澧中 | 禄劝县开垦田三十亩，照例升科。 |

资料来源：《清宣宗实录》卷74，道光四年十月乙酉；《清宣宗实录》卷245，道光二三年十一月丙子；《清宣宗实录》卷331，道光二十年二月丁卯；《清宣宗实录》卷342，道光二十年二月戊辰；《清宣宗实录》卷364，道光二十一年十二月乙未；《清宣宗实录》卷399，道光二十三年十一月丁亥。

## 三、咸同回民起义

咸同回民起义（1855—1873）期间，战争和疾病等因素导致的人口损失是巨大的，"自军兴以来，各属久遭兵燹、饥馑、瘟疫，百姓死亡过半"[1]。在大规模的战争爆发以前，禄劝县于咸丰三年（1853）二月就受到来自巧家回族起义军马二花的影响，咸丰十一年（1861）正月至九月河外四马又受到来自寻甸县回族起义军的焚杀抢掠，但破坏程度与范围有限。

掌鸠河流域受战乱影响的时间主要集中在同治六年至七年（1867—1868）两年间。同治六年三月，杜文秀起义军攻陷禄劝县城，"回匪踞城旬日亦遁"。六年十月，"迤西回匪陷县城"，十一月，"杜逆文秀部下杨标骑等率众数千人攻破县属之田心营盘，总兵杨玉科统兵讨平之"。至十二月始收复县城。同治

---

① 岑毓英：《截止民兵厘谷请免积欠钱粮片》，载方国瑜主编：《云南史料丛刊》第9卷，第341页。

七年二月，"云州回酋伪大都督蔡扬威谋叛，据武定，率众自县属普渡河扰及河外之崇仁、绞摆一带，焚杀无算，旋窜入寻甸"①。战争对人口的影响的主要表观是较为直接的人口死亡，如在咸丰八年（1858）三月回民军队进攻武定州城，四月陷城，此一役"州民死者三万余人"②。战乱过后，武定直隶州人口大量逃亡或死亡，"盖由数经兵燹，其生聚者比锋镝之余也。民既不庶，籍亦屡更"③。禄劝县城被两次攻陷，且下游坝区多次遭到蹂躏，人口损失惨重。

除被战争直接影响而损失的人口，因战争造成的疾病死亡也是较为严重的。据曹树基的研究，战争中的人口损失在很大程度上是鼠疫流行造成的人口死亡，从1856年以来，武定州的人口损失率在34.3%④。禄劝境内分别在同治二年（1863）和同治三年（1864）六至八月间出现"大瘟疫"⑤，对人口造成一定的影响，但在禄劝境内并没有像武定那样被反复攻陷和屠杀⑥，故人口损失较武定轻微。

战争和疾病导致禄劝中下游河谷地带人口损失严重，除直接死亡的人口外，有一定数量的人口逃亡他乡。从这一时期流域内新创建的聚落分布（图2.4）可以看出，中上游山区是逃亡人口迁移的重要目的地。虽然流域内的人口数量有所下降，但这一时期的聚落数量发展非常迅速，1851—1900年的50年间共新创建聚落188个，为1700年以来每50年一个时间段聚落创建数量最多的时间段。这一时期新创建的聚落多分布在流域的中上游山区和半山区，掌鸠河中下游河谷地带较少，且只占这一时期新创建聚落总数的8%。从这些新增聚落的自然地理环境（表6.2）来看，平均海拔2122米，平均坡度16.5°。这一时期的聚落分布总体上来说是向高海拔、高坡度区域扩散。这一时期由于战乱，滇中受战乱影响的平坝地区和流域内中下游河谷地带的人口大量逃亡到山区和半山区，创建了许多新的聚落，耕地被大量开垦。

① 民国《禄劝县志》卷1《天文志·祥异》，第380～383页。
② 光绪《武定直隶州志》，林超民主编：《西南稀见方志文献》第28卷，第392～393页。
③ 光绪《武定直隶州志》卷二《户口》，林超民主编：《西南稀见方志文献》第28卷，第439页。
④ 曹树基：《中国人口史》第五卷《清时期》，第561页。
⑤ 民国《禄劝县志》卷1《天文志·祥异》，第82页。
⑥ 《咸同戡难本末》，光绪《武定直隶州志》卷一《戡定事实》，林超民主编：《西南稀见方志文献》第28卷，390～403页。

表6.2  1851—1900年新创建聚落自然环境

| 海拔（米） | 聚落数量（个） | 百分比（%） |
| --- | --- | --- |
| 1564～1800 | 12 | 6 |
| 1801～2000 | 52 | 28 |
| 2001～2200 | 52 | 28 |
| 2201～2500 | 63 | 34 |
| 2501～3000 | 9 | 5 |

## 第二节  民国时期制度、政策演变与山地土地利用变化

民国时期，云南作为抗战大后方，粮食需求量大大增加，政府千方百计增加粮食征收，除清丈现有耕地外，还鼓励垦荒，"一面调查公私荒山、荒地能种植稻麦杂粮者均应由地方官绅督饬人民大量种植，以充实后方生产，增强抗战资源及其力量"[1]，在一定程度上促进了云南山地耕地开垦与土地利用变化。

### 一、耕地清丈与田赋改革

#### （一）耕地清丈

田赋征收的主要根据是耕地，民国初年因无力清丈，只能以清代册载面积为准，但册载面积并不能反映实际耕地数量，如上文所述，清代乾隆年间规定开垦零星土地可免升科，在少数民族地区还存在许多免丈的夷田地，"普洱、武定、景东、镇沅、元江等各府厅州属有免丈照征及额外之夷田地，不以项亩计，数百余段"[2]。所以欲增加田赋，必先清丈耕地，"吾滇田地，自前明迄今，悉以薄赋轻徭，不忍加征，为厚待边民之唯一政策。从前科征旧制，按则

---

[1] 《云南行政纪实》第一编《建设·农业》。
[2] 《云南全省财政说明书》，桑兵主编：《续编清代稿钞本》第四十九册，广州：广东人民出版社，2009年，第39页。

分等，未始不善，乃沿袭日久，弊病丛生。旧赋之中，粮不过户，飞洒影射，层出不穷，新垦升科，百无一二，隐匿朦混，随处皆有"①。

1929 年，云南成立全省清丈总局，并在昆明试行清丈。1931 年在全省推行，至 1941 年止，全省 129 县中除沿边诸县外共清丈 110 县，清丈耕地2852.25 万亩。在有记载旧亩的 41 县中，新清丈的耕地面积是旧载面积的 2倍多。② 在已经清丈完毕的各县，按耕地质量划分为三等九则，不同等则的耕地制定了不同的税率（表 6.3），以当时全省通用的半开现金为本位，统一称为耕地税。

表 6.3　清丈耕地等则及税率

| 耕地等则 | 每亩价值（元） | 税率（角/亩） |
|---|---|---|
| 上上则 | >150 | 3 |
| 上中则 | 120～150 | 2.4 |
| 上下则 | 90～120 | 1.8 |
| 中上则 | 70～90 | 1.4 |
| 中中则 | 55～70 | 1.1 |
| 中下则 | 40～55 | 0.8 |
| 下上则 | 25～40 | 0.5 |
| 下中则 | 15～25 | 0.3 |
| 下下则 | <15 | 0.1 |

资料来源：《云南省财政厅征收耕地税章程》，云南省财政厅，云南省档案馆编：《民国时期云南田赋史料》，第 179～180 页。

就禄劝县而言，原有旧税额为 12898 元，清丈后的税额为 24998 元③，增长了近一倍。清丈后田赋税额的增加一定程度上加重了农民的负担，除通过兴修水利等提高单位耕地面积产量外，开垦新耕地成为减轻负担的重要选择。

## （二）田赋改革

田赋是云南地方财政的主要来源之一，"云南省地方财政，历来大宗收

---

① 云南省政府财政厅：《拟具清丈田地办法，请衡核示遵》（1928 年 10 月 4 日），云南省财政厅、云南省档案馆编：《民国时期云南田赋史料》，第 148～149 页。

② 《云南行政纪实》第一编《财政·清丈耕地》。

③ 《清丈完成各县耕地新旧税额比较表》，《云南行政纪实》第一编《财政·清丈耕地》。

入，禁烟之外，厥惟田赋"①。1939 年将田赋拨归各县办理，"田赋一端为各县良好税源，以之拨归各县，办理各项政务，则财政内容充裕基础可以确定"②。并规定县行政费用占 40%，事业费用占 60%③。耕地清丈后田赋大量增加，为发展地方实业提供了基础。

由于各县田赋多寡不一，为增加地方财政收入，出现大量加征耕地附加税的现象，导致农民负担日益加重。民国政府于 1932 年制定《限制田亩加赋办法》，规定田赋正税、附捐之总额不得超过当时地价的百分之一，田赋附捐之总额不得超过旧有正税之数。④ 云南省财政厅亦颁布《永不再增加田赋附加，永不再立不合法税捐》的法令，禁止各地政府增加农民负担。⑤ 但这些法令并未起到实际的效果。

云南附加税可分为省附加与县附加两种，省附加有民国四年（1915）的附粮加捐一种，每石附征一元，按粮征收，自耕地税拨归地方后名义上已不存在，但各县依旧征收。⑥ 县附加包括随粮团费和新案团费等。⑦ 至抗战军兴，云南物价高涨，财政开支猛增，入不敷出，于是各县纷纷在正额之外征收附加税以弥补财政赤字，"自抗战以还，物价高涨，本省各县地方财政，早呈收不敷支之象，加以各地方田地附捐款项，名目繁杂，轻重不一，因而百弊丛生，纠纷不已，重苦人民，莫甚于此"⑧。据 1938 年的统计研究，在云南 113 县中，附加税超过正税的有 103 个，正税为 154 万余元，附加税达到 346 万余元。禄劝县的正税为 25190 元，附加税达到 68014 元，是正税的 2.7 倍⑨。

1940 年，云南省政府念各县财政困难，同意各县田赋按 1939 年增加一倍

① 《耕地税拨归地方之动机的实施时的计划》，云南省财政厅、云南省档案馆编：《民国时期云南田赋史料》，第 265 页。

② 《云南行政纪实》第一编《财政·确定县财政基础》。

③ 《省参议会通过耕地税拨归各县地方支配办法》，云南省财政厅、云南省档案馆编：《民国时期云南田赋史料》，第 267 页。

④ 《云南省政府通令——转发财政部〈限制田亩加赋办法〉》（1932 年 10 月），云南省财政厅、云南省档案馆编：《民国时期云南田赋史料》，第 199 页。

⑤ 《云南省财政厅训令——永不再增田赋附加，永不再立不合法税捐》（1934 年 7 月 20 日），云南省财政厅、云南省档案馆编：《民国时期云南田赋史料》，第 228 ~ 229 页。

⑥ 另有光绪二十六年始征之随粮团费一种，民国七年划为县附加。

⑦ 黄振钺：《云南田赋之研究》，萧铮主编：《民国二十年代中国大陆土地问题资料》，第 11629 ~ 11632 页。

⑧ 《云南省政府训令——调整耕地税征率，取消一切附加捐款》（1940 年），云南省财政厅、云南省档案馆编：《民国时期云南田赋史料》，第 278 页。

⑨ 黄振钺：《云南田赋之研究》，萧铮主编：《民国二十年代中国大陆土地问题资料》，第 11660、11669 页。

征收。增加田赋后将随赋带征的附加税一律取消，"原日内耕地税或田赋项下附加之一切捐款，及一切门户摊派，均于同日一概取消，严禁再征"①。后省政府因各县财政仍属拮据万状，准予概行改为国币征收，并以原有清丈新订之新币税额计算增加十倍（表6.4）。②

表6.4　云南耕地清丈后税率变化表（国币元）

| 等则 | 清丈后每亩原征正附税率 | | 民国二十八年（1939）加征税率 | | 民国二十九年（1940）改订税率 | |
|---|---|---|---|---|---|---|
| | 正税 | 附加税 | 正税 | 附加税 | 正税 | 附加税 |
| 上上则 | 0.15 | 1~4倍 | 0.3 | 1~4倍 | 1.5 | 取消 |
| 上中则 | 0.12 | 1~4倍 | 0.24 | 1~4倍 | 1.2 | 取消 |
| 上下则 | 0.09 | 1~4倍 | 0.18 | 1~4倍 | 0.9 | 取消 |
| 中上则 | 0.07 | 1~4倍 | 0.14 | 1~4倍 | 0.7 | 取消 |
| 中中则 | 0.055 | 1~4倍 | 0.11 | 1~4倍 | 0.6 | 取消 |
| 中下则 | 0.04 | 1~4倍 | 0.08 | 1~4倍 | 0.4 | 取消 |
| 下上则 | 0.025 | 1~4倍 | 0.05 | 1~4倍 | 0.3 | 取消 |
| 下中则 | 0.015 | 1~4倍 | 0.03 | 1~4倍 | 0.2 | 取消 |
| 下下则 | 0.005 | 1~4倍 | 0.01 | 1~4倍 | 0.1 | 取消 |

资料来源：云南省志编纂委员会办公室编：《续云南通志长编》卷四十三《财政一》中册，第508页。

注：原表中三个年份的原税率分别以现金、新滇币与国币为单位，现按现金：新滇币：国币=1:1:2的比例进行换算。

1940年，在禄劝县一份关于调整耕地税的训令中，允许将耕地税率"加一倍征收"③。在清丈完毕的地区，尤其是在耕地开垦潜力较大的山区和半山区，耕地税的征收对象为已清丈的耕地，耕地税额的大量增加，必然会促使农民开垦更多征收对象以外的耕地以增加收入，进一步促进了山区和半山区的开发。

————————

① 《云南省政府训令——调整耕地税征率，取消一切附加捐款》（1940年），云南省财政厅、云南省档案馆编：《民国时期云南田赋史料》，第280页。

② 云南省志编纂委员会办公室编：《续云南通志长编》卷四十三《财政一》中册，第508页。

③ 《禄劝县政府关于各乡耕地税率的训令》（1940年11月14日），禄劝县档案馆藏国民党禄劝县政府档案，档案号90-1-112。

### （三）田赋三征

田赋三征（征实、随赋征购、征借）是国民政府在 1941 年以后实行战时财政政策的一部分。1941 年，为抗战之需要，国民政府将各省田赋收归中央接管，并以征收实物为主，"为调剂各地军粮民食起见，得由中央统筹斟酌各地方供需情形，改征实物收储运济"①。同年 8 月，云南省成立财政部云南田赋管理处，并规定全省交通便利及农业生产较丰的 63 县（包括禄劝县）征收实物，交通不便及农产较啬的 42 县折征国币，"凡征收实物之各县，本年度田赋概系征收稻谷。按其原纳耕地税（29 年度）税额每国币一元，改征稻谷一市斗二升，其他杂粮不征"②。

1942 年，日军侵占越南和缅甸，云南在军事上成为战争的前方，大量军队进驻云南，军粮需求量大大增加，导致物价上涨。为保证军粮与公教人员的基本生活口粮，云南实施随赋征购军粮和随赋带征县级公粮的政策。1942 年 9 月，蒋介石亲自指示征购军粮的办法，"所有征购定额之麦、谷、米并应一律点交当地军粮局接收，不得延误"③。随赋征购采取累进办法，由各省酌定起购点，征购最小单位为一市斗。由于征购粮食价格较低，仅及市价的一半，对农民造成了一定的滋扰，但购粮款可就地支付，粮食款项可以得到保证。④

1942 年，征实标准以 1940 年每纳国币一元改征稻谷由原来的一市斗二升增加到一市斗五升。随赋征购粮食数量，全省应征购军粮二百万石，由各县查酌地方地权分配情形拟定起购点，按照定额算出每元赋额应行带购的粮食数量，统一于秋收后一次征购。与征实相似，带征县级公粮按 1940 年每纳国币一元带征稻谷五市升，由省财政厅统筹分配，拨作全省各县（市）区地方公粮之用。⑤ 因征购为购买性质，而征实与带征县级公粮为无偿征收农民粮食，由 1941 年的每国币一元征实一斗二升，增加到 1942 年的每国币一元征实与带

---

① 《财政部向国民党五届八中全会建议田赋暂归中央接管提案稿》（1941 年 4 月），中国第二历史档案馆编：《中华民国史档案资料汇编》第 5 辑 第 2 编《财政经济 2》，南京：江苏古籍出版社，1997 年，第 177 页。

② 《云南省 30 年度田赋征收实物实施办法》（1941 年），云南省财政厅、云南省档案馆编：《民国时期云南田赋史料》，第 284 页。

③ 《侍秘川字第九零八一一号文代电》（1941 年 9 月 12 日），《行政院经济会议第三十三次会议记录》，《民国档案》2004 年第 4 期，第 17 ~ 18 页。

④ 《云南省政府训令——31 年度粮食征收、征购要点提案及决议》（1942 年 9 月 5 日），云南省财政厅、云南省档案馆编：《民国时期云南田赋史料》，第 315 ~ 319 页。

⑤ 《云南省战时田赋征实及随赋征购粮食实施办法》（1942 年度），云南省财政厅、云南省档案馆编：《民国时期云南田赋史料》，第 321 ~ 323 页。

征县级公粮二斗。另外，征购钱款并非全部现钞，而是搭给美金储蓄券，如购谷一市石给价国币一百九十元，其中一百元为美金储蓄券，只有九十元现钞。美金储蓄券年息二厘，一年后还本[1]，不能作为货币流通，在一定程度上加重了农民负担。随后，在 1944 年，田赋征实的征率达到最高的每赋一元征谷 1.7 斗，随赋带征县级公粮也达到每赋一元 0.7 斗之数（表6.5）。

表6.5　1941—1948 年云南省征实与带征标准统计

| 时间<br>（年） | 田赋征实 | | | 随赋带征县公粮 | | |
|---|---|---|---|---|---|---|
| | 任务<br>（谷万石） | 征率<br>（每赋一元<br>征谷斗数） | 县数 | 任务<br>（谷万石） | 征率<br>（每赋一元<br>征谷斗数） | 折征<br>（每赋一元<br>征国币元数） |
| 1941 | 90 | 1.2 | 63 | | | |
| 1942 | 150 | 1.5 | 109 | 50 | 0.5 | 10 |
| 1943 | 120 | 1.2 | 105 | 50 | 0.5 | 20 |
| 1944 | 150 | 1.7 | 105 | 50 | 0.7 | 42 |
| 1945 | 150 | 1.5 | 105 | 50 | 0.5 | 50 |
| 1946 | 75 | | | 22 | | |
| 1947 | 75 | 0.7 | 51 | | 0.21 | 270 |
| 1948 | 150 | 1.5 | 131 | 45 | 0.45 | |

数据来源：各年度云南田赋征实实施办法，云南省财政厅、云南省档案馆编：《民国时期云南田赋史料》。

随着田赋三征的实施，农民负担不断加重，1943 年，云南省对赋税等则进行了调整，"本省凡已实施清丈各属，由前清丈分处将耕地评□为上中下三等九则，以作征课耕地税之依据，实行之初，因原订税率较低，而田地收益亦丰，尚鲜争议。惟自田赋改征实物，继又举办征购征借以后，耕地负担日渐增重，并因灾害频仍，农作收益日减，一般山地竟有收益不敷纳粮情事发生"[2]。随着田赋三征数额的不断提高，出现有些耕地收入不敷纳粮的现象，不得不对一些耕地的等则进行调整。

1943 年规定正赋征率，国币一元，征稻谷一市斗二升。征购粮食时每米

---

[1]　《云南省 31 年度田赋征实并随赋购粮问题解答》（1942 年度），云南省财政厅、云南省档案馆编：《民国时期云南田赋史料》，第 331 页。

[2]　《云南省田赋粮食管理处工作报告》（1946 年 6 月 7 日），云南省档案馆藏云南省政府档案，档案号 1106 - 001 - 01013 - 003。

一石，定价一千四百元国币，其中以三分之二的价款发给粮食库券，三分之一发给现钞。① 其中发给粮食库券的三分之二部分，名虽为征购，实为征借，兑取不便，甚至有放弃不领的，人民损失较大，故于 1944 年的征购粮食一律改为征借，不发价款，不计利息，也不再发粮食库券，规定自 1949 年起，分为五年平均摊还或抵纳田赋。② 田赋税率提高，粮食征借量增大，为农民带来更大的负担。

从表 6.6 中可以看出，除 1947 和 1948 年外，云南三征的收起数基本上达到或超过配征数。1941—1945 年的征实，除第一年征实开始时配征 90 万石，1943 年因云南出现自然灾害，"三征"数量有所减少③外，其余三年保持在150 万石。1942—1945 年，征购/征借数量大于或等于征实数量，给人民造成了较大的负担。如 1945 年通海县绅民代表诉说民力凋敝情况，首先，征实征借数量占全年收益的三分之一，除供自给外，无多余粮食可以征购；其次，大米时价高涨，每大包购价 2 万余元，但官方只付 3600 百元，占时价的 18%，其余需要农民自己补贴。④

表 6.6　1941—1948 年云南省三征统计表

| 时间 | 赋别 | 配征数（稻谷万石） | 收起数（稻谷石） | 折征地区收起数（国币元） |
|---|---|---|---|---|
| 1941 | 征实 | 90 | 904183 | 23477382 |
| | 征购 | | | |
| | 县公粮 | | | |
| | 合计 | 90 | 904183 | |
| 1942 | 征实 | 150 | 1731860 | 5353272 |
| | 征购 | 200 | 2704182 | |
| | 县公粮 | 50 | 562922 | |
| | 合计 | 400 | 4998964 | |

① 《财政部云南省田赋管理处布告——发布云南省 32 年度战时田赋征收实物及征购粮食实施办法》（1943 年 10 月 14 日），云南省财政厅、云南省档案馆编：《民国时期云南田赋史料》，第 391－392 页。

② 《云南省 33 年度战时田赋征收实物及征借粮食实施办法草案》（1944 年 10 月 1 日），云南省财政厅、云南省档案馆编：《民国时期云南田赋史料》，第 455～458 页。

③ 《财政部云南省田赋管理处训令——印发省政府布告及告民众书》（1943 年 11 月 22 日），云南省财政厅、云南省档案馆编：《民国时期云南田赋史料》，第 414 页。

④ 《通海县绅民代表呈——负担过重，民力凋敝实情，请求核减，以苏民困》（1945 年 2 月 10 日），云南省财政厅、云南省档案馆编：《民国时期云南田赋史料》，第 484～485 页。

| 时间 | 赋别 | 配征数（稻谷万石） | 收起数（稻谷石） | 折征地区收起数（国币元） |
|---|---|---|---|---|
| 1943 | 征实 | 120 | 1172608 | 16386978 |
| | 征购 | 200 | 1995562 | |
| | 县公粮 | 50 | 452822 | |
| | 合计 | 370 | 3620992 | |
| 1944 | 征实 | 150 | 1607503 | 20009493 |
| | 征借 | 210 | 2137013 | |
| | 县公粮 | 50 | 537700 | |
| | 合计 | 410 | 4282216 | |
| 1945 | 征实 | 150 | 1258754 | 33148883 |
| | 征借 | 150 | 1454833 | |
| | 县公粮 | 50 | 428834 | |
| | 合计 | 350 | 3142421 | |
| 1946 | 征实 | 75 | 785831 | 137345040 |
| | 征借 | 75 | 880892 | |
| | 县公粮 | 22 | | |
| | 合计 | 172 | 1666723 | |
| 1947 | 征实 | 75 | | |
| | 征借 | 37.5 | 360600 | |
| | 省县公粮 | | | |
| | 合计 | 112.5 | 360600 | |
| 1948 | 征实 | 150 | 435951 | |
| | 征借 | 75 | 261245 | |
| | 省县公粮 | 45 | 168397 | |
| | 合计 | 270 | 865593 | |

数据来源：云南省地方志编纂委员会：《云南省志》卷12《财政志》，昆明：云南人民出版社，1994年，第60～61页。

1946年，云南省本应为免征田赋省份，但因"整军复员，尚未完竣，军粮需要仍属庞大，且财政收支系统改变以后，省县两级经费，多赖田赋挹注，后方各省应免 35 年度田赋，分为二年豁免"①，仍实行"三征"政策，只是征粮配额较前一年减半②。征实部分，一律以催收 1942、1943 和 1944 年度的欠赋来抵充 1946 年的征收额③，一定程度上减轻了农民的负担。1947 年规定，每纳国币一元改征稻谷七公升，而征借部分以征一借半标准进行，并自 1952 年起分五年抵还。④

1948 年，国民党决定在云南继续征收实物，并征借粮食，征实标准为每元一斗五升，征借为征一借一，共借谷一百五十万石，自 1953 年起分五年偿还，省县级公粮随赋带征，以征实额的三成为准。⑤ 但云南此时农村经济多已凋敝，"本省耕地自清丈以后，等则评定过高，税额几次调增；又自抗战军兴以来，改征实物，负担愈益加重，农村经济早濒破产，人民穷困达到极点，田园荒芜，饿殍载道，景象凄凉，何能受此巨额配赋"。加上 1948 年云南省自然灾害较为严重，匪患四起。云南省政府决定征实与省县公粮随赋带征不变，征借减半。⑥ 至 1949 年，"迄于今日，民力早已枯竭"，终于得到准许，停止田赋征实征借。⑦

田赋三征以来，农民负担日重，"本省奉行（征借）已经三载，其遵章完纳者固不乏人，而虐待佃农，逃避负担者，时有所闻。迭据查访，仍有不明大义之徒，擅将此项征额之大部或全部，分配于所属佃农身上。甚至超过定额，藉题加派，解缴之外，尚自盈余"⑧。

在禄劝，田赋三征的实行导致部分农民弃家逃亡，由于轮荒地可免除田

---

① 《云南田赋粮食管理处签呈——拟县 35 年度征实、征借及县公粮征收原则，祈核示》（1946 年 8 月 15 日），云南省财政厅、云南省档案馆编：《民国时期云南田赋史料》，第 530 页。

② 《云南省政府训令——征实、征借朋带征公粮配额应注意各项》（1946 年 8 月 23 日），云南省财政厅、云南省档案馆编：《民国时期云南田赋史料》，第 534 页。

③ 《云南田赋粮食管理处档案资料——35 年度田赋征收、收纳、划拨暂行办法》（1946 年），云南省财政厅、云南省档案馆编：《民国时期云南田赋史料》，第 546 页。

④ 《云南省 36 年度田赋征收实物及征借粮食实施办法》（1948 年 2 月 25 日），云南省财政厅、云南省档案馆编：《民国时期云南田赋史料》，第 561 页。

⑤ 《云南省政府训令——转行政院电令：征实征借应注意事项》（1948 年 6 月），云南省财政厅、云南省档案馆编：《民国时期云南田赋史料》，第 588 页。

⑥ 《云南省政府训令——关于 37 年度田赋征收的指示》（1948 年 9 月 1 日），云南省财政厅、云南省档案馆编：《民国时期云南田赋史料》，第 594～595 页。

⑦ 《云南田赋粮食管理处公函——奉省政府训令，停止田赋征实，37 年度欠粮、38 年度田赋，一律必为折征》（1949 年 3 月 18 日），云南省财政厅、云南省档案馆编：《民国时期云南田赋史料》，第 660～661 页。

⑧ 《云南田赋粮食管理处训令——转省府令：严处将田赋负担转加佃农之不肖粮户》（1945 年 9 月 24 日），云南省财政厅、云南省档案馆编：《民国时期云南田赋史料》，第 505 页。

赋，农民纷纷以轮荒地上报："本县田赋自改征实物以还，赋税加倍征收，人民难能完纳，多以轮荒芜耕地呈报本处，转请免税除粮。"① 或请降低田地等级以减免三征数额："迭据各区民众咸以土地硗瘠，未能完纳赋税，恳请减低耕地等则，以轻人民负担。"②

田赋三征是战时的特殊政策。农民从耕地中收获的粮食被大量征购或征借，农民余粮减少，在征收赋税的耕地之外再开垦更多的耕地，成为当时解决困难的途径之一。云南省政府也不断下达开垦荒地以增加粮食生产的命令③，一定程度上刺激了农民开垦更多耕地的热情。

## 二、发展农业技术

民国初期，云南由于军阀战争、自然灾害等因素，农业生产较传统时期并无明显进步，"滇省农业之现状，尚未脱离粗放式，经营无术，耕作失宜，气候不知观测，土壤不知改良，籽种不知交换，虫害不知预防，陈陈相因，由来已久，驯至地未尽辟，人有余力，一遇水旱偏灾，即成荒象而至匮用矣"④。一直到20世纪30年代社会经济稳定后，云南省才将主要精力放在发展实业上面。⑤

抗战前云南大型水利建设或设计有海口河整理设计工程、省会各河整理设计、南盘江上游测量与设计、金沙江水利整理设计、嵩明嘉丽泽水利设计与兴修、仙云两湖水利整治、昭鲁大河疏浚工程等，同时各县境范围内的中小型水利工程也取得了一定的成效。⑥

抗战军兴，发展农业技术以增加粮食产量成为农林工作的核心。作为大后方的云南，担负着为抗战提供军事物资的重任，"抗战建国军兴，昔日民食军

---

① 《禄劝县田赋管理处关于田赋征收的训令》（1943年6月2日），禄劝县档案馆藏国民党禄劝县政府档案，档案号：90-1-111。

② 《禄劝县田赋管理处关于减低耕地税的训令》（1943年3月），禄劝县档案馆藏国民党禄劝县政府档案，档案号90-1-112。

③ 《禄劝县政府关于利用旷土增加生产的训令》（1943年3月23日），禄劝县档案馆藏国民党禄劝县政府档案，档案号90-1-112。

④ 《云南农林行政撮要》，转引自李珪主编：《云南近代经济史》，昆明：云南民族出版社，1995年，第245页。

⑤ 龙云：《云南行政纪实序》，《云南行政纪实》第一册《总目总述》。

⑥ 云南省志编纂委员会办公室编：《续云南通志长编》卷七十《农业二·水利》下册，第274~291页。

粮供给之区，今日或沦于敌手，或陷于战区，西南各省成为后方重镇。云南气候温和，为稻产适地，战事延长，米粮供给有赖于云南者至巨"①。云南的农业生产受到中央和各级政府的高度重视，1938 年成立云南农业改进所，"改进云南农业技术，谋生产之增加"②。"而在增产问题中，又以普通遍修农田水利工程为主干。故近年来中央及地方政府，莫不以兴修农田水利工程为中心工作。"③ 农田水利的兴修成为这一时期农业发展的重点。

这一时期云南省兴修了一些较大的水利工程。自 1938 年开始，云南省政府及中国农民银行总管理处合组成为云南省农田水利贷款委员会，负责办理贷款，兴修全省大型农田水利工程。1943 年底由建设厅接办，至 1946 年共完成或在建水利工程主要有：四渠工程（灌田约 9 万亩）、嘉丽泽排洪工程（灌田 4 万亩）、盘龙江蓄水工程（灌田 2 万亩）、甸惠渠改建工程、省会河道及海口河之岁修等工程。④ 这些水利工程的修建对于云南坝区主要农业生产区粮食生产的稳定及增产提供了保证。

但正如时人所认识到的："筑塘蓄水、开沟通渠之水利工程在滇尤为重要。惟因地形所限，大型工程仅适宜于少数区域，农田难以普遍受益，故举办小型水利工程实为本省办理水利之主要工作。"⑤ 小型水利工程的兴修符合云南山区农业发展的需要，具体实施也较容易。云南省制定了《云南省非常时期强制修筑塘坝水井实施办法》《云南省小型农田水利工程督导兴修办法》《云南省兴办水利规程》，提倡以工代赈兴办农田水利等，在技术与资金上给予一定的支持⑥，"运用地方自治及政治力量，于每年秋收冬涝之际，发动全县民众力量，视工程之繁简，用征工方式或贷款方式、补助方式兴修当地各项简易水利工程，层级负责，严切督促"⑦。1935 年，有 28 县自行办理水利工

---

① 中山大学农学院编：《云南省五十县稻作调查报告》，无页码。

② 《咨送本省农业改进所各项规程请经济部查办》（1938 年 8 月 29 日），云南省档案馆藏云南省政府档案，档案号：1106 - 004 - 03389 - 002。

③ 《为抄发农田水利工程应如何推动兴修提案给云南省建设厅的训令》（1943 年 11 月 19 日），云南省档案馆藏云南省政府档案，档案号：1077 - 001 - 06169 - 027。

④ 《云南省建设厅概况》（1946 年 1 月 1 日），云南省档案馆藏云南省建设厅档案，档案号：1077 - 001 - 02008 - 005。

⑤ 《云南省建设厅概况》（1946 年 1 月 1 日），云南省档案馆藏云南省建设厅档案，档案号：1077 - 001 - 02008 - 005。

⑥ 《云南省小型农田水利工程督导兴修办法实施细则》（1942 年 1 月 1 日），云南省档案馆藏云南省政府档案，档案号：1077 - 001 - 02004 - 003。

⑦ 《为抄发农田水利工程应如何推动兴修提案给云南省建设厅的训令》（1943 年 11 月 19 日），云南省档案馆藏云南省政府档案，档案号：1077 - 001 - 06169 - 027。

程，共挖塘 53 处，筑堰 10 座，开渠 23 道，开沟 30 道，筑堤 3 条，筑坝 28 道。①

抗战时期水利工程的兴修，经费和人力投入量都较大，受益田亩也较多。1937 年，全省水稻播种面积为 894 万亩，至 1938 年增长至 1006 万亩，并在此后的几年内保持在 970 万亩以上，水稻生产量亦随之有所增加②，被称为云南水利发展史上的黄金时期③。

民国时期，云南农业技术发展的另一进步是对农业品种的改良。在抗战前，云南的农作物改良机构只有第一农事试验场，但因经费和人力所限，规模较小，基础薄弱，作用较为有限。④ 1938 年成立稻麦改进所⑤，1943 年改为农艺改进所，负责办理云南省稻麦生产改进事宜，"一面举行稻麦品种检定，以期速获良种，迅速推广；一面采选本省各县水稻及小麦单穗各一万余穗，并征集国内外水稻品种小麦二百余种，举行纯系育种及比较试验，期获得优良品种，以备推广"⑥。

1941 年春，水稻良种开始在昆明县示范推广，推广品种每亩平均产量为 480 市斤，较农家种每亩增收 66 市斤，增收 16.14%。小麦良种于 1941 年秋在昆明县试行推广，推广种每亩平均产量 280.08 市斤，较农家种增收 35.04 市斤，增收 14.3%。⑦

为切实推行中央和省政府发展农业技术的政策，云南省划分农业督导区，派员督导，取得一定的成效："督导结果，增加耕地、兴筑水利计增种水稻 139737 亩，增产稻谷 444320 石，减糯增籼、推广优良品种及再生稻，及防治螟害计增产稻谷 163281 石。垦殖荒地，利用隙地、闲地、旱田及限制非必要作物，计增产杂粮 140375 亩，收获杂粮 27820 石。"⑧ 相关政策的实施在一定

① 《云南省建设厅概况》（1946 年 1 月 1 日），云南省档案馆藏云南省建设厅档案，档案号：1077 - 001 - 02008 - 005。

② 蒋君章：《西南经济地理》，上海：商务印书馆，1945 年，第 46 页。

③ 李珪主编：《云南近代经济史》，第 425 页。

④ 《云南行政纪实》第一编《建设·农业》。

⑤ 《咨送本省农业改进所各项规程请经济部查办》（1938 年 8 月 29 日），云南省档案馆藏云南省政府档案，档案号：1106 - 004 - 03389 - 002。

⑥ 《云南省建设厅概况》（1946 年 1 月 1 日），云南省档案馆藏云南省建设厅档案，档案号：1077 - 001 - 02008 - 005。

⑦ 《云南省建设厅概况》（1946 年 1 月 1 日），云南省档案馆藏云南省建设厅档案，档案号：1077 - 001 - 02008 - 005。

⑧ 张邦翰（云南省建设厅厅长）：《云南省建设厅工作报告》（1942 年 1 月 1 日），云南省档案馆藏云南省建设厅档案，档案号：1077 - 001 - 03768 - 017。

程度上促进了云南农业技术的发展，粮食产量提高，为抗战救国做出了重要贡献。

需要注意的是，由于民国时期战乱连年，云南水利建设虽然受到重视，取得了一定的成效，但总体来说，水利的兴建主要集中在面积较大的坝区，广大的小坝区和半山区、山区成效一般。尤其是小型水利的兴修与地方各级政府的作为关系甚大，"然农田水利工程之兴修，能否迅速普遍完成使命，全视各级政府推动之方法如何以为断"①。故虽中央和云南政府时有政令下达，但地方因财政拮据、人员缺乏与地方官员的个人素质等问题，真正的水利效果视不同区域而定。"查各县局对汛地方建设事业，本厅历年均极力督促办理，惟近来各地方财政统一，会计独立，对于建设事业费又未划拨专款，而各地方办理要政又多，地方款多半用之于其他政务，反置建设事业于不顾，甚且将已经预算指定之建设费亦挪为别用，似此情形各地皆然，致各地建设事业不能长足进步。"② 在稻麦品种改进过程中，推广亦较为缓慢，多于昆明县试验推广③，效果有限。

在禄劝县，抗战胜利后的1946年，县政务报告对水利的建设只涉及疏浚水渠一项，"令各乡镇公所督饬各保甲，统限农节立夏十日前，将所有大小沟道，一律疏通，不得再有阻塞破漏倒塌等情形发见"④。虽然据乡镇报告，全县共修整大小水渠1836道，但具体是否有所行动并未可知。而且，水利在一定程度上决定了农业生产的丰歉，在用水时节农民会自发地整修水渠，在无任何财力、物力支持的情况下，县政府的一纸空文对水利建设的推动并无多大实际作用。

总体来说，民国时期云南全省农业技术的发展仍主要集中在农田水利建设上面，取得了一定的成效。但当时的社会环境注定了农业技术的发展与推广有一定的局限性，主要集中在坝区，山区农业技术的发展仍然以自发的小型水利兴修为主。

---

① 《为抄发农田水利工程应如何推动兴修提案给云南省建设厅的训令》，（1943年11月19日），云南省档案馆藏云南省政府档案，档案号：1077-001-06169-027。

② 《云南省建设厅工作报告》（1942年9月1日），云南省档案馆藏云南省建设厅档案，档案号：1077-001-02562-029。

③ 《云南省建设厅工作报告》（1944年10月3日），云南省档案馆藏云南省建设厅档案，档案号：1077-001-03009-008。

④ 《禄劝县卅五年度行政工作报告书》，云南省档案馆编：《民国时期西南边疆档案资料汇编·云南卷》第50卷，北京：社会科学文献出版社，2013年，第165～166页。

### 三、鼓励垦荒

垦殖荒地一向是招集饥民、稳定社会的重要方法之一。云南以山地为主，虽然在清代较易垦殖的区域多已被开垦为耕地，但仍有一些荒地可供开垦，具有一定的开垦潜力。1925 年，云南全省遭遇低温霜冻灾害，37 个县受重灾，"查各县灾荒饥馑，贫民流离……惟有垦荒一道，尚属根本办法。应严令各县，迅速查明境内公有私有荒山荒地，或大段或畸零，一面绘具图说，呈报查核。一面招集饥民，酌给资本，颁发籽种，俾令垦种"①。1934 年，云南省按中央《清理荒地暂行办法》进行荒地清理，规定"各地方所有境内荒地，均应调查呈报，依照定章提倡开垦"②。实行垦殖奖励政策，开垦荒地一亩以上十亩以下者每亩奖励现金二角，多开多奖。③ 1935 年，全国第一次地政会议通过云南省政府的励行殖边以固国防案等提议，并对移民垦荒的垦民在川资、住宅、耕牛、农具、种子等方面提供补助或贷款。④ 但从实际效果来看，"所垦亩数寥寥无几"⑤。

抗战爆发以后，云南粮食生产具有重要的战略意义，加之内地各省来滇人口大量增加，"苟不急起利用广大之耕地从事粮食之增产，势将无以适应目前及将来之需要"⑥。于是开垦荒地增产成为当时发展农业的重要举措。1938 年和 1940 年，中央政府先后两次颁布非常时期难民移垦规则，对私有荒地采取强制租佃于垦户，强制卖于垦户，强制征收等方法，限期开发，公有荒地分配垦户耕作，于垦竣后即可无偿获得所有权，并规定，垦民在初垦时，在兵役年可以缓役二年。⑦

如果有较大之荒地，则需要由政府设置机构主导垦殖，"荒地之可为大规

① 《云南实业司司务会议决议录：开垦荒地以济饥民案》（1925 年 5 月 27 日），《云南实业公报》1925 年第 38 期，第 95 页。

② 《云南省各县县政建设三年实施方案》，《云南民政月刊》1934 年第 2 期，第 1～25 页。

③ 《云南垦殖奖励章程》，《云南民政月刊》1934 年第 1 期，第 17 页。

④ 《内政部关于第一次全国地政会议通过之移民垦荒诸要素致行政院呈》（1935 年 10 月 7 日），中国第二历史档案馆编：《中华民国史档案资料汇编》第 5 辑第 1 编《财政经济 7》，南京：江苏古籍出版社，1994 年，第 84 页。

⑤ 《云南实业调查书》（1943 年 1 月 1 日），云南省档案馆藏，档案号：1077－001－02000－003。

⑥ 《云南行政纪实》第二编《经济·垦殖与水利》。

⑦ 《秦柳方关于抗战中的后方垦殖事业调查报告》（1942 年 11 月 30 日），中国第二历史档案馆编：《中华民国史档案资料汇编》第 5 辑 第 2 编《财政经济 8》，南京：江苏古籍出版社，1997 年，第 219 页。

模经营者，由国家垦务机关划设垦区，移殖战地难民或后方有耕作能力之人民并供给生产工具以资耕作"①。云南垦殖面积较大者，为开远与蒙自间的草坝地区，1936 年成立开蒙垦殖局，兴修水利、招来农民、开垦耕地，至 1946 年已开垦耕地 8 万亩，其中熟地 5 万余亩。②

鼓励垦荒的政策在一定程度上激发了农民移民山区进行农业生产的热情，在掌鸠河流域，1900—1950 年间，共有 142 个新创建的聚落，主要分布在 2001~2200 米和 2201~2500 米海拔区，平均海拔 2166 米，是所有时间断面内新创建聚落平均海拔最高的时期。由此也可以看出，由于鼓励垦殖的政策，许多流域外和流域内中下游河谷地带的农民迁移到山区进行农业垦殖，促进了流域内耕地的开发。

## 第三节　中华人民共和国成立后制度、政策演变与山地土地利用变化

中华人民共和国成立后，一系列制度的变革影响了中国城乡的每个角落。新民主主义革命胜利后，党和国家的主要任务是集中力量发展生产力，把我国从落后的农业国变成先进的工业国。但在当时中国的内外环境中，工业化所需的原材料等大部分来自农业这个当时最主要的国民经济部门，故恢复和发展落后的农业经济成为中华人民共和国成立后的首要任务之一。

除针对农业生产的政策外，中华人民共和国成立后的社会制度、人口政策、经济政策的变革等都对这一时期的山地土地利用变化造成了重要影响。

---

① 《战时土地政策实施纲要》（1941 年 12 月 22 日），中国第二历史档案馆编：《中华民国史档案资料汇编》第 5 辑 第 2 编《财政经济 8》，第 185 页。

② 《云南省经济委员会开蒙区垦殖局成立经过及逐年经营概况及今后发展计划》（1946 年 2 月 26 日），转引自王希群、宋维峰、郭保香等：《云南开（远）蒙（自）垦殖重要史料》，《北京林业大学学报（社会科学版）》2011 年第 2 期，第 86~93 页。民国时期的云南垦殖情况详见罗群：《民国时期云南边地垦殖与边疆开发研究》，《学术月刊》2018 年第 10 期，第 159~174 页。《边疆开发视域下"新理想、新社会、新制度之创造与实验"——以民国云南开蒙垦殖局为中心》，《中国边疆史地研究》2020 年第 2 期，第 141~158 页。

## 一、鼓励垦荒与统购统销

在新中国成立初期的"一五"计划中，将开垦荒地确定为农业增产的主要措施之一，并计划在五年中扩大耕地面积3868万亩，分别由国营农场开荒和农民就地开荒来完成。[①] 云南以山地为主，开垦荒地具有很大的潜力，鼓励开荒也是云南省政府提高粮食产量的主要手段之一，并认为"增加土地面积是农业增产的最根本保证"[②]，在第一个五年计划中计划增加耕地面积302.5万市亩。[③]

中华人民共和国成立初期以减免农业税的方式鼓励开荒。1950年，依据《新解放区农业税暂行条例》，在山区进行查田定产，确定农业税人均主粮60.5千克/人的起征额，采用累进税率方法进行征收。[④] 1953年仍然实行累进税率方法，将起征额提高到120千克/人，并规定垦种生荒地自有收益之年起三年内、垦种熟荒地自有收益之年起在两年内、轮歇地在轮歇之年等免除农业税。[⑤] 1958年制定的《中华人民共和国农业税条例》规定农业税缴纳单位为农业合作社，废除累进税制，实行比例税制，全国的平均税率为常年产量的15.5%，各地方可按实际经济情况制定不同的税率，但不得超过常年产量的25%，常年产量在评定后五年内不予提高。开垦荒地或用其他方法扩大耕地面积所得到的农业收入，从有收入的那一年起，免征农业税1～3年。在山地上新垦植或者新垦复的桑园、茶园、果园和其他经济林木，从有收入的那一年

① 李富春：《关于发展国民经济的第一个五年计划的报告》（节录1955年7月5日、6日），中共中央文献研究室编：《建国以来重要文献选编》第六册，北京：中央文献出版社，1993年，第288～361页。

② 《为坚决执行全国党的代表会议的各项决议而斗争——于一川同志在中国共产党云南省第三次代表会议上的报告（草案）》（1955年6月14日）（节录），云南农业合作化史编辑室，中共云南省委农村工作部，云南省档案馆编：《云南农业合作制史料》第一卷《重要文件汇编》（1952—1962），第134～144页。（于一川为当时云南省委副书记）

③ 《云南省国民经济第一个五年计划》（摘要1953—1957年），转引自云南省地方志编纂委员会总纂，《云南省志·经济综合志》编委会编撰：《云南省志》卷8《经济综合志》，昆明：云南人民出版社，1995年，第539～541页。

④ 《新解放区农业税暂行条例》（1950年9月5日），财政部农业财务司编：《新中国农业税史料丛编》第5册《1950—1983年中央和大区的农业税政策法规》，第86～88页。

⑤ 《云南省一九五三年农业税征收施行细则》（1953年10月20日），云南省财政厅、云南省档案馆编：《新中国农业税史料丛编》第28册《云南省分册》，第195～205页。

起，免征农业税 3～7 年。①

1953 年，为发展工业，加强对粮食的控制，实行统购统销政策，在农村实行计划收购，在城市实行定量配给，严格管制私商。② 在合作社和人民公社成立以后，合作社和生产队成为粮食征购的单位，农业税基本保持在粮食产量的 10%～15%，而统购数量占到余粮数量的 80%～90%③，大大减少了农民可自由支配粮食的数量。

如在 1968 年 DY 村 HJ 生产队的粮食分配中，全年粮食总产量为 58966 斤，公粮与余粮部分为 19212 斤，占粮食总产量的 32.6%，集体提留部分占粮食总产量的 13.8%。以上三项总共应扣留数量为 27362 斤，占粮食总产量的 46.4%，社员分配的粮食总量只占 53.6%。这时全生产队共有人口 105 人④，每人全年分配粮食数量为 298 斤，非常接近该生产队 1965 年的人均 286 斤。⑤ 如果以每人年需粮食最低 432 斤的基本标准来看，生产队为社员分配的粮食不能满足生存的基本口粮。除在实际操作过程中对粮食产量的少报、私分等会增加社员部分口粮⑥外，开垦更多不纳税的荒地以增加粮食产量成为一种重要的途径。

为增加农民手中的余粮，提高抵抗风险的能力，国家不断对统购统销政策进行完善。1955 年，国务院发布《农村粮食统购统销暂行办法》，对粮食实行定产、定购和定销的"三定"政策，定产是指按粮田的单位面积常年产量归户计算，自 1955 年起三年不变，新垦荒地自收获之年起三年不计产量。⑦ 云南省根据中央相关规定，实行公余粮一定三年的政策，增产不增征购，减产不

① 《中华人民共和国农业税条例》（1958 年 6 月 3 日），财政部农业财务司编：《新中国农业税史料丛编》第 5 册《1950—1983 年中央和大区的农业税政策法规》，第 533～536 页。

② 陈云：《实行粮食统购统销》（1953 年 10 月 10 日），《陈云文选》（1949—1956），北京：人民出版社，1984 年，第 202～216 页。

③ 《农村粮食统购统销暂行办法》（1955 年 8 月 5 日），中华人民共和国国家农业委员会办公厅编：《农业集体化重要文件汇编 1949—1957》上，第 355 页。

④ 《DY 村 HJ 队 1968 年大春粮食预分三七开（稻谷）》（1968 年 10 月 21 日），DY 村老会计存 HJ 队统计资料。

⑤ 《DY 村 HJ 队一九六五年基本核算单位粮豆产量及社会分配表》，DY 村老会计存 HJ 队统计资料。

⑥ 高王凌：《人民公社时期中国农民"反行为"调查》，北京：中共党史出版社，2006 年，第 37 页。

⑦ 《农村粮食统购统销暂行办法》（1955 年 8 月 5 日），中华人民共和国国家农业委员会办公厅编：《农业集体化重要文件汇编 1949—1957》上，第 352～359 页。

减征购。①

　　1962 年《农村人民公社工作条例修正草案》规定，家庭副业是社会主义经济的必要补充部分，社员可以开垦零星荒地，开荒地的数量可以与自留地相当，社员家庭副业的产品和收入都归社员所有，归社员支配，"社员的自留地和开荒地生产的农产品，不算在集体分配的产量和集体分配的口粮以内，国家不征收农业税，不计统购"②。1965 年，云南省对生产队粮食增产部分实行"三三制"的分配政策，即以生产队为单位，对当年粮食实际产量比去年粮食实际产量增加的部分，三分之一卖给国家，三分之一留作生产队的储备，三分之一用作社员口粮。③ 1969 年，对超任务收购的余粮实行按统购价加价 25% 进行收购的奖励政策。1971 年，云南省根据中央规定从 1971 年起关于粮食征购任务实行一定五年的规定，核定当年粮食产量，五年不变。④

　　新开垦荒地一定时期内不计产量和粮食征购任务一定三年或五年的政策，刺激了农民通过开垦荒地增加粮食生产的热情，大量耕地被开垦出来，尤其是在耕地开垦潜力较大的山区。从图 6.1 可以看出，1949—1990 年间，云南省总耕地面积在波动中略有上升，其中，地的数量由 1949 年的 1989.5 万亩增加到 1990 年的 2798.9 万亩，田的数量仅由 1402 万亩增加到 1469.2 万亩，说明这一时期云南省耕地面积的增量主要来自地的增加。

　　① 《中共云南省委关于做好粮食定征购的规定》（1961 年 10 月 25 日），云南农业合作化史编辑室，中共云南省委农村工作部，云南省档案馆编：《云南农业合作制史料》第一卷《重要文件汇编》（1952—1962），第 600 ~ 602 页。

　　② 《农村人民公社工作条例修正草案》（1962 年 9 月 27 日），中华人民共和国国家农业委员会办公厅编：《农业集体化重要文件汇编 1958—1981》下，第 628 ~ 649 页。

　　③ 《中共云南省委关于生产队粮食增产部分实行"三三制"的分配政策的规定》（1965 年 5 月 6 日），云南农业合作化史编辑室，中共云南省委农村工作部，云南省档案馆编：《云南农业合作制史料》第一卷《重要文件汇编》（二）（1963—1989），第 121 ~ 123 页。

　　④ 《云南省革命委员会关于继续稳定农业税负担的通知》（1972 年 5 月 27 日），云南省财政厅、云南省档案馆编：《新中国农业税史料丛编》第 28 册《云南省分册》，第 643 ~ 645 页。

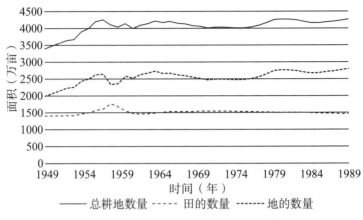

图 6.1　1949—1990 年云南省耕地面积统计

数据来源：云南省统计局编：《云南统计年鉴》。

　　《禄劝彝族苗族自治县农业志》记载，禄劝县耕地总数量从 1949 年的 43.6 万亩减少到1990 年的 39.2 万亩。[1] 但从田野调查中发现，作为禄劝县主要农业产区的掌鸠河流域的耕地在这一时期被大量开垦，尤其是山区和半山区。

　　1989 至 1990 年全县土地利用详查结果显示，禄劝全县共有耕地 103.5 亩[2]，是农业局统计数据耕地面积39.2 万亩的2.6 倍。这次土地详查活动在确定各行政区的土地权属后，采用 1985 年绘制的 1∶1 万的正射影像图进行外业调绘，精确性较好，数据较为可靠。也说明农业志中的耕地数量统计存在较大的遗漏。从表 6.7 可以看出，1990 年禄劝县耕地统计数据中田的数量是详查数据的 62.4%，地的数量只占详查数量的 33.4%，可见在农业志的统计数据中缺失最多的是地的数量。

表 6.7　1990 年禄劝县耕地统计数据与详查数据比较

| 类别 | 统计数据（亩） | 详查数据（亩） | 统计数据/详查数据 |
| --- | --- | --- | --- |
| 耕地总数 | 391580 | 1035377 | 37.8% |
| 田 | 97340 | 155916.9 | 62.4% |
| 地 | 293895 | 879459.9 | 33.4% |

　　详查数据来源：禄劝彝族苗族自治县土地详查办、土地管理局编：《禄劝土地利用现状详查报告》，1993 年，第 38～39 页。

---

　　① 禄劝彝族苗族自治县农业局编：《禄劝彝族苗族自治县农业志》，第 51～54 页。
　　② 禄劝彝族苗族自治县土地详查办、土地管理局编：《禄劝土地利用现状详查报告》，第 29 页，禄劝县档案馆藏科技档案，档案号：530128－321－1。

通过田野调查，我们得知官方耕地统计数据的来源及其依据。耕地上报时会区分为田（包括水田与旱田）与地（包括旱地与水浇地）两个大类，对于单位面积产量较高的水田，在上报时会进行折亩换算，按照水田所处的耕作条件及单位面积产量，如是否可以保证灌溉、土壤质量、距离居民点的远近等因素来决定一块耕地的上报面积，在实际面积相同的条件下，耕作条件较好的耕地上报面积会大于耕作条件较差的耕地。相对来说，水田的统计面积与实际面积相差会小于旱地，尤其是坡地因产量较低，有时会轮歇，基本不在上报的范围内。对于田地的上报方法在中华人民共和国成立以前即已经成为当地的通用规则，地方政府也会为了减轻农民的负担对此采取默许的态度。所以官方耕地统计数据可以看作一种纳税单位或产量单位，而非实际耕地面积，与历史时期内地册载耕地面积的性质较为一致。①

如表6.8所示，DY村耕地数量在官方的统计中，1959至1990年间，总耕地面积共增加32亩，其中田增加13亩，地增加19亩。但据田野调查所得，在总耕地面积上，1959年至改革开放以前，增加粮食产量的主要手段为发展水利技术，耕地数量的变化较小，共增加30亩左右；改革开放至1990年的耕地面积增加较为迅速，共增加233亩。水田的折亩率较为稳定，旱地的折亩率相差较大，尤其是在1990年。也可以说明，在云南山区，因为旱地的产量相对较低，在税收与征购任务上会有较大的优惠政策，即使到了纳税和征购的年限，地方政府为减轻农民的负担，也往往按传统方法只上报折亩后的水田，或上报一些耕作条件较好的旱地，大部分的旱地并不上报，进一步刺激了农民开垦旱地的热情。在LY村，存在相似的情况，如1980年实际耕地面积为1084亩，而统计面积仅为310亩。②

表6.8　1949年以来DY村耕地统计面积与实测面积比较

| 时间（年） | 统计面积（亩） | | | 测量面积（亩） | | |
|---|---|---|---|---|---|---|
| | 总耕地面积 | 田 | 地 | 总耕地面积 | 田 | 地 |
| 1959 | 148 | 141 | 7 | 339 | 292 | 47 |
| 1980 | 174 | 150 | 24 | 369 | 358 | 11 |
| 1990 | 180 | 154 | 26 | 602 | 358 | 244 |

数据来源：1959年统计数据来自：《1959年度LY管理区人民公社基本情况调查表》

---

① 傅辉：《亩制差异对土地数据的影响及相关问题》。

② 《禄劝县一九八〇年度农业生产统计年报（LY大队）》（1980年12月31日），禄劝县档案馆藏团街公社档案，档案号：28-1-131。

（1959 年 7 月），禄劝县档案馆藏团街区人民公社档案，档案号：28 - 1 - 73。

1980 年统计数据自：《禄劝县一九八〇年度农业生产统计年报（LY 大队）》（1980 年 12 月 31 日），禄劝县档案馆藏团街公社档案，档案号：28 - 1 - 131。

1990 年数据来自团街镇农技站对每个自然村耕地面积的统计资料。

测量数据由 ArcGIS 软件统计得到。

1949 年以来，NN 村增加粮食产量的主要手段是开垦耕地和发展水利并重。从统计面积与测量面积的差异（表 6.9）可以看出，1953 年以来，聚落耕地增加迅速，从 1953 年的 431 亩增加到 1985 年的 1342 亩，增加了 2.1 倍。其中，1972 年以前增加的主要是水田，1972 年以后增加的主要是旱地，这与耕地开垦的海拔、坡度和水利等因素相关。但在统计数据中，1953 至 1985 年总耕地面积虽有所增加，但只增加了 50 亩，田的数量没有增加反而有所减少，地的面积增加较多，为 110 亩，完全不能反映聚落在这一时期内的耕地变化情况。这主要是因为 NN 村位于海拔相对较高（2087～2455 米）的山区，耕地单位面积产量低，折亩率也相对较高。

表 6.9　1949 年以来 NN 村耕地统计面积与实测面积比较

| 时间（年） | 统计面积（亩） | | | 测量面积（亩） | | |
|---|---|---|---|---|---|---|
| | 总耕地面积 | 田 | 地 | 总耕地面积 | 田 | 地 |
| 1953 | 187 | 172 | 15 | 431 | 350 | 81 |
| 1972 | 213 | 125 | 88 | 748 | 640 | 108 |
| 1980 | 214 | 125 | 89 | 1159 | 641 | 518 |
| 1985 | 237 | 112 | 125 | 1342 | 641 | 701 |

数据来源：1953 年统计数据来自：《禄劝县三区龙海乡 NN 村农业税人口土地产量登记清册》（1953 年 12 月 11 日），禄劝县档案馆藏团街区档案，档案号：28 - 1 - 50。

1972 年统计数据来自：《禄劝县一九七二年度农业生产统计年报（龙海大队）》（1973 年 6 月 8 日），禄劝县档案馆藏团街区档案，档案号：28 - 1 - 103。

1980 年统计数据来自：《禄劝县一九八〇年度农业生产统计年报（龙海大队）》（1980 年 12 月 31 日），禄劝县档案馆藏团街公社档案，档案号：28 - 1 - 131。

1985 年统计数据来自：《昆明市 1985 年度农业统计年报表（禄劝县团街区龙海乡）》（1986 年 12 月 3 日），禄劝县档案馆藏团街区档案，档案号：28 - 1 - 217。

测量数据由 ArcGIS 软件统计得到。

在 DY 村，1959 年稻谷的单位面积产量是 583 斤/亩，1972 年略有提高，为 594 斤/亩①。NN 村的稻谷单位面积产量从 1953 年的 289 斤/亩到 1980 年的 308 斤/亩②，虽然略有提高，但仍然只相当于 DY 村的 50% 左右。所以在单位面积产量相差较大的情况下，折亩率也会相应增加。

在统购统销政策下，农民粮食收入中的大部分余粮被国家征购，集市贸易与家庭副业又被严格限制，粮食成为最重要的实物。加之减免新垦荒地农业税的政策，刺激了山区农民或以生产队（生产大队）或以家庭为单位开垦大量山地以增加粮食收入，大量耕地在这一时期被开垦出来。③ 因自然环境的差异，统计资料中的耕地数据多是纳税单位或产量单位，而非实际耕地面积。

## 二、发展农业技术

中华人民共和国成立以来，云南山区农田水利技术的发展在不同的时期，在规模、类型和空间上存在一定的差异。"一五"计划期间，云南提出兴建水利的方针是"以蓄为主，大力发展群众性小型水利，结合兴办力所能及的中型工程，试办机械提水，重点举办大型工程，加强现有工程的管理养护"④。从空间上来看，这一时期水利建设主要在坝区，"由小到大，由少到多，由内地到边疆，从坝区到山区，从灌溉到防洪排涝、水土保持、农村水电"⑤。1950 至 1952 年完成中、小型水利工程 11220 件，增加灌溉面积 76 万多亩。1953 至 1957 年，共兴修大、中、小型水利工程 25 万多件，增加灌溉面积 712 万多亩。⑥

1958 年，中央提出在贯彻执行"小型为主，以蓄为主，社办为主"的

① 《1959 年度 LY 管理区人民公社基本情况调查表》（1959 年 7 月），禄劝县档案馆藏团街区人民公社档案，档案号：28 - 1 - 73。《禄劝县一九七二年度农业生产统计年报（LY 大队）》（1973 年 6 月 8 日），禄劝县档案馆藏团街区档案，档案号：28 - 1 - 103。

② 《禄劝县三区龙海乡 NN 村农业税人口土地产量登记清册》（1953 年 12 月 11 日），禄劝县档案馆藏团街区档案，档案号：28 - 1 - 50。《禄劝县一九八○年度农业生产统计年报（龙海大队）》（1980 年 12 月 31 日），禄劝县档案馆藏团街区公社档案，档案号：28 - 1 - 131。

③ 高王凌：《人民公社时期中国农民"反行为"调查》，第 83～97 页。

④ 《云南省建国以来水利方针政策资料汇编》（1953—1957 年），《云南水利志通讯》1987 年第 1 期。

⑤ 《云南省第一个五年水利工作总结（草案）》，转引自云南省水利水电厅编撰：《云南省志》卷 38《水利志》，第 652 页。

⑥ 云南省农业厅水利局：《云南省农田水利十年建设成就》，农业部农田水利局编：《水利运动十年：1949—1959》，北京：农业出版社，1960 年，第 305 页。

"三主方针"时，应注意发展中型和大型水利，使大、中、小型工程相互结合。① 根据中央的指示，云南省委提出六条治水原则②，在"鼓足干劲，力争上游，多快好省地建设社会主义"的总路线指导下，水利方面的"大跃进"在云南全面展开。在水利发展的空间上，云南省仍然坚持先发展坝区水利，保证中部、南部城市工矿粮食供应和经济作物集中的基本地区的农田水利建设，"几年来水利发展的规律是：先内地后边疆，先坝区后山区"③。1960 年，中央提出"调整、巩固、充实、提高"的国民经济发展方针，云南省水利建设也随之缩短战线。④ 在"大跃进"的三年间，云南农田水利建设共增加灌溉面积 235 万亩⑤，显著提高了抗旱防洪能力。

1961—1965 年是国民经济恢复和发展的时期。1963 年，云南水利建设的方针是"蓄、提、引并举，大、中、小结合，因地制宜，多种多样"⑥。在空间上，这一时期水利建设的特点之一是注重山区、半山区小型水利的建设，"必须继续大力发展水利，特别是山区、半山区大搞小型水利，在有水源、电源的地方发展电力排灌，也要有重点的兴修大、中型骨干工程，扩大灌溉"⑦。这一时期云南共增加灌溉面积 205 万亩。⑧

"文化大革命"时期，虽然水利组织机构受到破坏，但农田水利建设依然取得了一定的成效，在山区和半山区水利建设上，以小型为主，以社队自办为主，以蓄为主，见效快，时间短。⑨ 这一时期共增加灌溉面积 259 万亩。⑩

1980 年以后，云南省逐步把水利工作的重点转移到加强管理上来，提出

① 《中共中央关于水利工作的指示》（1958 年 8 月 29 日），中华人民共和国国家农业委员会办公厅编：《农业集体化重要文件汇编 1958—1981》下，第 76 ~ 77 页。

② 《苦战三年根本改变我省农村面貌——梁浩同志在云南省第一届党代表大会第三次会议上的报告》（1958 年 9 月 25 日），云南农业合作化史编辑室，中共云南省委农村工作部，云南省档案馆编：《云南农业合作制史料》第一卷《重要文件汇编》（1952—1962），第 254 页。

③ 《关于水利建设问题的意见——向中央和水利部的报告》（1960 年），转引自云南省水利水电厅编撰：《云南省志》卷 38《水利志》，第 655 页。

④ 《关于今冬明春水利建设计划（草案）的说明》（1960 年 10 月），转引自云南省水利水电厅编撰：《云南省志》卷 38《水利志》，第 654 页。

⑤ 《当代中国》丛书编辑部编：《当代中国的云南》上册，第 386 页。

⑥ 云南省水利局党组：《关于 1964 年水利工作情况及 1965 年水利工作安排的报告》（1964 年 11 月 16 日），转引自云南省水利水电厅编撰：《云南省志》卷 38《水利志》，第 658 页。

⑦ 省农业厅党组：《关于全省水利工作会议情况（给省委）的报告》，（1963 年 9 月 9 日），转引自云南省水利水电厅编撰：《云南省志》卷 38《水利志》，第 657 ~ 658 页。

⑧ 《当代中国》丛书编辑部编：《当代中国的云南》上册，第 388 页。

⑨ 《一九七二年农田水利建设的意见（讨论稿）》1972 年，转引自云南省水利水电厅编撰：《云南省志》卷 38《水利志》，第 661 页。

⑩ 《当代中国》丛书编辑部编：《当代中国的云南》上册，第 389 页。

了"加强经营管理，讲究经济效益"的方针。① 国家和地方对水利建设以"除险加固、续建配套为主，因地制宜地发展小型水利和有重点地治理水土流失，涵养水源"②。

总体来看，1949 至 1987 年，云南全省共兴建了各类农田水利设施 30 余万件，有效灌溉面积达 1460 万亩，占总耕地面积的 34.9%。在水利类型上以蓄水和引水为主，注重利用山区地形进行自流灌溉，"最宜于山谷筑库，分台蓄水，环山开沟，梯级灌田，使沟塘渠库相连，水源灌区结合，长藤结瓜，自流灌溉，逐渐形成农田灌溉水网化，这是我省水利建设的主要形式"③。

禄劝县发展农田水利技术的政策在与云南省保持相对一致的同时，也由于其具体的区域特点而存在一些特殊性，总体来说，禄劝县的农田水利发展可分为三个阶段④。

第一个阶段，1949—1957 年。在土地改革和农业合作化运动的大背景下，政府提高了对农村的动员能力，加强了政府主导下的大兴水利运动。1952 年以前，主要任务是进行土地改革，大规模的水利工作无法展开，只能进行一些小型水利的兴修。⑤ 如 1952 年全县以各区为单位分别开办了水利训练班，一共开塘 37 个，整修 59 口；开沟 94 条，整修 172 条；筑水坝 56 座，整修 45座；装配解放式水车 4 部、木水车 6 部，打水井 6 口。⑥

土地改革之后，云南省委确定了对山区农业生产的改造方针是"大力扶助、就地逐步发展"，具体举措为兴修农田水利、改良耕作方式、增施肥料、改良品种、增加贷款、加强领导等。⑦ 农业合作化运动的展开为农田水利的发展提供了充足的劳动力，"对水利这一最关键的问题，根据我区情况，目前要求充分依靠和组织群众，从为了今年栽种着手，集中力量以做好塘、坝蓄水和

---

① 《当代中国》丛书编辑部编：《当代中国的云南》上册，第 389～390 页。

② 《一九八三年水利建设计划安排意见简要说明》，转引自云南省水利水电厅编撰：《云南省志》卷 38《水利志》，第 665 页。

③ 《云南省志·经济综合志》编委会编撰：《云南省志》卷 8《经济综合志》，第 308 页。

④ 《禄劝彝族苗族自治县农业志》将中华人民共和国成立以来禄劝县的农田水利发展分为五个阶段，本书根据农田水利发展的重点与类型等标准重新划分为三个阶段，参见禄劝彝族苗族自治县农业局编：《禄劝彝族苗族自治县农业志》，第 70～71 页。

⑤ 《禄劝县一九五二年小型水利春修总结》（1952 年 3 月 15 日），禄劝县档案馆藏禄劝县人民政府档案，档案号：1-1-11。

⑥ 《禄劝县人民政府建设科一九五二年工作总结》（1952 年 12 月 27 日），禄劝县档案馆藏禄劝县人民政府档案，档案号：1-1-11。

⑦ 《云南省委关于云南省山区生产情况与对山区生产改造的五年计划（草案）》（1953 年 4 月 27日），禄劝县档案馆藏中共禄劝县委档案，档案号：1-1-65。

管理养护工作，同时整修、兴修即时生效的小型水利为主，并尽力组织兴修今年有效而又力所能为的中型水利"；在工作方法上，"要反对小手小脚一件一件去搞的做法，必须明确以运动的姿态来搞，如通过代表会、介绍经验等方式，在互助合作运动带动下，运用和发动一切可以运用和发动的力量投入这一运动，组织一个群众性的防旱搞水利的热潮"①。

第一个五年计划期间，禄劝县进行了大规模的农田水利建设，共兴修水利工程6192件，使得全县稻田面积由9万余亩扩大到12万余亩，约计增产粮食1463万余斤。② 这一阶段由于财力、物力和技术条件的限制，水利建设的重点放在小型水利上面，整修与兴建并重③，以引水工程为主。

第二阶段，1958—1979年。这一时期是禄劝县农田水利建设的重要时期，水利工程的建设以兴建蓄水工程为主，由小型向中型发展。其中1958—1966年建成中型蓄水工程双化水库，小（一）型挪拥水库和小（二）型水库11件，新增灌溉面积2万亩，全县保证灌溉面积达到7万亩。④

"文化大革命"期间，禄劝县的水利建设继续发展，兴修了许多较大型的水库与水渠。1970年，在"农业学大寨"运动的推动下，禄劝县掀起一场农业建设的高潮，"男女老少齐上阵，各行各业总动员，出动十二万人，打一场声势浩大的农业大会战。"⑤ 在水利上，以民兵为骨干队伍，上阵五万人，完成增灌五万亩的水利计划。

1977—1979年，禄劝县遇到了较为严重的旱灾，楚雄州委下达"把水利建设的重点转向山区、半山区的大片旱地，使山区梯地条田化，旱地作物喷灌化"⑥ 的指示，禄劝县在掌鸠河流域的撒营盘进行水利喷灌化试点。为配合楚雄州喷灌圆水池"万池大会战"，禄劝县开展兴修圆水池的群众运动，在山区大搞圆水池和小坝塘。但由于技术力量不足，许多圆水池和小坝塘渗漏严重，效率较低。

---

① 中共云南省委农村工作部：《贯彻省委关于兴修水利防旱指示的意见》（1954年2月24日），禄劝县档案馆藏中共禄劝县委档案，档案号：1-1-101。

② 中国共产党禄劝县委员会：《禄劝县执行第一个五年计划初步总结草案（初稿）》（1957年11月16日），禄劝县档案馆藏禄劝县人民委员会档案，档案号2-1-34。

③ 中共云南省委办公厅《西南局批转〈西南民政局党组小组关于西南旱象情况及防旱搞旱意见的报告〉》（1954年3月19日），禄劝县档案馆藏中共禄劝县委档案，档案号：1-1-101。

④ 禄劝彝族苗族自治县农业局编：《禄劝彝族苗族自治县农业志》，第70~71页。

⑤ 《禄劝县革命委员会关于进一步开展农业学大寨的群众运动的决议（草案）》（1970年12月30日），禄劝县档案馆藏中共禄劝县委员会档案，档案号：1-1-528。

⑥ 禄劝彝族苗族自治县水利电力局编：《禄劝彝族苗族自治县水利水电志》，第85页。

第三个阶段是 1980 年以后，禄劝县的农田水利建设转向以加强管理为主，基本停止了新兴建水利设施的行动。

随着农田水利技术的发展，禄劝县的有效灌溉面积逐年上升，由 1949 年的 3 万亩增长到 1978 年的 12.2 万亩。[①]

## 三、社会制度变革

### (一) 集体化运动

中华人民共和国成立以后，集体化运动是社会变革的一条重要线索，从初级农业生产合作社到高级农业生产合作社，再到人民公社，集体化运动达到高峰。集体化运动的推进大大提高了政府对农民的动员能力和区域间的协作能力，经常性的大规模农业生产运动对山区农业技术发展和耕地开发产生了重要影响。

1951 年，为保证国家工业化的开展，增加农产品供应，中央决定在农村开展农业合作化运动，"按自愿和互利的原则，发展农民互助合作的积极性"[②]。正如陈云认为的，在开荒、兴修水利和合作化三种增产方法中，合作化是花钱少、收效快的方法。[③] 此后不断加快互助合作运动的步伐。1955 年下半年农业合作运动达到高潮，并鼓励在合作化基础较好的地区由初级社升到高级社。[④] 至 1956 年底，加入高级社的农户数量占总户数的 87.8%，基本完成了社会主义改造，完成了由农民个体所有制向社会主义集体所有制的转变。[⑤]

1957 年的《1956 年到 1967 年全国农业发展纲要（修正草案）》指出，要通过兴修水利、增施肥料、开垦耕地等手段大力提高粮食产量。[⑥] 1957 年底，全国各地掀起了大兴农田水利建设和积肥运动的高潮，揭开了农业生产"大

① 禄劝彝族苗族自治县水利电力局编：《禄劝彝族苗族自治县水利水电志》，第 139 页。

② 《中国共产党中央委员会关于农业生产互助合作的决议》（1953 年 2 月 15 日），中华人民共和国国家农业委员会办公厅编：《农业集体化重要文件汇编（1949—1957）》上，第 95～103 页。

③ 陈云：《陈云文选》第 2 卷，第 238－239 页。

④ 廖鲁言：《关于〈一九五六年到一九六七年全国农业发展纲要（草案）〉的说明》（1956 年 1 月 25 日），《建国以来重要文献选编》第 8 册，第 61～74 页。

⑤ 胡绳主编：《中国共产党的七十年》，北京：中共党史出版社，1991 年，第 320 页。

⑥ 《1956 年到 1967 年全国农业发展纲要（修正草案）》（1957 年 10 月 26 日），中华人民共和国国家农业委员会办公厅编：《农业集体化重要文件汇编（1949—1957）》上，第 759～774 页。

跃进"的序幕。① 1957 年冬，云南全省掀起了以兴修水利为中心的农业生产高潮，至 1958 年 1 月上旬，全省兴修水利出工的人数每天达 200 万人左右。②

1958 年，中央认为在农村建立人民公社制度是一种必然的趋势。人民公社建立后，打破社界、乡界、县界进行大协作，组织军事化、行动战斗化、生活集体化成为群众性的行为。③ 人民公社规模较大，每社平均 4777 户。④ 虽然在公社的物资和劳动力调剂中出现"一平二调"等损害社员利益的行为，但也为大规模农田水利建设提供了充足的劳动力。

"大跃进"时期是云南农田水利建设的重要三年，共投入 18.2 亿个工日，增加灌溉面积 235 万亩。1961—1965 年，虽然农田水利建设的战线有所缩短，但仍投劳 6 亿个工日，增加灌溉面积 205 万亩。"文化大革命"时期，共投入 7.68 亿个工日，增加灌溉面积 259 万亩。⑤

另外，人民公社化运动也为大规模兴修农田水利提供了用地便利，"全民公社化解决了多年不能解决的占地移民问题，今年，水利该修多大就修多大，该在哪里修就在哪里修，充分利用了肚大、口小、土方少，水方多，花工少，受益大的有利地形"⑥。1949 年以来禄劝县一些规模较大的农田水利建设也得益于集体化运动，如 1958 年开建兴建的双化水库，蓄水量为 1820.5 万立方米，在 1959 年兴修时投入劳动 100 余万个工日，1966 年续修时投入 18.4 万个工日。⑦

## （二）严格的人口政策和单一经济形态下农民的选择

中华人民共和国成立以后的人口政策对山地土地利用变化的影响主要体现在两个方面：一是鼓励生育政策，导致人口数量的大量增加，为粮食生产带来巨大压力，开垦耕地成为解决这一压力的重要途径；二是严格的户籍制度，限制了人口的区域间和城乡间的流动，大量人口被限制在农村从事农业生产，在

---

① 许建文：《中国当代农业政策史稿》，北京：中国农业出版社，2007 年，第 128 页。

② 《当代中国》丛书编辑部编：《当代中国的云南》上册，第 136 页。

③ 《中共中央关于在农村建立人民公社问题的决议》（1958 年 8 月 29 日），中华人民共和国国家农业委员会办公厅编：《农业集体化重要文件汇编（1958—1981）》下，第 69～72 页。

④ 《全国基本实现了农村人民公社化》（1958 年 9 月 30 日），中华人民共和国国家农业委员会办公厅编：《农业集体化重要文件汇编（1958—1981）》下，第 84～87 页。

⑤ 《当代中国》丛书编辑部编：《当代中国的云南》，第 386～390 页。

⑥ 《1959 年农田水利开展情况汇报》第五、六、七期，转引自云南省水利水电厅编撰：《云南省志》卷 38《水利志》，第 653 页。

⑦ 禄劝彝族苗族自治县水利电力局编：《禄劝彝族苗族自治县水利水电志》，第 59～64 页。

一定程度上促进了耕地开发。前文详细论述了云南山地人口数量与耕地变化的关系，这里仅分析中华人民共和国成立以后户籍制度变革对山地土地利用变化的影响。

1958年，《中华人民共和国户口登记条例》出台，严格限制城乡人口流动，"公民由农村迁往城市，必须持有劳动部门的录用证明，学校的录取证明，或者城市户口登记机关的准予迁入的证明，向常住地户口登记机关申请办理迁出手续"[1]。同时结合粮油供应制度、就业制度和社会福利保障制度等，使得农村人口失去了在城市立足的可能性，阻止了农村人口向城市迁移的自然过程。随着"大跃进"的到来，工厂出现招工浪潮，农村人口流向城市的过程并未被真正阻止，仍然有大量农村劳动力成为城市职工。1959年中央又重新发布制止农村劳动力流动的政策，压缩城市人口，许多来自农村的新城市市民重新回到农村。此后，这种阻止农村人口进入城市的政策一直被严格执行，形成了城乡二元体制，直到20世纪80年代中期才有所松动。[2]

另外，集体化运动同样对农村人口在区域间的迁移造成了一定阻碍，尤其是人民公社时期，农业机械化程度低、农业技术不发达，劳动力是集体最重要的资源之一，是进行农田水利建设和农业生产的重要保障，在严格的户籍制度下，不会轻易允许劳动力资源流失。而对于老弱人口的迁移，因分配制度中实行按劳分配与按需分配相结合，如果接收了不能进行劳动的人口，全体社员在分配中的平均所得就会减少，而生产不会增加，也不容易被接收。故在这一时期，人口的区域间迁移也受到一定限制。

在传统社会，农村家庭副业[3]和手工业、商业等是农业生产的重要补充，可对区域间农产品的数量、种类进行调剂，也可缓解特殊时期农业生产的不足。中华人民共和国成立以后，对农村家庭副业、手工业和商业等的限制与取缔，影响了这些产业在农业生产中的调剂作用，导致农村经济形态单一，增加了农民对粮食生产的依赖。

从这一时期掌鸠河流域的聚落增长数量与分布来看，1949—1990年流域

---

[1] 《中华人民共和国户口登记条例》（1958年1月9日），国务院法制办公室编：《法律法规全书》（第12版），北京：中国法制出版社，2014年，第106页。

[2] 扈立家：《中国户籍制度创新与农村城市化研究》，咸阳：西北农林科技大学出版社，2009年，第50~61页。

[3] 家庭副业在我国农村集体经济组织中是指劳动者在完成主要生产任务以后所从事的各种家庭生产活动，包括耕种自留地和放牧自留畜，饲养猪、羊、鸡、鹅等家畜家禽（有条件的可饲养奶牛和肉牛），从事编织、缝纫、刺绣等家庭手工业，从事采集、渔猎、养蚕、养蜂等副业，在房前屋后种植果树和竹木等。

内新创建的聚落数量只有 40 个，是近 300 年间聚落数量增长最少的一个时期，这也是集体化运动限制区域间人口迁移的重要体现。而这一时期人口数量增长又是最快的，由于新增加的人口不能进行区域间迁移，在家庭副业与商业又被限制的情况下，只能在原有的聚落内增加粮食生产，推动了区域耕地的开发与农田水利的建设。

## 四、改革开放初期制度、政策演变与山地土地利用变化

1978 年以后，一系列制度与政策的变化，使得被压抑已久的农村社会有了新的生机。但由于制度变动后监督管理体制的滞后，相关法律法规未健全，农民对于新制度的响应并未完全按照国家预定的轨道发展，所以改革开放初期的几年间出现了大面积的毁林开荒。

### （一）"两山"的划分

1978 年 12 月，十一届三中全会提出全党必须集中主要精力把农业尽快搞上去，坚决地、完整地执行农林牧副渔并举和"以粮为纲，全面发展，因地制宜，适当集中"的方针。[①] 在《农村人民公社工作条例（试行草案）》中，肯定了家庭副业是社会主义经济的必要补充部分。[②] 国家对农业经济改革的措施之一是山区自留山[③]与责任山的划分。

云南省委和省革委于 1979 年根据自身的特殊性，将宜林荒山划出一部分给社员作自留山，在保护森林资源的基础上解决社员群众烧柴和修盖房屋用材的需求。[④] 1981 年，云南省开展林业"三定"（稳定山权、林权，划定自留地，确定林业生产责任制）工作，到 1983 年，云南全省共为 96.8% 的生产队划分了 7261 万亩自留山。[⑤]

---

① 《中国共产党第十一届中央委员会第三次全体会议公报》（1978 年 12 月 22 日），中共中央文献研究室编：《三中全会以来重要文献选编》（上），北京：中央文献出版社，2011 年，第 6 页。

② 《农村人民公社工作条例（试行草案）》（1978 年 12 月 22 日），中华人民共和国国家农业委员会办公厅：《农业集体化重要文件汇编（1958—1981）》（下册），第 972、983 页。

③ 1962 年 9 月 27 日的《农村人民公社工作条例修正草案》提到自留山的概念，第四十条规定"在有柴山和荒坡的地方，还可以根据群众需要和原有习惯，分配给社员适当数量的自留山，由社员经营。自留山划定以后，也长期不变"。中华人民共和国国家农业委员会办公厅编：《农业集体化重要文件汇编（1958—1981）》（下册），第 642 页。

④ 《中共云南省委、云南省革命委员会关于划分社员自留山的通知》，1979 年 9 月 5 日，云南省林业厅编：《林业资料》第 1 集，内部资料，1980 年，第 327~328 页。

⑤ 云南省土地管理局编：《云南省志》卷 64《土地志》，第 159 页。

在划分自留山后，云南省决定将集体所有的成材林、中幼林、水源林、防护林、风景林以及不适宜划给社员作自留山的疏林、灌木林和宜林荒山都作为责任山，建立以集体所有、家庭经营为主的多种形式的承包责任制。[①] 通过林业"三定"工作，到 1983 年为止，云南全省共落实责任山 9497 万亩。[②]

关于自留山的使用方式，1979 年，云南省委规定社员可以在划定的自留山上种植薪炭林、用材林和果树等经济林木，也可以在林中间种药材、土特产。[③] 1981 年 11 月《人民日报》发表《抓紧做好林业"三定"工作》的评论文章，认为划定的自留山要限期绿化，不得改作他用。[④] 云南省在 1981 年 12 月和 1983 年规定自留山由社员长期使用，在不影响水土保持的前提下可以林粮间作、套种药材和其他经济作物。[⑤] 可以看出，在 1979 年规定自留山可种植经济林木，也可在林中间种植药材和土特产等。在中央规定只能绿化不得改作他用时，云南省的政策依然允许种植别的农作物，其前提是不能影响水土保持。但不影响水土保持的模糊规定并未能起到实质作用。至于责任山的使用，在 1981 年划分时就规定只能维持其林地的利用方式，不能随意采伐。[⑥]

自留山和责任山政策符合群众利益，从理论上来说有利于制止乱砍滥伐森林、防止毁林开荒和山林火灾等。但在当时的社会环境与经济发展水平下，农民会根据自身的切实利益来决定自留山与责任山的使用方式。

### （二）政策的失效

十一届三中全会决定在农业领域引入市场机制，在完成国家征购任务后，允许社员通过集市进行少量粮食、油料等的买卖。[⑦] 中央还要求"粮、棉、油

---

① 《中共云南省委、省人民政府关于自留山、责任山若干问题的规定》（1963 年 6 月 21 日），云南省林业厅编：《林业资料》第 7 集，内部资料，1984 年，第 143 页。

② 云南省土地管理局编：《云南省志》卷 64《土地志》，第 159 页。

③ 《中共云南省委、云南省革命委员会关于划分社员自留山的通知》（1979 年 9 月 5 日），云南省林业厅编：《林业资料》第 1 集，第 327 页。

④ 《抓紧做好林业"三定"工作》（1981 年 11 月 15 日），云南省林业厅编：《林业资料》第 4 集，第 504 页。

⑤ 《云南省人民政府关于印发云南省护林防火及林业"三定"工作座谈会纪要的通知》（1981 年 12 月 17 日），云南省林业厅编：《林业资料》第 4 集，第 499 页。《中共云南省委、省人民政府关于自留山、责任山若干问题的规定》（1983 年 6 月 21 日），云南省林业厅编：《林业资料》第 7 集，第 143 页。

⑥ 《中共云南省委、省人民政府关于自留山、责任山若干问题的规定》（1983 年 6 月 21 日），云南省林业厅编：《林业资料》第 7 集，第 143 页。

⑦ 《农村人民公社工作条例（试行草案）》（新六十条）（1978 年 12 月 22 日），中华人民共和国国家农业委员会办公厅编：《农业集体化重要文件汇编（1958—1981）》（下册），第 978 页。

等统购物资和其他农副产品的统购、派购和议购都应签订合同，遵守合同。不准强迫命令"①。从云南地方来看，1979 年，云南省开始调整粮食征购基数，规定从 1979 年起全省粮食征购"一定五年"不变②，并进一步规定"生产队在保证完成国家征购、超购、派购和合同收购任务，以及留足籽种、饲料和安排好社员生活的前提下，允许把多余的粮食、油料和其他农副产品拿到集市上出售"③。这种固定粮食征购基数并允许多余的粮食自由上市的政策，大大激发了农民开垦荒地进行农业生产的积极性。

改革开放初期，云南农民种植业的收入占家庭总收入的 50% 以上④，增加收入的主要形式是提高农作物产量，因农田水利技术的发展基本固定，最直接有效的方法是开垦新的耕地，扩大耕地面积。农村多余的劳动力为毁林开荒提供了充足的人力资源。中央规定要通过发展多种经营和兴办社队企业来就地适当安置农村劳动力，以避免农村劳动力涌入城镇。⑤ 到 1986 年底，据国家农村发展研究中心的调查，在全部非农就业劳力中，只有 5.8% 进入县城或县以上城市，77.2% 的非农劳力则分散在乡村范围内就业。⑥ 故在这一时期，农村多余的劳动力仍主要集中在农村从事农业生产。

在统购统销时期，农民若要养猪，从饲料的获取到生猪的处理都受到不同程度的限制⑦，打击了社员的养猪积极性。十一届三中全会以后，社员家庭副业不再遭到禁止和取缔，而被视为农村经济的重要补充⑧，其中，"粮猪禽型"

---

① 《中共中央关于加快农业发展若干问题的决定》（1979 年 9 月 28 日），中共中央文献研究室编：《三中全会以来重要文献选编》上，第 163、167 页。

② 《云南省革命委员会关于实行粮食起征收购点和调整公余粮"一定五年"基数（试行草案）的通知》（1979 年 9 月 18 日），云南农业合作化史编辑室、中共云南省委农村工作部、云南省档案馆编：《云南农业合作制史料》第一卷《重要文件汇编》（二），第 382 页。

③ 《中共云南省委、云南省革命委员会关于当前农村几项经济政策的补充规定》（1979 年 3 月 28 日），云南农业合作化史编辑室等编：《云南农业合作制史料》第一卷《重要文件汇编》（二），第 358 页。

④ 云南省统计局：《云南统计年鉴》。

⑤ 《中共中央、国务院关于广开门路，搞活经济，解决城镇就业问题的若干决定》（1981 年 10 月 17 日），中共中央文献研究室编：《三中全会以来重要文献选编》下，第 302 页。

⑥ 国务院农村发展研究中心《农民家庭经营》课题组：《中国农村的家庭经营：对 280 年村庄和 27568 个农户的调查》（1987 年 11 月 23 日），黄道霞、余展、王西玉主编：《建国以来农业合作化史料汇编》，北京：中共党史出版社，1992 年，第 1172 页。

⑦ 《云南省革命委员会关于发展生猪生产的规定》（1971 年 4 月 28 日），云南农业合作化史编辑室等编：《云南农业合作制史料》第一卷《重要文件汇编》（二），第 239 页。

⑧ 《中共中央关于加快农业发展若干问题的决定》（1979 年 9 月 28 日），中共中央文献研究室编：《三中全会以来重要文献选编》（上），第 162 页。

是大多数样本户的兼营模式。① 1979 年云南省就开放了牲畜市场，允许在完成国家派购任务后，集体多余的牲畜和私人所有的牲畜均可进入市场交易。② 社员利用自由支配的时间，想方设法发展家庭副业，家禽、家畜的饲养量明显增多。③ 云南省生猪的存栏数由 1979 年的 1310 万头增加到 1989 年的 2064 万头④，随之而来的是饲料需求的大幅增长。在牲畜饲料的来源问题上，云南省政府规定有条件的地方可进行小片开荒，增加饲料的供给。⑤ 由于自留地数量较小，不能满足饲养大量牲畜的饲料需求，毁林开荒成为重要的选择，山地，尤其是自留山和责任山成为最重要的垦荒来源。

1980 年，林业部即已发现毁林开荒的严重性，"有的地方不按自然规律和经济规律办事，片面强调粮食生产，引起了毁林开荒。……云南省去年下达开荒二百万亩的任务，不少地方出现了毁林开荒，仅西双版纳州，就毁林开荒六万亩"⑥。云南粮食总产量在 1979 年至 1984 年间有了大幅度的增长，从 793 万吨增长到 1005 万吨，其中即有一部分产量出自新开垦的荒地（图 6.2）。因山地开垦不纳入征购范围，也较少计入官方耕地统计，故图 6.2 关于新开垦荒地的统计远远少于实际开垦数量。

① 国务院农村发展研究中心《农民家庭经营》课题组：《中国农村的家庭经营：对 280 年村庄和 27568 个农户的调查》（1987 年 11 月 23 日），黄道霞、余展、王西玉主编：《建国以来农业合作化史料汇编》，第 1165 页。

② 《中共云南省委、云南省革命委员会关于当前农村几项经济政策的补充规定》（1979 年 3 月 28 日），云南农业合作化史编辑室等编：《云南农业合作制史料》第一卷《重要文件汇编》（二），第 359 页。

③ 中共安徽省委政研室《关于包产到户情况的调查报告》（1980 年 8 月），黄道霞、余展、王西玉主编：《建国以来农业合作化史料汇编》，第 976 页。

④ 《云南省志·畜牧业志》编纂委员会编：《云南省志》卷 23《畜牧业志》，昆明：云南人民出版社，1999 年，第 41~43 页。

⑤ 《中共云南省委、云南省革命委员会关于当前农村几项经济政策的补充规定》（1979 年 3 月 28 日），云南农业合作化史编辑室等编：《云南农业合作制史料》第一卷《重要文件汇编》（二），第 359 页。

⑥ 《森林仍在遭受破坏》，林业部《林业简报》（1980 年 2 月 25 日），转引自云南省林业厅编：《林业资料》第 2 集，内部资料，1980 年，第 470 页。

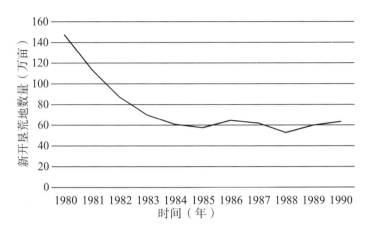

图 6.2 改革开放初期云南省新开垦荒地数量

数据来源：云南省统计局编：《云南统计年鉴》。

1979 年颁布的《中华人民共和国森林法（试行）》第十九条规定："严禁毁林开荒、毁林搞副业。已经毁林的，限期由毁林单位或者毁林人员还林。"① 云南省发布的《中共云南省委、省革委关于加快发展林业的通知》亦规定："严禁毁林开荒，毁林搞副业。……任何单位和个人，一律禁止开荒。对已经毁林开荒，造成水土流失等严重后果的应退耕还林。"② 可见，从中央到地方层面，都注意到避免毁林开荒、加强林业生产和保护的重要性，并以法律和政府文件的形式明确禁止毁林开荒。

但在 1979 年 9 月，中央同时又下达文件，要在充分利用现有耕地的同时，在有条件的地方可由国营农场或人民公社有计划地开垦荒地，人民公社新开垦的耕地从收获之年起五年内不计征购。③ 鼓励开垦荒地政策的前提是不准破坏森林，不准毁林开荒，只准开垦荒地。但在现实操作过程中，荒地的界定具有一定的模糊性和延展性。

在云南，当时相关文件相互矛盾，且应用范围模糊，如 1979 年 2 月认为"发展农业生产，必须坚持高产多收和多种多收的两条腿走路的方针，其目的

---

① 《中华人民共和国森林法（试行）》（1979 年 2 月 23 日），云南省林业厅编：《林业资料》（第 7 集），第 6 页。

② 《中共云南省委、省革委关于加快发展林业的通知》（1979 年 9 月 25 日），云南省林业厅编：《林业资料》（第 1 集），第 335 页。

③ 《中共中央关于加快农业发展若干问题的决定》（1979 年 9 月 28 日），中共中央文献研究室编：《三中全会以来重要文献选编》（上），第 164 页。

是增加总产量"①。高产多收即增加单产，而多种多收则主要通过开垦新的耕地来实现。在 1979 年 9 月的一份文件中，仍然既强调禁止毁林开荒，又鼓励开垦荒地："根据我省山区生产特点发展农业，发展粮食生产，既不能像过去一些地方那样毁林开荒，毁草种粮，越毁灾害越多，越毁困难越大；也要注意不适当地缩小粮食种植面积，造成粮食减产，社员生活困难。正确的途径是搞好农田基本建设，固定耕地，提高单位面积产量为主。同时在有条件的地方有计划地开垦一些荒地，实行高产多收与多种多收相结合。"② 在这份文件中，认识到了不能像过去一样毁林开荒，而是要通过发展农业技术来提高单位面积产量以增加粮食总产量；但同时又强调，不能减小粮食种植面积，防止粮食减产而影响社员的生活。在严禁毁林开荒的同时，云南省仍下达开荒 200 万亩的任务。③

可以看出，在改革开放初期，从中央到地方政府，为了增加粮食产量，增加农民经济收入，对开垦荒地是持支持态度的，只是强调开荒的对象是荒地，而不能毁林。但荒地的界定较为模糊，加之地方政府监管不到位，在为了保护环境而禁止毁林开荒有可能影响基层民众的生计问题，与毁林开荒增加唯一可获得的收入之间存在不可调和的矛盾，两者之间的矛盾导致相关的法律法规成了一纸空文。增加粮食和经济收入才是普通民众关注的核心，既然政府允许开荒，又没有监督，当然谁开得多谁的收入越高，导致了开荒范围的扩大，大量林地被开垦成为耕地。

在掌鸠河流域，改革开放初期的毁林开荒现象非常普遍。笔者在进行流域内聚落的普遍调查时，谈及改革开放初期的毁林开荒现象，访谈对象较为普遍的说法是，当时承包了自留山，下放到户单干，收多收少都是自己的，农户的热情很高，增加收入的主要途径就是在自家的自留山上开荒，劳动力多的就开得多，劳动力少的开得少，基本上家家都会开。主要种植包谷，用来养猪，也可以卖钱。这种现象在山林较多的山区和半山区较为普遍，在中下游河谷和平坝区因聚落密度高，山林面积少，可开垦的耕地数量也较少。

---

① 《中共云南省委、云南省革命委员会关于充分利用现有耕地资源多种多收的通知》（1979 年 5 月 9 日），云南农业合作化史编辑室等编：《云南农业合作制史料》第一卷《重要文件汇编》（二），第 360 页。

② 《中共云南省委关于印发全省山区经济建设和民族工作座谈会纪要的通知》（节录）（1979 年 12 月 21 日），云南农业合作化史编辑室等编：《云南农业合作制史料》第一卷《重要文件汇编》（二），第 392 页。

③ 《森林仍在遭受破坏》，林业部《林业简报》（1980 年 2 月 25 日），转引自云南省林业厅编：《林业资料》（第 2 集），第 470 页。

如在三个典型聚落中，1979—1990 年间，DY 村耕地面积增加了 233 亩，占 1978 年耕地数量 369 亩的63%；LY 村因耕地开发时间较早，大部分宜垦耕地已开垦完毕，但也增加了 234 亩，占 1978 年耕地数量 1084 亩的 22%；NN 村在 1949—1978 年耕地大量开垦后，1979—1990 年仍然增加了 183 亩，占 1978 年耕地数量 1159 亩的 16%。

（三）政策的见效

从 1980 年始，云南省委不断重视毁林开荒问题，并弥补了政策、法规中的漏洞。如在 1980 年 8 月召开的全省县委书记会议上，云南省委第一书记安平生承认虽然对保护森林采取过一些措施，但因力度不够，毁林开荒现象一直没有停止，所以，"从我们这次会议以后，再不准发生新的毁林开荒。要把新的毁林开荒与在现有轮歇地范围内的轮换耕作区别开来，对现有轮歇地可以轮番耕种，但是决不能再扩大新的毁林开荒面积。停止新的毁林开荒以后，由于人口的增加，口粮问题主要靠实行科学种田，提高单位面积产量来解决"①。1981 年，云南省有些地方毁林开荒、乱砍滥伐的现象仍未停止，省政府规定要坚决纠正主要依靠毁林开荒来增产粮食的错误做法②，并要求各级政府立即组成制止毁林开荒、清理盲流人口领导小组，坚决制止毁林开荒。③

可见，地方政府已经认识到了在以往的法规和政策中关于开垦荒地与毁林开荒在界定不同土地利用类型上的模糊性，并进一步明确在林地毁林开荒与轮歇地轮换耕作之间的区别，以及要求粮食生产要固定耕地和轮歇地，不能任意扩大自留山。包产到户的社队要同时包田块面积，以固定耕地面积，防止毁林开荒。

1981 年底开始实施林业"三定"工作，稳定山权、林权，社员分得的自留山由社员长期使用，不准出租、买卖和转让。④ 林业"三定"在一定程度上明确了权、责、利的关系，有利于激发群众合理利用山林的积极性，对保护森

① 《中共云南省委关于印发〈安平生同志在全省县委书记会议上的报告〉的通知》（1980 年 8 月 4 日），云南省林业厅编：《林业资料》（第 1 集），第 89～90 页。

② 《云南省人民政府关于制止毁林开荒的通知》（1981 年 6 月 20 日），云南省林业厅编：《林业资料》第 4 集，第 445～446 页。

③ 《省政府通知各地坚决制止毁林开荒 省成立制止毁林开荒、清理盲流人口领导小组》（1981 年 6 月 27 日），《云南日报》1981 年 6 月 27 日，转引自云南省林业厅编：《林业资料》（第 4 集），第 447～448 页。

④ 《中共云南省委 省人民政府关于开展林业"三定"工作的通知》（1981 年 12 月 23 日），云南省林业厅编：《林业资料》（第 4 集），第 485～490 页。

林起到一定的积极作用。1983 年，林业部重申社员对于自留山的使用与获利权，社员可长期使用两山，两山的收益也归社员处理。[1] 以上政策的制定，使农民认识到相关政策的稳定性，对于收益期较长的林业投资也增强了信心，在一定程度上减缓了毁林开荒的速度。

1985 年的中央一号文件规定，进一步放宽山区、林区政策，规定山区 25°以上的坡耕地要有计划地退耕还林还牧，口粮不足的地区由国家销售或赊销。[2] 云南省也在当年采取一系列措施，供应退耕还林还牧粮食 5000 万公斤，按实际退耕还林还牧的面积，每公顷补助粮食 1125 公斤。有了政策上的优惠条件，当年，云南全省退耕还林 7.3 万公顷。[3] 随着相关政策的落实，毁林开荒的面积也在逐年下降（图 6.2）。

制度和政策的变动对地方社会经济有着重大的影响，农民会根据自身的利益需求有选择地响应不同的政策，有利的则快速响应，不利的则消极抵制或缓慢响应，进而对当地的社会环境造成不同程度的影响。改革开放初期的几年间，政策变化下的农民应对导致了云南山区的大规模毁林开荒。这一系列行为是在短短几年间发生的，对云南生态环境产生了深远的影响。

# 小　结

制度与政策对历史时期山地土地利用变化有着重要的影响，有时这种影响具有直接和关键性作用，有时又会通过其他因素产生间接作用，不同的制度与政策还具有不同的生命周期，是历史时期土地利用变化影响因素中较为复杂的。在近 300 年来土地利用变化较为显著的西南山地，制度与政策的影响显得更为重要。

清初掌鸠河流域的改土归流为汉族移民的迁入和农业生产提供了较为稳定

---

① 《中共林业部党组关于林业生产责任制几个政策问题的报告》（1983 年 5 月 17 日），黄道霞、余展、王西玉主编：《建国以来农业合作化史料汇编》，第 1045 页。

② 《中共中央、国务院关于进一步活跃农村经济的十项政策》（1985 年 1 月 1 日），中共中央文献研究室编：《十二大以来重要文献选编》（中），北京：中央文献出版社，2011 年，第 93 页。

③ 云南省林业厅编：《云南省志》卷 36《林业志》，昆明：云南人民出版社，2003 年，第 338 页。

的社会环境，是流域内土地利用发生显著变化的重要时间节点。贯穿清代，尤其是乾隆朝以降的山地招垦政策，鼓励了大批汉族移民进入山地开垦大量耕地，是影响较为持久的政策。咸同回民起义给掌鸠河流域内中下游河谷地带造成了重大的破坏，人口大量逃亡，而山区和半山区则因接纳了大量的逃亡人口并创建了数量较多的聚落，是山区开发的重要影响因素。

民国时期耕地清丈、税制改革和田赋三征等政策的实施，加重了农民的经济负担，大量开垦耕地成为增加粮食生产和经济收入的重要途径，这一时期人口继续向山区和半山区扩展，尤其是海拔相对较高的山区土地利用变化较大。这一时期虽然也实施了一系列发展农业技术的政策，但成效主要集中在较大的坝区，在广大的山区效果较为有限。

中华人民共和国成立后，政府继续实施鼓励垦荒的政策，在税收与统购任务对象上对新开发的山区耕地实施优惠政策，加之集体化的推行，人口被严格地控制在土地上，山区耕地被大量开垦出来。这一时期发展农业技术的政策对山区单位耕地面积产量的提高起到重要的作用，一定程度上减轻了人口大量增加给耕地带来的压力。改革开放初期，一系列的政策变革导致云南山区大规模毁林开荒的发生，对山地土地利用和环境变化产生了重要影响。

# 第七章

## 山地土地利用变化的量化重建

土地利用变化数据的重建是构建全球环境变化模型的基础[1]，由于气候系统变化的滞后效应，只有建立长期的土地利用驱动力模型才能加强综合的环境评估和预测。[2]

虽然模型的建立需要简化或忽略次要因素，但在历史时期，土地利用变化受到多种因素的影响，而且在不同的区域和时间内各因素的影响，尤其是人文因素的影响可能表现出不同的作用。所以，如果过多简化驱动因素，可能会对模型模拟结果的准确性造成影响。

现有的土地利用变化重建模型多将坡度、海拔高度和人口作为重要的影响因子，而政策、战争和技术等因子较难量化，只能以人口状况来间接反映。事实上，从前文的研究可以看出，政策、技术等对土地利用变化产生的影响虽然在一定程度上可以反映在人口数量和空间分布上，但这些因子的直接影响却是人口因素替代不了的，如1949年以后制度和政策的变化直接导致了山区耕地的大规模开垦、农田水利大量兴修，对土地利用变化造成了重要影响。另外，现有模型多将自然因素看作一种制约土地利用变化的稳定因素，未注意到自然因素的限制性作用具有变动性特征。

本章在借鉴现有对历史时期土地利用变化模型研究的基础上，综合分析与量化自然和人文驱动因素，构建历史时期山地土地利用重建模型，对流域土地利用变化的数量和空间演变进行模拟与分析。

---

① 葛全胜、戴君虎、何凡能等：《过去300年中国土地利用、土地覆被变化与碳循环研究》。

② Goldewijk K K：Estimating global land use change over the past 300 years：The HYDE Database，Global Biogeochemical Cycles，2001，15（2）：417－433. 白淑英、张树文、张养贞：《土地利用/土地覆被时空分布100年数字重建——以大庆市杜尔伯特蒙古族自治县为例》，《地理学报》2007年第4期，第427～436页。

# 第一节　历史时期山地土地利用变化重建模型的构建方法

## 一、重建模型思路

近 300 年来山地土地利用（主要是耕地）变化重建模型的思路是：在流域尺度重建近 300 年来聚落空间格局演变的基础上，在聚落尺度，基于 ArcGIS 平台构建重建模型，重建连续时间断面的聚落耕地数量，按一定的规则分配至 30m × 30m 的格网中，进而形成流域尺度具有明确时间和空间属性的耕地网格化数据（图 7.1）。总体来说，土地利用变化重建模型包括数量重建和空间重建两部分。

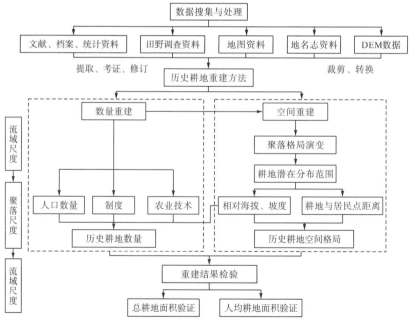

图 7.1　模型重建技术路线图

## 二、数量重建

耕地数量重建主要用来重建某一时间点山地流域内所有聚落的耕地数量，聚落在不同时间点上的耕地数量受自然和人文因素的综合影响。

### （一）自然因素

地形、土壤、水热等自然因素之间相互作用，共同决定了可开垦耕地的潜在数量。如前文研究，在中小流域尺度，热量、水分和坡向等因素对耕地开垦的影响较小，坡度与海拔高度是支配耕地开垦的主要因素。在聚落尺度，历史时期云南山区农田水利灌溉主要以水渠自流灌溉为主，水渠的地理位置决定了相对海拔越低的耕地越容易被灌溉，坡度则决定了耕地开垦的难易程度。所以，相对海拔高度和坡度是影响聚落尺度耕地开垦的主要自然因素，不仅决定了聚落耕地开垦的空间格局，也决定了一个聚落范围内宜垦耕地的总数量和聚落不同发展阶段中可能开垦的耕地数量。

在聚落发展的不同阶段，自然环境对耕地数量的影响具有不同的效果。在聚落潜在耕地分布范围内，聚落创建初期（聚落创建后的 100 年内）因人口数量较少，农业技术不发达，加上鼓励开荒政策的实施，农业生产以粗放经营为主，大量开垦耕地成为保证粮食生产的主要手段。农民会选择海拔低于居民点、坡度在 12°以下的区域进行开垦，并在短时间内开垦完毕，在一定程度上决定了这一时期耕地的开垦数量。在聚落创建的 100 年以后，自然因素主要决定耕地开垦的空间分布，耕地数量的多少主要取决于人文因素。

### （二）人文因素

在人文因素中，人口、制度和政策、农业技术等也直接或间接影响历史时期云南山地的耕地开垦数量。人口因素对耕地数量增加的驱动作用是始终存在的，尤其是在聚落初建时期和 20 世纪 50 年代以来，对耕地开垦的促进作用较为明显。制度和政策因素在全球环境变化问题的产生和影响方面扮演着重要的角色。在云南山地，近 300 年来，中央和各级政府多采取移民山区、鼓励垦荒等政策，直接或间接地促进了耕地的开垦，对耕地数量的增长具有持续与长期的促进作用。[1] 农业技术（在 1978 年以前主要以农田水利为主）的进步推动

---

[1] 李中清：《中国西南边疆的社会经济：1250—1850》。

了历史时期云南山地农业生产由粗放向精耕细作的演变，在一定程度上缓解了人口增长对耕地粮食生产的压力，对耕地数量的增长具有一定的限制性作用。

在聚落发展的第二个阶段（聚落创建后的 100 ~ 200 年内），随着人口数量的增加，主要以发展农田水利等来提高粮食产量，进行精耕细作，耕地开垦速度放缓。这一时期，自然因素仍然起着较为基础作用，同时，人口、制度和政策、农业技术等人文因素成为决定聚落耕地数量发展的主导因素。

### 1. 人口

假设在聚落正常的发展时期，人口因素对聚落耕地数量发展的驱动系数为一固定值，当人口由于自然增长或机械增长突然增加时，驱动系数就会变大；当出现自然灾害或战乱导致人口大量死亡或逃亡时，驱动系数就会变小。将人口因素对聚落耕地数量发展的驱动系数限定在 1 ~ 2 之间，当驱动系数为 1 时表示无影响，驱动系数越大表示人口因素对耕地数量发展的促进性作用越大。

人口自然增长对流域内各地形区聚落耕地的压力较为相似，而流域外的移民迁入对聚落耕地的压力可以部分地体现在新创建聚落的数量上面。因为外来移民在迁移到未开发地区创建新的聚落并开垦耕地的同时，也同样会有部分移民迁移到原有的聚落中，对聚落的粮食需求量产生压力。所以，可以综合以上两个指标来确定人口因素对不同地形区聚落耕地数量发展的驱动系数。

除个别战乱时期外，近 300 年来掌鸠河流域聚落的人口自然增长率在1950 年以前相对稳定。在清朝后期的咸同回民起义期间（1856—1872），掌鸠河流域人口减少 20% 左右，主要集中在流域的中下游河谷地区，中上游地区则受影响较少，且成为人口逃亡的方向。中下游河谷地区的人口虽然减少较多，但这一区域的耕地开垦时间较早，多为成熟田地，会在短时期内被战乱过后的回流人口重新耕种或耕作方式由精耕细作转为相对粗放的经营。所以可以认为这一时期战乱导致的中下游河谷区人口的逃亡对耕地的数量变化影响较弱，其他地形区则相对较为稳定。1950 年以来的人口自然增长率猛增至18.8‰，如将 1950 年以前人口自然增长对流域聚落耕地的驱动系数赋值为1.1，中下游河谷区因战乱在 1851—1900 年的驱动系数为 1，则 1951—1978 年全流域的驱动系数赋值为 1.4。

1700 年以来，掌鸠河流域外和流域内中下游河谷区和海拔较低的平坝区的人口多向半山区和山区扩展，随之而来的是聚落和耕地在流域内的空间扩散。人口的机械增长对于聚落耕地的驱动力，各时间断面内不同地形区中新创建聚落数量占总聚落数量的比例代表了外来人口的迁移方向，以此比例除以

10 作为不同地形区中的人口机械增长对聚落耕地数量增长的驱动系数。

综合人口的自然增长和机械增长对流域内不同地形区聚落耕地数量增长的驱动系数，得出总驱动系数（表 7.1）。总体来看，人口因素对 1700 年以来流域内不同地形区聚落耕地数量的驱动系数最高的是半山区和山区，其次是平坝区，最低的是中下游河谷。在人口自然增长率相似的情况下，外来人口的迁入所导致的人口机械增长是影响驱动系数差异的主要原因。

表 7.1　近 300 年来人口对流域内不同地形区聚落耕地数量变化的驱动系数

| 时间（年） | 中下游河谷区 | 平坝区 | 半山区 | 山区 |
| --- | --- | --- | --- | --- |
| 1701—1750 | 1.11 | 1.12 | 1.13 | 1.14 |
| 1751—1800 | 1.11 | 1.11 | 1.13 | 1.15 |
| 1801—1850 | 1.11 | 1.11 | 1.12 | 1.16 |
| 1851—1900 | 1.01 | 1.11 | 1.12 | 1.16 |
| 1901—1950 | 1.11 | 1.11 | 1.12 | 1.17 |
| 1951—1978 | 1.41 | 1.41 | 1.43 | 1.46 |

2. 农业技术

农业技术的发展对耕地开垦起到限制性作用。在聚落发展的第二个阶段，增加粮食产量的主要手段从第一个阶段以增加耕地面积为主转为以发展农田水利技术为主。所以，随着聚落人口的持续增加，并未有大面积耕地开垦，是由于农业技术发展对耕地开垦的限制性作用。在聚落发展的第三个阶段，农田水利的发展达到当时生产力水平下的高峰，农业技术的限制性作用保持在一定的水平上，则人口增长带来的粮食压力会通过向外移民或发展工商业等其他产业形态来解决。将农业技术因素对耕地数量发展的驱动系数限定在 0～1 之间，农业技术越发达，对耕地数量的要求越少，即系数越小，对耕地数量发展所起的限制性作用越大。

在清代和民国时期，流域聚落的农田水利发展以民间自发的小型水利建设为主，是聚落自身发展的阶段性规律，跨越聚落的中小型水利设施主要集中在流域的中下游河谷区和平坝区，山区和半山区相对较少。对清代和民国时期中下游河谷区、平坝区的农田水利技术驱动系数赋值为 0.9，半山区和山区赋值为 0.95。20 世纪 50 年代以来，农田水利建设发展迅速，单位耕地面积产量大幅提高，一定程度上减轻了人口快速增长对耕地的压力，但从不同地形区来看，较大型的水利设施依然主要分布在中下游河谷和平坝区，所以将这一时期中下游河谷和平坝区农田水利技术的驱动系数赋值为 0.7，半山区赋值为 0.75，山区为 0.8（表 7.2）。

表 7.2　近 300 年来农田水利技术因素对流域内不同地形区耕地数量变化的驱动系数

| 时间（年） | 中下游河谷 | 平坝 | 半山区 | 山区 |
|---|---|---|---|---|
| 1700—1750 | 0.9 | 0.9 | 0.95 | 0.95 |
| 1751—1800 | 0.9 | 0.9 | 0.95 | 0.95 |
| 1801—1850 | 0.9 | 0.9 | 0.95 | 0.95 |
| 1851—1900 | 1.0 | 0.9 | 0.95 | 0.95 |
| 1901—1950 | 0.9 | 0.9 | 0.95 | 0.95 |
| 1951—1978 | 0.7 | 0.7 | 0.75 | 0.8 |

### 3. 制度和政策

制度和政策对耕地开垦的影响可分为直接影响和间接影响两种方式。首先，直接影响是制度和政策因素直接作用于个体家庭或集体，驱动或限制开垦耕地。其次，间接影响主要通过影响人口迁移和数量发展、农田水利建设等来影响耕地的开垦。因间接影响已经通过其他因素表现出来，本书只考虑制度和政策因素的直接影响。将制度和政策因素对耕地数量发展的驱动系数限定在 1～2 之间，当系数为 1 时表示无影响，驱动系数越大表示对耕地数量发展的促进性作用越大。

在清代，政策的直接影响主要体现在山地垦殖的赋税优惠上面，尤其是乾隆三十一年（1766）规定"嗣后滇省山头地角、水滨河尾，俱着听民耕种，概免升科"[①]，对流域内的耕地开垦具有重要的促进作用。将这一长期持续的赋税政策的驱动系数按 1.1 计算，咸同回民起义所在的时段内，中下游河谷地带的影响系数为 1，其他地形区的驱动系数为 1.1。民国时期，经过耕地清丈，耕地的赋税不断增长，加上 1941 年开始的田赋三征政策，更加重了农民的赋税负担。为了增加粮食生产，在征收赋税的耕地之外再开垦更多的耕地成为当时解决粮食生产困难的途径之一，一定程度上促进了耕地数量的发展。另外，国民政府积极推行鼓励垦荒政策，并在起科年限上给予一定的优惠，故在 1901—1950 年间，山区和半山区的政策驱动系数赋值为 1.2，平坝区和中下游河谷地带的驱动系数为 1.1。

---

① 《清高宗实录》卷七六四，乾隆三十一年七月癸酉。

中华人民共和国成立以后，为增加粮食生产而实行鼓励垦荒的政策，加之由于统购统销政策的实行，农民为了增加口粮和可支配粮食，刺激了半山区和山区大量开垦荒地，耕地面积大量增加。但在中下游河谷区和平坝区，由于聚落创建时间较早，适宜开垦的耕地基本开垦完毕，且聚落密度较大，耕地潜在分布范围有限，在1950年以后可开垦耕地的区域较山区少，所以政策因素对山区聚落耕地增加的驱动系数为1.6，半山区为1.3，中下游河谷和平坝区为1.15（表7.3）。

表7.3 近300年来制度和政策因素对流域内不同地形区耕地数量变化的驱动系数

| 时间（年） | 中下游河谷区 | 平坝区 | 半山区 | 山区 |
|---|---|---|---|---|
| 1700—1750 | 1.1 | 1.1 | 1.1 | 1.1 |
| 1751—1800 | 1.1 | 1.1 | 1.1 | 1.1 |
| 1801—1850 | 1.1 | 1.1 | 1.1 | 1.1 |
| 1851—1900 | 1.0 | 1.1 | 1.1 | 1.1 |
| 1901—1950 | 1.1 | 1.1 | 1.2 | 1.2 |
| 1951—1978 | 1.15 | 1.15 | 1.3 | 1.6 |

### 4. 人文因素综合驱动系数

综合人口、政策、农业技术三个主要人文因子，得到近300年来掌鸠河流域不同地形区内聚落耕地数量的综合人文驱动系数（表7.4）。从表中可以看出，近300年来，综合人文驱动系数最大的为山区，其次是半山区，最低的是平坝区和中下游河谷区。在山区和半山区，聚落分布的密度相对较小，耕地潜在分布范围较大，在各人文因素的综合影响下，耕地面积增加迅速。中下游河谷和平坝区因聚落创建时间相对较早，聚落密度较高，可开垦耕地的潜力有限，在近300年来人文驱动系数较小，增加的耕地面积也较少。

表7.4 近300年来掌鸠河流域不同地形区内耕地数量变化的人文综合驱动系数

| 时间（年） | 中下游河谷区 | 平坝区 | 半山区 | 山区 |
|---|---|---|---|---|
| 1701—1750 | 1.10 | 1.11 | 1.18 | 1.19 |
| 1751—1800 | 1.10 | 1.10 | 1.18 | 1.20 |
| 1801—1850 | 1.10 | 1.10 | 1.17 | 1.21 |
| 1851—1900 | 1.01 | 1.10 | 1.17 | 1.21 |
| 1901—1950 | 1.10 | 1.10 | 1.28 | 1.33 |
| 1951—1978 | 1.14 | 1.14 | 1.39 | 1.87 |

综上所述，在聚落发展的第一个阶段，位于坡度 12° 以下、相对海拔低于居民点的区域将被开垦成为耕地；在聚落发展的第二个阶段及以后，按照表7.4 所示的人文驱动系数逐年增加，即得到掌鸠河流域内所有聚落每 50 年一个时间断面的耕地数量。在一个聚落中，除耕地外，还有林地、聚落用地、道路用地或水域用地等，所以将一个聚落的最大耕地面积限定为不超过聚落潜在耕地范围的 90%。[①]

## 三、空间重建

### （一）聚落耕地潜在分布范围

聚落耕地潜在分布范围是指聚落耕地可能的理论分布区域，主要由区域内聚落密度决定。前文已将掌鸠河流域划分为四个地形区：中下游河谷区、平坝区、半山区和山区。其中平坝区又以 2200 米为界划分为两个亚区。根据每个地形区聚落的密度计算出聚落的平均面积，进而得出以聚落点为中心生成平均聚落面积缓冲区的半径 $r$，在这里取相对较高于 $r$ 的整数作为每个地形区中聚落的理论耕地分布半径 $R$（表 7.5）。从表 7.5 中看出，中下游河谷区的理论耕地分布半径最小，为 550 米，其次是半山区和 2200 米以下的平坝区，2200米以上的平坝区最高，达到 1000 米。

表 7.5　掌鸠河流域不同地形区内的聚落密度和潜在耕作半径

| 地形 | 面积（km²） | 占总面积的% | 聚落数量（个） | 聚落密度（个/km²） | 理论耕地分布半径 $R$（m） |
|---|---|---|---|---|---|
| 中下游河谷区 | 83.2 | 6 | 92 | 1.1 | 550 |
| 平坝区 | 152.4 | 11 | 83 | 0.5 | |
| 其中：2200 米以下平坝区 | 74.8 | | 59 | 0.8 | 650 |
| 2200 米以上平坝区 | 77.6 | | 24 | 0.3 | 1000 |
| 半山区 | 195.3 | 14 | 191 | 1.0 | 600 |
| 山区 | 945.3 | 69 | 414 | 0.4 | 850 |

① 林珊珊、郑景云、何凡能：《中国传统农区历史耕地数据网格化方法》，《地理学报》2008 年第 1 期，第 83~92 页。

以聚落点为中心，以不同地形区聚落的理论耕地分布半径 $R$ 为半径，为每个聚落做圆缓冲区，得到每个聚落的潜在耕地分布范围。在聚落分布较为稠密的区域，聚落的缓冲区之间会出现重合的现象。在此假设有缓冲区重合的相邻聚落的分界线为两个缓冲区圆交点的连线，利用泰森多边形①来分割相交的缓冲区。

对聚落点创建泰森多边形，并利用 ArcGIS 软件的裁剪功能，以缓冲区圆为裁剪要素，对泰森多边形进行裁剪，形成每个聚落的理论耕地分布范围，如图 7.2。

**图 7.2　利用缓冲区与泰森多边形确定聚落潜在耕地分布范围**

历史时期流域内没有较大的湖泊，故无需考虑湖泊的因素。在此仅考虑较

---

①　泰森多边形是美国气候学家 A. H. Thiessen 提出的一种根据离散分布的气象站的降雨量来计算平均降雨量的方法，每个泰森多边形内仅含有一个离散点数据，泰森多边形内的点到相应离散点的距离最近，位于泰森多边形边上的点到其两边的离散点的距离相等，可以较好地满足分割相交缓冲区的需要。

大河流掌鸠河对聚落耕地范围分布的影响，河谷地带聚落的理论耕地分布范围可能会出现越过河流分布的现象。对于这一问题，本书将流域以掌鸠河为界分割为东西两部分，分别进行处理，这样就可以避免一个聚落的耕地分布出现越过河流的现象。对于掌鸠河的支流和其他小河流，因水量较小，假设其对聚落耕地的分布无影响。

## （二）聚落耕地潜在分布范围网格化

本研究欲形成 30m × 30m 空间分辨率的网格化数据集，需要对每个网格进行多次赋值与复杂计算，在栅格数据中这些计算较难完成。为了更好地处理空间信息，在研究区域内生成 30m × 30m 的网格（fishnet）及网格中心（fishnet label）。自动提取网格中心点的海拔高度①和坡度值，并赋予其所在网格像元的 $H(i, k_n)$ 和 $S(i, k_n)$ 两个字段内，形成掌鸠河流域内每个聚落 30m 空间分辨率的耕地潜在分布范围矢量图层（图 7.3）。

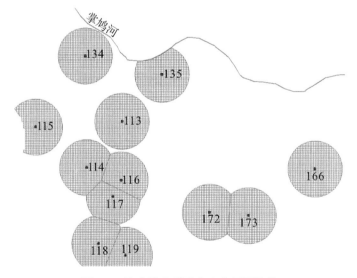

图 7.3　聚落潜在耕地分布范围网格化

## （三）土地宜垦性评估模型

土地宜垦性决定着网格被垦殖的时间早晚，一个网格的宜垦性越高就越早

---

① 在此使用双线性插值法进行提取，双线性插值法是根据相邻像元的有效值计算像元值，这种方法可以有效减少网格的像元与栅格像元不重合而导致的偏差。

被垦殖，越小就越晚被垦殖。宜垦性受自然和人文因素的综合影响，尤以相对海拔和坡度、耕地与居民点的距离三个因素影响最大。

## 1. 相对海拔高度

相对海拔高度对聚落范围内耕地开垦的空间选择具有非常显著的影响。因聚落内的相对海拔而非绝对海拔是决定耕地开垦空间分布的主要因素，故在每个聚落的潜在耕地分布范围内，对每个像元的绝对海拔与居民点的绝对海拔进行差值运算。聚落 $k_n$ 内像元 $i$ 的相对海拔 $\alpha$ 为：

$$\alpha(i,k_n) = H(s,k_n) - H(i,k_n) \tag{7-1}$$

式中，$H(s, k_n)$ 为居民点的海拔；$H(i, k_n)$ 为像元的海拔；$\alpha(i, k_n)$ 值可能为正，也可能为负，为正时说明该像元位于聚落点以下，为负时说明像元位置位于聚落点以上。$\alpha(i, k_n)$ 值越大说明相对海拔越低，宜垦性越好。

按公式（7-2）对每个像元的相对海拔进行无量纲化处理，形成像元的土地宜垦性相对海拔高度权重 $\beta$ 值。

$$\beta(i,k_n) = \frac{\text{Max}(H(i,k_n)) - H(i,k_n)}{\text{Max}(H(i,k_n))} \tag{7-2}$$

式中，$\beta(i, k_n)$ 表示 $k_n$ 聚落中像元 $i$ 的土地宜垦性相对海拔权重，$\text{Max}(H(i, k_n))$ 表示 $k_n$ 聚落中像元 $i$ 的绝对海拔最大值，$n$ 为聚落编号。像元的海拔高度值越大，$\beta$ 值就越小。

## 2. 坡度

坡度对聚落耕地开垦的空间选择起着重要的限制性作用，坡度越大，水土流失越严重，开垦和耕作的难度也越大，宜垦性越低。对像元坡度利用公式（7-3）进行无量纲化处理，形成像元的土地宜垦性坡度权重 $\gamma$ 值。

$$\gamma(i,k_n) = \frac{\text{Max}(S(i,k_n)) - S(i,k_n)}{\text{Max}(S(i,k_n))} \tag{7-3}$$

式（7-3）中，$\gamma(i, k_n)$ 表示 $k_n$ 聚落内像元 $i$ 的土地宜垦性坡度权重，$\text{Max}(S(i, k_n))$ 表示 $k_n$ 聚落内的坡度最大值，$n$ 为聚落编号。像元的坡度值越大，$\gamma$ 值就越小。

## 3. 与居民点距离

农民居住地靠近农田可以缩短农业生产和家庭生活之间的距离，利于减少农业生产过程中生产资料和农产品的运输成本。在西南山地，由于地理环境的复杂性，居民点距田地的距离显得更加重要，与居民点越近的土地被早开垦的概率就越大。在聚落潜在耕地范围内，与居民点距离越小的区域越容易被开发成为耕地。利用 ArcGIS 软件的距离分析功能，为不同地形区的聚落以理论耕地分布半径为最大距离进行欧氏距离计算，并划分为 10 个等级，形成 10 个等级的距离栅格。因越靠近居民点的区域宜垦性就越大，所以对距离栅格进行重新分类，将最大距离的栅格距离赋值为 0.1，依次到最小距离赋值为 1，形成 0.1~1 的级别，利用网格中心点提取每个像元所在的值，并赋予像元，形成聚落 $k_n$ 中像元 $i$ 的土地宜垦性距离权重 $D(i, k_n)$。

4. 土地宜垦性评估模型

综合考虑相对海拔高度、坡度和耕地与居民点的距离三个因子，将其量化并进行标准化处理，得到 3 个因子的影响权重，构建土地宜垦性评估模型（7-4）。

$$\delta(i, k_n) = \beta(i, k_n) \times \gamma(i, k_n) \times D(i, k_n) \tag{7-4}$$

式中，$\delta(i, k_n)$ 表示 $k_n$ 聚落内 $i$ 像元的宜垦性，$\beta(i, k_n)$ 表示土地宜垦性的相对海拔权重，$\gamma(i, k_n)$ 表示土地宜垦性的坡度权重，$D(i, k_n)$ 表示土地宜垦性的距离权重。

从公式（7-1）~（7-4）中可以看出，山地聚落内的土地宜垦性随着相对海拔、坡度和与居民点距离的增加而减小，即相对海拔越高、坡度越陡、与居民点距离越远的土地宜垦性越小。历史时期以来，山地微地貌虽然在一些区域会随着人类的活动而有所改变，但总体来说并没有大的变化，且在山地聚落交通未有实质性的改变之前，距离权重也会继续发挥作用，所以 $\delta(i, k_n)$ 所表示的土地宜垦性在研究时段内保持不变。另外，在微地貌基本不变的情况下，聚落尺度相对海拔高度、坡度和与居民点的距离三个因子的结合，一定程度上可以保证耕地开垦的连片性特点。

（四）空间网格分配规则

空间网格分配规则是将聚落耕地分配到空间像元中的具体方法。利用上述耕地面积重建方法，按宜垦性 $\delta(i, k_n)$ 值的大小对网格像元进行排序，并依次赋值成为耕地，直到所赋值面积与相对时间节点中聚落耕地面积相等为止，形成近 300 年来掌鸠河流域每 50 年一个时间断面的耕地网格化数据集。

## 第二节　历史时期山地土地利用变化重建模型的模拟

### 一、1700 年耕地数量及空间分布重建

1700 年以前创建的聚落所开垦的耕地主要分布在中下游河谷区和平坝区，假设 1700 年以前所创建的聚落至 1700 年相对海拔低于居民点且坡度在 12°以下的区域都已经被开垦成为耕地。选取符合以上规则的像元并赋值为耕地，形成 1700 年掌鸠河流域的耕地分布图（30m×30m，图 7.4）。

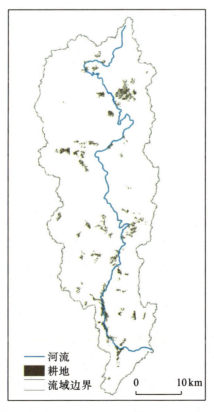

图 7.4　掌鸠河流域 1700 年耕地空间格局

利用这一时期的人均耕地数量对重建的 1700 年总耕地数量进行检验。各地形区因自然环境和社会经济条件的不同，单位面积耕地产量各异，导致人均耕地面积需求量呈现出由中下游河谷区和平坝区向半山区和山区逐渐增加的趋势。1700 年掌鸠河流域共有耕地 43933 亩，人均耕地面积 3.8 亩，将不同地形区的人均耕地面积与 20 世纪 50 年代初期的最低人均耕地保障量相比较（表7.6），中下游河谷区的人均耕地数量最少，仅为 2.1 亩，山区人均耕地面积为 8.6 亩，半山区略大于山区，符合各地形区的最低人均耕地需求量标准。说明本研究复原的 1700 年掌鸠河流域的耕地数量和空间格局具有较好的可靠性。

表 7.6　掌鸠河流域 1700 年各地形区耕地面积和人均耕地面积统计

| 区域 | 耕地面积（亩） | 人口数量（人） | 人均耕地数量（亩/人） | 20 世纪 50 年代初最低耕地保障量（亩/人） |
|---|---|---|---|---|
| 中下游河谷区 | 9858 | 4619 | 2.1 | 1.0 |
| 平坝区 | 6250 | 2068 | 3.0 | 1.3 |
| 半山区 | 8455 | 2578 | 3.3 | 1.8 |
| 山区 | 19370 | 2265 | 8.6 | 4.3 |

## 二、耕地空间分布重建

依据上文构建的重建模型对近 300 年来掌鸠河流域每个聚落的耕地数量进行估算，并赋值相应的网格作为耕地，得到 1700—1978 年 7 个连续时间断面 30m×30m 的耕地空间格局图（图 7.5）。

近 300 年来，掌鸠河流域的垦殖率呈不断上升的趋势（图 7.6），由 1700 年的 2.1% 上升到 1978 年的 15.6%，尤其是 1951—1978 年间的垦殖率上升幅度最大，是人口和政策等人文因素综合作用的结果。从流域不同地形区来看，中下游河谷区是移民开发时间较早、人口密度大、垦殖率最高的区域，且保持着不断上升的趋势。其次是半山区的垦殖率，至 1978 年达到 19.6%，逐渐接近中下游河谷地带，除人口自然增长外，流域外和流域内其他地形区的人口迁移导致半山区和山区大量耕地的开垦。至 1978 年，平坝区成为垦殖率最低的一个地形区，主要是海拔高度限制了耕地向高海拔平坝区的扩展，导致平坝区的垦殖率逐渐被其他地形区超越。1950 年以前，山区的垦殖发展较缓慢，垦殖率最低，1950 年以后成为增幅最快的区域。

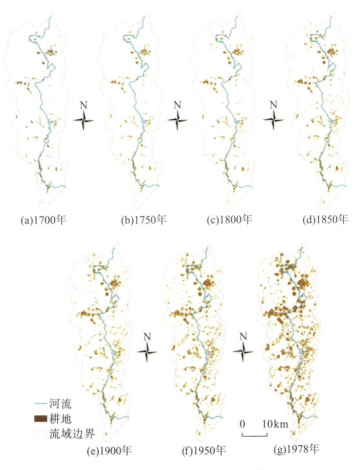

图7.5 近300年来掌鸠河流域30m×30m耕地空间格局

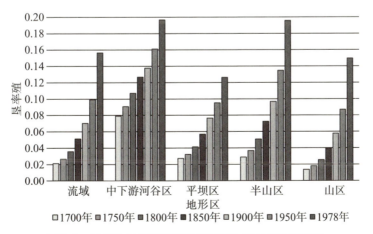

图7.6 近300年来掌鸠河流域不同地形区垦殖率变化

### 三、耕地数量重建

从近 300 年来的发展来看（表 7.7），掌鸠河流域耕地数量自 1700 年到 1978 年增长了 6.3 倍，而同时期的人口数量增长了 18.9 倍，导致人均耕地面积逐渐下降。从时间上来看，1951—1978 年是流域内耕地数量增长最快的时期，尤其是山区和半山区对整个流域耕地数量的增长贡献最大，远远超过其他地形区。由于耕地潜在分布范围有限，中下游河谷区和平坝区的耕地数量增长相对较为缓慢。

表 7.7　近 300 年来掌鸠河流域耕地数量变化（亩）

| 时间（年） | 中下游河谷区 | 平坝区 | 半山区 | 山区 | 流域 |
|---|---|---|---|---|---|
| 1700 | 9858 | 6250 | 8455 | 19370 | 43933 |
| 1750 | 11334 | 7362 | 10761 | 25594 | 55051 |
| 1800 | 13365 | 9455 | 14874 | 36061 | 73755 |
| 1850 | 15821 | 12993 | 21178 | 55869 | 105861 |
| 1900 | 17193 | 17462 | 28371 | 81753 | 144779 |
| 1950 | 20104 | 21768 | 39479 | 123481 | 204832 |
| 1978 | 24551 | 28879 | 57380 | 212084 | 322894 |

## 第三节　结果检验

### 一、总耕地面积检验

利用 20 世纪 70 年代末期中国土地利用现状遥感监测数据（30 米分辨率）① 进行检验。20 世纪 70 年代末期土地利用/覆盖数据主要以 1975—1979

---

① 数据来源于中国科学院资源环境科学数据中心（http://www.resdc.cn）。

年的 Landsat – MSS 遥感图像为信息源，土地利用类型分为耕地、林地、草地、水域、居民点用地和未利用土地 6 种，其中耕地包括水田、旱地两类，代码分别为 11 和 12。

利用 ArcGIS 软件提取掌鸠河流域的数据，并对 20 世纪 70 年代末期的耕地数量进行计算，得出总耕地面积为 235.8 平方千米，垦殖率为 17.1%。与本书所复原的 1978 年的总耕地面积 215.3 平方千米，垦殖率 15.6% 相比，耕地面积相差 20.5 平方千米，垦殖率相差 1.5%，本书对于近 300 年来掌鸠河流域耕地数量的复原结果在可接受范围。

## 二、人均耕地面积检验

各地形区单位耕地面积产量有较大的差异，人均耕地面积是保障区域内人口基本口粮的基础。由近 300 年来掌鸠河流域不同地形区人均耕地面积变化图（图 7.7）可以看出，掌鸠河流域总体的人均耕地呈现不断下降的趋势，由 1700 年的 3.8 亩/人，下降到 1978 年的 2.2 亩/人。其中，中下游河谷区的人均耕地面积最少，由 1700 年的 2.1 亩/人下降到 1978 年的 1.0 亩/人；其次是平坝区和半山区；最高的是山区，但下降幅度也最为明显。对比 20 世纪 50 年代初期不同地形区的最低人均耕地保障量（表 7.6）可知，1950 年以前，在 4 个地形区中，中下游河谷区、平坝区、半山区的人均耕地都在最低人均耕地保障量以上，山区的人均耕地在 1950 年即开始略低于最低保障量，1950 年平均人均耕地为 3.9 亩，低于最低保障量的 4.3 亩。历史时期山地少数民族，如苗族等除从事农业生产外，还从事采集、狩猎等活动，对耕地的依赖程度相对较小，历史时期的人均耕地面积可能略低于最低人均耕地保障量。

至 1978 年，中下游河谷区、山区和半山区的人均耕地数量都已经降到以 20 世纪 50 年代初期的标准进行计算的人均最低保障量以下，说明在 1950 年以后，大规模农田水利的兴修提高了单位耕地面积的产量，在一定程度上缓解了人口数量对耕地开垦的压力。所以，从不同地形区的人均耕地面积来看，本书重建的结果较符合实际情况。

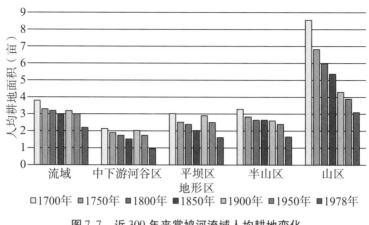

图 7.7　近 300 年来掌鸠河流域人均耕地变化

# 小　结

　　模型是深入了解和量化研究历史时期土地利用变化的重要手段，在本书前几章研究的基础上，本章构建了历史时期山地土地利用变化重建模型，模拟了近 300 年来掌鸠河流域耕地数量及空间演变进程，得到掌鸠河流域 30m×30m 分辨率的耕地网格化数据集。利用总耕地面积和不同地形区的人均耕地面积两种方法进行检验，模拟结果在可接受范围以内，证明本研究利用历史时期山地土地利用重建模型所模拟的近 300 年来掌鸠河流域耕地网格数据集具有一定的可靠性。

　　对模拟结果进行分析，结果显示，掌鸠河流域的耕地开垦呈现山区和半山区耕地面积大量增加的趋势，这是由人口和政策等因素共同作用的结果。但从人均耕地面积的发展情况来看，每个地形区中的人均耕地面积均有大幅度下降的趋势，这是农业技术在耕地开垦过程中对耕地数量发展所起到的限制性作用。

# 结 论

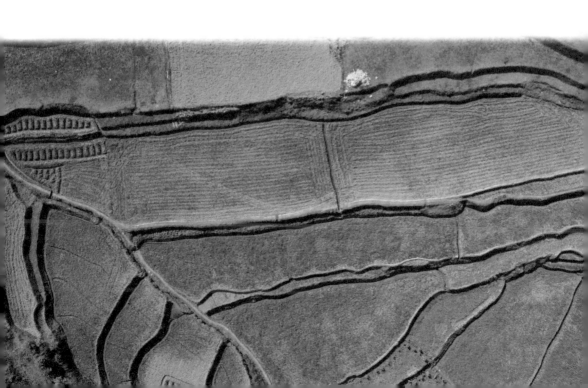

重建高分辨率的历史时期土地利用变化数据集是建立全球环境变化模型，进而模拟历史时期土地利用变化的气候和生态效应的基础，有助于我们预测未来全球环境变化的趋势。历史时期中国土地利用变化主要体现在耕地开垦及其产生的系列影响上。山地因其特殊的高度、梯度差异，受全球变化的影响较强烈，属于典型的环境敏感区和生态脆弱区。云南是我国典型的高原山地，对全球变化和人类活动具有高度的敏感性和其自身的环境脆弱性。近300年来，由于移民开发等，云南山地的土地利用和地表覆盖发生了改变，是我国近300年来环境变化最为剧烈的地区之一。近300年来云南山地土地利用变化研究有助于我们了解历史时期山地人与自然复杂的互动关系，为全球环境变化模型的建立提供区域性的高空间分辨率的土地利用变化数据集，具有重要的学术价值和现实意义。

本书综合利用历史文献方法、历史地理学与人类学相结合的田野调查法、3S方法等，在获取大量可靠的数据资料基础上，以相对封闭的山地中小流域为对象，详细分析了影响历史时期山地土地利用变化的自然和人文驱动力因素，构建了历史时期山地土地利用变化重建模型，模拟了近300年来山地土地利用（主要是耕地）变化的历史进程。本书在历史时期山地研究数据资料的获取及处理方法、土地利用变化驱动力机制的综合研究、土地利用变化重建模型的构建等方面具有一定的创新意义。

## 一、历史时期山地研究的可行性路径

流域既是山地中相对封闭和独立的自然地理单元，也是以水为核心的社会—经济复合系统。山地流域不同地形区的人文景观随自然环境的变化而具有明显的空间差异性，成为历史时期山地人与自然相互关系研究的理想区域。

历史时期山地研究面临的重大问题是文献资料缺乏，需要利用多学科方法

结
论

来获取研究所需的数据资料。历史文献资料是历史时期山地研究的基础，其中地方志和档案是核心，反映了区域重大事件、社会经济发展的历史过程。地名志资料对区域自然和人文地理事物进行详细描述与统计，成为区域聚落、人口、民族等专题研究的重要数据来源，值得重视。此外，本书利用历史地理学与人类学相结合的田野调查方法，包括流域内聚落的普遍调查和典型聚落的长期调查两部分，获得了大量可靠的一手资料，一定程度上弥补了文献资料的不足，为下一步的数据分析与研究提供了坚实的资料基础。

3S方法既可以为历史时期的山地研究提供基础数据，同时也是对大数据进行整合与分析的有效方法。遥感影像、地理空间坐标等可以为山地研究提供基础地理数据，而地理信息系统在提供研究区域的地形、河流、聚落等数据基础上，还可以对文献资料、田野调查资料、遥感影像等数据进行整合，进行空间分析与专题地图制作，实现定性研究与定量研究相结合。所以，3S方法是历史时期山地研究的有效方法。结合GIS方法，构建历史时期山地土地利用重建模型，模拟得到研究时段内土地利用变化的时空格局。

实践证明，多学科方法和多源数据资料的综合利用，是历史时期西南山地土地利用变化研究的可行性路径。历史时期西南山地土地利用变化研究是我国历史地理研究的重要组成，本书可以为我国山地历史地理研究提供一定的方法论借鉴。

## 二、山地土地利用变化驱动力机制认识的深化

土地利用变化是多种驱动力共同作用、相互影响的结果，对土地利用变化机制的研究，是正确理解历史时期土地利用变化特征、进行模型模拟的前提。由于历史时期土地利用变化驱动力机制的复杂性，尤其是人文因素定量研究较为困难，成为历史时期土地利用变化研究中的薄弱环节。西南山地复杂的自然环境（包括地形和气候等）和人文社会环境（民族和文化多样性等），更增加了历史时期土地利用变化驱动力机制研究的困难程度。本书深入研究了影响历史时期山地土地利用变化的驱动力机制，探讨了在驱动力机制的影响下，山地土地利用在数量和空间上的演变规律。

自然环境是影响西南山地土地利用变化的主要限制性因素之一，其中，海拔和坡度是自然因素中起限制性作用较显著的两个因子。在不同的历史时期，自然因素对土地利用变化的限制性作用呈现动态的效果。

近300年来，掌鸠河流域的土地利用，主要是耕地的变化呈现由低海拔向

高海拔发展的趋势，说明海拔因子对耕地空间发展的限制性作用在不断减弱，耕地不断突破海拔的限制向更高的区域扩展，但2200米和2500米是流域内聚落和耕地分布的重要上限。从坡度来看，近300年来，流域内耕地的变化呈现出逐渐由低坡度区域向高坡度区域发展的趋势，但20°是流域内耕地空间扩展的重要上限。聚落尺度的研究发现，海拔和坡度因子对聚落范围内耕地开垦的空间选择具有重要的限制性作用，海拔因子的限制性作用随着聚落的发展表现出由强到弱的发展趋势；坡度因子的限制性作用相对较为稳定，随着聚落的发展影响力逐渐加强。

在人文因素中，人口、农业技术、制度和政策等因素或单独或在相互作用中影响着西南山地土地利用变化进程。人口因素是影响历史时期土地利用变化的主要因素之一，体现在人口对土地利用的空间和数量两方面的影响上。人口迁移导致迁入地耕地的开垦，土地利用在空间上发生变化；随着人口数量发展，粮食需求量不断增加，开垦更多的耕地是解决粮食问题的重要途径之一，导致土地利用在数量上的变化。在近300年来的掌鸠河流域，流域外和流域内区域间的人口移动是土地利用空间扩展的主要影响因素。本书基于聚落人口增长率重建了近300年来掌鸠河流域各聚落的人口数量发展情况，并利用20世纪50年代初期不同地形区的单位耕地面积产量，估算了历史时期不同地形区的最低耕地保障量。此外，由于掌鸠河流域民族众多，不同民族具有各异的生产和生活方式，在流域内的迁移方向与数量发展特点导致了土地利用变化在空间和数量上的差异性。

聚落人口的来源与迁移方向可以反映流域内区域间人地关系的紧张程度。研究表明，在18世纪，流域的中下游河谷地带已经出现了一定的人口压力，开始向流域的中上游移民，中上游平坝区和半山区土地被大量开垦；19世纪，流域中游适宜开垦的耕地基本被开发完毕，为了拥有自耕农身份，人口开始向上游和山区移动，流域的上游和山区被大量开垦；至20世纪，整个流域内适宜开垦的耕地基本开垦完毕，移民开始向海拔更高、自然环境更加恶劣的高山区扩展，高山区的耕地被大量开垦。

发展农业技术是提高单位耕地面积产量、缓解人口增长对耕地带来的压力的重要途径，在传统农业时期主要体现在农田水利技术的发展上。近300年来，掌鸠河流域农田水利技术的发展具有明显的时间和空间差异性特点。在清代和民国时期，农田水利的发展除中下游河谷地带会受到官府的介入而兴修规模较大的水利外，广大的半山区、山区的农田水利以民间自发组织和兴修为主，以小型为主，以引水沟渠为主。中华人民共和国成立后，开始了由政府主导的大规模水利兴修行动，水利设施的类型转变为以蓄水坝塘为主，且出现许多规模较大的水利设施，受益面积较大。但较大的水利设施受益范围仍主要集中在坝区和中下游河谷地带，山区和半山区仍以小型水利为主。

农田水利技术对山地土地利用变化的影响还表现在对聚落范围内耕地开垦区域选择的优先程度上，这在以往的研究中未被注意到。在聚落发展的初期，由于人口数量较少，劳动力不足，只能采用较为粗放的耕作方式，农田灌溉以天然降水为主。海拔相对较低的区域具有较大的集水区，可开挖简单的水渠引天然降水和龙潭水灌溉，所以在开垦时较有优势，成为优先开垦的区域。在聚落发展的第二个阶段，开始兴修小规模的农田水利，从聚落范围外的水源地开挖水渠引水，水渠的相对海拔决定了可灌溉耕地的海拔，进而限制了新开垦耕地的空间位置。至聚落发展的第三个阶段，即中华人民共和国成立后，聚落内新开垦的耕地开始逐渐脱离水利灌溉的限制，向相对海拔较高的区域扩展，农田水利对聚落范围内耕地开垦空间的影响作用逐渐消失。

制度和政策因素对历史时期山地土地利用变化具有重要的影响，相关制度和政策的改变、战乱的发生等，既可以直接影响耕地开垦的数量，导致土地利用发生重大变化，也可以通过影响人口、农业技术等因素而间接影响土地利用的变化。清代初期，掌鸠河流域改土归流的实施削弱了原有土司的势力，为大量外来移民迁入创建了良好的社会环境。清代对移民开发山区实行较为优惠的赋税政策，刺激了大量人口迁移山区开垦耕地。清代后期的战乱对掌鸠河流域的社会经济造成了一定的破坏，人口逃亡，田地荒芜，但主要限于中下游河谷地带，山区和半山区因在战乱时成为避难之地，在一定程度上促进了土地的开发。民国时期实行的耕地清丈政策和战时的田赋三征政策等，大大加重了农民的负担，加上政府颁布的鼓励垦荒政策，为增加粮食生产，保证基本口粮，开垦更多耕地是重要的选择之一。

中华人民共和国成立初期实行"以粮为纲"的农业政策，鼓励各级集体大量开垦耕地，加之开垦荒地不纳入或少纳入征税和征购范围，为保证在统购后仍有足够的粮食，大量耕地被开垦出来，尤其是在具有耕地开垦潜力的山区和半山区，在平坝和中下游河谷地带影响则较小。在集体化的背景下，以运动的形式大量兴修水利，克服了传统时期山区兴修水利劳动力不足等的缺点。大量水利设施的兴修，增加了单位耕地面积产量，在一定程度上缓解了因人口大量增加为耕地带来的压力。改革开放初期，由于"两山"的划分，农村市场经济的恢复等，出现了一次大量开垦耕地热潮。

不可否认的是，本书的研究方法存在一定的局限性。首先，因研究方法和资料的限制，本书对历史时期山地土地利用变化的研究主要集中在近 300 年间，300 年以上的研究则需要其他方法和资料的辅助。其次，在研究尺度上，田野调查中有一部分是对流域聚落的普遍调查，如果选择的研究区域过大，聚落数量过多，会大大加重研究者的工作量，这决定了研究尺度不宜过大。

# 参考文献

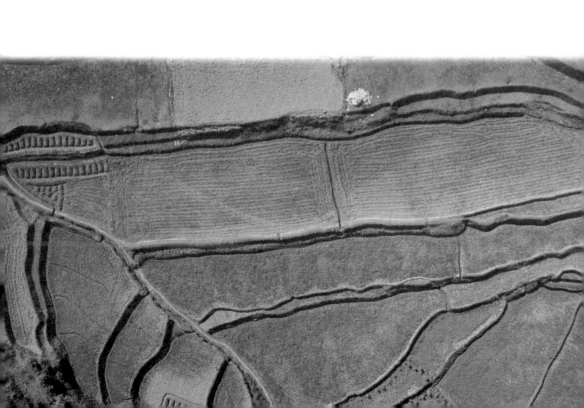

# 一、古籍

[1] 司马迁. 史记 [M]. 北京：中华书局，1982.

[2] 班固. 汉书 [M]. 北京：中华书局，1962.

[3] 范晔. 后汉书 [M]. 北京：中华书局，1965.

[4] 刘昫. 旧唐书 [M]. 北京：中华书局，1975.

[5] 欧阳修. 新唐书 [M]. 北京：中华书局，1975.

[6] 宋濂. 元史 [M]. 北京：中华书局，1976.

[7] 张廷玉. 明史 [M]. 北京：中华书局，1974.

[8] 李东阳，等. 大明会典 [M]. 扬州：广陵书社，2007.

[9] 龙文彬. 明会要 [M]. 北京：中华书局，1956.

[10] 《清实录》有关云南史料汇编 [M]. 昆明：云南人民出版社，1984.

[11] 清朝文献通考 [M]. 北京：商务印书馆，1936.

[12] 刘锦藻. 清朝续文献通考 [M]. 杭州：浙江古籍出版社，2000.

[13] 贺长龄，魏源，等. 清经世文编 [M]. 北京：中华书局，1992.

[14] 傅恒，等. 皇清职贡图 [M]. 扬州：广陵书社，2008.

[15] 贾思勰. 齐民要术校释 [M]. 2 版. 缪启愉，校释. 北京：中国农业出版社，1998.

[16] 徐光敏. 农政全书校注 [M]. 石声汉，校注. 上海：上海古籍出版社，1979.

[17] 王士性. 广志绎 [M]. 周振鹤，点校. 北京：中华书局，2006.

[18] 徐霞客. 徐霞客游记校注 [M]. 朱惠荣，校注. 昆明：云南人民出版社，1985.

[19] 雪渔氏. 鸿泥杂志 [M]. 道光六年刻本.

[20] 常璩. 华阳国志校补图注 [M]. 任乃强，校注. 上海：上海古籍出版社，1987.

[21] 樊绰. 蛮书校注 [M]. 向达，校注. 北京：中华书局，1962.

[22] 元一统志 [M]. 北京：中华书局，1966.

[23] 李京. 云南志略辑校 [M]. 王叔武，校注. 昆明：云南民族出版社，1986.

［24］景泰云南图经志书校注［M］. 李春龙，刘景毛，校注. 昆明：云南民族出版社，2002.

［25］正德云南志［M］//方国瑜. 云南史料丛刊：第 6 卷. 昆明：云南大学出版社，2000.

［26］万历云南通志［M］//西南稀见方志文献：第 21 卷. 兰州：兰州大学出版社，2003.

［27］谢肇淛. 滇略［M］//方国瑜. 云南史料丛刊：第 6 卷. 昆明：云南大学出版社，2000.

［28］天启滇志［M］. 古永继，校点，昆明：云南教育出版社，1991.

［29］明一统志［M］//方国瑜. 云南史料丛刊：第 7 卷. 昆明：云南大学出版社，2001.

［30］嘉庆重修大清一统志［M］. 上海：上海古籍出版社，2008.

［31］谢圣纶. 滇黔志略点校［M］. 古永继，点校. 贵阳：贵州人民出版社，2008.

［32］康熙云南通志［M］. 民国刻本.

［33］雍正云南通志［M］. 南京：江苏广陵古籍刻印社，1988.

［34］冯甦. 滇考［M］//方国瑜. 云南史料丛刊：第 11 卷. 昆明：云南大学出版社，2001.

［35］师范. 滇系［M］. 光绪十三年刻本.

［36］倪蜕. 滇云历年传［M］. 李埏，校点. 昆明：云南大学出版社，1992.

［37］檀萃. 滇海虞衡志［M］//方国瑜. 云南史料丛刊：第 11 卷. 昆明：云南大学出版社，2001.

［38］张泓. 滇南新语［M］//方国瑜. 云南史料丛刊：第 11 卷. 昆明：云南大学出版社，2001.

［39］道光云南通志稿［M］. 何斯民，杨莉，康春华，点校. 昆明：云南美术出版社，2020.

［40］道光云南志钞［M］. 刘景毛，点校. 昆明：云南省社会科学院文献研究所，1995.

［41］王崧. 云南备征志［M］. 李春龙，点校. 昆明：云南人民出版社，2010.

［42］吴大勋. 滇南闻见录［M］//方国瑜. 云南史料丛刊：第 12 卷. 昆明：云南大学出版社，2001.

［43］刘慰三. 滇南志略［M］//方国瑜. 云南史料丛刊：第 13 卷. 昆明：云南大学出版社，2001.

［44］光绪续云南通志稿［M］. 光绪二十七年刻本.

［45］新纂云南通志［M］. 李春龙，牛鸿斌，点校. 昆明：云南人民出版社，2007.

［46］云南省志编纂委员会办公室. 续云南通志长编［M］. 1985.

［47］康熙武定府志［M］//顾廷龙. 续修四库全书：第 0715 册. 上海：上海古籍出版社，2002.

［48］光绪武定直隶州志［M］//西南稀见方志文献：第 28 卷. 兰州：兰州大学出版社，2003.

［49］康熙禄劝州志［M］. 云南省图书馆传抄北京图书馆馆藏康熙五十八年刻本.

［50］乾隆农部琐录［M］. 云南省图书馆传抄云南文史研究馆馆藏清乾隆四十五年刻本.

［51］何耀华. 武定凤氏本末笺证［M］. 昆明：云南民族出版社，1986.

［52］民国禄劝县志［M］. 台北：成文出版社，1975.

［53］民国禄劝县志稿［M］. 云南省图书馆藏 1926 年抄本.

［54］民国云南省禄劝县地志资料稿［M］. 云南省图书馆藏 1923 年抄本.

［55］揣振宇. 滇省夷人图说［M］. 北京：中国社会科学出版社，2009.

［56］林绍年. 林文直公奏稿校注［M］. 康春华，许新民，校注. 北京：中国书籍出版社，2013.

［57］刘岳昭. 滇黔奏议［M］. 台北：文海出版社，1970.

［58］云南全省财政说明书［M］//桑兵. 清代稿钞本续编：第 94 册. 广州：广东人民出版社，2009.

［59］谢本书. 清代云南稿本史料［M］. 上海：上海辞书出版社，2011.

［60］张凯嵩. 抚滇奏议［M］. 台北：文海出版社，1967.

## 二、现当代研究著作

［61］安介生. 历史民族地理［M］. 济南：山东教育出版社，2007.

［62］白之瀚. 云南护国简史［M］. 昆明：新云南丛书社，1946.

［63］包茂宏. 环境史的起源与发展［M］. 北京：北京大学出版社，2012.

［64］本书编委会. 中国农业全书：云南卷［M］. 北京：中国农业出版社，2001.

［65］卜凯. 中国农家经济［M］. 张履鸾，译. 上海：商务印书馆，1936.

［66］卜凯. 中国土地利用统计资料［M］. 上海：商务印书馆，1937.

［67］卜凯. 中国土地利用［M］. 成都：金陵大学农学院农业经济系，1941.

［68］苍铭. 云南边地移民史［M］. 北京：民族出版社，2004.

［69］钞晓鸿. 环境史研究的理论与实践［M］. 北京：人民出版社，2016.

［70］曹春林. 滇南杂志［M］. 台北：华文书局，1969.

［71］曹广才，王俊英，乌艳红，等. 环境与人类［M］. 北京：气象出版社，2013.

［72］曹树基. 中国移民史：第五卷 明时期［M］. 福州：福建人民出版社，1997.

［73］曹树基. 中国移民史：第六卷 清 民国时期［M］. 福州：福建人民出版社，1997.

［74］曹树基. 中国人口史：第四卷 明时期［M］. 上海：复旦大学出版社，2000.

［75］曹树基. 中国人口史：第五卷 清时期［M］. 上海：复旦大学出版社，2001.

［76］曹树基. 田祖有神：明清以来的自然灾害及其社会应对机制［M］. 上海：上海交通大学出版社，2007.

［77］曾昭抡. 滇康道上［M］. 桂林：文友书店，1943.

［78］陈登原. 中国田赋史［M］. 北京：商务印书馆，1984.

［79］陈国阶，等. 2003 中国山区发展报告［M］. 北京：商务印书馆，2004.

［80］陈国阶，方一平，陈勇，等. 中国山区发展报告：中国山区聚落研究［M］. 北京：商务印书馆，2007.

［81］陈国阶，方一平，高延军. 中国山区发展报告：中国山区发展新动态与新探索［M］. 北京：商务印书馆，2010.

［82］陈国生. 明代云贵川农业地理研究［M］. 重庆：西南师范大学出版社，1997.

［83］陈泮勤，孙成权. 国际全球变化研究核心计划：1［M］. 北京：气象出版社，1992.

［84］陈泮勤，孙成权. 国际全球变化研究核心计划：2［M］. 北京：气象出版社，1994.

［85］陈桥驿. 陈桥驿全集［M］. 北京：人民出版社，2018.

［86］陈人龙. 云南财政厅实习调查日记［M］. 台北：成文出版社，1977.

［87］陈圣波，等. 遥感影像信息库［M］. 北京：科学出版社，2011.

［88］陈云. 陈云文选：1949—1956［M］. 北京：人民出版社，1984.

［89］程纯枢. 中国的气候与农业［M］. 北京：气象出版社，1991.

［90］程鸿，等. 川西滇北地区农业地理［M］. 北京：科学出版社，1966.

［91］程侃声. 程侃声稻作论文选集［M］. 昆明：云南省农科院，1987.

［92］池廷熹，吴大明，黄宇干. 中国贸易年鉴（1948 年）［M］. 台北：文海出版社，1971.

［93］戴维斯. 云南：联结印度和扬子江的锁链——19 世纪一个英国人眼中的云南社会状况及民族风情［M］. 李安泰，等译. 昆明：云南教育出版社，1999.

［94］戴逸，张世明. 中国西部开发与近代化［M］. 广州：广东教育出版社，2006.

［95］高治国. 当代中国的云南［M］. 北京：当代中国出版社，1991.

［96］邓力群，马洪，武衡. 当代中国的人口［M］. 北京：中国社会科学出版社，1988.

［97］赵发生. 当代中国的粮食工作［M］. 北京：中国社会科学出版社，1988.

［98］邓之诚. 邓之诚日记（外五种）［M］. 北京：书目文献出版社，2007.

［99］董孟雄. 云南近代地方经济史研究［M］. 昆明：云南人民出版社，1991.

［100］方国瑜. 滇史论丛：第 1 辑［M］，上海：上海人民出版社，1982.

［101］方国瑜. 彝族史稿［M］. 成都：四川民族出版社，1984.

［102］方国瑜. 云南史料目录概说［M］. 北京：中华书局，1984.

［103］方国瑜. 中国西南历史地理考释［M］. 北京：中华书局，1987.

［104］方国瑜. 方国瑜文集［M］，昆明：云南教育出版社，2001.

［105］方铁，方慧. 中国西南边疆开发史［M］. 昆明：云南人民出版社，1997.

［106］方铁. 西南通史［M］. 郑州：中州古籍出版社，2003.

［107］方铁. 方略与施治：历朝对西南边疆的经营［M］. 北京：社会科学文献出版社，2015.

［108］方勇. 蒋介石与战时经济研究（1931—1945）［M］. 杭州：浙江大学出版社，2013.

[109] 费孝通. 社会调查自白 [M]. 北京：知识出版社，1985.

[110] 费孝通. 江村经济：中国农民的生活 [M]. 戴可景，译. 南京：江苏人民出版社，1986.

[111] 费孝通，张之毅. 云南三村 [M]. 天津：天津人民出版社，1990.

[112] 复旦大学历史地理研究中心. 自然灾害与中国社会历史结构 [M]. 上海：复旦大学出版社，2001.

[113] 傅抱璞. 山地气候 [M]. 北京：科学出版社，1983.

[114] 傅抱璞，虞静明，卢其尧. 山地气候资源与开发利用 [M]. 南京：南京大学出版社，1996.

[115] 高王凌. 人民公社时期中国农民"反行为"调查 [M]. 北京：中共党史出版社，2006.

[116] 葛剑雄，曹树基，吴松弟. 简明中国移民史 [M]. 福州：福建人民出版社，1993.

[117] 葛剑雄，吴松弟，曹树基. 中国移民史：第一卷　导论　大事年表 [M]. 福州：福建人民出版社，1997.

[118] 葛剑雄. 中国人口史：第一卷　导论　先秦至南北朝时期 [M]. 上海：复旦大学出版社，2002.

[119] 耿占军. 清代陕西农业地理研究 [M]. 西安：西北大学出版社，1997.

[120] 龚家骅. 云南边民录 [M]. 重庆：正中书局，1943.

[121] 龚胜生. 清代两湖农业地理 [M]. 武汉：华中师范大学出版社，1996.

[122] 古塔，弗格森. 人类学定位：田野科学的界限与基础 [M]. 骆建建，等译. 北京：华夏出版社，2005.

[123] 管彦波. 云南稻作源流史 [M]. 北京：民族出版社，2005.

[124] 管彦波. 民族地理学 [M]. 北京：社会科学文献出版社，2011.

[125] 郭成伟，薛显林. 民国时期水利法制研究 [M]. 北京：中国方正出版社，2005.

[126] 郭声波. 四川历史农业地理 [M]. 成都：四川人民出版社，1993.

[127] 郭松义，王毓铨. 中国屯垦史 [M]. 北京：农业出版社，1991.

[128] 郭文韬，曹隆恭. 中国近代农业科技史 [M]. 北京：中国农业科技出版社，1989.

[129] 郭文韬. 中国耕作制度史研究 [M]. 南京：河海大学出版社，1994.

[130] 郭垣. 云南省经济问题 [M]. 重庆：正中书局，1940.

[131] 国民参政会川康建设视察团. 中国边疆社会调查报告集成 [R]. 桂林：广西师范大学出版社，2010.

[132] 韩茂莉. 宋代农业地理 [M]. 太原：山西古籍出版社，1993.

[133] 韩茂莉. 辽金农业地理 [M]. 北京：社会科学文献出版社，1999.

[134] 韩茂莉. 中国历史农业地理 [M]. 北京：北京大学出版社，2012.

[135] 韩儒林. 元朝史 [M]. 北京：人民出版社，1986.

[136] 行政院农村复兴委员会. 云南省农村调查 [R]. 上海：商务印书馆，1935.

[137] 郝银侠. 社会变动中的制度变迁：抗战时期国民政府粮政研究 ［M］. 北京：中国社会科学出版社，2013.

[138] 何炳棣. 中国古今土地数字的考释和评价 ［M］. 北京：中国社会科学出版社，1988.

[139] 何炳棣. 中国历代土地数字考实 ［M］. 台北：联经出版事业公司，1995.

[140] 何炳棣. 明初以降人口及其相关问题：1368—1953 ［M］. 葛剑雄，译. 北京：生活·读书·新知三联书店，2000.

[141] 奥尔良. 云南游记：从东京湾到印度 ［M］. 龙云，译. 昆明：云南人民出版社，2001.

[142] 侯仁之. 历史地理学的视野 ［M］. 北京：生活·读书·新知三联书店，2009.

[143] 侯杨方. 中国人口史：第六卷 1910—1953 年 ［M］. 上海：复旦大学出版社，2001.

[144] 胡绳. 中国共产党的七十年 ［M］. 北京：中共党史出版社，1991.

[145] 扈立家. 中国户籍制度创新与农村城市化研究 ［M］. 咸阳：西北农林科技大学出版社，2009.

[146] 华企云. 云南问题 ［M］. 上海：大东书局，1931.

[147] 华世铣. 明清时期云南的经济与文化 ［M］. 昆明：云南民族出版社，2001.

[148] 黄益耀. 中国农业的不稳定性（1931—1991）：气候、技术、制度 ［M］. 香港：香港中文大学出版社，2013.

[149] 黄振钺. 云南田赋之研究 ［M］. 台北：成文出版社，1977.

[150] 黄宗智. 华北的小农经济与社会变迁 ［M］. 北京：中华书局，1986.

[151] 黄宗智. 长江三角洲小农家庭与乡村发展 ［M］. 北京：中华书局，2000.

[152] 姜涛. 中国近代人口史 ［M］. 杭州：浙江人民出版社，1993.

[153] 蒋君章. 西南经济地理 ［M］. 上海：商务印书馆，1945.

[154] 蒋君章. 战时西南经济问题 ［M］. 重庆：正中书局，1943.

[155] 金其铭. 农村聚落地理 ［M］. 北京：科学出版社，1988.

[156] 金其铭. 中国农村聚落地理 ［M］. 南京：江苏科学技术出版社，1989.

[157] 经济部中央农业实验所云南省工作站. 云南省五十县稻作调查报告 ［R］. 经济部中央农业实验所云南省工作站，1939.

[158] 景爱. 中国北方沙漠化的原因与对策 ［M］. 济南：山东科学技术出版社，1996.

[159] 蓝勇. 历史时期西南经济开发与生态变迁 ［M］. 昆明：云南教育出版社，1992.

[160] 蓝勇. 西南历史文化地理 ［M］. 重庆：西南师范大学出版社，1997.

[161] 蓝勇. 近两千年长江上游森林分布与水土流失研究 ［M］. 北京：中国社会科学出版社，2011.

[162] 李伯重. 理论、方法、发展趋势：中国经济史研究新探 ［M］. 北京：清华大学出版社，2002.

[163] 李伯重. 江南农业的发展：1620—1850 ［M］. 上海：上海古籍出版社，2007.

[164] 李珪. 云南近代经济史 [M]. 昆明：云南民族出版社，1995.

[165] 李令福. 明清山东农业地理 [M]. 北京：科学出版社，2021.

[166] 李小建. 农户地理论 [M]. 北京：科学出版社，2009.

[167] 李孝聪. 中国区域历史地理 [M]. 北京：北京大学出版社，2004.

[168] 李心纯. 黄河流域与绿色文明：明代山西河北的农业生态环境 [M]. 北京：人民出版社，1999.

[169] 李中清. 中国西南边疆的社会经济：1250—1850 [M]. 北京：人民出版社，2012.

[170] 梁方仲. 中国历代户口、田地、田赋统计 [M]. 上海：上海人民出版社，1980.

[171] 林定谷. 昆明县租佃制度之研究 [M]. 台北：成文出版社，1977.

[172] 林文勋，邢广程. 国际化视野下的中国西南边疆：历史与现状 [M]. 北京：人民出版社，2013.

[173] 刘翠溶，伊茂可. 积渐所至：中国环境史论文集 [G]. 台北："中央"研究院经济研究所，2000.

[174] 刘璨. 中国集体林制度与林业发展 [M]. 北京：经济科学出版社，2008.

[175] 刘文远. 清代水利借项研究：1644—1850 [M]. 厦门：厦门大学出版社，2011.

[176] 刘巽浩，韩湘玲，等. 中国耕作制度区划 [M]. 北京：北京农业大学出版社，1987.

[177] 刘巽浩，牟正国，等. 中国耕作制度 [M]. 北京：农业出版社，1993.

[178] 刘尧汉. 彝族社会历史调查 [M]. 北京：民族出版社，1980.

[179] 鲁西奇. 区域历史地理研究：对象与方法——汉水流域的个案考察 [M]. 南宁：广西人民出版社，2000.

[180] 鲁西奇. 中国历史的空间结构 [M]. 桂林：广西师范大学出版社，2014.

[181] 陆精治. 中国民食论 [M]. 上海：上海书店出版社，1996.

[182] 陆韧. 云南对外交通史 [M]. 昆明：云南民族出版社，1997.

[183] 陆韧. 变迁与交融：明代云南汉族移民研究 [M]. 昆明：云南教育出版社，2001.

[184] 陆韧. 现代西方学术视野中的中国西南边疆史 [M]. 昆明：云南大学出版社，2007.

[185] 陆韧，凌永忠. 元明清西南边疆特殊政区研究 [M]. 北京：人民出版社，2013.

[186] 陆韧. 元明时期的西南边疆与边疆军政管控 [M]. 北京：社会科学文献出版社，2015.

[187] 陆益龙. 嵌入性政治与村落经济的变迁：安徽小岗村调查 [M]. 上海：上海人民出版社，2007.

[188] 罗国璋，王伟漳. 广西土地利用史 [M]. 南宁：广西人民出版社，1993.

[189] 马琦. 国家资源：清代滇铜黔铅开发研究 [M]. 北京：人民出版社，2013.

[190] 马强. 嘉陵江流域历史地理研究 [M]. 北京：科学出版社，2016.

[191] 马雪芹. 明清河南农业地理 [M]. 台北：洪叶文化事业有限公司，1997.

［192］梅雪芹. 环境史研究叙论［M］. 北京：中国环境出版社，2011.

［193］孟万忠. 汾河流域人水关系的变迁［M］. 北京：科学出版社，2015.

［194］木霖. 云南省农业机械化推广志［M］. 昆明：云南科技出版社，2007.

［195］年鹤健，陈健飞，陈松林，等. 土壤地理学［M］. 北京：高等教育出版社，2010.

［196］聂闻铎. 泸县富顺及昆明实习调查日记［M］. 台北：成文出版社，1977.

［197］农本局. 中华民国二十七年农本局业务报告［R］. 农本局，1939.

［198］农业部农田水利局. 水利运动十年：1949—1959［M］. 北京：农业出版社，1960.

［199］Oran R. Young，Leslie A. King，Heike Schroeder. 制度与环境变化：主要发现、应用及研究前沿［M］. 廖玫，主译. 北京：高等教育出版社，2012.

［200］潘先林. 民国云南彝族统治集团研究［M］. 昆明：云南大学出版社，1999.

［201］彭雨新. 清代土地开垦史［M］. 北京：农业出版社，1990.

［202］珀金斯. 中国农业的发展：1368—1968 年［M］. 宋海文，等译. 上海：上海译文出版社，1984.

［203］乔启明. 中国农村社会经济学［M］. 上海：上海书店出版社，1992.

［204］秦树才. 清代云南绿营兵研究：以汛塘为中心［M］. 昆明：云南教育出版社，2004.

［205］全国农业区划委员会. 中国农业自然资源和农业区划［M］. 北京：农业出版社，1991.

［206］任世芳. 汾河流域水资源与水安全［M］. 北京：科学出版社，2015.

［207］史念海. 史念海全集［M］. 北京：人民出版社，2013.

［208］施坚雅. 中国农村的市场和社会结构［M］史建云，等译. 北京：中国社会科学出版社，1998.

［209］施坚雅. 中华帝国晚期的城市［M］. 叶光庭，等译. 北京：中华书局，2000.

［210］斯波义信. 宋代江南经济史研究［M］. 方健，等译. 南京：江苏人民出版社，2001.

［211］孙成权，张志强，李明，等. 国际全球变化研究核心计划：3［M］. 北京：气象出版社，1996.

［212］孙成权，林海，曲建升. 国际全球变化研究核心计划与集成研究［M］. 北京：气象出版社，2003.

［213］孙成权，林海，曲建升. 全球变化与人文社会科学问题［M］. 北京：气象出版社，2003.

［214］孙成权，王天送，黄彦敏. 全球环境变化与城市化、制度因素、全球土地计划［M］. 北京：气象出版社，2008.

［215］孙颔，石玉林. 中国农业土地利用［M］. 南京：江苏科学技术出版社，2003.

［216］孙靖国. 桑干河流域历史城市地理研究［M］. 北京：中国社会科学出版社，2015.

［217］孙敬之. 西南地区经济地理［M］. 北京：科学出版社，1960.

[218] 孙秋云. 文化人类学教程 [M]. 北京：民族出版社，2004.

[219] 谭其骧. 谭其骧全集 [M]. 北京：人民出版社，2010.

[220] 唐华俊，陈佑启，邱建军，等. 中国土地利用/土地覆盖变化研究 [M]. 北京：中国农业科学技术出版社，2004.

[221] 土地委员会. 全国土地调查报告纲要 [R]. 土地委员会，1937.

[222] 万川. 中国户籍制度论稿 [M]. 北京：群众出版社，2008.

[223] 汪诚文，刘仁志，葛春风. 环境承载力理论研究及其实践 [M]. 北京：中国环境科学出版社，2011.

[224] 汪宁生. 文化人类学调查：正确认识社会的方法 [M]. 北京：文物出版社，1996.

[225] 王东昕. 衣食之源：云南民族农耕 [M]. 昆明：云南教育出版社，2000.

[226] 王国斌. 转变的中国：历史变迁与欧洲经验的局限 [M]. 南京：江苏人民出版社，2008.

[227] 王利华. 徘徊在人与自然之间：中国生态环境史探索 [M]. 天津：天津古籍出版社，2012.

[228] 王利华，侯甬坚，梅雪芹，等. 中国环境通史（史前—秦汉、魏晋—唐、五代十国—明、清—民国）[M]. 北京：中国环境出版社，2019，2020.

[229] 王盘. 昆明市及滇省财厅实习调查日记 [M]. 台北：成文出版社，1977.

[230] 王强. 近代农业调查资料 [M]. 南京：凤凰出版社，2014.

[231] 王清华. 梯田文化论——哈尼族生态农业 [M]. 昆明：云南大学出版社，1999.

[232] 王尚义，张慧芝. 历史流域学论纲 [M]. 北京：科学出版社，2014.

[233] 王尚义. 历史流域学的理论与实践 [M] 北京：商务印书馆，2019.

[234] 王社教. 苏皖浙赣地区明代农业地理研究 [M]. 西安：陕西师范大学出版社，1999.

[235] 王声跃. 云南地理 [M]. 昆明：云南民族出版社，2002.

[236] 王双怀. 明代华南农业地理研究 [M]. 北京：中华书局，2002.

[237] 王心波. 云南省五县农村经济之研究 [M]. 台北：成文出版社，1977.

[238] 王业键. 清代经济史论文集 [G]. 台北：稻乡出版社，2003.

[239] 王业键. 清代田赋刍论：1750—1911 [M]. 北京：人民出版社，2008.

[240] 王宇，等. 云南省农业气候资源及区划 [M]. 北京：气象出版社，1990.

[241] 王宇. 云南山地气候 [M]. 昆明：云南科学技术出版社，2006.

[242] 温春来. 从"异域"到"旧疆"：宋至清贵州西北部地区的制度、开发与认同 [M]. 北京：生活·读书·新知三联书店，2008.

[243] 文焕然，等. 中国历史时期植物与动物变迁研究 [M]. 重庆：重庆出版社，2006.

[244] 吴传钧，郭焕成. 中国土地利用 [M]. 北京：科学出版社，1994.

[245] 吴宏岐. 元代农业地理 [M]. 西安：西安地图出版社，1997.

[246] 吴慧. 中国历代粮食亩产研究 [M]. 北京：农业出版社，1985.

[247] 吴国平，宋崇辉，汪煜. 地理建模 [M]. 南京：东南大学出版社，2012.

[248] 吴其荣. 云南之土地整理 [M]. 台北：成文出版社，1977.

[249] 舒尔茨. 改造传统农业 [M]. 梁小民，译. 北京：商务印书馆，2006.

[250] 西藏自治区土地管理局. 西藏自治区土地利用 [M]. 北京：科学出版社，1992.

[251] 夏光辅，等. 云南科学技术史稿 [M]. 昆明：云南科学技术出版社，1992.

[252] 夏光南. 元代云南史地丛考 [M]. 北京：中华书局，1935.

[253] 向尚，李涛，钟天石，等. 西南旅行杂写 [M]. 上海：中华书局，1937.

[254] 萧正洪. 环境与技术选择：清代中国西部地区农业技术地理研究 [M]. 北京：中国社会科学出版社，1998.

[255] 《云南近代史》编写组. 云南近代史 [M]. 昆明：云南人民出版社，1993.

[256] 谢彬. 云南游记 [M]. 北京：中华书局，1924.

[257] 谢丽. 清代至民国时期农业开发对塔里木盆地南缘生态环境的影响 [M]. 上海：上海人民出版社，2010.

[258] 徐敬君. 云南山区经济 [M]. 昆明：云南人民出版社，1983.

[259] 徐樵利，谭传凤，李克煌，等. 山地地理系统综论 [M]. 武汉：华中师范大学出版社，1994.

[260] 许建文. 中国当代农业政策史稿 [M]. 北京：中国农业出版社，2007.

[261] 薛绍铭. 黔滇川旅行记 [M]. 北京：中华书局，1937.

[262] 严德一. 云南边疆地理 [M]. 北京：商务印书馆，1946.

[263] 杨庆媛，周宝同，涂建军，等. 西南地区土地整理的目标及模式 [M]. 北京：商务印书馆，2006.

[264] 杨寿川. 云南经济史研究 [M]. 昆明：云南民族出版社，1999.

[265] 杨堃. 民族学调查方法 [M]. 北京：中国社会科学出版社，1992.

[266] 杨伟兵. 云贵高原的土地利用与生态变迁（1659—1912）[M]. 上海：上海人民出版社，2008.

[267] 杨伟兵. 明清以来云贵高原的环境与社会 [M]. 上海：东方出版中心，2010.

[268] 杨向奎，张政烺，孙言诚. 中国屯垦史 [M]. 北京：农业出版社，1990.

[269] 杨一光. 云南省综合自然区划 [M]. 北京：高等教育出版社，1991.

[270] 杨毓才. 云南各民族经济发展史 [M]. 昆明：云南民族出版社，1989.

[271] 杨煜达. 清代云南季风气候与天气灾害研究 [M]. 上海：复旦大学出版社，2006.

[272] 杨煜达. 乾隆朝中缅冲突与西南边疆 [M]. 北京：社会科学文献出版社，2014.

[273] 衣兴国，刁书仁. 近三百年东北土地开发史 [M]. 长春：吉林文史出版社，1994.

[274] 轶名. 滇南垦殖事业之调查 [M]. 台北：成文出版社，1977.

[275] 尹懋可. 大象的退却：一部中国环境史 [M]. 梅雪芹，等译. 南京：江苏人民出版社，2014.

[276] 尹绍亭. 远去的山火——人类学视野中的刀耕火种 [M]. 昆明：云南人民出版

社，2008.

[277] 尹绍亭. 云南山地民族文化生态的变迁［M］. 昆明：云南教育出版社，2009.

[278] 尤中. 云南民族史［M］. 昆明：云南大学出版社，1994.

[279] 于希贤. 滇池地区历史地理［M］. 昆明：云南人民出版社，1981.

[280] 喻宗泽，等. 云南行政纪实［M］. 昆明：云南财政厅印刷局，1943.

[281] 《云南年鉴》编辑部. 云南经济四十年：1949—1989［M］. 昆明：《云南年鉴》杂志社，［1989］.

[282] 《云南农业地理》编写组. 云南农业地理［M］. 昆明：云南人民出版社，1981.

[283] 《云南农业技术手册》编写组. 云南农业技术手册［M］. 昆明：云南人民出版社，1973.

[284] 云南省测绘局. 云南省地图集［M］. 昆明：云南省测绘局，1982.

[285] 云南省档案馆. 抗战时期的云南社会［M］. 昆明：云南人民出版社，2005.

[286] 云南省档案馆. 清末民初的云南社会［M］. 昆明：云南人民出版社，2005.

[287] 云南省公署概要处四课. 云南对外贸易近况［M］. 昆明：云南省公署概要处四课，1926.

[288] 云南省教育厅教研室. 云南地理［M］. 昆明：云南教育出版社，1988.

[289] 云南省立昆华民众教育馆. 云南史地辑要［M］. 昆明：云南省立昆华民众教育馆，1949.

[290] 云南省农业工具改革展览会. 云南省创制改制农业工具汇编：水利部分［M］. 昆明：云南人民出版社，1958.

[291] 云南省农业区划委员会办公室. 云南省不同气候带和坡度的土地面积［M］. 昆明：云南科学技术出版社，1987.

[292] 云南省气象局. 云南省农业气候资料集［M］. 昆明：云南人民出版社，1984.

[293] 云南省土地利用现状调查领导小组办公室，云南省土地管理局. 云南土地资源［M］. 昆明：云南科学技术出版社，2000.

[294] 云南省土壤肥料工作站，云南省土壤普查办公室. 云南土壤［M］. 昆明：云南科学技术出版社，1996.

[295] 《云南植被》编写组. 云南植被［M］. 北京：科学出版社，1987.

[296] 斯科特. 逃避统治的艺术：东南亚高地的无政府主义历史［M］. 王晓毅，译. 北京：生活·读书·新知三联书店，2016.

[297] 张翠莲，孙兵，徐建平，等. 中国环境史（先秦卷、明清卷、近代卷）［M］. 北京：高等教育出版社，2020，2021.

[298] 张建民. 历史时期长江中游地区人类活动与环境变迁研究［M］. 武汉：武汉大学出版社，2011.

[299] 张军，涂丹，李国辉. 3S技术基础［M］. 北京：清华大学出版社，2013.

[300] 张乐天. 告别理想：人民公社制度研究［M］. 上海：上海人民出版社，2012.

［301］张善余. 人口地理学［M］. 北京：科学出版社，2003.

［302］张世明. 法律、资源与时空建构：1644—1945年的中国［M］. 广州：广东人民出版社，2012.

［303］张伟然，等. 历史与现代的对接：中国历史地理学最新研究进展［M］. 北京：商务印书馆，2016.

［304］张肖梅. 云南经济［M］. 中国国民经济研究所，1942.

［305］张新长，辛秦川，郭泰圣，等. 地理信息系统概论［M］. 北京：高等教育出版社，2017.

［306］张印堂. 滇西经济地理［M］. 昆明：国立云南大学西南文化研究室，1943.

［307］《长江水利史略》编写组. 长江水利史略［M］. 北京：水利水电出版社，1979.

［308］赵冈，刘永成，吴慧，等. 清代粮食亩产量研究［M］. 北京：中国农业出版社，1995.

［309］赵文远. 新中国户籍迁移制度研究［M］. 郑州：郑州大学出版社，2012.

［310］郑度. 中国自然地理总论［M］. 北京：科学出版社，2015.

［311］郑茜. 人活天地间：哈尼族［M］. 昆明：云南大学出版社，2001.

［312］中共云南省委政策研究室. 云南省情：1949—1984［M］. 昆明：云南人民出版社，1986.

［313］中共中央西南局农村工作部. 西南区农村经济变化典型调查［M］. 1954.

［314］中国科学院地理研究所经济地理研究室. 中国农业地理总论［M］. 北京：科学出版社，1980.

［315］中国科学院云南热带生物资源综合考察队. 云南省农业气候条件及其分区评价［M］. 北京：科学出版社，1964.

［316］中国科学院中国自然地理编辑委员会. 中国自然地理·历史自然地理［M］. 北京：科学出版社，1982.

［317］中国人民政协会议云南省禄劝彝族苗族自治县委员会文史资料委员会. 禄劝文史资料：第1—16辑［G］. 内部资料，1989—2005.

［318］中国少数民族社会历史调查资料丛刊修订编辑委员会. 中央访问团第二分团云南民族情况汇集［G］. 北京：民族出版社，2009.

［319］中国文化建设协会. 抗战十年前之中国：1927—1936［M］. 台北：文海出版社，1974.

［320］中华人民共和国粮食部. 建国三十年粮食统计提要［M］. 1979.

［321］中央农业推广委员会. 全国农业推广实施状况调查录［R］. 中央农业推广委员会，1936.

［322］钟天石，等. 西南游行杂写［M］. 台北：文海出版社，1973.

［323］钟祥浩. 山地学概论与中国山地研究［M］. 成都：四川科学技术出版社，2000.

［324］周谷城. 中国农村经济论文集、中国农村经济论［G］. 上海：上海书店出版

社，1990.

［325］周宏伟. 清代两广农业地理［M］. 长沙：湖南教育出版社，1998.

［326］周立三. 中国农业地理［M］. 北京：科学出版社，2000.

［327］周天豹，凌承学. 抗日战争时期西南经济发展概述［M］. 重庆：西南师范大学出版社，1988.

［328］周琼. 清代云南瘴气与生态变迁研究［M］. 北京：中国社会科学出版社，2007.

［329］周琼，耿金. 中国环境史纲［M］. 北京：高等教育出版社，2022.

［330］朱国宏. 人地关系论：中国人口与土地关系问题的系统研究［M］. 上海：复旦大学出版社，1996.

［331］朱荣，郑重，张林池，等. 当代中国的农业［M］. 北京：当代中国出版社，1992.

［332］朱斯煌. 民国经济史［M］. 台北：文海出版社，1988.

［333］朱永祥，马建猷. 冬水田立体农业技术［M］. 成都：西南交通大学出版社，1991.

［334］邹吉忠. 自由与秩序：制度价值研究［M］. 北京：北京师范大学出版社，2003.

［335］邹启宇，苗文俊. 中国人口：云南分册［M］. 北京：中国财政经济出版社，1989.

［336］邹逸麟，张修桂. 中国历史自然地理［M］. 北京：科学出版社，2013.

［337］全国图书馆文献缩微复制中心. 清末官报汇编［G］. 全国图书馆文献缩微复刊中心，2006.

［338］中国科学院历史研究所第三所. 云南杂志选辑［G］. 北京：科学出版社，1958.

［339］建设委员会. 建设委员会公报［G］. 台北：文海出版社，1978.

## 三、当代研究论文

［340］B. L. Turner II，W. B. Meyer，D. L. Skole，等. 全球土地利用与土地覆被变化：进行综合研究［J］. AMBIO－人类环境杂志，1994，23（1）：91-95.

［341］巴雅尔，敖登高娃，马安青，等. 历史时期内蒙古 LUCC 时空过程及其驱动机制［J］. 人文地理，2005（5）：128-133.

［342］白淑英，陈灵梅，王莉，等. 农牧交错区微地形对土地利用空间格局的影响研究［J］. 中国土地科学，2011，25（8）：22-26.

［343］白淑英，额尔敦格日乐，周薇. 农牧交错区土地利用/覆被变化及其驱动力——以大庆市杜尔伯特蒙古族自治县为例［J］. 中国土地科学，2008，22（1）：16-22.

［344］白淑英，张树文，张养贞. 农牧交错区 50 年来耕地开发过程及其驱动因素分析——以大庆市杜尔伯特蒙古族自治县为例［J］. 资源科学，2005，27（2）：71-76.

［345］白淑英，张树文，张养贞. 松嫩平原土地利用/覆被变化的动态过程分析——以大庆市杜尔伯特蒙古族自治县为例［J］. 资源科学，2007，29（4）：164-169.

[346] 白淑英, 张树文. 历史时期土地利用空间信息再现方法初探 [J]. 干旱区资源与环境, 2004, 18 (5): 77-80.

[347] 白肇禧. 云南禄劝县营盘山新石器时代洞穴遗址调查 [J]. 考古, 1993 (3): 225-234.

[348] 摆万奇, 赵士洞. 土地利用和土地覆盖变化研究模型综述 [J]. 自然资源学报, 1997, 12 (2): 74-80.

[349] 摆万奇, 赵士洞. 土地利用变化驱动力系统分析 [J]. 资源科学, 2001, 23 (3): 39-41.

[350] 摆万奇, 阎建忠, 张镱锂. 大渡河上游地区土地利用/土地覆被变化与驱动力分析 [J]. 地理科学进展, 2004, 23 (1): 71-78.

[351] 毕于运, 郑振源. 建国以来中国实有耕地面积增减变化分析 [J]. 资源科学, 2000, 22 (2): 8-12.

[352] 蔡玉梅, 任田柱. 中国三大地带耕地的时空演变特征及对策 [J]. 资源科学, 1998, 20 (5): 43-48.

[353] 蔡运龙. 土地利用/土地覆被变化研究: 寻求新的综合途径 [J]. 地理研究, 2001, 20 (6): 645-652.

[354] 曹牧. 走出"今不如昔"的困惑: 环境史衰败论的缺陷与价值 [J]. 社会科学战线, 2022 (7): 128-132.

[355] 曹树基. 明清时期的流民和赣南山区的开发 [J]. 中国农史, 1985 (4): 19-40.

[356] 曹树基. 明清时期的流民和赣北山区的开发 [J]. 中国农史, 1986 (2): 12-37.

[357] 曹雪, 金晓斌, 周寅康. 清代耕地数据恢复重建方法与实证研究 [J]. 地理学报, 2013, 68 (2): 245-256.

[358] 曹雪, 金晓斌, 王金朔, 等. 近300年中国耕地数据集重建与耕地变化分析 [J]. 地理学报, 2014, 69 (7): 896-906.

[359] 常建华. 清雍正朝改土归流起因新说 [J]. 中国史研究, 2015 (1): 185-197.

[360] 陈百明. 试论中国土地利用和土地覆被变化及其人类驱动力研究 [J]. 自然资源, 1997 (2): 31-36.

[361] 陈百明, 张凤荣. 我国土地利用研究的发展态势与重点领域 [J]. 地理研究, 2011, 30 (1): 1-9.

[362] 陈锋. 清代亩额初探——对省区"折亩"的考察 [J]. 武汉大学学报 (社会科学版), 1987 (5): 76-83.

[363] 陈刚. "数字人文"与历史地理信息化研究 [J]. 南京社会科学, 2014 (3): 136-142.

[364] 陈国生, 杨晓霞. 明代贵州民族地域性研究 [J]. 贵州民族研究, 1997 (1): 90-98.

［365］陈攀攀，毕华兴，陈智汉，等. 50 年来黄土高原沟壑区典型小流域土地利用动态变化及其驱动力分析［J］. 中国水土保持科学，2010，8（1）：71－76.

［366］陈桥驿. 历史上浙江省的山地垦殖与山林破坏［J］. 中国社会科学，1983（4）：207－217.

［367］陈庆德. 清代云南矿冶业与民族经济的开发［J］. 中国经济史研究，1994（3）：71－81.

［368］陈勇，陈国阶. 对乡村聚落生态研究中若干基本概念的认识［J］. 农村生态环境，2002，18（1）：54－57.

［369］陈佑启，Peter H. Verburg，徐斌. 中国土地利用变化及其影响的空间建模分析［J］. 地理科学进展，2000，19（2）：116－127.

［370］程潞，陈述，宋铭奎，等. 云南滇池区域之土地利用［J］. 地理学报，1947，14（2）：12－33.

［371］崔景明，陆韧. 元、明、清时期云南边疆民族地区的对外经济交往［J］. 思想战线，1998（4）：39－45.

［372］党安荣，阎守邕. 我国耕地面积与粮播面积的时序变化研究［J］. 地理科学进展，1998，17（1）：36－43.

［373］邓祖涛，陆玉麒，尹贻梅. 山地垂直人文带研究［J］. 地域研究与开发，2005（2）：11－14。

［374］樊宝敏，董源. 中国历代森林覆盖率的探讨［J］. 北京林业大学学报，2001，23（4）：60－65.

［375］方国瑜，缪鸾和. 清代云南各族劳动人民对山区的开发［J］. 思想战线，1976（1）：70－74.

［376］方国瑜. 滇池水域的变迁［J］. 思想战线，1979（1）：33－38.

［377］方铁. 元代云南行省的农业与农业赋税［J］. 云南师范大学学报（哲学社会科学版），2004，36（4）：57－64.

［378］方修琦，叶瑜，葛全胜，等. 从城镇体系的演变看清代东北地区的土地开发［J］. 地理科学，2005，25（2）：129－134.

［379］方修琦，叶瑜，曾早早. 极端气候事件—移民开垦—政策管理的互动——1661—1680 年东北移民开垦对华北水旱灾的异地响应［J］. 中国科学：D 辑 地球科学，2006，36（7）：680－688.

［380］方修琦，萧凌波. 中国古代土地开发的环境认知基础和相关行为特征［J］. 陕西师范大学学报（哲学社会科学版），2007（5）：26－29.

［381］方修琦. 关于利用历史文献信息进行环境演变研究的几点看法［J］. 中国历史地理论丛，2007，22（2）：153－155.

［382］方修琦，章文波，魏本勇，等. 中国水土流失的历史演变［J］. 水土保持通报，

2008，28（1）：158－165.

[383] 方修琦，赵婉一，张成鹏，等. 全球历史 LUCC 数据集数据可靠性的评估方法及评估案例［J］. 中国科学：D 辑 地球科学，2020，50（7）：1009－1020.

[384] 方修琦，何凡能，吴致蕾，等. 过去 2000 年中国农耕区拓展与垦殖率变化基本特征［J］. 地理学报，2021，76（7）：1732－1746.

[385] 费晟. 环境史衰败论叙事的正误及其评判尺度［J］. 社会科学战线，2022（7）：122－127.

[386] 封志明，刘宝勤，杨艳昭. 中国耕地资源数量变化的趋势分析与数据重建：1949—2003［J］. 自然资源学报，2005，20（1）：35－43.

[387] 费孝通. 人的研究在中国——个人的经历［J］. 读书，1990（10）：3－11.

[388] 冯朝阳，于勇，高吉喜，等. 地形因子对京西门头沟区土地利用/覆盖变化的影响［J］. 山地学报，2007，25（3）：274－279.

[389] 冯莹莹，胡茂川，谭学志，等. 基于 1：5 万地形图的历史土地利用重建及其时空演变分析——以梅江流域为例［J］. 中山大学学报（自然科学版），2023，62（2）：104－112.

[390] 冯永恒，张时煌，何凡能，等. 20 世纪中国耕地格网化数据分区重建［J］. 地理科学进展，2014，33（11）：1546－1555.

[391] Jefferson Fox，John Krummel，Sanay Yarnasarn，等. 泰国北部的土地利用与景观动态：三个高地流域变化的评价［J］. AMBIO－人类环境杂志，1995，24（6）：328－334.

[392] 傅辉. 晚清南阳县土地利用分析［J］. 清史研究，2004（4）：59－70.

[393] 傅辉. 河南土地数据初步研究——以 1368—1953 年数据为中心［J］. 中国历史地理论丛，2005，20（1）：106－115.

[394] 傅辉. 亩制差异对土地数据的影响及相关问题［J］. 中国史研究，2006（3）：141－150.

[395] 傅辉. 明清方志的编纂特征及其在区域土地利用研究中的价值［J］. 中国地方志，2007（4）：20－27.

[396] 傅辉，葛全胜，何凡能. 明清时期地方土地数据统计机制研究——以河南诸县为中心的考察［J］. 人文杂志，2011（6）：102－108.

[397] 甘红，刘彦随，王大伟. 土地利用类型转换的人文驱动因子模拟分析［J］. 资源科学，2004，26（2）：88－93.

[398] 葛剑雄. 中国历史地图：从传统到数字化［J］. 历史地理，2002（18）：1－11.

[399] 葛全胜，赵名茶，郑景云. 20 世纪中国土地利用变化研究［J］. 地理学报，2000，55（6）：698－706.

[400] 葛全胜，戴君虎，何凡能，等. 过去 300 年中国部分省区耕地资源数量变化及驱动

因素分析［J］. 自然科学进展, 2003, 13 (8): 825-832.

[401] 葛全胜, 何凡能, 郑景云, 等. 21 世纪中国历史地理学发展的思考［J］. 地理研究, 2004, 23 (3): 374-384.

[402] 葛全胜, 戴君虎. 20 世纪前、中期中国农林土地利用变化及驱动因素分析［J］. 中国科学: D 辑 地球科学, 2005, 35 (1): 54-63.

[403] 葛全胜, 何凡能, 郑景云, 等. 20 世纪中国历史地理研究若干进展［J］. 中国历史地理论丛, 2005, 20 (1): 6-15.

[404] 葛全胜, 方修琦, 张雪芹, 等. 20 世纪下半叶中国地理环境的巨大变化——关于全球环境变化区域研究的思考［J］. 地理研究, 2005, 24 (3): 345-358.

[405] 葛全胜, 王芳, 陈泮勤, 等. 全球变化研究进展和趋势［J］. 地球科学进展, 2007, 22 (4): 417-427.

[406] 葛全胜, 何凡能, 郑景云. 中国历史地理学与"集成研究"［J］. 陕西师范大学学报 (哲学社会科学版), 2007 (5): 22-26.

[407] 葛全胜, 戴君虎, 何凡能, 等. 过去 300 年中国土地利用、土地覆被变化与碳循环研究［J］. 中国科学: D 辑 地球科学, 2008, 38 (2): 197-210.

[408] 古永继. 元明清时期云南的外地移民［J］. 民族研究, 2003 (2): 69-78.

[409] 古永继. 历史上的云南自然灾害考析［J］. 农业考古, 2004 (1): 233-238.

[410] 郭松义. 清初封建国家垦荒政策分析［J］. 清史论丛, 1980 (2): 111-138.

[411] 郭松义. 清代田土计量种种［J］. 清史研究通讯, 1984 (1): 3-10.

[412] 郭松义. 清前期南方稻作区的粮食生产［J］. 中国经济史研究, 1994 (1): 3-32.

[413] 郭松义. 政策与效应: 清中叶的农业生产形势和国家的政策投入［J］. 中国史研究, 2009 (4): 139-155.

[414] 郭学斌. PRA 在土地利用现状调查中的应用［J］. 山西林业科技, 2001 (2): 18-21.

[415] 韩茂莉. 历史时期无定河流域的土地开发［J］. 中国历史地理论丛, 1990 (2): 25-44.

[416] 韩茂莉. 中国古代农作物种植制度略论［J］. 中国农史, 2000 (3): 91-99.

[417] 韩茂莉. 辽金时期西辽河流域农业开发核心区的转移与环境变迁［J］. 北京大学学报 (自然科学版), 2003, 39 (4): 474-480.

[418] 韩茂莉. 辽代西拉木伦河流域聚落分布与环境选择［J］. 地理学报, 2004, 59 (4): 543-549.

[419] 韩茂莉. 辽金时期西辽河流域农业开发与人口容量［J］. 地理研究, 2004, 23 (5): 677-685.

[420] 韩茂莉. 辽代西辽河流域气候变化及其环境特征［J］. 地理科学, 2004, 24 (5): 550-556.

[421] 韩茂莉. 近 300 年来玉米种植制度的形成与地域差异 [J]. 地理研究, 2006, 25 (6)：1083 - 1095.

[422] 韩茂莉, 刘宵泉, 方晨, 等. 全新世中期西辽河流域聚落选址与环境解读 [J]. 地理学报, 2007, 62 (12)：1287 - 1298.

[423] 韩茂莉, 张一, 方晨, 等. 全新世以来西辽河流域聚落环境选择与人地关系 [J]. 地理研究, 2008, 27 (5)：1118 - 1128。

[424] 韩茂莉, 张暐伟. 20 世纪上半叶西辽河流域巴林左旗聚落空间演变特征分析 [J]. 地理科学, 2009, 29 (1)：71 - 77.

[425] 韩茂莉. 史前时期西辽河流域聚落与环境研究 [J]. 考古学报, 2010 (1)：1 - 20.

[426] 韩昭庆. 明代毛乌素沙地变迁及其与周边地区垦殖的关系 [J]. 中国社会科学, 2003 (5)：191 - 204.

[427] 郝仕龙, 李壁成, 于强. PRA 和 GIS 在小尺度土地利用变化研究中的应用 [J]. 自然资源学报, 2005, 20 (2)：309 - 315.

[428] 郝仕龙, 曹连海, 李壁成. 宁南山区土地利用/土地覆盖变化研究——以固原上黄试区为例 [J]. 水土保持研究, 2010, 17 (2)：212 - 217.

[429] 何凡能, 葛全胜, 郑景云. 中国清代城镇用地面积估算及其比较 [J]. 地理学报, 2002, 57 (6)：709 - 716.

[430] 何凡能, 田砚宇, 葛全胜. 清代关中地区土地垦殖时空特征分析 [J]. 地理研究, 2003, 22 (6)：687 - 697.

[431] 何凡能, 戴君虎, 葛全胜. 从康雍乾垦殖政策看中国清前期垦荒发展趋势 [J]. 地理研究, 2005, 24 (6)：878 - 888.

[432] 何凡能, 葛全胜, 戴君虎, 等. 近 300 年来中国森林的变迁 [J]. 地理学报, 2007, 62 (1)：30 - 40.

[433] 何凡能, 李柯, 刘浩龙. 历史时期气候变化对中国古代农业影响研究的若干进展 [J]. 地理研究, 2010, 29 (12)：2289 - 2297.

[434] 何凡能, 李士成, 张学珍. 北宋中期耕地面积及其空间分布格局重建 [J]. 地理学报, 2011, 66 (11)：1531 - 1539.

[435] 何凡能, 李士成, 张学珍, 等. 中国传统农区过去 300 年耕地重建结果的对比分析 [J]. 地理学报, 2012. 67 (9)：1190 - 1200.

[436] 何凡能, 李士成, 张学珍. 清代西南地区森林空间格局网格化重建 [J]. 地理研究, 2014, 33 (2)：260 - 269.

[437] 何凡能, 李美娇, 肖冉. 中美过去 300 年土地利用变化比较 [J]. 地理学报, 2015, 70 (2)：297 - 307.

[438] 何凡能, 李美娇, 刘浩龙. 北宋路域耕地面积重建及时空特征分析 [J]. 地理学报, 2016, 71 (11)：1967 - 1978.

[439] 何凡能，李美娇，杨帆．近 70 年来中国历史时期土地利用/覆被变化研究的主要进展 [J]．中国历史地理论丛，2019，34 (4)：5 - 16.

[440] 何凡能，杨帆，赵彩杉，等．过去千年中国耕地网格化重建与时空特征分析 [J]．中国科学：D 辑 地球科学，2023，53 (1)：115 - 131.

[441] 侯深．文明演化的另一种叙事——反思环境史中的衰败论 [J]．社会科学战线，2022 (7)：116 - 121.

[442] 侯仁之．从红柳河上的古城废墟看毛乌素沙漠的变迁 [J]．文物，1973 (1)：35 - 41.

[443] 侯仁之．乌兰布和沙漠的考古发现和地理环境的变迁 [J]．考古，1973 (2)：92 - 107.

[444] 侯甬坚．环境营造：中国历史上人类活动对全球变化的贡献 [J]．中国历史地理论丛，2004，19 (4)：5 - 16.

[445] 侯甬坚．红河哈尼梯田形成史调查和推测 [J]．南开学报 (哲学社会科学版)，2007 (3)：53 - 112.

[446] 侯甬坚．鄂尔多斯高原自然背景和明清时期的土地利用 [J]．中国历史地理论丛，2007，22 (4)：28 - 39.

[447] 侯甬坚．"环境破坏论"的生态史评议 [J]．历史研究，2013 (3)：25 - 34.

[448] 后立胜，蔡运龙．土地利用/覆被变化研究的实质分析与进展评述 [J]．地理科学进展，2004，23 (6)：96 - 104.

[449] 胡宁科，李新．历史时期土地利用变化研究方法综述 [J]．地球科学进展，2012，27 (7)：758 - 768.

[450] 华林甫．中国历史农业地理研究的世纪回顾 [J]．经济地理，2006，26 (5)：819 - 823.

[451] 黄秋昊，蔡运龙．国内几种土地利用变化模型述评 [J]．中国土地科学，2005，19 (5)：25 - 30.

[452] 江太新．关于清代前期耕地面积之我见 [J]．中国经济史研究，1995 (1)：47 - 51.

[453] 江伟涛．土地利用视角下的句容县城形态——以民国地籍图资料为中心的考察 [J]．中国历史地理论丛，2014，29 (2)：33 - 45.

[454] 江晓波，曾鸿程．量化中国山区范围：以四川省为例 [J]．山地学报，2009，27 (1)：24 - 32.

[455] 姜蓝齐，张丽娟，臧淑英，等．清末耕地空间分布格局重建方法比较 [J]．地理学报，2015，70 (4)：625 - 635.

[456] 角媛梅，胡文英，速少华，等．哀牢山区哈尼聚落空间格局与耕作半径研究 [J]．资源科学，2006，28 (3)：66 - 72.

[457] 颉耀文，陈发虎，王乃昂. 近2000年来甘肃民勤盆地绿洲的空间变化 [J]. 地理学报，2004，59 (5)：662 - 670.

[458] 颉耀文，王学强，汪桂生，等. 基于网格化模型的黑河流域中游历史时期耕地分布模拟 [J]. 地球科学进展，2013，28 (1)：71 - 78.

[459] 匡文慧，张树文，张养贞，等. 1900年以来长春市土地利用空间扩张机理分析 [J]. 地理学报，2005，60 (5)：841 - 850.

[460] 蓝勇. 历史时期三峡地区经济开发与生态变迁 [J]. 中国历史地理论丛，1992 (1)：153 - 169.

[461] 蓝勇. 清代三峡地区移民与经济开发 [J]. 史学月刊，1992 (5)：41 - 47.

[462] 蓝勇. 历史时期三峡地区森林资源分布变迁 [J]. 中国农史，1993 (4)：44 - 49.

[463] 蓝勇. 明清时期西南地区城镇分布的地理演变 [J]. 中国历史地理论丛，1995 (1)：107 - 118.

[464] 蓝勇. 明清三峡地区农业垦殖与农田水利建设研究 [J]. 中国农史，1996 (2)：59 - 69.

[465] 蓝勇. 明清美洲农作物引进对亚热带山地结构性贫困形成的影响 [J]. 中国农史，2001 (4)：3 - 14.

[466] 蓝勇. 明清皇木采办遗迹考 [J]. 中国历史文物，2005 (4)：80 - 84.

[467] 蓝勇，黄权生. 燃料换代历史与森林分布变迁——以近两千年长江上游为时空背景 [J]. 中国历史地理论丛，2007，22 (2)：31 - 42.

[468] 蓝勇. 近500年来长江上游亚热带山地中低山植被的演替 [J]. 地理研究，2010，29 (7)：1182 - 1192.

[469] 李蓓蓓，方修琦，叶瑜，等. 全球土地利用数据集精度的区域评估——以中国东北地区为例 [J]. 中国科学：D辑 地球科学，2010，40 (8)：1048 - 1059.

[470] 李家洋，陈泮勤，葛全胜，等. 全球变化与人类活动的相互作用——我国下阶段全球变化研究工作的重点 [J]. 地球科学进展，2005，20 (4)：371 - 377.

[471] 李家洋，陈泮勤，马柱国，等. 区域研究：全球变化研究的重要途径 [J]. 地球科学进展，2006，21 (5)：441 - 450.

[472] 李军，段伟. 移民与生态关系——以清代云南为案例 [J]. 古今农业，2009 (2)：13 - 24.

[473] 李柯，何凡能，张学珍. 基于MODIS数据网格化重建历史耕地空间分布的方法——以清代云南省为例 [J]. 地理研究，2011，30 (12)：2281 - 2288.

[474] 李美娇，何凡能，杨帆，等. 元代前期省域耕地面积重建 [J]. 地理学报，2018，73 (5)：832 - 842.

[475] 李美娇，何凡能，杨帆，等. 明代省域耕地数量重建及时空特征分析 [J.] 地理研究，2020，39 (2)：447 - 460.

[476] 李昆声. 云南牛耕起源试探 [J]. 云南文物, 1977 (6)：55-60.

[477] 李昆声. 先秦至两汉时期云南的农业 [J]. 思想战线, 1979 (3)：86-89.

[478] 李昆声. 云南牛耕的起源 [J]. 考古, 1980 (3)：266-270.

[479] 李昆声. 云南农业考古概述 [J]. 农业考古, 1981 (1)：70-78.

[480] 李昆声. 云南在亚洲栽培稻起源研究中的地位 [J]. 云南社会科学, 1981 (1)：69-73.

[481] 李胜坤, 张毅, 闫欣, 等. 基于 GIS 的秦巴山区乡村聚落空间格局研究——以湖北省竹溪县为例 [J]. 农业现代化研究, 2014, 35 (6)：780-785.

[482] 李士成, 何凡能, 陈屹松. 清代西南地区耕地空间格局网格化重建 [J]. 地理科学进展, 2012, 31 (9)：1196-1203.

[483] 李士成, 何凡能, 张学珍. 中国历史时期森林空间格局网格化重建方法研究——以东北地区为例 [J]. 地理学报, 2014, 69 (3)：312-322.

[484] 李为, 张平宇, 宋玉祥. 清代东北地区土地开发及其动因分析 [J]. 地理科学, 2005, 25 (1)：7-16.

[485] 李小燕, 任志远, 张翀. 近 300 年来黄土高原耕地时空变化及预测 [J]. 陕西师范大学学报（自然科学版）, 2012, 40 (5)：94-100.

[486] 李晓斌. 清代云南汉族移民迁徙模式的转变及其对云南开发进程与文化交流的影响 [J]. 贵州民族研究, 2005, 25 (3)：172-177.

[487] 李秀彬. 全球环境变化研究的核心领域——土地利用/土地覆被变化的国际研究动向 [J]. 地理学报, 1996, 51 (6)：553-558.

[488] 李秀彬. 中国近 20 年来耕地面积的变化及其政策启示 [J]. 自然资源学报, 1999, 4 (4)：329-333.

[489] 李阳兵, 罗光杰, 邵景安, 等. 岩溶山地聚落人口空间分布与演化模式 [J]. 地理学报, 2012, 67 (12)：1666-1674.

[490] 李阳兵, 罗光杰, 程安云, 等. 黔中高原面石漠化演变典型案例研究——以普定后寨河地区为例 [J]. 地理研究, 2013, 32 (5)：828-838.

[491] 李阳兵, 罗光杰, 白晓永, 等. 典型峰丛洼地耕地、聚落及其与喀斯特石漠化的相互关系——案例研究 [J]. 生态学报, 2014, 34 (9)：2195-2207.

[492] 李阳兵, 姚原温, 谢静, 等. 贵州省山地—坝地系统土地利用与景观格局时空演变 [J]. 生态学报, 2014, 34 (12)：3257-3265.

[493] 李玉尚, 曹树基. 咸同年间的鼠疫流行与云南人口的死亡 [J]. 清史研究, 2001 (2)：19-32.

[494] 李玉尚, 顾维方. 都天与木莲：清代云南鼠疫流行与社会秩序重建 [J]. 社会科学研究, 2012 (1)：144-150.

[495] 李志, 刘文兆, 杨勤科等. 黄土沟壑区小流域土地利用变化及驱动力分析 [J]. 山

地学报，2006，24（1）：27-32.

[496] 李中清. 中国西南的粮食供给与人口增长：1250—1850 [J]. 亚洲研究杂志，1982 (8)：711-746.

[497] 李中清，吴宏元. 一二五〇年—一八五〇年西南移民史 [J]. 社会科学战线，1983 (1)：118-128.

[498] 李中清. 明清时期中国西南的经济发展和人口增长 [J]. 清史论丛，1984 (5)：50-102.

[499] 李中清，王丰，纪南. 马尔萨斯模式和中国的现实：中国1700—2000年的人口体系 [J]. 中国人口科学，2000 (2)：16-27.

[500] 李中清，秦树才，林文勋. 清代中国西南的粮食生产 [J]. 史学集刊，2010 (4)：72-79.

[501] 栗原悟. 日本的云南历史研究：发展与当前的问题 [J] 安胐胐，译. 民族译丛，1994 (1)：42-48.

[502] 廖泫铭，范毅军. 中华文明时空基础架构：历史学与信息化结合的设计理念及技术应用 [J]. 科研信息化技术与应用，2012，3 (4)：17-27.

[503] 林超民. 汉族移民与云南统一 [J]. 云南民族大学学报（哲学社会科学版），2005，22 (3)：106-113.

[504] 林珊珊，郑景云，何凡能. 中国传统农区历史耕地数据网格化方法 [J]. 地理学报，2008，63 (1)：83-92.

[505] 林忆南，金晓斌，杨绪红，等. 近两百年江苏省城乡建设用地数量估算与空间重建 [J]. 地理学报，2017，72 (3)：488-506.

[506] 蔺卿，罗格平，陈曦. LUCC驱动力模型研究综述 [J]. 地理科学进展，2005，24 (5)：81-89.

[507] 刘成武，黄利民. 土地利用/土地覆盖变化的研究方法 [J]. 地域研究与开发，2004，23 (4)：11-14，39.

[508] 刘殿伟，宋开山，王丹丹，等. 近50年来松嫩平原西部土地利用变化及驱动力分析 [J]. 地理科学，2006，26 (3)：277-283.

[509] 刘纪远，邵全琴，延晓冬，等. 土地利用变化对全球气候影响的研究进展与方法初探 [J]. 地球科学进展，2011，26 (10)：1015-1022.

[510] 刘灵坪. "汉"、"土"之分：明代云南的卫所土军——以大理诸卫为中心 [J]. 历史地理，2013 (27)：70-82.

[511] 刘瑞民，杨志峰，沈珍瑶，等. 基于DEM的长江上游土地利用分析 [J]. 地理科学进展，2006，25 (1)：102-108.

[512] 刘秀生. 清代闽浙赣皖的棚民经济 [J]. 中国社会经济史研究，1988 (1)：53-60.

[513] 刘旭华，王劲峰，刘明亮，等. 中国耕地变化驱动力分区研究 [J]. 中国科学：D 辑 地球科学，2005，35（11）：1087-1095.

[514] 刘延国，黄成敏，王青，等. 岷江上游山区杂谷脑河流域聚落变迁规律及其驱动机制实证研究 [J]. 海南师范大学学报（自然科学版），2014，27（1）：57-62.

[515] 刘燕华，葛全胜，张雪芹. 关于中国全球环境变化人文因素研究发展方向的思考 [J]. 地球科学进展，2004，19（6）：1-7.

[516] 龙花楼，李婷婷. 中国耕地和农村宅基地利用转型耦合分析 [J]. 地理学报，2012，67（2）：201-210.

[517] 龙瀛，金晓斌，李苗裔，等. 利用约束性 CA 重建历史时期耕地空间格局——以江苏省为例 [J]. 地理研究，2014，33（12）：2239-2250.

[518] 鲁西奇. 论地区经济发展不平衡——以汉江流域开发史为例 [J]. 中国社会经济史研究，1997（1）：18-27.

[519] 鲁西奇. 历史时期汉江流域农业经济区的形成与演变 [J]. 中国农史，1999（1）：35-45.

[520] 鲁西奇. 再论历史地理研究中的"区域"问题 [J]. 武汉大学学报（人文社会科学版），2000，53（2）：222-228.

[521] 鲁西奇. 汉宋间长江中游地区的乡村聚落形态及其演变 [J]. 历史地理，2008，（23）：128-151.

[522] 鲁西奇，董勤. 南方山区经济开发的历史进程与空间展布 [J]. 中国历史地理论丛，2010，25（4）：31-46.

[523] 鲁西奇，韩轲轲. 散村的形成及其演变——以江汉平原腹地的乡村聚落形态及其演变为中心 [J]. 中国历史地理论丛，2011，26（4）：77-91.

[524] 鲁西奇. 散村与集村：传统中国的乡村聚落形态及其演变 [J]. 华中师范大学学报（人文社会科学版），2013，52（4）：113-130.

[525] 陆韧. 明代汉族移民与云南城镇发展 [J]. 云南社会科学，1999（6）：65-71.

[526] 陆韧. 明代云南的驿堡铺哨与汉族移民 [J]. 思想战线，1999（6）：85-89.

[527] 陆韧. 试论明代云南非官府组织的自发移民 [J]. 学术探索，2000（2）：60-63.

[528] 陆韧. 明朝统一云南、巩固西南边疆进程中对云南的军事移民 [J]. 中国边疆史地研究，2005，15（4）：68-76.

[529] 陆韧. 明代云南汉族移民定居区的分布与拓展 [J]. 中国历史地理论丛，2006，21（3）：74-83.

[530] 罗春梅，和晓蓉. 以反思视角看清代云南山区移民 [J]. 云南农业大学学报（社会科学版），2008，2（6）：108-111.

[531] 罗格平，张爱娟，尹昌应，等. 土地变化多尺度研究进展与展望 [J]. 干旱区研究，2009，26（2）：187-193.

[532] 罗光杰，李阳兵，王世杰. 岩溶山区聚落分布格局与演变分析——以普定县后寨河地区为例［J］. 长江流域资源与环境，2010，19（7）：802-807.

[533] 罗光杰，李阳兵，谭秋，等. 岩溶山区聚落格局变化及其 LUCC 响应分析——以贵州省为例［J］. 资源科学，2010，32（11）：2130-2137.

[534] 罗光杰，李阳兵，王世杰，等. 自然保护区聚落空间格局与演变的梯度效应——以贵州茂兰为例［J］. 自然资源学报，2012，27（8）：1327-1339.

[535] 罗静，张镱锂，刘峰贵，等. 青藏高原东北部河湟谷地 1726 年耕地格局重建［J］. 地理研究，2014，33（7）：1285-1296.

[536] 罗群. 民国时期云南边地垦殖与边疆开发研究［J］. 学术月刊，2018，50（10）：159-174.

[537] 罗群. 边疆开发视域下"新理想、新社会、新制度之创造与实验"——以民国云南开蒙垦殖局为中心［J］，中国边疆史地研究，2020，30（2）：141-158.

[538] 罗云云，李瑞雪，屈明. 重庆石碗溪小流域坡度和高程对土地利用及经济发展的影响［J］. 山地学报，2004，22（2）：254-258.

[539] 吕妍，张树文，杨久春. 基于地名志的东北历史时期土地利用变化研究——以吉林省镇赉县为例［J］. 地球信息科学学报，2010，12（2）：2174-2179.

[540] 马利邦，郭晓东，张启媛. 陇中黄土丘陵区乡村聚落的空间格局——以甘肃省通渭县为例［J］. 山地学报，2012，30（4）：408-416.

[541] 马泽忠，周爱霞，江晓波，等. 高程与坡度对巫山县土地利用/覆盖动态变化的影响［J］. 水土保持学报，2003，17（2）：107-109.

[542] 满志敏. 走进数字化：中国历史地理信息系统的一些概念和方法［J］. 历史地理，2002（18）：12-22.

[543] 满志敏. 历史自然地理学发展和前沿问题的思考［J］. 江汉论坛，2005（1）：95-97.

[544] 满志敏. 北宋京东故道流路问题的研究［J］. 历史地理，2006（21）：1-9.

[545] 满志敏. 小区域研究的信息化：数据架构及模型［J］. 中国历史地理论丛，2008，23（2）：5-11.

[546] 满志敏. 全球环境变化视角下环境史研究的几个问题［J］. 思想战线，2012（2）：60-63.

[547] 满志敏，郑景云，方修琦. 过去 2000 年中国环境变化综合研究的回顾［J］. 南京工业大学学报（社会科学版），2014，13（2）：12-19.

[548] 梅雪芹. 在中国近代史研究中增添环境史范式［J］. 近代史研究，2022（2）：10-13.

[549] 孟向京，贾绍凤. 中国省级人口分布影响因素的定量分析［J］. 地理研究，1993，12（3）：56-63.

[550] 闵婕，杨庆媛．岩溶山区乡村聚落的格局特征及类型分析——以重庆市巫山县为例[J]．中国岩溶，2014，33（1）：99－109．

[551] 潘倩，金晓斌，周寅康．清代中期江苏省土地利用格局网格化重建[J]．地理学报，2015，70（9）：1449－1462．

[552] 潘威，满志敏．大河三角洲历史河网密度格网化重建方法——以上海市青浦区1918－1978年为研究范围[J]．中国历史地理论丛，2010，25（2）：5－14．

[553] 潘威，孙涛，满志敏．GIS进入历史地理学研究10年回顾[J]．中国历史地理论丛，2012，27（1）：11－17．

[554] 潘威，王哲，满志敏．近20年来历史地理信息化的发展成就[J]．中国历史地理论丛，2020，35（1）：25－35．

[555] 潘先林，潘先银．"改土归流"以来滇川黔交界地区彝族社会的发展变化[J]．云南民族学院学报（哲学社会科学版），1997（4）：37－43．

[556] 潘先林．高产农作物传入对滇、川、黔交界地区彝族社会的影响[J]．思想战线，1997（5）：61－65．

[557] 裴彬，潘韬．土地利用系统动态变化模拟研究进展[J]．地理科学进展，2010，29（9）：1060－1066．

[558] 彭建，蔡运龙，何钢，等．喀斯特生态脆弱区猫跳河流域土地利用/覆被变化研究[J]．山地学报，2007，25（5）：566－576．

[559] 彭建，蔡运龙．LUCC框架下喀斯特地区土地利用/覆被变化研究现状与展望[J]．中国土地科学，2006，20（5）：48－53．

[560] 彭建，王仰麟，张源，等．滇西北生态脆弱区土地利用变化及其生态效应——以云南省永胜县为例[J]．地理学报，2004，59（4）：629－638．

[561] 彭雨新．清初的垦荒与财政[J]．武汉大学学报（哲学社会科学版），1979（1）：69－80．

[562] 彭雨新．四川清初招徕人口和轻赋政策[J]．中国社会经济史研究，1984（2）：1－9．

[563] 秦和平．清代以来凉山彝族农业发展的原因及影响[J]．中国农史，1990（2）：23－27．

[564] 秦和平．有关鸦片种植与近代云南部分地区农村家庭经济关系浅析[J]．中国农史，2001（3）：28－33。

[565] 秦和平．鸦片在西南地区的传播及其种植面积考订[J]．中国农史，2003（2）：14－21．

[566] 秦树才．绿营兵与清代的西南边疆[J]．中国边疆史地研究，2004，14（2）：24－31．

[567] 秦树才，田志勇．绿营兵与清代云南移民研究[J]．清史研究，2004（3）：32－40．

［568］丘勤宝. 云南水利问题［J］. 西南边疆，1939（4）：26 - 53.

［569］邱扬，傅伯杰，王军，等. 黄土丘陵小流域土地利用的时空分布及其与地形因子的关系［J］. 自然资源学报，2003，18（1）：20 - 29.

［570］冉有华，李新，卢玲. 四种常用的全球 1km 土地覆盖数据中国区域的精度评价［J］. 冰川冻土，2009，31（3）：490 - 500.

［571］任世芳，孟万忠，赵淑贞. 历史时期三川河湫水河流域的土地利用［J］. 中国历史地理论丛，2004，19（4）：17 - 22.

［572］沈海梅. 明清云南改土归流的文化条件［J］. 思想战线，1997（5）：72 - 76.

［573］石家宜. 参与式历史地理研究：理论、方法与评价［J］. 中国历史地理论丛，2020，35（3）：141 - 147.

［574］石敏球，王青，郭亚琳，等. 岷江上游山区聚落空间分布特征分析［J］. 西南科技大学学报，2014，29（4）：33 - 37.

［575］史志宏. 十九世纪上半期的中国耕地面积再估计［J］. 中国经济史研究，2011（4）：85 - 97.

［576］史志宏. 十九世纪上半期的中国粮食亩产量及总产量再估计［J］. 中国经济史研究，2012（3）：52 - 66.

［577］孙冬虎. 制度与政策影响下的北京南苑环境变迁［J］. 首都师范大学学报（社会科学版），2006（5）：24 - 28.

［578］孙雁，刘志强，王秋兵，等. 1910—2010 年沈阳城市土地利用空间结构演变特征［J］. 地理科学进展，2012，31（9）：1204 - 1211.

［579］孙燕，林振山，刘会玉. 中国耕地数量变化的突变特征及驱动机制［J］. 资源科学，2006，28（5）：57 - 61.

［580］谭刚. 个旧锡业开发与生态环境变迁［J］. 中国历史地理论丛，2010，25（1）：16 - 25.

［581］谭其骧. 何以黄河在东汉以后会出现一个长期安流的局面——从历史上论证黄河中游的土地合理利用是消弭下游水害的决定性因素［J］. 学术月刊，1962（2）：23 - 35.

［582］谭少华，倪绍祥. 区域土地利用变化驱动力的成因分析［J］. 地理与地理信息科学，2005，21（3）：47 - 50.

［583］谭少华，倪绍祥. 20 世纪以来土地利用研究综述［J］. 地域研究与开发，2006，25（5）：84 - 89.

［584］汤国安，赵牡丹. 基于 GIS 的乡村聚落空间分布规律研究——以陕北榆林地区为例［J］. 经济地理，2000，20（5）：1 - 4.

［585］田砚宇，何凡能，葛全胜. 清代漠南蒙古耕地数字性质考释——以热察绥地区为例［J］. 中国历史地理论丛，2009，24（2）：144 - 151.

[586] 田义超，李晶，任志远. 近300年来黄土高原耕地变化及时空格局分析［J］. 干旱区资源与环境，2012，26（2）：94－101.

[587] 童绍玉，鲁永新，杨新平，等. 云南省耕地垂直变化规律及其驱动力分析［J］. 云南财经大学学报（社会科学版），2010，25（6）：87－92.

[588] 万智巍，贾玉连，蒋梅鑫，等. 民国时期江西省城市用地与城市化水平［J］. 地理学报，2018，73（3）：550－561.

[589] 万智巍，邵海雁，廖富强，等. 基于1∶5万地形图的民国时期县域土地利用全要素重建——以江西省清江县为例［J］. 中国历史地理论丛，2020，35（4）：32－42.

[590] 汪桂生，颉耀文，王学强，等. 明代以前黑河流域耕地面积重建［J］. 资源科学，2013，35（2）：362－369.

[591] 王传胜，孙贵艳，孙威，等. 云南昭通市坡地聚落空间特征及其成因机制研究［J］. 自然资源学报，2011，26（2）：237－246.

[592] 王传胜，孙贵艳，朱珊珊. 西部山区乡村聚落空间演进研究的主要进展［J］. 人文地理，2011，26（5）：9－14.

[593] 王丰，李中清. 摘掉人口决定论的光环——兼谈历史人口研究的思路与方法［J］. 历史研究，2002（1）：55－61.

[594] 王根绪，邓伟，杨燕，等. 山地生态学的研究进展、重点领域与趋势［J］. 山地学报，2011，29（2）：129－140.

[595] 王晗，侯甬坚. 清至民国洛川原土地利用演变及其对土壤侵蚀的影响［J］. 地理研究，2010，29（1）：163－172.

[596] 王利华. 关于中国近代环境史研究的若干思考［J］. 近代史研究，2022（2）：4－10.

[597] 王梅，曲福田. 基于变异率的中国50多年耕地变化动因分析［J］. 资源科学，2005，27（2）：39－44.

[598] 王乃昂，颉耀文，等. 近2000年来人类活动对我国西部生态环境变化的影响［J］. 中国历史地理论丛，2002，17（3）：12－19.

[599] 王青，石敏球，郭亚琳，等. 岷江上游山区聚落生态位垂直分异研究［J］. 地理学报，2013，68（11）：1559－1567.

[600] 王守春. 论历史流域系统学［J］. 中国历史地理论丛，1988（3）：33－43.

[601] 王守春. 论古代黄土高原植被［J］. 地理研究，1990，9（4）：72－79.

[602] 王文成. 近代云南边疆民族地区改土归流述论［J］. 思想战线，1992（6）：79－84.

[603] 王文光，李吉星. 论明代云南的改土归流［J］. 思想战线，2014（6）：58－61.

[604] 王希群，宋维峰，郭保香，等. 云南开（远）蒙（自）垦殖重要史料［J］. 北京

林业大学学报（社会科学版），2011，10（2）：86 - 93.

[605] 王秀兰，包玉海. 土地利用动态变化研究方法探讨 [J]. 地理科学进展，1999，18（1）：83 - 89.

[606] 王秀兰. 土地利用/土地覆盖变化中的人口因素分析 [J]. 资源科学，2000，22（3）：39 - 42.

[607] 王毓铨. 明黔国公沐氏庄田考 [J]. 历史研究，1962（6）：108 - 127.

[608] 王震洪，段昌群，张世彪. 从生态经济观论小流域及小流域综合治理 [J]. 生态经济，1997（6）：22 - 26.

[609] 魏学琼，叶瑜，崔玉娟，等. 中国历史土地覆被变化重建研究进展 [J]. 地球科学进展，2014，29（9）：1037 - 1045.

[610] 吴楠，高吉喜，苏德毕力格，等. 长江上游不同地形条件下的土地利用/覆盖变化 [J]. 长江流域资源与环境，2010，19（3）：268 - 275.

[611] 吴文斌，杨鹏，柴崎亮介，等. 基于 Agent 的土地利用/土地覆盖变化模型的研究进展 [J]. 地理科学，2007，27（4）：573 - 578.

[612] 吴致蕾，方修琦，叶瑜. 基于聚落考古信息的中国北方农牧交错带东段历史耕地覆盖格网化重建 [J]. 古地理学报，2022，24（6）：1238 - 1248.

[613] 萧正洪. 论清代西部农业技术的区域不平衡性 [J]. 中国历史地理论丛，1998（2）：129 - 157.

[614] 萧正洪. 清代西部地区的人口与农业技术选择 [J]. 陕西师范大学学报（哲学社会科学版），1999，28（1）：96 - 105.

[615] 萧正洪. 传统农民与环境理性——以黄土高原地区传统农民与环境之间的关系为例 [J]. 陕西师范大学学报（哲学社会科学版），2000，29（4）：83 - 91.

[616] 谢丽. 民国时期和田河流域洛浦垦区垦荒、撂荒地的空间分布格局——基于历史资料的信息可视化重建 [J]. 地理学报，2013，68（2）：232 - 244.

[617] 徐季吾，陆钦范. 云南之小麦与面粉 [J]. 西南边疆，1939（4）：14 - 25.

[618] 许月卿，罗鼎，冯艳，等. 西南喀斯特山区土地利用/覆被变化研究——以贵州省猫跳河流域为例 [J]. 资源科学，2010，32（9）：1752 - 1760.

[619] 闫卫坡，王青，郭亚琳，等. 岷江上游山区聚落生态位地域边界划分与垂直分异分析 [J]. 生态与农村环境学报，2013，29（5）：572 - 576.

[620] 杨长云. 城市环境历史的叙事选择——以衰败叙事为中心的讨论 [J]. 社会科学战线，2022（7）：133 - 140.

[621] 杨帆，何凡能，李美娇. 中国西部地区历史草地面积重建的方法：以甘宁青新区为例 [J]. 地理研究，2020，39（7）：1667 - 1679.

[622] 杨国桢. 明清东南区域平原与山区经济研究序论 [J]. 中国社会经济史研究，1995（2）：1 - 7.

[623] 杨丽，谢高地，甄霖，等. 泾河流域土地利用格局的时空变化分析 [J]. 资源科学，2005，27（4）：26－32.

[624] 杨梅，张广录，侯永平. 区域土地利用变化驱动力研究进展与展望 [J]. 地理与地理信息科学，2011，27（1）：95－100.

[625] 杨伟兵. 制度变迁与地域社会：清代云贵地区改土归流和民族生态变迁新探 [J]. 历史地理，2006（21）：209－222.

[626] 杨伟兵. 清代前中期云贵地区政治地理与社会环境 [J]. 复旦学报（社会科学版），2008（4）：39－48.

[627] 杨伟兵，杨斌. 历史矿区土地利用重建研究：以近代云南个旧锡矿为例 [J]. 中国历史地理论丛，2012，27（4）：59－69.

[628] 杨绪红，金晓斌，林忆南，等. 中国历史时期土地覆被数据集地理空间重建进展评述 [J]. 地理科学进展 2016，35（2）：159－172.

[629] 杨煜达. 清朝前期（1662—1765）的对缅政策与西南边疆 [J]. 中国历史地理论丛，2004，19（1）：46－52.

[630] 杨煜达. 清代中期（公元1726—1855年）滇东北的铜业开发与环境变迁 [J]. 中国史研究，2004（3）：157－174.

[631] 杨煜达，满志敏，郑景云. 嘉庆云南大饥荒（1815—1817）与坦博拉火山喷发 [J]. 复旦学报（社会科学版），2005（1）：79－85.

[632] 杨煜达. 清代档案中气象资料的系统偏差及检验方法研究——以云南为中心 [J]. 历史地理，2007（22）：172－188.

[633] 杨煜达. 历史自然地理研究十年：总结与展望 [J]. 中国历史地理论丛，2011，26（3）：17－24.

[634] 杨子生. 基于可持续发展的山区省份耕地总量动态平衡研究——以云南省为例 [J]. 资源科学，2001，23（5）：33－40.

[635] 叶琴丽，王成，蒋福霞. 基于耕作半径的丘陵区纯农型农户集聚规模研究——以重庆市沙坪坝区白林村为例 [J]. 西南大学学报（自然科学版），2013，35（11）：133－140.

[636] 叶瑜，方修琦，戴玉娟，等. 东北3省民国时期耕地数据的同化与垦殖率重建 [J]. 自然科学进展，2006，16（11）：1419－1427.

[637] 叶瑜，方修琦，任玉玉，等. 东北地区过去300年耕地覆盖变化 [J]. 中国科学：D 辑 地球科学，2009，39（3）：340－350.

[638] 叶瑜，方修琦，张学珍，等. 过去300年东北地区林地和草地覆盖变化 [J]. 北京林业大学学报，2009，31（5）：137－144.

[639] 尹怀庭，陈宗兴. 陕西乡村聚落分布特征及其演变 [J]. 人文地理，1995（4）：17－24.

[640] 尹绍亭. 试论云南民族地理 [J]. 地理研究, 1989, 8 (1): 40-49.

[641] 于兴修, 杨桂山, 李恒鹏. 典型流域土地利用/覆被变化及其景观生态效应——以浙江省西苕溪流域为例 [J]. 自然资源学报, 2003, 18 (1): 13-19.

[642] 曾早早, 方修琦, 叶瑜. 吉林省近 300 年来聚落格局演变 [J]. 地理科学, 2011, 31 (1): 87-94.

[643] 曾早早, 方修琦, 叶瑜. 基于聚落地名记录的过去 300 年吉林省土地开垦过程 [J]. 地理学报, 2011, 66 (7): 985-993.

[644] 张传玺. 云南武定禄劝两县彝族的碑记、雕刻与祖筒 [J]. 文物, 1960 (6): 56-61.

[645] 张芳. 清代四川的冬水田 [J]. 古今农业, 1997 (1): 20-27.

[646] 张华, 张勃. 国际土地利用/覆盖变化模型研究综述 [J]. 自然资源学报, 2005, 20 (3): 422-431.

[647] 张惠远, 赵昕奕, 蔡运龙, 等. 喀斯特山区土地利用变化的人类驱动机制研究——以贵州省为例 [J]. 地理研究, 1999, 18 (2): 25-31.

[648] 张建民. 清代湘鄂西山区的经济开发及其影响 [J]. 中国社会经济史研究, 1987 (4): 19-23.

[649] 张建民. 明清长江中游山区的灌溉水利 [J]. 中国农史, 1993 (2): 35-47.

[650] 张建民. 明清汉水上游山区的开发与水利建设 [J]. 武汉大学学报 (哲学社会科学版), 1994 (1): 81-87.

[651] 张洁, 陈星. 中国东部地区土地利用和植被覆盖的历史演变 [J]. 南京大学学报 (自然科学版), 2007, 43 (5): 544-555.

[652] 张莉. 清至民国时期天山北麓地理景观的变化 [J]. 陕西师范大学学报 (哲学社会科学版), 2007, 36: (1): 62-70.

[653] 张莉. 从环境史角度看乾隆年间天山北麓的农业开发 [J]. 清史研究, 2010 (1): 47-60.

[654] 张丽娟, 姜蓝齐, 张学珍, 等. 19 世纪末黑龙江省的耕地覆盖重建 [J]. 地理学报, 2014, 69 (4): 448-458.

[655] 张萍. 地理信息系统 (GIS) 与中国历史研究 [J]. 史学理论研究, 2018 (2): 35-47.

[656] 张青瑶, 王社教. 清代晋北地区土地垦殖时空特征分析 [J]. 陕西师范大学学报 (哲学社会科学版), 2014, 43 (2): 150-158.

[657] 张晓虹, 满志敏, 葛全胜. 清代陕南土地利用变迁驱动力研究 [J]. 中国历史地理论丛, 2002, 17 (4): 115-126.

[658] 张学珍, 王维强, 方修琦, 等. 中国东北地区 17 世纪后期的自然植被格局 [J]. 地理科学, 2011, 31 (2): 184-189.

[659] 张永民，赵士洞，钟林生. 近50年赤峰市耕地动态变化研究［J］. 资源科学，2002，24（5）：19 - 25.

[660] 赵杰，赵士洞. 参与性评估法在小尺度区域土地利用变化研究中的应用——以科尔沁沙地尧勒甸子村为例［J］. 资源科学，2003，25：（5）：52 - 57.

[661] 赵九洲. 中国环境史研究的认识误区与应对方法［J］. 学术研究，2011（8）：122 - 127.

[662] 赵筱青，谈树成，易琦. 云南省耕地资源时空变化特征研究［J］. 中国人口·资源与环境，2001，11（S1）：22 - 24.

[663] 赵耀龙. 历史GIS的研究现状和发展趋势［J］. 地球信息科学学报，2022（5）：929 - 944.

[664] 赵赟，满志敏，葛全胜. 徽州地区土地利用变化驱动力分析（1500—1900）［J］. 复旦学报（社会科学版），2002（5）：67 - 74.

[665] 赵赟，满志敏，方书生. 苏北沿海土地利用变化研究——以清末民初废灶兴垦为中心［J］. 中国历史地理论丛，2003，18（4）：103 - 112.

[666] 赵赟. 纳税单位"真实"的一面——以徽州府土地数据考释为中心［J］. 安徽史学，2003（5）：83 - 89.

[667] 赵赟. 技术误差：折亩及其距离衰减规律研究——明清土地数据重建的可行性研究之一［J］. 中国社会经济史研究，2007（3）：1 - 13.

[668] 赵珍. 清代西北地区的农业垦殖政策与生态环境变迁［J］. 清史研究，2004（1）：76 - 83.

[669] 郑建，罗光杰，李阳兵，等. 基于聚落演变的岩溶山区小尺度人口数推算方法——以普定后寨河地区为例［J］. 热带地理，2013，33：（2）：141 - 146.

[670] 郑正，马力，王兴平. 清朝的真实耕地面积［J］. 江海学刊，1998（4）：129 - 135.

[671] 钟祥浩. 山地环境研究发展趋势与前沿领域［J］. 山地学报，2006，24（5）：525 - 530.

[672] 钟祥浩，熊尚发. 山地环境系统研究新框架［J］. 山地学报，2010，28（4）：385 - 391.

[673] 钟祥浩，刘淑珍. 中国山地分类研究［J］. 山地学报，2014，32（2）：129 - 140.

[674] 周爱霞，马泽忠，周万村. 大宁河流域坡度与坡向对土地利用/覆盖变化的影响［J］. 水土保持学报，2004，18（2）：126 - 129.

[675] 周琼. 高其倬治滇农业思想初探［J］. 思想战线，2001（5）：128 - 132.

[676] 周琼. 改土归流后的昭通屯垦［J］. 民族研究，2001（6）：92 - 99.

[677] 周琼. 从土官到缙绅：高其倬在云南的和平改土归流［J］. 中国边疆史地研究，2004，14（3）：57 - 68.

[678] 周琼. 三至十七世纪云南瘴气分布区域初探 [J]. 历史地理, 2007 (22): 263 - 276.

[679] 周琼. 清代云南澜沧江、元江、南盘江流域瘴气分布区初探 [J]. 中国边疆史地研究, 2008, 18 (2): 113 - 125.

[680] 周琼. 清代云南内地化后果初探——以水利工程为中心的考察 [J]. 江汉论坛, 2008 (3): 75 - 82.

[681] 周琼, 李梅. 清代云南生态环境与瘴气区域变迁初探 [J]. 史学集刊, 2008 (3): 78 - 85.

[682] 周琼, 李梅. 清代中后期云南山区农业生态探析 [J]. 学术研究, 2009 (10): 123 - 130.

[683] 周琼. 环境史史料学刍论——以民族区域环境史研究为中心 [J]. 西南大学学报 (社会科学版), 2014 (6): 150 - 161.

[684] 周荣. 清代前期耕地面积的综合考察和重新估算 [J]. 江汉论坛, 2001 (9): 57 - 61.

[685] 周万村. 三峡库区土地自然坡度和高程对经济发展的影响 [J]. 长江流域资源与环境, 2001, 10: (1): 15 - 21.

[686] 周翔鹤. 台湾北部山区与平地经济的定量比较 [J]. 中国社会经济史研究, 1995 (2): 90 - 115.

[687] 朱枫, 崔雪锋, 缪丽娟. 中国历史时期土地利用数据集的重建方法述评 [J]. 地理科学进展, 2012, 31 (12): 1563 - 1573.

[688] 邹逸麟. 黄河流域环境变迁研究中的重大贡献——恭贺史念海先生 80 华诞 [J]. 陕西师大学报 (哲学社会科学版), 1992 (3): 41 - 44.

[689] 邹逸麟. 明清时期北部农牧过渡带的推移和气候寒暖变化 [J]. 复旦学报 (社会科学版), 1995 (1): 25 - 33.

[690] 邹逸麟. 明清流民与川陕鄂豫交界地区的环境问题 [J]. 复旦学报 (社会科学版), 1998 (4): 62 - 69.

## 四、英文文献

[691] Braun A, Rosner H J, Hagensieker R, et al. Multi-method dynamical reconstruction of the ecological impact of copper mining on Chinese historical landscapes [J]. Ecological Modelling, 2015 (303): 42 - 54.

[692] Bello D A. To go where no han could go for long: Malaria and the Qing construction of ethnic administrative space in frontier Yunnan [J]. Modern China, 2005, 31 (3): 283 - 317.

[693] Entwisle B, Rindfuss R R, Walsh S J, et al. Population growth and its spatial distribution as factors in the deforestation of Nang Rong, Thailand [J]. Geoforum, 2008, 39 (2): 879 – 897.

[694] Goldewijk K K, Ramankutty N. Land cover change over the last three centuries due to human activities: The availability of new global data sets [J]. Geo Journal, 2004, 61 (4): 335 – 344.

[695] Goldewijk K K, Beusen A, Doelman J, et al. Anthropogenic land use estimates for the Holocene – HYDE 3.2 [J]. Earth System Science Data, 2017, 9 (2): 927 – 953.

[696] Hall B, Motzkin G, Foster D R, et al. Three hundred years of forest and land-use change in Massachusetts, USA [J]. Journal of Biogeography, 2002, 29 (10/11): 1319 – 1335.

[697] Hamre L, Domaas S, Austad I, et al. Land-cover and structural changes in a western Norwegian cultural landscape since 1865, based on an old cadastral map and a field survey [J]. Landscape Ecology, 2007, 22 (10): 1563 – 1574.

[698] He F, Li S, Zhang X, et al. Comparisons of cropland area from multiple datasets over the past 300 years in the traditional cultivated region of China [J]. Journal of Geographical Sciences, 2013, 23 (6): 978 – 990.

[699] He F, Li S, Zhang X. A spatially explicit reconstruction of forest cover in China over 1700 – 2000 [J]. Global and Planetary Change, 2015, 131: 73 – 81.

[700] Lee J. Food Supply and Population Growth in Southwest China, 250 – 1850 [J]. The Journal of Asian Studies, 1982, 41 (4): 711 – 799.

[701] Lambin E F, Baulies X, Bockstael N, et. al. Land-use and land-cover change: implementation strategy [R]. IGBP Report No. 48 and IHDP Report No. 10, Stockholm, 1999.

[702] Lambin E F, Geist H. Land-Use and Land-Cover Change: Local Processes and Global Impacts [R]. Global Change – The IGBP Series, Springer, 2006.

[703] Li S, He F, Zhang X. A spatially explicit reconstruction of cropland cover in China from 1661 to 1996 [J]. Regional Environmental Change, 2016, 16 (2): 417 – 428.

[704] Liu M, Tian H. China's land cover and land use change from 1700 to 2005: Estimations from high-resolution satellite data and historical archives [J/OL]. Global Biogeochemical Cycles, 2010, 24 (3), doi: http://dx.doi.org/10.1029/2009GB003687.

[705] Elvin M, Crook D, Ji S, et al. The impact of clearance and irrigation on the environment in the Lake Erhai Catchment from the ninth to the nineteenth century [J]. East Asian History, 2002 (23): 1 – 60.

[706] Elvin M, Crook D. An Argument From Silence? The Implications of Xu Xiake's

Description of the Miju River in 1639 [G] //云南大学历史系，云南大学中国经济史研究所. 李埏教授九十华诞纪念文集. 昆明：云南大学出版社，2003：150-160.

[707] Miao L, Zhu F, He B, et al. Synthesis of China's land use in the past 300 years [J]. Global and Planetary Change, 2013, 100：224-233.

[708] Petit C C, Lambin E F. Long-term land-cover changes in the Belgian Ardennes (1775-1929): model-based reconstruction vs historical maps [J]. Global Change Biology, 2002, 8 (7)：616-630.

[709] Pongratz J, Reick C, Raddatz T, et al. A reconstruction of global agricultural areas and land cover for the last millennium [J/OL]. Global Biogeochemical Cycles, 2008, 22 (3), doi：10.1029/2007GB003153.

[710] Ramankutty N, Foley J A. Characterizing patterns of global land use：an analysis of global croplands data [J]. Global Biogeochemical Cycles, 1998, 12 (4)：667-685.

[711] Ramankutty N, Foley J A. Estimating historical changes in global land cover：Croplands from 1700 to 1992 [J]. Global Biogeochemical Cycles, 1999, 13 (4)：997-1027.

[712] Ramankutty N, Foley J A, Olejniczak N J. People on the Land：Changes in Global Population and Croplands during the 20th Century [J]. Ambio, 2002, 31 (3)：251-257.

[713] Turner II B L, Skole D, Sanderson S, et al. Land-Use and Land-Cover Change, Science/Research Plan [R]. IGBP Report No. 35/HDP Report No. 7, Stockholm, 1995.

[714] Veldkamp A, Lambin E F. Predicting land-use change, Agriculture [J]. Ecosystems & Environment, 2001, 85 (1-3)：1-6.

[715] Watson T R, Noble R I, Bolin B, et al. Special Report on Land Use, Land-Use Change and Forestry [R]. Cambridge：Cambridge University Press, 2000.

[716] Wu Z L, Fang X Q, Jia D, et al. Reconstruction of cropland cover using historical literature and settlement relics in farming areas of Shangjing Dao during the Liao Dynasty around 1100AD [J]. The Holocene, 2020, 30 (11)：1516-1527.

[717] Yang B. Between Winds and Clouds. the Making of Yunnan (second century BCE to twentieth century CE) [M]. New York：Columbia University Press, 2009.

[718] Yang X, Jin X, Guo B, et al. Research on reconstructing spatial distribution of historical cropland over 300 years in traditional cultivated regions of China [J]. Global and Planetary Change, 2015, 12 (8)：90-102.

[719] Yang X, Jin X, Xiang X, et al. Reconstructing the spatial pattern of historical forest land in China in the past 300 years [J]. Global and Planetary Change, 2018, 165：173-185.

[720] Yang X, Guo B, Jin X, et al. Reconstructing spatial distribution of historical cropland in China's traditional cultivated region. Methods and case study [J]. Chinese Geographical Science, 2015, 25 (5): 629-643.

[721] Yang Y, Zhang S, Yang J, et al. A review of historical reconstruction methods of land use/land cover [J]. Journal of Geographical Sciences, 2014, 24 (4): 746-766.

[722] Ye Y, Fang X. Expansion of cropland area and formation of the eastern farming - pastoral ecotone in northern China during the twentieth century [J]. Regional Environmental Change, 2012, 12 (4): 923-934.

[723] Zhang X, He F, Li S. Reconstructed cropland in the mid-eleventh century in the traditional agricultural area of China: Implications of comparisons among datasets [J]. Regional Environmental Change, 2013, 13 (5): 969-977.

[724] Zhao S, Fang J. Impact of Impoldering and Lake Restoration on Land-Cover Changes in Dongting Lake Area, Central Yangtze [J]. Ambio, 2004, 33 (6): 311-315.

## 五、当代方志、年鉴

[725] 禄劝彝族苗族自治县供销合作社. 禄劝彝族苗族自治县供销合作社志 [M]. 内部发行, 1989.

[726] 禄劝彝族苗族自治县水利电力局. 禄劝彝族苗族自治县水利电力志 [M]. 昆明: 云南民族出版社, 1993.

[727] 禄劝彝族苗族自治县地方志编纂委员会. 禄劝彝族苗族自治县志 [M]. 昆明: 云南人民出版社, 1995.

[728] 禄劝彝族苗族自治县人民政府. 云南省禄劝彝族苗族自治县地名志 [M]. 昆明: 云南人民出版社, 1995.

[729] 禄劝彝族苗族自治县农业局. 禄劝彝族苗族自治县农业志 [M]. 昆明: 云南大学出版社, 1999.

[730] 《禄劝彝族苗族自治县概况》编写组. 禄劝彝族苗族自治县概况 [M]. 北京: 民族出版社, 2007.

[731] 云南省武定县志编纂委员会. 武定县志 [M]. 天津: 天津人民出版社, 1990.

[732] 云南师范大学地理系, 等. 云南省志: 卷 1 地理志 [M]. 昆明: 云南人民出版社, 1998.

[733] 云南省气象局. 云南省志: 卷 2 天文气候志 [M]. 昆明: 云南人民出版社, 1995.

[734] 《云南省志·经济综合志》编委会. 云南省志: 卷 8 经济综合志 [M]. 昆明: 云南人民出版社, 1995.

[735] 《云南省志·财政志》编纂委员会. 云南省志: 卷 12 财政志 [M]. 昆明: 云南人

民出版社，1994.

[736] 云南省商业厅史志委员会. 云南省志：卷14 商业志 [M]. 昆明：云南人民出版社，1993.

[737] 云南省粮食厅《粮食志》编纂委员会. 云南省志：卷15 粮油志 [M]. 昆明：云南人民出版社，1993.

[738] 云南省供销合作社. 云南省志：卷17 供销合作社志 [M]. 昆明：云南人民出版社，1992.

[739] 《云南省志·农业志》编纂委员会. 云南省志：卷22 农业志 [M]. 昆明：云南人民出版社，1998.

[740] 《云南省志·畜牧业志》编纂委员会. 云南省志：卷23 畜牧业志 [M]. 昆明：云南人民出版社，1999.

[741] 云南省林业厅. 云南省志：卷36 林业志 [M]. 昆明：云南人民出版社，2003.

[742] 云南省水利水电厅. 云南省志：卷38 水利志 [M]. 昆明：云南人民出版社，1998.

[743] 云南省地名委员会. 云南省志：卷63 地名志 [M]. 昆明：云南人民出版社，1997.

[744] 云南省土地管理局. 云南省志：卷64 土地志 [M]. 昆明：云南人民出版社，1997.

[745] 云南省计划生育委员会. 云南省志：卷71 人口志 [M]. 昆明：云南人民出版社，1998.

[746] 云南省统计局. 云南统计年鉴（1988）[M]. 北京：中国统计出版社，1988.

[747] 云南省统计局. 云南四十年 [M]. 北京：中国统计出版社，1989.

[748] 云南省统计局. 云南统计年鉴（1992）[M]. 北京：中国统计出版社，1992.

## 六、档案、文献资料汇编

[749] 禄劝县档案馆藏国民党禄劝县政府档案，58 卷。

[750] 禄劝县档案馆藏禄劝县委档案，80 卷。

[751] 禄劝县档案馆藏禄劝县人民政府档案，130 卷。

[752] 云南省档案馆藏各类未刊档案，87 卷。

[753] 边丁. 中国边疆行纪调查记报告书等边务资料汇编：初编 [A]. 香港：蝠池书院出版有限公司，2009.

[754] 财政部农业财务司. 新中国农业税史料丛编：第5册 1950—1983 年中央和大区的农业税政策法规 [G]. 北京：中国财政经济出版社，1986.

[755] 陈振汉，熊正文，李谌，等. 清实录经济史资料：顺治—嘉庆朝（1644—1820）农业编 [G]. 北京：北京大学出版社，1989.

[756] 楚雄彝族文化研究所. 清代武定彝族那氏土司档案史料校编 [A]. 北京：中央民族学院出版社，1993.

[757] 方国瑜. 云南史料丛刊：第1-13 卷 [G]. 昆明：云南大学出版社，1998-2001.

[758] 方树梅. 滇南碑传集 [G]. 昆明：云南民族出版社，2003.

[759] 方树梅. 续滇南碑传集校补 [G]. 昆明：云南民族出版社，1993.

[760] 葛全胜. 清代奏折汇编——农业·环境 [G]. 北京：商务印书馆，2005.

[761] 台北故宫博物院故宫文献编辑委员会. 宫中档光绪朝奏折 [A]. 台北：故宫博物院，1982.

[762] 台北故宫博物院故宫文献编辑委员会. 宫中档乾隆朝奏折 [A]. 台北：故宫博物院，1982.

[763] 台北故宫博物院故宫文献编辑委员会. 宫中档雍正朝奏折 [A]. 台北：故宫博物院，1977.

[764] 国务院法制办公室. 法律法规全书 [G]. 12 版. 北京：中国法制出版社，2014.

[765] 国务院法制办公室. 中华人民共和国法规汇编 [G]. 北京：中国法制出版社，2005.

[766] 黄道霞，余展，王西玉. 建国以来农业合作化史料汇编 [G]. 北京：中共党史出版社，1992.

[767] 荆德新. 云南回民起义史料 [G]. 昆明：云南民族出版社，1986.

[768] 李荣高. 云南林业文化碑刻 [G]. 德宏：德宏民族出版社，2005.

[769] 李师程. 云南文史资料选辑 [G]. 昆明：云南人民出版社，2006.

[770] 李文治. 中国近代农业史资料 [G]. 北京：生活·读书·新知三联书店，1957.

[771] 林文勋，徐政芸. 云南省博物馆馆藏契约文书整理与汇编 [A]. 北京：人民出版社，2013.

[772] 农业部计划司. 中国农村经济统计大全（1949—1986） [G]. 北京：农业出版社，1989.

[773] 潘超，丘良任，孙忠铨. 中华竹枝词全编 [G]. 北京：北京出版社，2007.

[774] 彭雨新. 清代土地开垦史资料汇编 [G]. 武汉：武汉大学出版社，1992.

[775] 秦孝仪. 革命文献：第 102 - 104 辑 [G]. 台北："中央"文物供应社，1985.

[776] 秦孝仪. 革命文献：第 114 - 117 辑 [G]. 台北："中央"文物供应社，1988.

[777] 全国经济委员会. 全国经济委员会报告汇编 [G]. 1933.

[778] 全国经济委员会. 统一全国水利行政事业记要 [G]. 台北：文海出版社，1988.

[779] 商务部当代中国粮食工作编辑部. 当代中国粮食工作史料 [G]. 内部发行，1989.

[780] 史敬棠，张凛，周清和，等. 中国农业合作化运动史料 [G]. 北京：生活·读书·新知三联书店，1957，1962.

[781] 陶昌善. 全国农会联合会第一次纪事 [G]. 台北：文海出版社，1973.

[782] 萧铮. 民国二十年代中国大陆土地问题资料 [G]. 台北：成文出版社，1977.

[783] 许道夫. 中国近代农业生产及贸易统计资料 [G]. 上海：上海人民出版社，1983.

[784] 严中平，徐义生，姚贤镐，等. 中国近代经济史统计资料选辑 [G]. 北京：中国社会科学出版社，2012.

[785] 殷梦霞、田奇. 民国人口户籍史料汇编［G］. 北京：国家图书馆出版社，2009.

[786] 云南农业合作化史编辑室，中共云南省委农村工作部. 云南农业合作制史料：第四卷 简史 大事记 1952—1989［G］. 内部资料，1991.

[787] 云南省财政厅，云南省档案馆. 民国时期云南田赋史料［G］. 昆明：云南人民出版社，2002.

[788] 云南省档案馆. 新中国农业税史料丛编：第 28 册 云南省分册 1950—1983［G］. 昆明：云南人民出版社，1986.

[789] 云南省档案馆. 云南省档案史料丛编：第 2 辑 近代云南人口史料（1909—1982）［G］. 内部发行，1987.

[790] 云南省档案馆. 云南农业合作制史料：第一卷 重要文件汇编［G］. 内部发行，1991.

[791] 云南省档案馆. 抗战以来云南的农村信贷［A］. 内部发行，1997.

[792] 云南省档案馆. 民国清丈［A］. 内部发行，1997.

[793] 云南省档案馆. 民国时期云南人口户籍统计［A］. 内部发行，1997.

[794] 云南省档案馆. 民国时期云南水利［A］. 内部发行，1997.

[795] 云南省档案馆. 民国时期云南田赋史料［A］. 昆明：云南人民出版社，2002.

[796] 云南省档案馆. 民国西南边陲史料丛书：云贵卷［A］. 北京：全国图书馆文献缩微复制中心，2009.

[797] 云南省档案馆. 民国时期西南边疆档案资料汇编：云南卷［A］. 北京：社会科学文献出版社，2013.

[798] 云南省档案馆. 抗战时期的云南：档案史料汇编［A］. 重庆：重庆出版社，2015.

[799] 云南省林业厅. 林业资料：第 1－7 集［A］. 云南省林业厅，1982.

[800] 云南省气象局. 云南省农业气候资料集［G］. 昆明：云南人民出版社，1984.

[801] 云南省少数民族古籍整理出版规划办公室. 大理历代名碑［G］. 昆明：云南民族出版社，2000.

[802] 云南省少数民族社会历史研究所. 明实录有关云南历史资料摘钞［G］. 昆明：云南人民出版社，1959.

[803] 云南省统计局. 云南省国民经济统计提要（1949—1987）［G］. 1988.

[804] 章有义. 中国近代农业史资料［G］. 北京：生活·读书·新知三联书店，1957.

[805] 中共云南省委农村工作部. 云南农业合作制史料：第二卷 历史资料选编［G］. 内部发行，1991.

[806] 中共中央文献研究室. 三中全会以来重要文献选编［G］. 北京：人民出版社，1982.

[807] 中共中央文献研究室. 十二大以来重要文献选编［G］. 北京：人民出版社，1986.

[808] 中共中央文献研究室. 建国以来重要文献选编［G］. 北京：中央文献出版社，1992—1998.

[809] 中国第二历史档案馆. 中华民国史档案资料汇编：第 3 辑 农商 1 〔G〕. 南京：江苏古籍出版社，1991.

[810] 中国第二历史档案馆. 中华民国史档案资料汇编：第 5 辑 第 2 编 财政经济 〔G〕. 南京：江苏古籍出版社，1997.

[811] 中国第二历史档案馆. 中华民国史档案资料汇编：第 5 辑 第 3 编 财政经济 〔G〕. 南京：江苏古籍出版社，2000.

[812] 中国第二历史档案馆. 全国经济委员会会议录〔C〕. 桂林：广西师范大学出版社，2005.

[813] 中国第一历史档案馆. 康熙朝汉文朱批奏折汇编〔G〕. 北京：档案出版社，1984.

[814] 中国第一历史档案馆. 雍正朝汉文朱批奏折汇编〔G〕. 南京：江苏古籍出版社，1986.

[815] 中国第一历史档案馆. 光绪朝上谕档 宣统朝上谕档〔G〕. 桂林：广西师范大学出版社，1996.

[816] 中国第一历史档案馆. 光绪朝朱批奏折汇编〔G〕. 北京：中华书局，1996.

[817] 中国第一历史档案馆. 康熙朝满文朱批奏折全译〔G〕. 北京：中国社会科学出版社，1996.

[818] 中国第一历史档案馆译. 雍正朝满文朱批奏折全译〔G〕. 合肥：黄山书社，1998.

[819] 中国人民大学农业经济系资料室. 农村政策文件选编〔G〕. 1980.

[820] 中华人民共和国国家农业委员会办公厅. 农业集体化重要文件汇编〔G〕. 北京：中共中央党校出版社，1981.

[821] 中华人民共和国粮食部. 建国三十年粮食统计提要〔G〕. 1979.

# 七、学位论文

[822] 程钢. 石河子垦区农业开发与绿洲生态演变研究〔D〕. 乌鲁木齐：石河子大学，2013.

[823] 傅辉. 明以来河南土地利用变化与人文机制研究〔D〕. 上海：复旦大学，2008.

[824] 胡宁科. 黑河下游历史时期人类活动遗迹的遥感调查研究〔D〕. 兰州：兰州大学，2014.

[825] 江伟涛. 江南的城镇化水平与城市土地利用——基于民国调查资料、地籍图的句容个案考察〔D〕. 上海：复旦大学，2010.

[826] 李和. 元明清时期入迁云南的外来少数民族移民研究〔D〕. 昆明：云南大学，2015.

[827] 刘本军. 震动与回响——鄂尔泰在西南〔D〕. 昆明：云南大学，1999.

[828] 刘士岭. 大河南北，斯民厥土：历史时期的河南人口与土地（1368—1953）〔D〕. 上海：复旦大学，2009.

［829］马亚辉. 康雍乾三朝对云南社会的治理［D］. 昆明：云南大学，2013.

［830］彭建. 喀斯特生态脆弱区土地利用/覆被变化研究——以贵州猫跳河流域为例［D］. 北京：北京大学，2006.

［831］王多尧. 石羊河典型流域土地利用/覆被变化的水文生态响应研究［D］. 北京：北京林业大学，2013.

［832］王晗. 人口变动、土地利用和环境变化关系研究［D］. 西安：陕西师范大学，2008.

［833］王磊. 土地利用变化的多尺度模拟研究——以贵州猫跳河流域为例［D］. 北京：北京大学，2011.

［834］王文博. 喀斯特小流域土地利用/覆被变化和土壤侵蚀研究［D］. 北京：北京大学，2008.

［835］吴连才. 清代云南水利研究［D］. 昆明：云南大学，2015.

［836］杨园园. 吉林省镇赉县历史时期土地利用空间重建研究［D］. 长春：吉林大学，2015.

［837］张建明. 石羊河流域土地利用/土地覆被变化及其环境效应［D］. 兰州：兰州大学，2007.

［838］张青瑶. 清代晋北地区土地利用及驱动因素研究［D］. 西安：陕西师范大学，2012.

［839］张彤. 论流域经济发展［D］. 成都：四川大学，2006.

［840］赵赟. 苏皖地区土地利用及其驱动力机制（1500—1937）［D］. 上海：复旦大学，2005.

## 八、报刊资料

［841］人民日报

［842］申报

［843］西南边疆

［844］云南半月刊

［845］云南财政月刊

［846］云南工业通讯

［847］云南合作事业

［848］云南建设公报

［849］云南建设月刊

［850］云南建设周刊

［851］云南旅平学会季刊

［852］云南民政季刊

［853］云南民政月刊

［854］云南日报

［855］云南实业公报

［856］云南实业通讯

［857］云南实业要闻周刊

［858］云南实业杂志

［859］云南水利志通讯

［860］云南政报

［861］政府公报

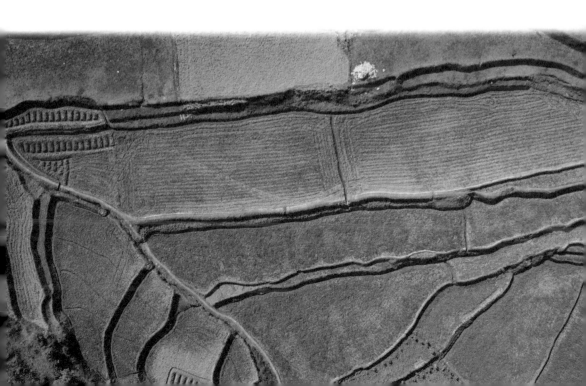

本书是在博士学位论文的基础上修改而成的。回顾在复旦大学历史地理研究中心硕博连读的六年时间，我一直以积极的心态面对学习和生活中迎面而来的万事万物，发现了学术研究的乐趣，窥探到了正确的治学门径，也学会了更多为人处事的道理。在硕士刚入学时，我便选择了西南山地的土地利用与环境变化为研究领域。我知道，对于一个历史学出身的人来说，选择这样一个研究题目会给自己带来多大的挑战。但我始终认为，平淡无奇的人生是不完整的。人生不就是在迎接一个个挑战，并在最终取得胜利后，从取得的自我满足感中获得其价值吗？我最终下定了接受挑战、克服困难的决心。因研究需要，除了与其他同学一样在学校上课学习知识、在图书馆和档案馆查阅大量文献资料，我还需要运用地理学和人类学等学科的研究方法与技术手段来获取资料和数据分析，为此我在云南省共进行了 7 次、273 个工作日的田野调查工作，自学了 ArcGIS 等软件，并到德国图宾根大学交流学习地理模型方法。虽然这些工作占用了大量的时间，但我收获的不仅是学术研究的快乐，也体会到了生活的美好与人情的温暖。终于，在正确的道路上，"一分耕耘，一分收获"的名言终于成为现实的写照，我的博士论文顺利完成，入学前那种神秘的未来变成了沉甸甸的现实。

　　在复旦大学历史地理研究中心的几年，我首先要感谢先师满志敏教授。满老师科学严谨的治学态度和高度前瞻性的学术思考，为我的学术研究指明了奋进的方向。在我向满老师汇报博士论文选题时，满老师从学术前沿性和可行性等角度进行了肯定，也为我在学术道路上探索前进提供了重要动力。每次向满老师汇报工作和请教问题时，满老师总能用简短的几句话指出我研究中的不足和解决方案。满老师温文尔雅的学者风格，也为我树立了效仿的榜样。我还要感谢杨煜达教授。杨老师是我进入学术殿堂的领路人，在学习和生活上都给予了我巨大的帮助。在硕士时，杨老师便教我如何利用科学的思维和方法进行学术研究。其后，从我博士论文的选题、写作，到最后的论文答辩，杨老师都给

后
记

予了较大的帮助。在我进行田野调查过程中，杨老师总是想尽各种办法为我提供方便，杨老师还多次亲自到我的田野点进行指导，解决了在田野调查过程中遇到的种种困难。可以说，没有两位老师的耐心指导，我的博士论文是不可能顺利完成的，也不可能有这本书呈现给大家。

复旦大学历史地理研究中心的老师们在各自的研究领域都有较深的造诣，给我的学术研究带来较大的启发。张伟然教授、张晓虹教授、韩昭庆教授和王大学副教授等在我博士论文的开题和预答辩时为我提出了许多有益的意见。杨伟兵教授多次指点我解决了研究中的难题。另外，葛剑雄教授和路伟东教授在学习和生活中给予了我重要的帮助，周振鹤教授、姚大力教授、吴松弟教授、安介生教授、王建革教授、侯杨方教授等的课程与平时指导给了我重要的启发。孙涛老师在 GIS 技术应用方面给予了我重要的帮助，每次我遇到困难时，孙老师总能给出有效的解决方案，为我节省了大量的时间。

云南大学的陆韧教授最早带我初窥学术之门，陆老师扎实的学术功底和严谨的治学风格深深地影响了我，让我在学术道路上时时提醒自己要戒骄戒躁，踏实勤奋。罗群教授、周琼教授、张轲风教授、潘威师兄和刘灵坪师姐等在我的学术道路上给予了重要的支持。陕西师范大学的侯甬坚教授在我论文的研究方法和思路方面进行了指点。此外，我还要感谢为我博士论文进行评审的老师——陆韧教授、中国科学院的何凡能研究员、陕西师范大学的王社教教授等，感谢他们为我的博士论文提出的改进意见。

在德国图宾根大学进行学术交流时，傅汉思（Hans Ulrich Vogel）教授为我提供了尽可能多的方便，使我能够专心学术研究。图宾根大学地理系的Hans-Joachim Rosner 博士和 Andreas Braun 博士在我访学期间抽出大量时间帮我解决土地利用的建模问题，是我博士论文能够顺利完成的重要保证。

刘艳清阿姨为我在云南的田野工作提供了重要帮助，帮我寻找了合适的田野调查点，并安排我在田野调查时必要的住宿和生活等事宜。特别需要感谢的是董奶奶、孔绍发大爹、王有才大爹、李连杰大哥四家人为我在进行田野调查时提供的无私帮助，他们不仅为我提供了食宿，让我能够安心工作，还在我需要时在百忙之中带我到村中做调查，将我引见给村里人，减少了调查的阻力。他们把我当作家庭中的一员，让我感受到家的温暖。另外，我长期调查的三个村庄民风淳朴，热情好客，无私提供资料与访谈信息，是我能够顺利完成调查工作的前提。在禄劝县搜集文献资料时，禄劝县档案馆与图书馆工作人员的热情招待与县、镇相关部门同志的热心服务，是我能够顺利完成工作的保障，在此一并感谢。一起进行田野工作的各位同学——崔乾、白玉军、陈友宏、李明奎、廖丽、谢斌、铁胜定等，在实际工作中互相交流经验，分享所得，同样让我受益匪浅。

复旦大学历史地理研究中心是一个温暖的大家庭，具有浓厚的学术氛围，我从与同学之间的学术交流和争论中受益良多，尤其是在一起奋进长达六年之久的杨长玉、张宁、葛洲子、伍伶飞、郭永钦和郑俊华等，许多想法在讨论中更加清晰，他们的研究思路与创新也给予我许多启发。感谢同门的师弟和师妹为我校核了博士论文的定稿，他们是张宁、成赛男、韩健夫、闫芳芳、白玉军、陈友宏、潘俊朴、朱宇飞等。在本书出版时，张薰允、鲁润泽两位同学帮我校对了书稿。

我要感谢我的家人，他们的理解与支持是我继续在学术道路之前进的动力。我的爱人田仁琼付出了很多，是她一直在背后默默地支持我，使我能够安心学术。

感谢成都市哲学社会科学"雏鹰计划"优秀成果出版项目、四川大学"创新2035"先导计划国家安全治理与应急管理（非传统安全研究方向）对本书出版的支助。感谢四川大学出版社的张晶、于俊二位老师对本书的细致编辑工作，才能使本书得以顺利出版。

后记